中国五矿

中冶宝钢

ZHONGYE BAOGANG

中冶宝钢产业工人之歌

中冶宝钢技术服务有限公司◎编

中国经济出版社

CHINA ECONOMIC PUBLISHING HOUSE

·北京·

图书在版编目（CIP）数据

中冶宝钢产业工人之歌 / 中冶宝钢技术服务有限公司编 . -- 北京：中国经济出版社，2023. 11

ISBN 978-7-5136-7495-9

Ⅰ. ①中… Ⅱ. ①中… Ⅲ. ①钢铁企业 - 先进工作者 - 先进事迹 - 中国 - 现代 Ⅳ. ①K828.1

中国国家版本馆 CIP 数据核字（2023）第 185690 号

选题策划：刘金龙 陈利军 王 俊 章 程 常云琪 张睿隽 陈兴梅
责任编辑 彭 欣
责任印制 马小宾
封面设计 任燕飞

出版发行 中国经济出版社
印 刷 者 河北宝昌佳彩印刷有限公司
经 销 者 各地新华书店
开 本 710mm × 1000mm 1/16
印 张 34
字 数 505千字
版 次 2023年11月第1版
印 次 2023年11月第1次
定 价 78.00元
广告经营许可证 京西工商广字第8179号

中国经济出版社 **网址** www.economyph. com **社址** 北京市东城区安定门外大街58号 **邮编** 100011
本版图书如存在印装质量问题，请与本社销售中心联系调换（联系电话：010-57512564）

编委会

序　言

用拼搏奉献书写冶金运营服务产业工人的时代风采

产业工人是工人阶级中发挥支撑作用的主体力量，是创造社会财富的中坚力量，是创新驱动发展的骨干力量，是实施制造强国战略的有生力量。党中央历来高度重视产业工人队伍建设，特别是党的十八大以来，习近平总书记站在党和国家工作全局的战略高度，就产业工人队伍建设做出一系列重要论述，对新时期产业工人队伍建设改革提出总体思路和系统方案，为推进新时代产业工人队伍建设改革提供了基本遵循和行动指南。

中冶宝钢技术服务有限公司（以下简称“中冶宝钢”）是中国五矿、中冶集团所属重要骨干子企业，公司以冶金运营服务为主业，全天候、全流程、全产业链、全生命周期服务国内外30家钢铁企业，经过几十年的努力奋斗，创造了非凡的发展成就，实现了从钢铁“护工”到钢铁“护士”，再到钢铁“医生”的历史性跨越。在企业改革发展进程中，产业工人是中冶宝钢起步创业、奠基立业、改革兴业、转型大业的先锋力量，是实现和推动企业高质量发展的核心因素。在公司党委团结带领下，中冶宝钢近3万名产业工人用激情和汗水书写出爱岗敬业、执着追求、无私奉献的时代风采。

中冶宝钢党委始终坚持党的全面领导，认真落实中国五矿党组和中冶集团党委工作部署，坚定践行“聚焦主业、做强一业，相关多元、科学补充”发展战略，积极适应国家供给侧结构性改革和钢铁产业调整，服务国家战略，积极投身“一带一路”建设，带领全体干部职工用实干弘扬“一天也不耽误、一天也不懈怠”的中冶精神，圆满完成“十三五”时期各项工作任务，涌现出全国工人先锋号电炉精整乙班，全国劳动模范李伟伟，上海市工匠卢长春、张晓东等一大批先进典型，讲述了领跑冶金运营服务“国家队”的最重要故事。

开启建设“美好中冶宝钢”新征程，公司党委始终坚持以人民为中心的发展思想和全心全意依靠工人阶级办企业的方针，持续加强产业工人队伍建设，立足冶金运营服务主业，弘扬劳模精神、劳动精神、工匠精神，为培养造就更多大国工匠、高技能人才搭建平台，为优秀产业工人发挥作用提供舞台，让执着专注、精益求精、一丝不苟、追求卓越的工匠精神在中冶宝钢生根发芽，激励更多劳动者特别是青年一代走技能成才、技能报国之路。

为培育造就更多大国工匠、高技能人才，中冶宝钢党政工齐抓共管，加快构建产业工人技能形成体系，更好地保护他们的积极性、主动性、创造性，形成尊重劳动、尊重知识、尊重人才、尊重创造的良好风尚。切实提高技能人才的地位和待遇，推动企业提高民主管理水平，实现好、维护好、发展好技能人才的劳动经济权益和民主政治权利，实现体面劳动、舒心工作、全面发展，不断提升工人阶级和广大劳动群众的获得感、幸福感、安全感，引导更多年轻人走进工厂车间，努力建设一支知识型、技能型、创新型的产业工人队伍。

建设“国内第一、国际一流”冶金运营服务商，是一项伟大而艰巨的事业，前途光明，任重道远。伟大梦想是拼出来、干出来的。中冶宝钢党委将深入学习贯彻党的二十大精神，全面贯彻党中央决策部署，认真落实中国五矿党组和中冶集团党委工作要求，继续抓好“五大核心要义”“五型五矿”“五大行动计划”等各项部署的落实，团结带领广大党员干部和全体产业工人，坚持“稳”字当头、稳中求进，稳步实施“五大基础管理提升”行动，充分发挥钢铁冶金全产业链运营服务优势，心无旁骛发展“1+3”产业，一步一个脚印，苦干实干、创新创造，用新的伟大奋斗创造新的伟业，全力以赴推动中冶宝钢稳健快速可持续发展，以实干实绩为中国五矿建设“世界一流企业”、中冶集团实现“一创两最五强”奋斗目标贡献力量。

中冶宝钢党委书记、董事长：

2021年7月23日中冶宝钢智能运营平台C3管控中心正式启用

目录

第一章　产业先锋

第二章　一线故事

第三章　品牌建设

MCC
中冶宝钢
重庆分公司
中冶宝钢 逆

第一章

产业先锋

1. 专业能力促生产　绿色环保冲在前

滚筒设备是炼钢渣处理生产的关键设备，改善其状态、提升其使用率，一直是中冶宝钢协力分公司渣处理车间检修三班推进的重要课题。多年来，他们以专业的检修能力保障了滚筒设备的正常运行，为宝钢股份宝山基地节能环保、洁净生产、钢渣不落地目标的实现提供了坚实的保障，荣获中冶宝钢2021—2022年度“标杆班组”称号。

提升创新能力。该班组以“创新就在我身边”为座右铭，以小发明、小创造、小革新、小设计、小建议“五小”活动为抓手，从小处着眼、从细节入手、从身边做起。例如，滚筒进渣装置溜槽小革新，给溜槽增加防护板、焊接挡条，为溜槽增加双道保险，使溜槽使用寿命提升50%。又如，法兰连接底座小创造，增加了扒渣臂连接底座的强度，以最短的检修时间和最低的人工成本解决了扒渣臂底座长期开裂问题，减少了设备停机检修时间和检修人工的投入，提高了设备的生产使用率。

提升运维能力。滚筒设备是保障钢渣不落地、实现钢渣综合利用的环保新技术，成套设备复杂，包括液压倾翻进料装置、液压扒渣装置、核心筒体装置、冷却喷淋装置、组合输送装置等，故障点多，维护难题多。该班组为此成立专门的QC小组，进行自主管理创新，变难题为课题，向成果要效益。近年来，该班组参与的多项自主管理项目如“减少滚筒篦条故障停机时间”“降低滚筒刮板机故障率”“提高滚筒迎渣面衬板的钢渣处理量”，不仅取得了良好的经济效益，而且荣获全国冶金建设行业

QC成果等多个奖项，其中，“降低滚筒刮板机故障率”荣获2016年全国冶金建设行业QC成果一等奖。

提升服务能力。设备是生产的基石，班组长张天亮常常说：“生产转不转，设备说了算。”他们深知自己肩上的重任：维护好宝钢股份宝山基地渣处理滚筒设备，关系到钢渣的环保再利用。班组成员不仅要服务到位，而且要服务创新，要时刻以生产的实际需要为服务创新的原动力。例如，为解决生产操作距离远的问题，他们就近增设了现场操作盘箱，这一服务创新适时满足了生产需要，推动了现场生产设备的高效运转。

提升实战能力。该班组积极落实年度学习提升计划，以实践检验学习成果。为打赢宝钢股份炼钢厂一炼钢渣处理2号滚筒设备大修这场战役，他们制定了完善的施工方案，明确各项检修任务分工、质量要求、节点要求，严控有限空间、交叉作业、起重吊装等作业安全管控要点，经过连续25天的日夜奋战，在节点前完成滚筒大托圈、输送机、旋转料斗、扒渣机等部件换新、修复项目，并一次性试车成功。

踏上新征程，中冶宝钢协力分公司渣处理车间检修三班将持续提升专业能力，为设备安全运行提供保障，为绿色环保事业保驾护航。

（陈智贤）

2. 重积累提升　创标杆班组

连铸坯精整是电炉厂连铸坯下线后的最后一道作业工序。成立于2007年的中冶宝钢协力分公司工业炉窑车间电炉精整乙班，在宝钢股份宝山基地钢管条钢事业部电炉厂连铸坯精整作业项目上默默坚守了16年。他们注重能力的积累提升，有力保障了电炉厂物流通畅。该班组荣获2011年上海市总工会“工人先锋号”、2013年中华全国总工会“工人先锋号”、2021—2022年度中冶宝钢“标杆班组”称号，班组成员申自朋获得2010—2011年度中冶宝钢“优秀班组长”称号。

争创质量标杆

连铸坯精整工作主要包含铸坯跟踪、铸坯编号、铸坯质检等十余道作业工序，其中，质量的控制尤为重要。为保证质量，班组长申自朋结合生产工艺特点，以“四个管理”“三大支撑”管理新模式为抓手，落实质量控制。“四个管理”就是以人为本的管理、横向协作的管理、标准作业的管理、操检合一的管理。“四个管理”齐抓共管，提升了班组的基础管理工作水平。“三大支撑”就是技术支撑、创新支撑和关怀支撑。“三大支撑”为管理模式创新提供了有力保障。

在这种管理模式下，班组作业质量得到显著提升。例如，针对铸坯断面切割质量难以控制、劳动强度高等难点，班组组织研究讨论，组成“提高铸坯断面切割质量小组”，组员实地考察、分析原因，制定切割机升级方案。升级后的半自动切割机切割质量显著提升，极大地降低了作业劳动强度，有效地改善了人员切割作业环境。2022年，该班组共完成铸坯质检量13972支、热送大方坯3784支、铸坯切割量672支、铸坯取样量239支、铸坯描号量13972支。铸坯精整质检弯曲度、倾斜度和定尺长度等各项精度指标的达标率为100%，作业质量合格率为100%。

争创学习标杆

对于宝钢股份宝山基地钢管条钢事业部电炉厂来说，铸坯质检质量直接影响钢管成品质量，也是电炉厂物流是否顺畅的一个重要因素。该班组利用各种契机加大组员技能培训力度，全力提高组员操作水平。在保证安全生产的前提下，班组积极提升员工“一人多岗”“一岗多能”的技术水平，通过教育培训、“传帮带”和“技能比武”等活动，使班组成员都熟练掌握铸坯跟踪、铸坯质检和铸坯描号等三道以上铸坯质检操作技能。

于成龙是班组带教的老师傅，无论是铸坯跟踪、描号作业，还是难度较大的切割作业，他都倾囊相授，手把手教学。其中，他的徒弟王华强成长迅速，仅用40多天就熟练掌握了三道工序技能。经过长年累月的坚持，班组“一人多岗”“一岗多能”的熟练操作工占比达100%，其中，熟练掌握三道以上操作技能的员工约占99%。

“攀得半山修道远，还需健履上高峰。”中冶宝钢协力分公司工业炉窑车间电炉精整乙班将继续坚持脚踏实地的工作作风，发扬团结协作的精神，挥洒辛勤的汗水，在经验积累中不断提升，为企业高质量发展提供坚实保障。

（张正刚）

3. 创新改进有思路　提质增效在行动

中冶宝钢协力分公司渣处理车间一设备电气班组6名成员，坚持把安全生产、提质增效作为工作重心，紧盯宝钢股份宝山基地渣处理产线设备，不断开拓创新、积极进取，完成了一系列保设备安全稳定、提质增效的项目，全面推进设备管理能力提升。

见微知著保安全

渣包车、液态行车、行车、滚筒是渣处理产线的重要设备。该班组成员都是设备隐患排查的行家里手，在日常点检作业中，任何一处微小的隐患都逃不过他们的眼睛。在对140吨行车移动电缆滑轮进行更换作业时，他们发现行车走形过道护栏不能起到有效的防护作用。遇到问题，迅速行动。他们通过焊接加高护栏，有力地保障了作业安全。二号渣包车中间端子箱被安装在移动电缆地坑上，端子箱出现内部积露、接线端子潮湿、绝缘低等现象，极易造成电路短路，影响用电安全。该班组通过增设通气孔改造中间端子箱，解决了端子箱内部积露、潮湿等问题，确保了设备用电安全。

改革创新提效率

为不断提质增效，该班组成员从小处入手，开展“小创新”“小举措”“小改造”“小设计”“小改进”等活动。2022年，累计完成各类改进措施20余项，如在渣包台车磁滞式电缆卷筒联轴器改进中，该班组通过更改联轴器结构，彻底消除了因轴承高温引发故障停机的问题，延长了联轴器的使用寿命，使渣包车设备月平均故障停机时间减少了40%，提高了设备运行效率；在淤泥小车极限位改造中，该班组通过在原有机械撞杆式限位开关上加装光电接近式限位开关，使两个开关信号以并联方式连接，实现限位双保险，避免了原机械撞杆式限位开关受到淤泥及粉尘影响，排除了机械撞杆卡滞不能自动回位的故障，使淤泥小车运行效率提升了10%。

该班组成员在工作之余不忘优化工作流程。原落锤垫罐站葫芦拼装格栅板需一人在二楼平台控制葫芦，另一人在地面拼装格栅板。该班组改进了葫芦手柄，更换了遥控控制系统，通过遥控控制葫芦，两人可以在一楼互相配合拼装格栅板，提高了格栅板拼装速度，提升了生产效率。此外，在140吨行车无人化改造项目中，针对变频器设备在运行过程中控制板结露频率高的问题，该班组成员查验图纸、跟踪研究行车运行情况，发现是行车空调出风口正对变频器造成的，遂将空调出风口固定式网格窗改为风向可调节的百叶窗，调整了空调出风方向，避免了因使用空调导致的变频器故障，为行车高效运行保驾护航。

能力提升见行动

该班组成员主要负责宝钢股份宝山基地炼钢厂一渣区域和一落锤区域设备的电气维护点检工作，凭借过硬的技术、扎实的设备管理知识，不断优化设备管理模式，加大设备状态点检力度，变备件周期更换为状态管理，延长了备件使用寿命。该班组以绩效考评为手段，自觉加强技术培训、积极开展班组内技术比武和“传帮带”工作，全面提升组员业务素养和技能水平，班组6名成员中3人为高级技师、1人为工程师，能高质量完成作业任务，荣获中冶宝钢协力分公司2021年度“四个一批”先进集体、中冶宝钢2021—2022年度“标杆班组”称号；班组成员张刚被评为中冶宝钢协力分公司2015年度“先进个人”，罗义文被评为中冶宝钢2020年度“先进个人”。

创新不止、行动不止。中冶宝钢协力分公司渣处理车间一设备电气班组将持续发散创新改造思维，提高工作效率与服务质量，助力企业降本增效、安全生产。

（陈　磊　毛伟恒）

中冶宝钢协力分公司渣处理车间一设备电气班

4. 孜孜不倦提技能　齐心协力同进步

如果企业是一个“肌体”，那么班组就是其中一个“细胞”，每个细胞是否有生机、有活力，都将影响整个肌体的健康。中冶宝钢协力分公司炼铁运营事业部转底炉甲班就是扎根在宝钢股份宝山基地炼铁厂转底炉产线的一个“活力细胞”。提升技能、优化生产、改进工艺、护卫安全，这个平均年龄38岁、12人的“细胞”，在班组长袁建军的带领下，安全、优质、高效地守护在转底炉一线，为宝钢股份宝山基地的危废处置环保事业做出了贡献，获评中冶宝钢2021—2022年度“标杆班组”称号。

扎根项目共同成长

宝钢股份宝山基地炼铁厂转底炉项目于2020年建成并投入使用，是宝钢股份宝山基地的固废处置、资源综合利用环保项目。中冶宝钢协力分公司于2020年承接此项目，负责OG泥（炼钢除尘灰湿法处理形成的泥）、预处理、转底炉等生产项目。同年，中冶宝钢协力分公司炼铁运营事业部转底炉甲班成立，经历了项目调试、试生产、平稳生产，和项目一起成长。面对新项目、新挑战，该班组制定班组建设方案、方法，坚持“拧成一股绳、铆足一股劲，确保安全生产不松劲，争当第一”的进取精神，充分发挥企业主人翁意识，和项目同成长。例如，在转底炉OG泥皮带调试中，该班组成员全过程跟踪皮带安装、调试、设备消缺、隐患消缺等工作，他们沿着179米的皮带反复和厂家沟通取经，为后续操作打好基础；同时，他们结合多年工作经验以“吹毛求疵”的心态查找设备缺陷和安全隐患，并联系施工方落实改进。在该班组成员的不懈努力下，皮带一次性试机成功。在生产过程中，针对两条预处理皮带溜槽易堵料难题，该班组成员提出并实施了倒喇叭状溜槽改进方案，彻底解决了溜槽易堵料需频繁疏通的技术问题，使作业效率提升了30%。

多种方式提升技能

高水平的技能是打造极致专业运营团队的基础。该班组每年都制订技能培训提升计划，根据需要安排成员晋升技能等级，同时积极开展师徒带教及各工种成员互相传授技能等活动，促进组员由“一专多能”向“多专多能”方向提升，推动班组各工种能力互补，促进班组整体业务技能水平不断提升。目前，该班组成员高级工占比超过40%。技能高低的试金石是实践，该班组在“劳动竞赛”、“小改造大贡献”、合理化建议征集等活动中充分实践校验。在宝钢股份宝山基地炼铁厂举办的煤气安全知识劳动竞赛中，该班组成员袁建军凭借日常工作积累的经验及出色的发挥获得二等奖。在提升产线稳定性方面，该班组成员在不影响原有工艺流程的状态下，提出烘干机进风口改进建议，使烟气流动更加通畅，除尘系统负压更加稳定。在提升生产效率方面，该班组成员紧盯OG泥储存仓空间小下料口易被卡死的瓶颈，扩大了船形仓仓体容量，加装的螺旋桨、稳流装置保障了下料速度均匀，生产效率显著提升。该班组紧盯圆盘分料器堵料难题，通过改进分料器结构、降低分料器内部挡板高度、控制物料流量解决堵料难题，实现预处理的通畅生产。

▌持续强化安全技能

安全是企业发展的基石。该班组时刻牢记“违章就是犯罪”，班组长袁建军提出采取“人人参与监督”的措施，提高全员主动参与安全管理的积极性，形成全员管安全、抓安全、要安全的良好氛围。2022年，该班组查找并整改了56条安全隐患。例如，巡检时，该班组成员发现3A排烟囱长时间有冷凝水聚集，导致液位过高倒溢流至除尘风机，班组长袁建军立即上报业主，安排检修开孔排水，避免了因风机停止造成炉膛形成正压导致煤气泄漏的风险；巡检时，该班组成员发现Y401皮带交接头开裂，及时通知业主点检处理更换皮带，有力保障了皮带的稳定运转。同时，班组长袁建军带领组员积极参与皮带机下料溜槽改造、在线拌料系统改造等项目，完成了煤气阀台密封罐补水改造，消除了因煤气密封水中残留的煤气泄漏导致的安全风险，以实际行动筑牢生产的安全防线。

中冶宝钢协力分公司炼铁运营事业部转底炉甲班在短短3年多的时间里，认真提升技能、改进生产工艺、筑牢安全防线，是一支敢打硬仗、能打胜仗的队伍。在未来，该班组将继续发扬“能吃苦、能战斗”的优良作风，以更高的标准和更严的要求提升冶金运营服务能力。

（李和军）

中冶宝钢协力分公司炼铁运营事业部转底炉甲班

5. 爱岗敬业有担当 同心同德比奉献

2023年第一季度，宝钢股份宝山基地炼钢厂实现炉修期间班产42炉、日产80炉的纪录。该纪录的实现离不开中冶宝钢协力分公司铸钢车间二转炉甲班8名成员的辛勤付出，他们精准、高效、高质完成的一次次闸阀机构在线安装及离线组装、出钢口碗砖更换、受铁坑测温取送样、铁水预处理行车指吊等转炉冶炼辅助作业，为炼钢冶炼提供了坚实保障。该班组荣获2021—2022年度中冶宝钢“标杆班组”称号，副班长邢民被评为中冶宝钢协力分公司2021年度“先进个人”。

俗话说，“火车跑得快，全靠车头带”。一个优秀的班组一定有个称职的班组长，邵常友就是这个班组的“火车头”。工作中，邵常友不断创新，努力提升工作效率和服务质量，以娴熟的技能改进转炉出钢口碗砖更换工具，减少了碗砖更换作业时间，提高了作业质量和效率，降低了员工劳动负荷，为转炉冶炼创造了有利的生产条件。在宝钢股份宝山基地炼钢厂进行的新型转炉出钢口及滑板在线试用中，邵常友更是冲锋在前，积极学习新工艺、新要求，结合以往组装更换经验协助所在区域制定技术方案；同时，他凭借精湛的操作技术高质量地完成安装任务并实现预期效果，使出钢口及滑板在线寿命提升60%。转炉闸阀机构是转炉冶炼的重要安全控制装置，邵常友一有时间就对此装置的内水口、碗砖等部位进行研究，每天定时检查，确认内水口、碗砖融损程度，确保设备始终处于有效状态，为安全冶炼提供保障。

“生活从不等待不思进取、坐享其成者，而是将更多硕果留给勇于奉献和持续奋进的人。一路走来吃的苦、流的汗，付出的心血和时间，都将成为未来人生路上一道道亮丽的风景。”班组8名成员在过往的时光里一直秉持着这样的理念，同心同德比奉献。在抗疫保产攻坚战中，有6名成员参与驻厂保产任务。他们认真落实防疫要求，积极做好工作和生活区域的消杀工作，高质量完成转炉各项辅助作业，同时积极参与厂区夜间清理作业。他们互相勉励、相互扶持，力战76小时，出色地完成了转炉皮带机20余吨合金落料的清理和转炉炉修50余吨筑炉台车、上烟罩积渣的清理任务，为炼钢厂稳定生产做出贡献。在创建A类环保企业百日攻坚战中，面对宝钢股份宝山基地炼钢厂二炼钢转炉2～8楼平台及设备的陈年积灰等痼疾，他们采取不同处置手段，使出“十八般武艺”，将成堆、结块的灰堆装袋，使用高压水枪对钢梁结构进行冲洗以减少扬尘，使用真空吸尘装置对设备表面的浮灰进行吸灰，在100天内完成7000余袋200余吨积灰的清理，使转炉平台旧貌换新颜，顺利通过评审。

有信念、有梦想、有奋斗、有奉献的人生，才是有意义的人生。中冶宝钢协力分公司铸钢协力车间二转炉甲班把小事当作大事干，一步一个脚印往前走，确保物流平衡的关键枢纽畅通无阻，助力钢厂炼钢生产不断取得新突破。

（乔　轩）

6. 优质高效保一线 立足钢渣求发展

春光无限好，奋斗正当时。中冶宝钢协力分公司钢渣返生产利用中心设备检修班组，坚持以高标准、严要求的高质量服务为目标，书写宝钢股份宝山基地钢渣返生产利用中心生产设备检修、技术改造的优质答卷。班组长王之前获得2019年中冶宝钢“大干100天再创新佳绩”专项劳动竞赛“个人二等功”，被评为2021年度中冶宝钢协力分公司“标兵”、中冶宝钢“先进个人”；班组荣获中冶宝钢2021—2022年度“标杆班组”称号。

▌严抓隐患排查，确保生产安全

这个于2020年成立的10人班组，始终将安全生产放在首位，密切关注设备运行状态，不放过发现的任何安全隐患。自该班组成立以来，“安全事故为零”，形成了“人人讲安全、人人要安全”的良好工作氛围。2022年，在宝钢股份宝山基地创建环保A类企业百日攻坚战中，该班组认真开展设备隐患整改消缺工作，累计完成50多项，提出并实施棒条筛底部加装链条建议，有效降低尖锐大块金属下降速度，避免钢筋、钢块和金属砸坏撕裂皮带，使皮带撕裂故障率下降90%，有力保障了钢渣处理产线皮带的稳定运行。

▌谋求创新发展，追求检修质量

该班组始终以质量为道，不断谋求创新。他们认真学习检修标准、工艺要求，在检修过程中严把检修质量；注重分析总结，发现问题，抽丝剥茧地分析，从源头落实解决。在2022年开展的钢渣返生产利用中心园区集中除尘系统布袋检修项目中，该班组要在3天完成2000余条布袋的更换任务。为减少与其他施工项目交叉作业，这个10人的班组将施工时间安排在夜间。班组成员践行“不差一丝、不缺一毫”的承诺，反复落实提升阀处理封闭、龙骨调整校验等作业，力战3天完成更换任务。此外，班组成员积极开展设备设施状态性能改进活动，在球磨机底部增设链条，提高了球磨机装置更换效率。两年来，该班组成员技术水平有了长足进步，累计攻克防止振动筛筛下皮带被异物划破、防止振动筛堵料及卡料等6项技术难题，提出并实施皮带机尾部裙边固定方式优化、防皮带撕裂装置制作安装、皮带可移动封闭装置等26项合理化建议。其中，皮带可移动封闭装置在钢渣返生产利用中心园区实现全覆盖，将其安装在皮带机尾处，密封性良好，可有效防止灰尘、漏渣，有效降低皮带机故障率。

发扬吃苦精神，工作雷厉风行

无论是抗疫情保生产，还是战高温稳生产，该班组成员都始终保持着高度的责任感和使命感，不怕苦、不怕累，积极采取优化措施，保质保量保节点完成各项检修任务。该班组始终秉持“马上就办、办就办好”的工作作风，无论是夜晚还是凌晨，无论是刮风还是下雨，只要一接到作业指令，就马上换上工作服、戴上安全帽，立即赶往现场。在班组长王之前的带领下，该班组克服严寒酷暑、工期紧张等困难，有条不紊地组织现场施工，对重点难点进行攻关，严格检修流程，高效完成抢修任务，为设备有效运行提供坚实保障。

中冶宝钢协力分公司钢渣返生产利用中心设备检修班是一支充满活力和创新精神的团队，其始终秉持着“认真、勤奋、严细、创新”的协力精神，为宝钢股份宝山基地钢渣返生产利用中心生产设备检修、技术改造保驾护航。

（刘华祥）

7. 夯基础不忘初心　提技能勤学苦练

混铁车扒渣、铁水脱硫、混铁车倒渣，作为高炉连接转炉的重要中间枢纽岗位，由6人组成的中冶宝钢协力分公司铸钢车间二铁水甲班坚守岗位，为宝钢股份大硅钢等品种钢冶炼源源不断地提供着优质铁水。他们秉持初心，持续提升基础管理水平，所在作业区连续多年被评为宝钢股份

“金牛”作业区、宝钢股份2022年“四化”示范区、中冶宝钢2021—2022年度“标杆班组”。

主动是“创牛”的基石

一提到“创牛”，很多人都认为不可能。有的说，现场灰太大、粉太多；有的说，物品太乱、摊子太大；有的说，作业区基础差、设备老化。作为所在区域“创牛”主力军的该班组没有被这些困难难倒。在作业长、班组长的带领下，该班组发扬主动精神，对老化设备开展“洗脸”活动，用实际行动证明了完全可以通过一把扫帚、一把锹、一个钢丝球、一块布改变设备的面貌，使设备还原本色。岗位的核心要素是生产工序作业的核心部分，也是“金牛”作业区创建的重点推进内容。员工对核心要素的熟悉程度，决定了日常标准化作业的执行水准。为了让班组成员知晓岗位核心要素，该班组主动开展班前交底轮流讲活动，今天你讲一遍，明天我讲一遍，使其例行化、常态化，促使班组成员将岗位核心要素牢牢记在心中、付诸行动。随着基础管理工作不断向纵深发展，载体、内涵不断丰富，该班组始终如一地按照“内化于心、固化于制、外化于形”的要求，有效落实素养提升、现场环境整洁、物品定置化、设备见本色及最小网格化责任制，助力作业区在2022年荣获宝钢股份宝山基地首批“‘四化’示范区”称号。

勤学是提升的关键

宝钢股份宝山基地炼钢厂二炼钢铁水预处理生产业务，是大硅钢冶炼的一道关键生产工序，也是高炉连接转炉的重要中间枢纽。铁水预处理操作的好坏，将直接关系到精品钢冶炼能否成功。该班组成员大多来自偏远农村，文化程度普遍不高，刚刚进入这个区域时，掌握的技能同工艺操作需求之间存在一定差距。面对全自动化的先进操作工艺，该班组以老带新、以熟练工帮生疏工，形成“学帮带教”、资源共享的浓厚氛围。

宝钢股份宝山基地炼钢厂二炼钢后扒加废钢是新项目，在试运行期间，该项目的主要设备20吨行车性能不稳定，导致生产停滞不前，该班组老员工杨桂全和汪坤主动请缨，在工作间隙去新项目处熟悉环境、反复练习新设备操作等，带领班组其他成员率先实现作业区加废钢项目产量达标。同时，该班组成员也养成了一个良好的习惯：随时对作业中的规程"找茬儿"，将人们看不顺眼、感觉别扭、存在隐患的作业方式和操作方法反馈出来，利用培训平台进行相互交流、相互提问、探讨辩论，最终找到合适的操作方法。通过不断学习、不断创新，该班组的整体实力得到长足进步，高效精准的操作技术实现了铁水预处理区域单日铁水脱硫95罐、铁水扒渣80罐，双双创造了历史最高纪录。

初心易得，始终难守。中冶宝钢协力分公司铸钢车间二铁水甲班将继续保持高标准、严要求、勤主动、求提升的工作标准，优质高效地完成每项硅钢、精品钢铁水预处理生产任务，为钢厂冶炼保驾护航。

（余万成）

中冶宝钢协力分公司铸钢车间二铁水甲班

8."领头羊"勇敢担当　班成员合力互帮

中冶宝钢协力分公司机械维修中心硅钢丙班是一个团结拼搏、务实和谐的集体，主要负责宝钢股份宝山基地硅钢区域所用资材备件的叉卸、驳运及生产卷、热卷、过渡卷、成品卷等的牵引驳运工作。该班组现有成员17人，其中，叉车驾驶员7人、牵引车驾驶员10人。在班组长黄少荣的带领下，班组成员积极学习技能，目前，高级工占比超过46%，荣获2021—

2022年度中冶宝钢“标杆班组”称号。

▌让“小立制”撬动班组“大治理”

“充分尊重集体意见，支持鼓励新员工发展，充分认可班组骨干成绩，真正激发了一线员工敢想敢干的内部活力。”该班组成员张仲发、金巍、张伟在班组长座谈会上说。这也是该班组多年来搭建交流平台、完善管理制度、班组治理长治长效的真实写照。多年来，该班组开展了作业“一帮一互”、技术取长补短、生活关怀关爱等一系列暖心活动，提高组员技能水平，增进班组的凝聚力。在“一帮一互”过程中，师傅黄少荣和徒弟王乃奎就牵引车展开了一系列帮扶活动。在牵引车精细化点检方面，黄少荣带着王乃奎一遍遍熟悉牵引系统、发动机、转向系统等部位，悉心传授点检小技巧。王乃奎像海绵一样吸收知识，迅速成长。在一次作业过程中，王乃奎听见牵引车有轻微异响，他判断可能是涡轮增压器存在问题，便当即和点检沟通确认维修，有效避免了故障扩大化。

▌让“小感动”激发班组“大温暖”

“老赵，这段时间你身体不好，刚刚动了一个大手术，还没完全恢复，我来给你顶班。”班组长黄少荣安慰刚刚动过手术，心急如焚、归心似箭的组员赵斌。为了保障快节奏的现场生产，让组员安心休养，黄少荣主动承担起赵斌的生产任务。该班组成员虽来自五湖四海，但始终团结协作，营造和谐的大家庭氛围，促进班组建设不断提升。“感谢兄弟们对我的帮助。”收到班组成员的爱心帮助，30岁出头的王学良感动得热泪盈眶。班组长黄少荣在得知王学良母亲因患有心脏病等基础疾病，长期卧床且经常需要住院治疗的消息后，在一次班组会议上告知了大家。听到这个情况后，大家纷纷慷慨解囊。一颗颗爱心、一份份真情，传递着人间的正能量，诠释着班组成员的博爱。班组长黄少荣将这份沉甸甸的爱心交到王学良手中时，王学良热泪盈眶，深深鞠躬向大家表示衷心的感谢。

▌让“小课班”积淀班组“大能量”

“老张，你来帮我看看，当叉车出现这种故障时，我应该先从哪里查找故障点？”午休时，好学的王乃奎一把抓住班组的“老法师”张仲发，来到他操作的3吨叉车旁寻疑解惑。“兄弟们，今天我们开展集体例保考核”。班组长黄少荣发布考核指令后，17名组员迅速在牵引车、叉车位站定，按照例保流程开始操作。考核由班组长黄少荣和组员张仲发当裁判，评选出当月“例保之星”。常年累月的坚持，使叉车驾驶员的例保技能不断提升，其中，金巍在中冶宝钢协力分公司举办的例保比赛中荣获二等奖。这是该班组的平常一景。为营造“学习工作化，工作学习化”的良好氛围，该班组制订了一系列驾驶技术和点检能力学习计划，全员利用工作之余学习理论知识，并把所学理论与实际生产相结合，遇到疑难问题互相讨论、共同提高。

多年来，该班组战斗力、凝聚力不断提升。2022年3月，面对封控生产及宝钢股份宝山基地硅钢产线生产节奏不断加快等挑战，该班组成员轮流开启驻厂生产模式，从钢卷驳运数量的确认到驳运质量的跟踪，再到钢卷物流去向，组员任劳任怨，每天落实精细化管理，有力保障了硅钢区域生产稳定运行。面对新的挑战，中冶宝钢协力分公司机械维修中心硅钢丙班将持续发扬吃苦耐劳的优良作风，以“标准化、网格化”为抓手，激发每个组员的“能量细胞”与创造活力，将其汇聚成推动企业高质量发展的动能，为企业发展做出更大的贡献。

（张　钰）

中冶宝钢协力分公司机械维修中心硅钢丙班

9. 抓学习打基础 遇困难齐努力

“加把劲，今天把这几个舱一口气清空掉。这条外轮抓紧，让国际友人瞧瞧咱中国人的效率！”清舱、卸料、物料输送，这些看似简单实则繁重的工作被中冶宝钢协力分公司机械维修中心码头丁班综合一组干出了精气神、干出了口碑。这支由12名成员组成、平均年龄40岁的队伍，扎根在宝钢股份宝山基地原料码头，全力守护原料码头原料进厂物流运输通畅，并荣获中冶宝钢2021—2022年度“标杆班组”称号。

始终抓好安全这件头等大事

该班组牢记“安全才是一切的基石”，在思想上始终紧绷安全弦，对预防措施勤回头看，将隐患消缺记心间。在落实“东晨1号”船清舱作业时，该班组员发现下舱梯子腐蚀严重，顶端还有一段长约50厘米的区域没有拉手，人员上下存在安全风险。面对紧张的工期，清舱工张传伟没有对此选择视而不见，而是坚持要求船方将其整改到位，确保安全后才进行作业。“活可以加班加点做，消耗的工期我们也可以加班加点干出来，但是安全不能马虎。”一次，在“伟伦号”船清舱作业时，船员因贪图省时没有用绳索固定下舱梯顶部，仅用手拉住就要求该班组员进行清舱作业，清舱工黄建则坚持要求船员必须用绳索将其固定好才开始作业。

始终积极抓“学习型”班组建设

为应对班组新老员工交替现状，提高整体技能水平，该班组积极开展“一岗多能”培训工作。安排经验丰富的“老师傅”每人带教2名徒弟，促进新员工迅速成长，掌握检修技能，提高现场作业效率。通过“师徒带教”活动的开展，年轻清舱工李文海除了掌握本职岗位操作技能外，还熟练掌握了卸料机机内皮带工、码头水手等岗位的操作技能。当组员轮休人力紧张或遇到小型煤外轮等难清理船型，一个人无法同时操作两台卸料机时，李文海就是首选的“帮手”，责任心也促使他每次都能出色地完成任务。机内皮带工顾明弟在从事机内工作之余，最喜欢做的事情是研究卸料机，从构造、性能到日常作业他都熟练掌握，处理机内皮带跑偏故障，快速完成压料排故等，他更是手到擒来，被班组成员称为“皮带侠”。目前，班组90%以上成员持有三项以上技能证书，50%的成员获得四项以上技能证书。

▍始终保持团结拼搏的奋斗精神

在全员共同努力下，该班组圆满完成各项生产任务。尤其在2022年抗疫保产期间，该班组成员“舍小家为大家”全部驻厂保产，采取24小时轮班制，克服一系列生产和生活上的困难，有的员工父亲病重至离世都没能回家看上一眼，仍在厂里含泪咬牙坚持，直至圆满完成了当期生产任务。2022年3月封控期间，宝钢股份宝山基地原料主码头、副码头4个泊位靠满了货轮，装载着3万吨原料的船要在24小时内完成清舱作业并离泊。此次清舱作业量远超“12人连续工作12小时清空1艘船舶”的常规任务，班组成员迎难而上，所有能调动的人力全部充当清舱工，他们主动放弃休息时间，从接班干到交班。班组长刘金龙更是驾驶推扒机在机舱内作业一夜未合眼，回宿舍倒头就睡；有的组员还来不及洗漱就在床上睡着了。班组长刘金龙当班14次往返主副码头，最终在规定时间内圆满完成4艘船舶12个舱的清舱任务，树立了能打硬仗的良好形象。

面向未来，该班组将进一步严抓管理、内强素质、外塑形象，追求与时俱进的良好作风，以安全生产为第一位，努力完成各项生产任务指标，为原料码头平稳顺行保驾护航，为企业蓬勃发展贡献力量。

（王爱华）

10. 展专业技能　显汽修风采

位于宝钢股份宝山基地发四路的修理厂房，近600平方米的工作区到处是汽修人忙碌的身影，就连短暂的午休也不能让他们停下脚步。他们就是中冶宝钢协力分公司机械维修中心汽修三班，一个个平凡的汽修人在班组长何国才的带领下，凭借精湛的技能完成鹅颈车、洒水车、新能源车、牵引车、大吨位自卸车、随机吊等近10种车型的修理任务，荣获中冶宝钢2021—2022年度“标杆班组”称号。

▌建安全学习型班组

为在班组中营造“学习工作化、工作学习化”的良好氛围，汽修三班制订了一系列学习计划。除参加公司组织的学习外，该班组经常利用班前会组织学习与汽车修理保养相关的新知识、新工艺、新技能，全面提升组员岗位技术水平。例如，电喷发动机维修一直是汽修三班工作中的难点，在没掌握这项技术时，电喷发动机出现故障需要委托第三方维修。为了啃下这块“硬骨头”，全面掌握电喷发动机的维修技术，该班组翻阅了各类维修书籍，除了和汽车厂家沟通交流外，还积极利用网络平台查询解决办法，对电子控制系统和燃油供给系统等的故障易发结构展开学习讨论。经过半个月的摸索实践，最终实现电喷发动机的独立自主维修。同样，该班组也将安全工作作为重中之重，排查作业环境的安全隐患、车辆的安全隐患，他们将安全责任落实到每个人，筑牢安全防线。

▌打造具备顽强战斗力团队

鹅颈车、钢管运输车、大吨位自卸车、随机吊、洒水车、皮卡、双排座货车、新能源车等，该班组担负着近10种车型250余台车辆的日常维修保养工作，工作量之大可想而知。面对困难，该班组始终以积极昂扬的工作干劲克服种种困难，保质保量完成各项维修保养任务。遇到特殊任务时，他们就自我加压，始终坚持“小修不过夜，大修加班干”的原则，立足岗位、忠诚奉献。一年多来，该班组共维修维护保养各类车辆1370多辆次，平均每个工作日维修6辆次。在2022年驻厂封闭生产期间，该班组的7名成员以厂为家，力战73个日夜，维修维护保养各类车辆584多辆次，刷新单日维修辆次纪录。

节支降耗从细节处做起

该班组本着“能用不换”“能修不买”“以旧换新”的原则，严格把好成本关。他们利用维修空余时间，对报废变速箱、电路附件、起动机、发动机等的零件进行拆解再利用，如利用废旧轴承对运输车防尘罩进行改造，较以前延长2个月的使用周期；利用废旧卧式千斤顶制作轴承拆卸器，减少工具成本的同时为后续的维修提供了便利；落实发动机、起动机、发电机等配件的修复改进，实现了降本增效，助力效益提升。

脏、累、差的汽修行当，在汽修三班成员眼里却是一件享受的事。中冶宝钢协力分公司机械维修中心汽修三班将继续加强业务技能学习，不断在工作岗位上创新突破、尽职尽责，也将持续做好“传帮带”，为企业的高质量发展贡献力量。

（焦时圣）

11. 安全互保齐出力　加强培训共创优

中冶宝钢协力分公司金属料加工配送事业部运五丁班共有12名成员，常年驾驶鹅颈车奔驰在热轧在制品运输线，快速将热轧卷驳运至下游机组，屡次刷新班组运输量纪录，保障宝钢股份宝山基地生产物流通畅，因优质高效服务获得宝钢股份宝山基地制造管理部颁发的“心系业主响应快、精细服务质量高”的锦旗。

勇于担当，甘于奉献

2022年封控保产期间，班组长吴怀新带领班组成员报名驻厂保产，在这个看似轻松的选择背后，班组成员克服了很多不为人知的困难。班组长吴怀新家中有双目失明的老母亲需要照顾，组员王光军的孩子刚刚诞生。“志不求易者成，事不避难者进。”他们毅然选择驻厂保产，睡在行军床、干在驾驶室，白色防护服内汗如雨下，鹅颈车成为他们手里的交接棒，实现了一次次高效交接，守护了热轧在制品运输线通畅，共同缔造多个运输新纪录。该班组因为优异的表现，荣获中冶宝钢2021—2022年度“标杆班组”称号，班组长吴怀新荣获宝钢股份宝山基地运输部运行管理室2022年度“优秀个人”称号。

干群努力，安全共保

作为一班之长，吴怀新深知安全工作的重要性，“一日千里不算难、千金难买是安全”的话总被他挂在嘴边。别看班组长吴怀新平时为人随和，但是一旦有人触碰安全生产底线，他就立即变身“黑脸包公”，绝不迁就姑息。班组里有个年轻小伙子平日干活爽气有冲劲。一天早上，出车前，吴怀新细心地发现小伙子一副睡眼惺忪的样子，便立即上前询问。得知昨晚小伙子没休息好，精神状态不佳后，吴怀新二话不说把小伙子拉下驾驶室，强令他休息好后才能出车。小伙子不以为意，和吴怀新辩解道：“没事的班组长，我年轻经得起熬，一会喝两口咖啡提个神就好了。我这半天不出车，工作量不就落下了？”吴怀新一脸严肃道：“疲劳驾驶事故多，疲劳驾驶是我们驾驶员安全行车大忌。历史事故案例学习全还给我了？”小伙子因吴怀新的话感到羞愧无比。大家在吴怀新经年累月的带头示范和严格管理下，驾车行为越来越规范、文明。整个班组2022年累计行驶7万公里，未发生一起安全违章事故。

勤学苦练，技能成才

与普通车辆相比，鹅颈车车体要长很多，对驾驶员的驾驶技能要求更高。为了又快又稳地将钢卷运输至目的地，班组成员没少在技能提升方面下狠功夫。在项目投入之初，大家都不敢率先尝试驾驶这种新型车辆。为了消除大家的顾虑，吴怀新带头学习同行的先进驾驶技能，他每天早出晚归，利用空余时间勤学苦练、潜心钻研，个人技术突飞猛进，但他并不满足于此，而是毫无保留地将技艺传授给每个组员，对于任何问题他都耐心解答，甚至亲自示范。班组里有个老同志对新事物的接受能力较差，超长的车身使他在厂房倒车和转弯时总是控制不好尺度，活干得比别人慢，急得团团转。吴怀新主动给他当陪练，并将自己总结的小技巧都分享给他。经过一周“一对一”的打磨，老同志的技术有了起色，运输量开始节节攀升，激动得他拉着吴怀新的手连连称谢。在吴怀新的带动下，整个班组学习氛围浓厚，不仅学习驾驶技能还学习保养技能，安全技能同样不能落下。大家你追我赶，互相比拼、互相切磋，个个成为行业内的驾驶能手。

驾驶员虽然是一个平凡而普通的岗位，但是中冶宝钢协力分公司金属料加工配送事业部运五丁班这群能吃苦、肯奋斗的有志者用自己的实际行动缔造了一个又一个不平凡的成绩，他们用心守护着宝钢股份宝山基地生产物流通畅。

（崔雨蝶）

12. 严基础管理　创责任班组

中冶宝钢协力分公司工业炉窑车间一中间包日班立足最大限度激发班组“细胞”活力，以上心、走心、尽心的责任担当，持续提升组员技能等级、强化基础管理，为现场中间包有序周转、确保炼钢生产平稳顺行提供保障，为所在作业区荣获“金牛”作业区及“上海市工人先锋号”贡献智慧和力量。该班组荣获中冶宝钢2021—2022年度“标杆班组”称号。

“班组就是一个小家，人人都是班组的建设者。”班组长周华启说。为提高班组成员工作的主动性、责任心，该班组通过开展合理化建议征集活动，强化勤俭节约、降本增效意识，开拓组员思维，提升创新能力。在施工工艺和技术提升方面，全体班组成员集思广益、群策群力。为保障宝钢股份宝山基地炼钢3号连铸机中间包高连浇，该班组设计制作了渣线位加强堰板，解决了渣线位耐火砖熔损严重难题，满足了炼钢工艺需求；在节能降耗、降本增效方面积极改进和创新，针对因中间包解体导致耐火砖松动造成耐材使用炉数低的问题，该班组积极开展“改进中间包包沿填充料方式，减少中间包修理量”自主管理课题研究，推行包沿口整体浇注方案，降低了中间包维修次数，减轻了员工的劳动强度，节约了成本。为紧跟业主的智慧制造推进速度，该班组成员刻苦钻研，努力提升技术能力。例如，为解决连铸机器人夹持器安装长水口异常等问题，该班组积极跟踪现场情况，分析异常原因，研制夹持器抓手弧度专用检测工具，落实专人检测方案，顺利解决生产中的实际问题，降低连铸机器人夹持器异常下线率，被宝钢股份宝山基地炼钢厂授予“信得过班组”称号。同时，该班组明确安全、成本与质量三条企业生命线，通过每月定期组织综合技能测评，营造“比学赶帮超”的学习氛围，全员积极主动、要求进步，整体素质得到显著提升。

基础管理要全员参与。该班组积极推动基础管理提升，从细微处抓起、从点滴上着手，做到人人讲“金牛”、人人创“金牛”。中间包涂料搅拌扬尘散落、分布面广，放料时泥浆飞溅，容易造成二次污染。针对涂料搅拌区域粉尘、泥浆等重要环境管控的“老大难”问题，该班组敢啃“硬骨头”，利用休息时间自制简易装置，在搅拌机周边制作隔离挡板，及时收集和清理搅拌机作业过程中散落的涂料，避免二次扬尘，使环境问题得到有效改善。针对中间包倾翻冷钢下落废料台车时的扬尘排放问题，该班组在废料台车上焊接密封挡板，使中间包倾翻粉尘有效得到收集，并全部通过除尘实现有组织排放。针对岗位核心要素、危险源预知活动等，该班组完善班会内容及流程，组员由被动接受班组长指派工作转变为主动汇报以及主动识别重点工作。针对班组整体素养提升，该班组以“一人多岗、一岗多能”为目标，除了积极参加公司组织的培训、技能竞赛等活动外，还以班组小班课、自学为手段。目前，该班组特殊工种持证率达95%，高级工占比85%。

根本固者，华实必茂。面对新形势、新任务，中冶宝钢协力分公司工业炉窑车间一中间包日班将继续严格基础管理，聚焦炼钢连铸中间包保供，强化担当，为企业发展壮大不懈奋斗。

（汪本勇）

13. 铆足干劲挑大梁　争当模范做表率

中冶宝钢协力分公司炼铁运营事业部硫化一班是驻守在宝钢股份宝山基地炼铁厂皮带系统的忠实守护者。清理、热补、更换……他们全天候护卫皮带的高效运转，打赢一场场硬仗，为高炉冶炼系统保驾护航，曾连续两年荣获宝钢股份宝山基地设备部“信得过班组”称号，中冶宝钢2021—2022年度“标杆班组”称号；班组成员李道连曾获得上海市宝山区焊工技能比武第二名。

他们铆足干劲挑大梁的精神，在宝钢股份宝山基地炼铁厂烧结年修、原料码头A702管状皮带及烧结皮带更换项目中得到真实展现。宝钢股份宝山基地原料码头A702管状皮带是由中德输送工程技术有限公司制造的加装防撕裂网层的环保型管状皮带，总长3445米、带宽20米、厚度22毫米，采用德国技术，是目前国内最宽的新型管状皮带。这条重达260吨的皮带是宝钢股份宝山基地原料码头最长的一条皮带，且又因为是管状带，摩擦力较大，在进行更换时皮带穿放是难点。为交出一份满意的答卷，班组长李金虎带着3名组员在施工前到现场反复踩点、测量，了解上下道工序，他们针对施工难点展开激烈讨论，多次开展桌面演练，最终形成专门的安全质量保证措施和施工方案，在综合考虑安全、质量、工期、施工环境等因素后，采取机头机尾分段穿放方式进行皮带穿引。

面对国内最宽的新型管状皮带更换项目，该班组争当模范做表率。新皮带卷的体积大重量重、作业空间狭小、环境闷热，这些都为施工带来重重挑战。因皮带呈倾斜状导致放带架存在一定的倾斜度，然而放带架和皮带卷保持平稳是抽带作业的关键。该班组成员尝试使用铁架等6种材料后，最终采用方钢、枕木进行角度矫正，用两个手拉葫芦将放带架和皮带机桁架锁紧固牢，班组成员通过一边拉扯手拉葫芦一边观察放带架矫正情况，经过15次的观察测量，终于调整到最佳位置，如期完成抽带作业。此项目中，新皮带卷需要借助起重设备作业，如何在封闭的皮带通廊内实现精准安全吊装是个难题。该班组成员选定合适吊装部位后，果断拆除部分通廊顶棚，为吊装作业提供有效空间。无法用口哨、旗语进行起重吊装指挥，他们就在安全员的监护下用对讲机和吊车司机进行沟通确认，多措并举精准安全地完成新皮带卷的吊装。整个施工过程中，班组成员遇到困难抢着上、搭着干，在皮带机通廊内挥汗如雨，吊装设备、拉手动葫芦、拆卸皮带、抽拉皮带、安装皮带，齐心合力连续奋战5天，安全顺利完成施工项目。还没来得及休息，他们又马不停蹄地奋战30小时完成宝钢股份宝山基地炼铁厂原料直送带更换任务。

该班组在完成各项施工任务之余还爱研究优质、高效的施工方法，不断在施工过程中开展小改革，制作专用工具提高施工效率。在以往更换调整作业中，螺旋张紧胶带施工都是凭经验调整，容易出现拉力不统一、皮带易打滑跑偏等问题。为了解决该问题，班组长李金虎根据现场实际情况制作了带弹簧秤的专用力矩扳手，彻底解决了皮带打滑跑偏问题。该班组成员合力研制的胶带运输小车、胶带剥头专用夹具、胶带硫化对中专用装置，提高了现场施工效率，减轻了检修劳动负荷。

“即使做一颗螺丝钉也要做到最好，争当表率。”中冶宝钢协力分公司炼铁运营事业部硫化一班组将以更加饱满的热情、更加昂扬的斗志、更加务实的作风，奋勇拼搏、勇挑大梁，全天候确保宝钢股份宝山基地炼铁厂皮带系统高效有序运转。

（高立敏）

14. 严抓安全细管理　努力学习促提升

“吃苦耐劳、团结奉献、和谐友爱”是中冶宝钢协力分公司炼铁运营事业部煤输出煤处理区域白班的代名词，班组8名成员认真贯彻职业健康安全管理方针，严抓安全管理细节，提升安全意识和技能，心往一处想、劲往一处使，高质量完成各项生产任务，荣获中冶宝钢2021—2022年度“标杆班组”称号；班组长朱夏平获评中冶宝钢2021—2022年度“优秀班组长”称号。

完善制度细管理

为确保班组建设有章可循，该班组明确各岗位成员的职责、角色及日常工作，形成一套规范化的班组管理模式，严细管理，促进班组作业效率提升。该班组根据计划统筹安排停机事项，协调生产方、点检方、检修方停机挂牌的时间和地点；涉及跨班组交接项目一事一议，安排翻班专人跟踪配合，确保安全管理不缺位。皮带机消防是该班组日常管控重点，针对现场技改施工动火多的现状，该班组除了执行动火许可证、灭火器、监火人等规定措施外，还通过提高动火点回看频次、加大现场巡检覆盖力度等措施，及时消除隐患。

严抓安全不松懈

该班组一切日常工作均以安全为前提，尤其重视生产过程中的安全管理。他们从生产细节入手，认真排查作业过程，消除了多个风险隐患，有效遏制了潜在事故的发生。2022年，因技改项目的实施，原煤处理三四期配合槽停用待拆除，但20个储存槽内合计有数千吨煤料还未清空，煤料长时间堆放可能引发火灾。该班组成员高度警惕，每天对槽体进行测温，一旦发现温度异常就立即启动预案。为根治隐患，他们积极联络宝钢股份宝山基地炼铁厂，协调资源开启下游皮带机单机将煤料排出。此外，该班组通过组织开展多主题、多形式的安全教育及演练等活动，不断提升成员的安全意识和安全技能。

立足现场保生产

该班组主要以保障高炉、电厂、炼焦物料输送为主要任务，日均输送量为3万～4万吨。随着宝钢股份宝山基地环保A类企业创建和打造花园式料场超低排放项目的实施，系统作业逐渐呈现时间紧、任务密的趋势，作业负荷的增加也加剧了设备的损耗。对此，该班组见缝插针，抓住产线停机间隙或休息日等一切可利用的时间落实运维。为了高质量运用服务煤处理区域的126条皮带，该班组强化网格化管理，减少日常落料；轮番上阵，利用休息时间加班清理，面对总长度约6公里高低起伏的皮带，班组成员通宵达旦、加班加点积极投身设备检修和清扫维护工作，将“8保16”的理念切切实实地执行到位，确保了区域内生产稳定顺行，并荣获宝钢股份宝山基地炼铁厂2021年度“超值贡献”奖。

不断学习促提升

中冶宝钢协力分公司炼铁运营事业部煤输出作业区是个“检维养护”一体化作业区，随着业务不断拓展，该班组技能水平无法满足市场需求。对此，班组积极制订技能提升计划，参与各工种培训。2021年以来，该班组除有8人取得专职点检证或运行点检证外，还有消防管理证、起重机械操作证、焊工证、电工证等13种证书。班组成员善于在工作中总结回顾、改进方法，如在技改中发现驱动电机存在风险及安全隐患，提出在其底座上增加固定螺丝，将紧邻的液力接手螺栓也增加至2颗，减少皮带机运行风险，减轻劳动负荷，减少人员投入，消除了安全隐患。

新征程中，中冶宝钢协力分公司炼铁运营事业部煤输出煤处理区域白班将继续继承和发扬吃苦耐劳、团结奉献、和谐友爱的精神，团结奋进，创一流团队，为企业高质量发展添砖加瓦。

（陈萃嫔）

15. 人少勤干事　争做好标杆

“人少勤干事、争做好标杆”是中冶宝钢协力分公司炼铁运营事业部二高炉水渣丙班的座右铭，“1+2”（1名班组长+2名组员）的搭配，在班组长郝成勇的带领下，紧密结合宝钢股份宝山基地炼铁厂高炉水渣工作特点，出色地完成高炉水渣生产、维护、清扫等各项工作任务，发挥了“1+2>3”的效能，荣获中冶宝钢协力分公司2016年度“红旗班组”、中冶宝钢2021—2022年度“标杆班组”称号。

一降一升取胜的法宝是“勤”

中冶宝钢协力分公司炼铁运营事业部二高炉水渣丙班成立于2018年，成立之初班组成员有9人，随着效率提升及工作的不断推进，在区域总包专业化后班组人数减至3人。其间，随着一体化业务的承接，该班组负责的业务陆续增加了高炉水渣转鼓轨道螺栓紧固、集水池底流泵盘根紧固等项目。从细节处“勤”动手、消隐患，在落实高炉水池清渣作业后，该班组“勤”清理冷却塔底部吸入管管道内的渣块，有效防止渣块堵塞管道影响生产；在攻坚时“勤”动腿、助“创A”，在宝钢股份宝山基地创建A类环保企业过程中，他们负责2号高炉水渣南场皮带区域、南场转鼓区域“创A”等项目，作业量巨大，且环境卫生很难常态化保持。面对较以往增加了20%的作业量，他们靠双腿跑出加速度，使负责区域顺利通过“创A”验收；从提效率处“勤”动脑、提效率，他们创新“低水位操作法”，增加高炉水渣冷水池的流动性，避免积渣堵塞管道吸入口，提升水渣粒化系统使用效率，此操作法已在宝钢股份宝山基地4座高炉上得到应用，最大限度保障了高炉水渣系统安全稳定运行。

夜以继日克难的法宝是“争”

2022年，上海疫情暴发期间，为维护钢厂冶炼顺行，中冶宝钢协力分公司组织骨干员工驻厂抗疫保产。接到消息后，班组3名成员一致请愿参加。高炉水渣是高炉熔渣处理系统，其工作状态直接影响高炉出铁情况。在驻厂的3个多月时间里，二高炉水渣丙班3人，一人一张行军床、同住一个集装箱，互相鼓励、携手共进，24小时轮流值守现场，高效完成水渣生产的作业任务。其间，他们多次在休息时接到抢修电话，四高炉水渣南场底流泵堵塞、检修转鼓滤网更换等项目出现故障，需要配合完成底流泵管道清堵、泵坑内积渣清扫等检修项目。面对2吨的积渣，他们凭借争分夺秒的干劲、争做标杆的决心，一刻不停歇地挥动铁锹，在3小时内完成清渣任务，为后道抢修工序提供了坚实保障。

“一勤天下无难事”，中冶宝钢协力分公司炼铁运营事业部二高炉水渣丙班正是凭借“人少勤干事、争做好标杆”的干劲，有力地保障了高炉水渣系统安全稳定运行，以良好的形象和影响力带动其他班组共同进步，展示出新时代中冶宝钢产业工人的精神风貌。

（黄　磊）

中冶宝钢协力分公司炼铁运营事业部二高炉水渣丙班

16. 焊机设备检修战线上的“尖刀班”

中冶宝钢第一分公司电仪作业区焊机班是维护焊机设备，保证焊机正常运行的重点班组。该班组始终秉承“安全在我心中，质量在我手中”的工作宗旨，围绕技术、质量、成本、安全等管理目标，积极推进标准化作业，圆满完成各项焊机检修任务，被赞誉为冷轧设备检修战线上的“尖刀班”，荣获武钢有限冷轧厂焊机作业区赠送的写有“作风顽强、行业标杆”的锦旗。

提技能，解疑难，保生产

该班组积极推进技能提升工作，通过自主培训不断提升成员技能水平，消化掌握应用新技术、新工艺、新方案，解决焊机出现的疑难杂症。班组长汪聪结合每位成员掌握的技能情况制订了专门的培训计划，按照“年度有计划，月度有安排，人人有打算”的标准带领班组成员不断加强业务学习。他们把检修工作质量视为最重要的业绩目标，齐心协力、迎难而上，把控各个项目细节要点，按时按量完成各项检修任务。遇到年修施工，班组长汪聪废寝忘食、坚守现场，全程把控检修质量，确保工序符合要求。2023年2月，在他的带领下，班组高效推进作业区酸轧机组改造项目，在加装焊缝退火设备时，组员杜达凯、许鑫等相互配合，精准调整设备精度，不断调试设备可靠性，降低焊缝断带率和故障率，创造了单班组月作业效率110%的新纪录。

促激励，凝合力，攀高峰

为保质保量完成常规检修作业，该班组建立健全管理制度和考核细则，完善奖惩依据，激励和鞭策组员工作主动性和积极性，提高作业质效。该班组秉持“按劳分配、多劳多得、奖优罚劣”原则，薪酬分配公平、公正、公开，将成员收入与岗位贡献、技能水平和工作业绩紧密挂钩，让“收入凭贡献”的激励机制真正落地，实施精准激励，收入差距合理，形成班组成员向核心操作岗位、向一线辛苦岗位、向高端技术岗位流动的趋势和价值导向。

重细节，抓安全，筑防线

安全管理工作重点在班组，核心在员工，关键在预防。焊机班全体成员同心协力、严守底线，共同筑牢安全管理防线。班组长汪聪利用班前会创新开展岗前安全小论坛，通过对当天检修任务的总结讨论，预判生产中可能存在的隐患，并有针对性地制定防范措施，还在班后会复盘当日实际情况，遇到问题及时分析、快速解决，努力打造“人人管安全，时时保安全，事事抓安全”的优秀班组。同时，该班组通过“今天我是安全员”“安全监督日”“安全知识你问我答”等活动，增强成员安全意识，提高成员安全技能。

中冶宝钢第一分公司电仪作业区焊机班作为冷轧厂设备检修战线上的“尖刀班”，将以更加强烈的责任担当、更加饱满的工作热情、更加务实的工作作风立足本职接续奋斗，尽心尽责守护安全，自主创新助力发展，为企业的高质量发展再立新功。

（揭 靓）

17. 重培训抓节流　塑班风保生产

家，是感情的港湾、灵魂的栖息地、精神的乐园。班组不仅是工作的集体，也是职工温暖的家。优良的班风可以体现班组的内在品质与外部形象，引领班组未来发展的方向，对于班组建设具有重要的导向作用。中冶宝钢第一分公司工程机械大队清舱丁班，班组成员都是优良班风的践行者，他们在班组长徐远峰的带领下，以重培训、抓节流、重安全、保生产为目标，塑班风、保生产。

▌建章立制，塑造班风

该班组对照公司规章制度和作业标准不断完善、健全管理制度，重点从班组制度、班组培训、班组奖惩等5个方面11个子要素推进系统化、标准化的班风文化建设。班组长徐远峰带头开展班风整顿，重点检查班前会班后会记录、设备运行记录、材料用量记录等，督促日常工作深化细化，并通过开展多样化的班风活动夯实该班组的班风基础。该班组以优良的班风建设荣获中冶宝钢2021—2022年度“标杆班组”称号。

▌自主维修，开源节流

精准发力，结合工作实际制订符合班组成员特点的技能提升计划，有序开展技能提升活动，全面提高班组成员的综合能力，以全体成员技能水平的提升促进班组成绩的提高。班组成员朱世元凭借严谨的工作作风，在工作过程中发现滑移装载机轮胎存在破损问题，需要另找人员更换安装。为了提高维修效率、降低维修成本，他自主学习了轮胎维修方法，自制高效工具，高质量完成工作区域内相关设备轮胎修补任务，其他班组也纷纷效仿。班组成员吕传伟在进行皮带机检修及清扫工作时，及时发现并处理皮带机跑偏异常情况。因参加过相关培训，吕传伟熟练地按照皮带机的日常点检维护步骤操作，确保皮带机安全检测保护装置和消防设施良好运行。

▌闻令而动，严谨严细

班组成员对于工作细节的把控，离不开班组营造出的严谨工作氛围。该班组在内部建立了及时纠错制度，针对工作中的问题第一时间调查原因，进行分析纠错，防止问题再次发生。2022年3月17日，该班组在开展日常装载机吊运工作时，吊机钢丝绳突然断股。班组成员高度警觉，作业人员邵有祥和鲁杨东立即执行突发情况上报程序，把现场情况第一时间详细上报给班组长徐远峰。班组长徐远峰迅速响应，立即组织班组成员有序开展装载机抢修作业，高效完成钢丝绳更换任务，消除了装载机掉落的安全隐患。施工结束后，班组长徐远峰将问题发生原因、处理措施在班组中进行复盘，通过总结经验教训持续优化、巩固管控措施，并将其增加到岗位规程和施工标准中，形成长效机制。

舒适的环境、一流的设施、民主的管理，才是实至名归的“幸福之家”。中冶宝钢第一分公司工程机械大队清舱丁班成员个个深耕技术、作风过硬、敢于创新，用严谨的班风建设保障船舱运行安全，用实际行动扛起国企的责任与使命。

（牛梓欣）

18. 提升技能保安全　开拓创新谋发展

有这样一群青年先锋，最沉重的担子他们挑，最紧急的关头他们冲，最困难的时刻他们上，在创新面前勇于挑战自我，在困难面前敢于冲锋在前，用自己的实际行动演绎责任与担当，他们就是中冶宝钢第一分公司硅钢作业区机械二班。

▌加强班组建设，构建安全型班组

该班组不断加强基础建设，努力打造一支“抓安全、讲时效”的新型班组。管班组不如班组自管，该班组充分利用班前班后会、班组安全日等活动宣传安全文化，辨识安全风险，形成班前想、班中做、班后思的工作模式，让班组成员能够“上标准岗、干标准活，做放心事”，构筑起安全生产的坚实屏障。2022年1月，正值硅钢无取向机组卷取机卷筒更换项目临时抢修，因涉及高空临边作业，危险系数较大，班组长李春生组织全员共同研讨施工方案，分析识别各工序涉及的安全风险，提前制定安全管理措施，将风险隐患消灭在萌芽状态。在施工过程中，班组成员严格落实卷取机卷筒解体检修的各项安全注意事项，选钢绳、寻吊点、做标记、记数据、起吊装，最终顺利完成施工任务并成功地一次性交付。

▌专业技能提升，创建技能型班组

“没有金刚钻，别揽瓷器活。”该班组十分注重技术水平的整体提升和新员工的技能培训，每月定期组织成员走上讲台开展班组小课，传授技艺和工作经验，通过典型案例的分享，让班组成员学有所成，共同提升。为提高新员工的培训效果，该班组合理发挥老员工“传帮带”的作用，促进全员共同进步。老员工朱飚与新员工周月平是一对师徒，周月平的技术是朱飚“手把手”“一对一”教出来的，从张力辊实体拆解到底座调整，经过朱飚的教导，周月平快速掌握要点，仅用3天时间就能在师傅的监督下独自完成张力辊底座更换任务。2022年，通过师徒带教和岗位练兵，该班组成员技能水平普遍提升，有3人获得中级钳工证书，80%以上的青年员工达到“一专多能”水平，机械事故的判断能力和处理水平得到显著提升。2022年5月，在武钢有限硅钢部CA19机组焊机维工项目中，该班组通过详尽的设备调研、精巧的方案设计、高效的施工组织，在时间要求紧、设备安装技术要求高的压力下，全员齐心协力、团结协作，以使用计划66%的时间高效优质完成焊机安装工作，一次性通过检查验收，得到了甲方的高度认可与表扬，在2022年底荣获武钢有限“信得过班组”称号。

▍主动开拓创新，打造创新型班组

为打破瓶颈，该班组结合“五小”创新活动，围绕提质增效展开攻关。2022年10月，为解决废旧辊定制点环境差、维修材料成本高等问题，该班组设计了一套专门摆放辊子的工装，这套工装是几个框架结构，能规整地放置不同规格型号的废旧辊子，不仅避免了施工期间废旧辊子污染地面，还能有效保护辊面，防止出现压痕，确保组装过程安全高效。

中冶宝钢第一分公司硅钢作业区机械二班精诚团结、严守标准，努力打造成安全型、技能型、创新型班组，为中冶宝钢高质量发展贡献智慧和力量。

（周梦琴）

19.“众口难调”我来调　杜绝浪费我当先

中冶宝钢第三分公司马迹山项目部食堂班组主要负责马迹山港区的工作餐制作、配送等相关后勤保障工作。面对副食品价格上涨的压力，他们既要做到膳食搭配合理、菜品种类丰富，又要做到价格不涨、质量不降，这成为其面对的一大难题。

千方百计做好膳食搭配

该班组积极转变管理和服务理念，从关注饭菜品种数量向追求饭菜口味、营养上转变，科学优化饮食搭配，让港区员工既能吃饱，也能吃好。一方面，该班组每年举办厨师技能大比武，按口感、质感、观感、营养饮食等四个方面进行综合评比，用食堂餐饮人才队伍整体素质的提升带动菜品质量提升；另一方面，上网搜索经济实惠并适合大多数人口味的菜肴，结合实际情况进行创新，边尝试供应边改良配方，累积增设鱼丸汤、肉丸汤、煲仔饭、盖浇饭、火锅等20余道特色菜肴。此外，该班组每周变换工作餐的菜品搭配，并根据不同节气、不同季节的特点推出时令菜品，让餐桌变得“丰富多彩”。港区员工发自内心地说：“正因有了你们，我们的干劲更足了！”

注重细节杜绝食材浪费

为杜绝“舌尖上的浪费”，该班组在项目部的支持下在配餐区域安装了视频监控系统，实时管控班组成员岗位工作状况，从源头保障食品卫生，杜绝食材浪费。该班组还将就餐区域作为文化宣传阵地，在醒目位置张贴宣传节约粮食主题的特色海报，大力倡导遏制“舌尖上的浪费”，消除“剩宴”，引导广大员工自觉减少餐饮浪费；建立每天统计的沟通机制，按照每天实际出勤人数动态调整食材采购总量，避免过量采购造成浪费；指定食堂协管员，监督窗口工作人员和用餐人员，及时阻止浪费行为的发生；开展“光盘行动”，开设二次补充添加饭菜窗口，鼓励员工“初点半份菜，有需再添加”，避免因吃不完造成浪费。

食堂班组将以确保餐食安全、提升服务质量为工作重点，不断倡导勤俭节约、文明用餐的良好风尚，让马迹山港区员工吃上放心饭、卫生饭、安全饭，为港区生产顺行提供坚实的后勤服务保障。

（郑园园）

中冶宝钢第三分公司马迹山项目部食堂班组

20. 精细管理有章法　勤奋学习促进步

“绿水青山就是金山银山”，中冶宝钢山西分公司房涛班组始终用自己的实际行动践行着这个理念。虽然他们只是一个小小的检修班组，但是这个班组负责着太钢集团加工厂动力环保工段的日常检修维护工作，主要任务就是保障水钢渣处理过程中产生的“废物”回收设备的维护，包括风机检修、动力波除尘、喷淋除尘、沉降无害处理及相关附属设备维护等工作。

强化学习提升安全意识

在班组管理中，班组长房涛积累了一套行之有效的“安全经”，通过每日班前班后会把文件精神、安全生产禁令、典型违章作业案例、太钢职工生命保障规则、检维修项目的“八大准备、八不开工”、高处作业“八必须”、有限空间“十必须”等规章制度，用通俗易懂的语言等多种方式进行展现，持续强化成员安全意识，让安全理念深入人心。在每周安全例会上，该班组积极组织开展消防安全、高处作业、有限空间作业等预案演练，结合事故通报案例，以案说法，让组员明确安全要点。

▌善于创新攻坚克难突破瓶颈

该班组负责运维的环保设备以风机设备、喷淋设备及箱体结构为主，其运行状态关乎整个加工厂工序的衔接，设备分布在方圆5公里区域，仅每天的设备巡检就需要人均步行近2万步。该区域的检修任务具有作业环境差、任务可预见性差、时间要求紧的显著特点，常常是“检修”当作“抢修”干，加班加点是家常便饭，对人员的责任心和奉献精神有着很高的要求。为了确保安全和质量，班组从调节人员配置入手，突出“以老带新”、按人配岗，根据入职时间及安全技能高低形成相对稳定的两人小组，化“繁”为“简”打破设备管理瓶颈。

在班组日常管理中，班组长房涛注重从“细处”着手，对所在区域风机、喷淋头等易发生故障的设备做好记录，凭借翔实的数据有计划地提前更换备件，保障设备主线“零故障”稳定运行；他还用“婆婆嘴”不厌其烦地向组员做好安全交底，哪怕只有一颗螺栓和施工方案不同，他都要认真做好说明。也正是这样精细化的管理，才使班组成员对区域内设备的熟悉程度连续提高，为安全作业奠定了坚实的基础。

今后，房涛班组将继续与时俱进，勤学习、多磨炼，在日常工作中汲取并总结更多经验，力争再上新台阶，为中冶宝钢高质量发展贡献更多的光和热。

（冯　旭）

21. 遵章守纪保安全　团结协作创佳绩

中冶宝钢山西分公司北区转炉动力班组是一个拥有超强战斗力的班组，主要承担太钢炼钢二厂能环动力工段设备检修工作。该班组认真贯彻执行公司各项安全、质量管理方针，多次高效圆满地完成各项检修任务，自成立以来一直保持“安全事故为零”“质量事故为零”的优异成绩。

多措并举强化安全管理

转炉动力班组的作业区域覆盖面积广，作业内容涉及高空作业、涉煤作业、有限空间作业等多种高危项目。班组长游彦涛常说：“只有让员工把‘要我安全’的思想转变成‘我要安全’，才能最大限度避免事故的发生。”他将做好新员工教育作为消除安全隐患的重点工作，每当班组里来了新员工时，他总是会“重点关照”一段时间，在发现其在施工过程中作业不规范时，第一时间指出问题，强调违章作业可能引起的严重后果，悉心教授相关知识，帮助新员工从根本上提高安全意识，提升安全技能。强化安全学习，确保入脑入心是游彦涛做好安全工作的重要抓手。他每周都组织成员学习典型事故案例、安全作业规范等，并要求人人轮流发言，谈心得、讲体会，促使每名组员从思想上提高对安全工作的认识，真正做到懂安全、会安全。

注重细节保障检修质量

如果说班组是一盘棋，那么每名组员就是一颗棋子，要想赢得最后的胜利，只靠某个人的努力是远远不够的，必须从全局出发，只有所有人共同努力、相互协作，才能实现最终的目标。该班组将每次任务看作“一盘棋”，在班组长游彦涛的组织协调下，班组成员各司其职、相互配合，确保做到所有工作环节保质保量。游彦涛常说：“检修工机具就是员工手中的‘武器’。”针对班组成员技能水平和理解力存在差异的问题，他每天都随机抽查检修工器具的准备情况和员工对自身任务的知晓情况，确保做到有备而战、有的放矢。该班组凭借连续无安全质量事故的佳绩，得到业主方的一致好评。

“长风破浪会有时，直挂云帆济沧海。”未来，该班组将进一步以高标准、严要求推进各项工作，不断提升员工岗位技能和安全管理水平，保安全、保质量、保进度完成各项工作任务，努力打造一个综合实力更加突出的优秀班组。

（冯　旭）

中冶宝钢山西分公司北区转炉动力班组（电工基础技能提升培训）

22. 工作有担当　实力验成效

提到笔尖钢，大家可能并不陌生，因为人们日常使用的圆珠笔和中性笔中都使用了这一材料，而这一颗看似简单的“小圆珠”却有着大大的学问。中冶宝钢山西分公司不锈钢连铸班组就承担着打破笔尖钢原料生产瓶颈主要设备的维保任务。多年来，在班组长贺亚威的带领下，该班组成功确保了设备的稳定运行，两次荣获太钢集团炼钢一厂“信得过班组”称号。

▍迎难而上显身手

不锈钢方坯连铸是服务笔尖钢产能升级的新增产线。设备投入使用之初运行不稳定，辊道“抱死”、冷却水阀门开闭不受控、润滑油跑冒滴漏等多种问题屡见不鲜。面对新设备、新工艺，班组成员疲于应付，纷纷产生畏难情绪。为了提振士气、确保生产，班组长贺亚威迎难而上，挑选骨干成立设备保驾专班，细化责任并落实到人；同时，他积极向检修队寻求支撑，协调本区域值守人员合力参与设备保驾，最终经过90个日夜的连续奋战，方坯连铸机作业率达到92%，超过设计说明中的90%。

能打硬仗获赞誉

该班组是能打硬仗的"排头兵"，在重大检修、抢修项目中，他们经常承担难度最大、环境最苦、时间最紧迫的项目。为了确保工期，该班组经常加班加点，甚至吃住在现场。在2022年一次年修最后的检查试车环节中，班组成员发现接坯小车传动侧钢丝绳磨损达到临界值，班组长贺亚威当机立断，与时间抢项目，将备件准备及吊运、上下道工序衔接、备件尺寸确认等工作一气呵成，最终提前1小时圆满完成任务，联动试车一次成功，工作效率让业主赞不绝口。

在日常管理工作中，该班组将精细化管理贯穿班组建设，用高质量、高水平、高效率的管理方针引导、启发员工。该班组借鉴业主"分层次、分级别，由浅入深、逐层推进"的设备管理体系，通过对设备更换周期、历史设备故障事件的反复学习，提升员工的业务能力；以注重细节、注重实战、提高突发事故处理能力为技能训练重点，组织开展触电急救、消防演习、中毒事故处理等演习活动，培养出多名"一岗多证"或"一岗多能"的多面手，夯实了班组的根基。

在班组成员的共同努力下，该班组的团队凝聚力不断增强，以爱岗敬业、勇于创新、甘于奉献的协作精神，出色地完成了上级下达的各项任务指标，得到了各级领导及业主的认可与好评。

（冯　旭）

23. 勇挑重担打胜仗　创新驱动谋发展

班组是企业的中流砥柱。"上面千条线，下面一根针。"班组的这根

“针”，通过穿针引线、承上启下，发挥着落实企业生产经营任务、助力企业改革发展的关键作用。在武钢有限炼钢区域每一次故障的突发现场，都能第一时间看到一群年轻人忙碌的身影，他们就是中冶宝钢第一分公司炼焦三炼钢一班。该班组曾被评为2022年度“先进班组”，并荣获武钢有限炼钢厂赠送的锦旗。

不惧艰难，勇挑重担

班组自成立以来，始终敢打硬仗、善于攻坚，凝心聚力、奋勇拼搏，以不怕苦不怕累的实干作风演绎最美担当，以冲锋在前的行动力高质量完成各项检修任务。

2022年3月，武钢有限炼钢炉附近一台450吨行车实施定修任务，行车减速机与厂房顶部单轨吊距离较近，导致减速机开盖吊装空间受限，吊装难度加大。即使经过技术人员的反复测算、调整吊装方案，也无法满足减速机开盖条件。该班组主动请缨承接项目，班组长胡家斌对现场进行实地勘探，运用多年积累的经验，向技术组提出利用房顶主梁设置吊点，突破吊装高度限制，解决吊装高度不够的问题。经技术组专业测算，该方案顺利通过论证。最终，班组长胡家斌带领班组成员，在现场极为复杂、时间极为紧迫的情况下，按时保质保量地完成了行车定修任务。

一次，在武钢有限精炼区域450吨行车车轮更换抢修任务中，因电道无法停电，需要对3千伏电道进行防护。业主和负责人讨论各种防护措施，但该施工内容风险较大，未能得出有效实施方案。为了保障生产有序，班组长胡家斌提出一套解决方案：利用绝缘塑钢材料制作一个轻便的防护支架，使用螺栓夹紧方式将其安装在更换车轮轨道外侧，与磨电道形成一道绝缘防护屏障，保证车轮吊装时手拉葫芦链条不会掉落到磨电道上。这个简单高效的方法被迅速采纳，投入应用后不仅缩短了电道停电给炼钢带来的生产压力，也确保了车轮抢修作业的安全性。

勇于创新，敢于突破

“道在日新，艺亦须日新。”突破自我、不断创新，是该班组的追求。该班组积极发挥全员主观能动性，鼓励组员参与创新，汇集集体智慧，积极开展技术改造、小技小改、岗位创新等活动。

高质量发展离不开人才引领和技术支撑，既需要“顶天立地”的领军人才，又需要“铺天盖地”的基础人才，班组成员雷军方就是一名从基层一步步成长起来的“技术人才”。在2022年武钢有限技能比武大赛中，雷军方荣获钳工组三等奖。

由于炼钢现场环境温度高，吊装位置受限，行车检修更换动滑轮效率较低，更换一组滑轮需要连续施工10个小时。为了提高施工效率，该班组开展了技术攻关。班组成员李喜平制作了滑轮吊装专用工装，原来单次只能吊装1片滑轮，使用专用工装后单次可以同步吊装6片，施工效率显著提升。使用专用工装还避免了吊装过程中滑轮滑落脱落的风险，减少了安全隐患。为了解决行车检修下线车轮旧轴承箱和轴承解体施工过程中外力拆除费时费力的问题，该班组不断探索研发和制作专用液压拉马装置，车轮解体施工时长缩短75%。

中冶宝钢第一分公司炼焦三炼钢一班在实践中增才干，在磨砺中长本领，在武钢有限炼钢厂树立了良好的品牌形象，展示了中冶宝钢冶金运营服务“国家队”的风采。

（黄　芳）

24. 夯实基础重安全　增强实力学技能

人们常说，生长在浩瀚沙漠中的胡杨树坚韧不拔、无惧风沙。在中冶宝钢第一分公司，被称为“胡杨班”的炼铁八高炉班组能吃苦、能战斗，多次高效率、高质量地完成武钢有限炼铁厂六号高炉、八号高炉大修改造保产任务，积极支撑武钢有限冷轧系列年修和定修任务的完成，用踏实肯干的作风和严肃认真的态度，以精湛的技术和优良的业绩，诠释着中冶宝钢人的勤劳与“胡杨树精神”。

建立长效机制，筑牢安全基石

作为一线班组，中冶宝钢第一分公司炼铁八高炉班组始终注重班组成员安全防范意识的提升，坚持“生产不忘安全，安全才能生产”原则，真正做到把“要我安全”转化为“我要安全”，始终将“制度常在，警钟常敲，技能常练”铭记于心。“每天风险预警”活动是该班组做好安全工作的有力抓手。下班后，班组长叶志龙对照第二天的作业内容开展危险源辨识，编制工作风险预警管控清单，制定具有针对性的管控措施，确保每处细节都得到有效管控。

该班组负责维保的武钢有限炼铁厂八号高炉设备老化严重，平台栏杆腐蚀处较多，存在安全隐患。针对这一情况，班组长叶志龙充分利用检修间隙，精细排查现场情况，通过积极协调找到与腐蚀部分相匹配的材料，对腐蚀严重部位进行整改，消除了平台承重安全隐患，真正做到检修安全隐患“排查见底、整治彻底”。2022年，该班组对区域内皮带机、作业现场等进行全面排查，共查出安全隐患18项并全部完成整改，提高了现场本质化安全水平。

精炼岗位技能，培育精兵强将

班组长叶志龙深知，没有坚实技术力量的班组很难实现可持续发展。为了提高全员技术水平，该班组定期开展系统性技能培训，现场解答检修过程中发现的疑难问题，并邀请专家开展辅导讲座，营造“学习工作化，工作学习化”的良好氛围。通过对设备运行原理、常见故障问题的讨论分析，全体组员更加熟练掌握设备状态，促进组员整体技能水平提高。

实践不仅是检验真理的唯一标准，也是检验自我学习的好方法。班组成员李超谦虚好学、认真务实，凭借扎实的电工技能基础，在2022年参加了武钢有限技能比武大赛，并荣获大赛电工组二等奖。班组成员肖长明在维护八号高炉转鼓减速机设备时，发现转鼓减速机有轻微异常震动。他迅速运用培训相关知识分析设备故障可能性，最终经过多次检查，确认转鼓减速机一次快速轴和二次减速轴之间的传动轴咬合出现了窜动，他及时联系维修人员对此进行了修复，避免了一次重大设备事故的发生。

中冶宝钢第一分公司炼铁八高炉班组是一支敢打敢拼、斗志昂扬的队伍，他们拼搏进取、勇往直前，用爱岗敬业和精湛技术树立起炼铁区域检修队伍的标杆。面对新的奋斗目标，该班组成员决心在今后工作中精诚团结，继续发扬特别能吃苦、能战斗的优良作风，力争让各项工作跨上一个新台阶。

（黄　芳）

25. 承精细作业理念　启维保运行新篇

保障厂内物流生命线通畅，打造物资转运高速路，是中冶宝钢第二分公司马钢大棒作业区大棒甲班的使命。该班组成员齐心协力，以“精心改善、精细管理、精准执行”开启行车维保运行新篇章。

精心改善，群策群力解难题

该班组现有行车操作工9人，承担马钢特钢公司棒材分厂三跨10台行车大棒圆坯和方坯的下线、入坑、出坑、堆冷、倒垛任务，其中，压力矫正作业是圆钢吊运的难点。由于圆钢钢材弯曲程度大，当它与矫直设备刀片不同步时便会被卡住。为了将卡住的圆钢拉出，原作业方案采用行车单吊带抬吊作业模式，由于存在拉拽应力，容易产生圆钢飞出风险，给设备和操作人员带来安全隐患。

“改用吊链可以吗？这种方法拉力更强。”“不行，这样更容易滑脱。”“现在是一根吊带，如果改成两根试一下呢？拉力会更平均。”……该班组成员开动脑筋一起想办法，邀请棒材分厂领导、地面领行人员进行现场评估及试验。经过多次论证，该班组相互配合完成吊点选择，将原吊带长度缩短，减少圆坯晃动幅度，使受力更均衡，能顺利平稳地将被卡住的圆钢吊出。改进后，该班组对此作业规程进行了修订固化，消除了因圆钢卡住产生的安全风险，提升了压力矫正作业的工作效率和安全系数，增强了上下工位的联动，与业主方配合得更加默契。

精细管理，定规定则夯基础

自2021年9月1日被划转到中冶宝钢以来，该班组快速转变思想观念，在生产过程中严守行车“十不吊”规定，执行检修《三方挂牌制度》不打折扣。班组长倪林第一时间针对打捆配合不断电源、多人参与指挥、倒垛作业不试重等行车操作不规范行为做出整改，共完善7项作业规程并组织学习，利用现场旁观和视频回放监督检查组员作业行为，督促组员改变陋习。经过一个月的努力，该班组标准化作业执行率达到100%，确保了安全生产全面受控。

该班组肩负着棒材生产和精整设备突发故障的检修吊运工作。班组成员精诚团结、尽职尽责，以时刻准备着的姿态，随时为紧急任务全力以赴。2022年底，在接到大棒区域40吨轧机架安装任务后，该班组快速调动技术骨干高效完成了检修现场吊运配合任务，班组长全程监护，确保吊装作业和检修施工无缝衔接。

精准执行，严抓严管保安全

在作业过程中，该班组重点关注人的不安全行为和物的不安全状态。“不做错误动作，留意异常现象，行车操作一定要眼观六路、耳听八方，精准执行地面人员指令。”“我们与地面领航人员的配合很重要，要看清动作、明白意图、加强沟通。”当现场巡检看到组员在领航人员发出指令后立即作业时，班组长倪林会立刻做出提醒。空中和地面配合注重的是上下一致，操作工要和领航人员进行“指令复唱”，确保完全理解领航人员的指令。在班组长倪林的带领下，该班组全员落实责任、强化管理，长期开展标准化作业排查整改工作，并与不规范操作的组员进行违章谈话，进一步强化员工的标准化作业意识，时刻绷紧安全这根弦，让员工将“违章就是犯罪”理念牢记于心，融入工作。

该班组十分重视对操作工综合巡检能力的培养，总结出“听、看、闻”巡查法：“听”大小车轮声音是否异常，“看”电缆是否老化破皮、吊索具钢丝绳是否有断丝，“闻”电机运转是否有气味，发现异常及时汇报处理。截至目前，该班组利用该方法累计排除行车隐形故障百余项，大幅降低设备停机检修频次，有效预防风险事故的发生。

中冶宝钢第二分公司马钢大棒作业区大棒甲班在面对全新的管理模式时，以最快的速度调整思路，不断提高基础管理水平，以“安全零事故”“服务零投诉”的优异表现，赢得钢厂的一致好评。

（计长静）

26. 加快创新提效率　完善体系谋发展

13年兢兢业业，13年发愤图强。中冶宝钢第二分公司梅钢化工作业区机械一班自2010年成立至今，聚焦“安全第一，违章为零”开展基础管理工作，围绕现场难题发明了各类高效工装工法，注重全员服务意识培养，以高标准、严要求促进冶金运营服务品质全面提升。

完善制度，提升基础管理

班组长林勇经常强调：“无论是安全工作，还是质量工作，都不是孤立开展的，需要有一个坚实的基础管理打底。”该班组从完善制度体系出发促进基础管理提升。“工作不能凭经验，员工做事要有章可循、有法可依，要有明确的制度和规范，特别是与安全相关的”。为了做到这一点，班组长林勇带着班组成员从安全管理入手，对受限空间作业、高空作业及有毒有害空间作业等安全管理制度进行查漏补缺，同时开展制度宣贯和全员教育学习，确保制度得到落地执行。

该班组定期开展全覆盖安全检查，评审、动态管理危险源，保障作业全过程安全受控，系统消除安全隐患。为提升员工的操作技能水平和安全规范意识，该班组还策划了心肺复苏等应急技能培训，制订了组员空气呼吸器使用培训计划，采取“一带一”学习机制，提高员工自主学习积极性，促进基础管理的全面提升。

勇于创新，提高工作效率

该班组勇于创新，结合实际积极开展“五小”发明创造。“酚蒸馏定修”项目需要对酚蒸馏加热炉烧嘴进行拆装，拆装过程存在因受力不均导致倾翻的风险。班组长林勇带领班组成员围绕“烧嘴支点受力均匀”的课题成立QC小组，针对要因探索对策，发明了烧嘴拆装液压工装，在解决施工难题的同时确保了作业安全，提高了工作效率。

在班组长林勇的影响下，每位班组成员都善于发现并解决各类问题。例如，在拆除长期未更换的螺丝时，常规操作无法实现，使用打击扳手敲打则容易砸伤员工双手，同时工作效率较低。据此，该班组发明了打击扳手辅助工装，通过螺纹连接将打击扳手固定在待拆螺丝上，安全系数和拆装效率都得到大幅提升。针对检修频率和故障率高的设备区域，班组成员不断集思广益、细心打磨，持续优化和改进维保方案，有效节约检修成本，降低设备停机率，得到了业主方的高度认可。

迎难而上，不断超越自我

该班组15名成员始终牢记“让业主满意，业主无小事，业主的事就是我们自己的事”的服务理念，认真完成每项工作，不怕吃苦、敢于拼搏是他们的精神底色。2023年1月的一天，临近下班时，该班组接到临时通知，梅钢公司化产排送机房风机出现故障。该风机重2吨，结构复杂，周围设备多，拆卸吊装空间狭小，抢修工作难度极大。班组长林勇凭借多年的起重经验迅速做出应对方案，通过手拉葫芦将风机大盖打开，利用吊机从风机房上方吊出风机转子，该方法降低了后续风机拆卸的难度。经过班组成员的连夜奋战，此次抢修任务提前完成，充分展示了该班组的攻坚能力。抢修任务完成后，钢厂发来表扬信。信中提到该班组接受任务后迅速组织人员赶赴现场，快速形成方案，高效率、高质量完成抢修任务，使风机顺利投入生产，为业主挽回了损失，因此对该班组专业的检修服务能力给予高度认可并表示感谢。

中冶宝钢第二分公司梅钢化工作业区机械一班注重员工技能培养，夯实管理基础，提升班组综合素质，树立了新时代产业工人的形象。该班组坚持不懈地追求进步，持续助力钢铁企业高效生产，为中冶宝钢打造“国内第一、国际一流”冶金运营服务“国家队”贡献力量。

（吴超旭）

27. 老带新夯实基础　共奋进提升素质

中冶宝钢第二分公司马钢连铸作业区连铸乙班是一支“老有所用，新有所学”的团队。班组中既有从业多年的钢厂“老兵”，也有刚刚入职的“新兵”。“老兵”拥有丰富的经验和技能，为团队提供稳定可靠的技术支持；“新兵”带来了新的想法和视角，为班组注入新鲜活力和创造力。新老结合组成了一支安全、专业、团结的“钢厂运输护卫队”。

安全管理是首要任务

该班组负责马钢特钢南区连铸区域的行车运行工作。由于该班组成立不足两年，13名班组成员的工作经验和就职背景各不相同，为了凝聚力量提升战斗力，该班组把安全管理作为着力点，制定了高频次现场巡检制度，对行车操作、指挥调运、设备本体进行不定期检查，发现违章操作立即停工改正，发现设备隐患及时汇报整改，最大限度避免事故发生。

“每个人都是自己安全的第一责任人，是工友安全的保护者。安全是一个圆圈，缺少任何一点，都谈不上安全。”班组长叶银节充分利用班前会、安全会，组织全员学习新《中华人民共和国安全生产法》、有关安全操作规程，观看各类事故案例视频，结合工作实际组织全员讨论，对照案例进行自我检视，快速提高班组成员安全意识，有效消除安全隐患，筑牢安全生产防护网。

马钢特钢南区连铸区域南180行车经常发生钢丝绳出槽故障。在一次常规吊运作业中，该班组成员老陈发现行车动滑轮防护罩间隙过大，迅速判断这就是行车钢丝绳经常滑落出槽的原因。他马上提出建议并实施整改，在动滑轮两侧焊接钢条防止钢丝绳出槽。设备改善后效果显著，该行车不再出现钢丝绳出槽的故障。

班组建设促进团队协作

该班组推行有经验的“老兵”带教“新兵”的“传帮带”制度，通过知识传递，团队合作氛围良好，班组成员迅速成长。“许姐，我从A点到B点，总是超过3分钟，怎么做才能更快速？”“小陈，有一句话叫欲速则不达。A点到B点的距离是固定的，方法和作业规范也是固定的，唯手熟耳，不要急于求快，每个动作做标准，速度慢慢就提升了”。这样的经验分享、员工互助在班组内已成为常态，有效解决了大家在工作中遇到的各类问题和困难。

该班组十分注重员工绩效评测与运用，定期开展技能评估。“做得好就要奖励，做得不好也不要急躁，沉下心去改进、锻炼，只有取长补短、对标找差，才能不断提升。”该班组定期对表现优异的员工进行表彰，激励全员向先进学习，补齐短板、提高效率，促进团队绩效全面提升。

设备维护确保生产稳定

设备正常运行是高效生产的基础。该班组持续强化预防性设备维护理念，在日常点检时及时发现隐形问题、处理设备隐患，确保设备稳定运行。

行车工程方毅在操作马钢连铸区域大冷床2号17.5吨行车时，发现同步泵边缘处有油渍，他迅速通知当班班长，及时联系维修人员对同步泵进行检查。由于他的高效反馈，同步泵漏油的情况得到快速消除，避免设备故障继续扩大。业主对程方毅的精准判断和果断操作给予了书面表扬和嘉奖。

该班组注重与业主方的沟通交流，邀请业主方参加班组每周一的早班会，及时共享信息。该班组定期开展行车各机构日常点检工作，确保作业环境清洁舒适，设备安全可靠运行。该班组操作的多台行车服役时间较长，行车操作座椅上有大量支撑点补焊焊点，影响行车工实现长时间操作。在早班会上了解到这个情况后，班组长对区域内所有行车进行了排查，并为各工位配置了坐垫和靠背，改善了作业条件，提升了员工满意度，同时促进了作业效率提升。

中冶宝钢第二分公司马钢连铸作业区连铸乙班将安全管理作为第一要务，不断夯实管理基础，通过学习培训、积累经验，持续优化工作流程、改善作业环境、提高生产效率，为中冶宝钢可持续高质量发展贡献力量。

（计长静）

28. 满身荣誉不自满　再接再厉再争先

中冶宝钢第二分公司梅钢综合煤场作业区硫化班被称为“皮带魔术师”，他们擅长修复和创新，一双双巧手让皮带设备焕发新生机。该班组虽小，志向却远大，他们多次荣获中冶宝钢“优秀班组”“先进班组”称号，因优异的检修表现曾荣获宝钢股份颁发的“信得过班组”称号。

▌集零为整，提高检修效率

2022年，该班组接到一项紧急任务，要在36小时内更换梅钢码头到混匀料场段全长1850米的皮带。如果采用每卷长度为310米的皮带，则需要6次接头才能完成。6次接头意味着6个维保薄弱点和6倍的皮带损耗。班组长黄友万与设备点检共同研究施工方案。经过评估，他们发现，改用3卷620米的眼镜状皮带既能提高作业效率，又能降低皮带损耗，但是皮带长度的增加带来了施工难度的显著提升。“我们可以提前在地面上完成两个接头的胶结施工，再协调停机更换皮带并完成最后一处胶结任务，这样胶结时间也能进一步压缩。”班组长黄友万与组员反复进行桌面推演和实地勘测，验证方案可行性，最终仅用20个小时就完成了此次皮带更换任务。该方案不仅减少了皮带接头数量，降低了皮带损耗，而且有效延长了皮带使用寿命。这个大胆创新提出的新方案被梅钢借鉴到其他区域，全年累计节省皮带更换时间超过2000个工时。

▌以熟带生，促进技能提升

班组的优秀，得益于每位成员的快速成长。班组长黄友万在组织实施新老员工“一对一”、手把手教学活动时，用到了“木桶理论”，盯紧班组11名成员的短板，按技术等级分类，将每个组员编入“木桶”，通过向身边人取长补短，互相促进，实现共同提升。

“师徒带教有王牌军也有游击队，有签约师傅也有民间高手，谁行谁上，以强带弱，大家全员师傅、全员徒弟，互相学习。”班组中老手带熟手、熟手教新手，老员工侧重技术升级，新员工注重快速提升。这种互助方式既激发了员工的参与热情，又提高了人员培养效率。新员工原本需要一年左右时间才能熟练掌握的技术，现在半年就能达到独立作业的水平。该班组还经常利用业余时间组织召开座谈会，回顾各自工作中遇到的难题，围绕解决办法进行全员讨论，为员工沟通交流搭建平台。在讨论过程中，班组成员心往一处想、劲往一处使，互相学习帮助、互相激发灵感，共同进步，不断提升班组整体素质。

自主创新，打造智慧检修

班组长黄万友常说：“问题的解决始于能够发现问题，发现问题就是进步，找到解决问题的办法就是创新。”他鼓励员工找问题、提建议。该班组经常处理皮带抢修任务，在处理较宽皮带时，班组会遇到皮带表面不平整、加压梁无法固定的问题，需要吊机协助将皮带拉平。每根加压梁重100多千克，需要4人配合搬运才能将其抬上皮带固定热补器，抢修需要6～8人，近8小时才能完成，且搬运过程存在安全风险。为此，该班组成立攻关小组，设计制作简易热补器专用夹具。该夹具约10千克，一人单手可提，这样无须多人搬运、吊机配合，极大地降低了工前准备和施工时间，仅需3小时就可完成修补。此外，该班组还创新研发了皮带剥层组合工具、皮带防砸工具、皮带牵引改向托辊等10余项“五小”成果。这些创新成果降低了检修人员的劳动强度，提高了皮带检修效率，消除了安全风险，也为班组不断带来新的荣誉，班组的创新含金量不断升级，“智慧检修班组”的名声越来越响。

中冶宝钢第二分公司梅钢综合煤场作业区硫化班将以激情饱满的姿态，持续深化团队合作和技术创新，不断突破自我，提升技能水平和工作效率，为钢厂提供更优质、更出色的检修运维服务，为建设冶金运营服务“国家队”贡献智慧和力量。

（刘文昊）

29. 筑牢基础增实力　互学互助共成长

这是一支特别能吃苦、特别能战斗的“战斗型”队伍，是一支注重员工培养、搭建发展平台的“成长型”队伍，是一支基础管理扎实、安全意识强烈的“互助型”队伍。他们是中冶宝钢第二分公司梅钢电仪作业区烧结仪表班组，更是烧结战线上的“排头兵”，连续多年被宝钢股份授予“年修优秀参战班组”“检修信得过班组”称号。

营造技能提升氛围，激发员工学习热情

该班组共有班组成员7名，除4名电工外，还有1名钳工和2名焊工。班组长齐美林积极响应公司号召，自主推进综合技能培训，坚持“一岗多能”的员工培养理念。在他的带领下，全体组员想学、爱学的热情被激发出来。在过去一年里，班组通过网络视频、线下辅导、电焊钳互学等形式，开展了10余次培训，内容包括维修电工、焊工基础、常用低压电器原理与控制技术等。班组成员积极参与，努力提高技能水平。钳工宋家年在一次电工培训中表示：“班组开展的电工理论学习对我这样的老钳工有很大的帮助，使我在检修现场能更快地理解设备的运行原理，帮助我更好地完成检修任务。”

通过学习和实践，目前该班组技能等级持证率达100%，超过80%的成员具备电工、焊工、高处作业、煤气作业等多项证书，实现班组成员“一岗多能、多岗多能”。

确保安全守住底线，做到极致成就卓越

在该班组负责的区域内，5号烧结配料机7号、8号、9号小皮带秤的

“压头”是易损部位。如果出现了损坏，就要及时更换，否则会影响生产。配料机的下方是烧结机主皮带，与地面高度差超过5米，在检修时要办理高危作业手续，人员系挂安全带后要站在护栏外作业。一项维修任务需要4～5人配合才能完成，不但效率低而且存在极大的安全隐患，作业方式亟待改善。

班组成员围绕人、机、料、法、环等方面展开“头脑风暴”，紧盯主要原因着手改善施工方案，最终确定通过在烧结机主皮带上方加装人行平台改进施工方式。“南京长江大桥知道吗？上面跑汽车、下面跑火车，我们也可以弄一座桥，上面干检修、下面跑皮带。”说干就干，经与设备点检方协商一致形成改善方案，该班组自主制作平台并架设在主皮带上方靠近小皮带秤压头的位置，人员可以直接站在平台上对小皮带秤压头进行检修维护。这样既简化了工作流程，又降低了作业难度，更提升了工作效率，最重要的是规避了施工过程中的安全风险，一举多得。该班组用本质化改善的方法消除安全隐患的工作思路，获得了业主的高度认可。

互帮互助共渡难关，共建共赢促进发展

2022年腊月初，寒潮突袭南京，气温陡降十几摄氏度。南钢原料环保封闭提升优化工程C2码头进料系统改造项目此时进入了室外敷设电缆阶段，寒潮对电缆敷设施工造成极大影响。要在4天内完成1400米动力电缆和4500米控制电缆的敷设，工期告急，现场急需补充人手。了解到情况后，该班组第一时间主动请缨：“我愿意去支援这个项目。”“我也要去，我不怕冷。”“敷设电缆我最在行了。”……班组成员一个个自告奋勇。最终，班组长带领班组4名电工前往南钢支援。他们一到现场便投入了战斗，肩扛手抬。冷风中他们轮流休息互相照顾，夜班的人睡了白班的人接着上，大家除了吃饭睡觉，剩下的时间都在岗位上。“齐班长，你这刚睡醒就来干活了？”“项目进度不能落下啊。”该班组用“车轮战术”历经3天2夜的连续作战，高质量完成了电缆敷设任务，彰显了“排头兵”的本色。

“不积跬步，无以至千里；不积小流，无以成江海。”班组的成长

和发展从来不是一蹴而就的，从员工培养到安全意识的提升，中冶宝钢第二分公司梅钢电仪作业区烧结仪表班组每一步都稳扎稳打、落到实处，从“一岗多能”向“多岗多能”进步，朝着建设综合素质水平高、多元复合型班组的努力方向一路前行。

（赖飞鸿　刘士凤）

中冶宝钢第二分公司梅钢电仪作业区烧结仪表班

30. 夯实基础管理　打造施工品牌

在梅钢高炉作业区有一支招之即来、来之即战、战之即胜的“精英检修铁军”——中冶宝钢第二分公司梅钢高炉作业区四高炉炉体班。该班组连续多年荣获宝钢股份检修“信得过班组”称号，休息室墙上挂满了“先进”“优秀”“双文明”班组的荣誉奖牌和一封封来自业主的感谢信、表扬信。奖牌凝聚汗水，感谢源自坚守。

▌严守安全防线，保障“零事故”生产

“安全”是该班组永恒的话题。该班组始终坚持“安全第一，违章为零”，通过每天班前会、每周班组安全活动增强员工安全意识。“这起事故源自经验主义，怕麻烦，想省点事，少系一个安全扣、少打一个安全结，后果就是毁灭性的。”这是该班组在“事故原因我来讲”全员说安全活动中一名组员的发言。该班组每周组织学习历史安全事故，定期开展新进人员VR体感训练，用5D（视觉、味觉、听觉、触觉、震感）手段进行沉浸式“反违章”安全教育。每月组织开展现场隐患排查，大家用“放大镜”找小隐患，用“小题大作”的心态进行“地毯式”搜索，不放过任何一个危险隐患。自现场隐患排查活动开展以来，该班组累计整改各类安全隐患100多项。他们还将隐患排查与日常检修作业相结合，从人的不安全行为到物的不安全状态，多维度、多举措落实安全本质化改进，实现班组全年“安全事故为零”目标。

▌提高技能水平，实现高质量检修

“去年底的大定修，我们获得了钢厂的表扬信。这不仅是因为我们提前完成了施工，还因为我们标准化作业做得好，现场和三室环境整洁有序、井井有条，被钢厂列为示范区，有好多协作方单位前来取经学习”。班组长朱月坤谈起这件事，眼里满是光彩。

“要做就要做到最好”是该班组不成文的规定。该班组以标准化作业为抓手，从开工准备到收工清场，全过程高标准管理，确保每个环节无疏漏、每项数据有记录。该班组采用“以老带新”的方式利用碎片化时间开展培训，不断强化新员工的质量意识。班组长朱月坤作为高炉作业区检修工种带头人，主讲“高炉工艺专业技术培训”课程，结合现场需求定向解决实际问题，促进全员技能提升。目前，班组成员持证率高达100%，各工种之间可以实现AB角互换支撑。

2022年，在梅钢五高炉定修项目中，现场高度有限，环境特殊，气密

箱无法吊装至安装点，且平台轨道与气密箱更换角度不匹配等问题，造成了极大的施工难度。班组长朱月坤和他的团队多次到现场研究地形，测算箱体尺寸和重量，独立研制了气密箱更换专用小车，配套编制的安装工法将施工效率提高了50%。该工装工法还在梅钢检修系统工装工法评比中荣获二等奖，得到了业主的书面表扬和感谢。

▌推进设备洁化，助力绿色化生产

星期五是该班组一周一度的“设备洁化日”。在这天，他们不仅要完成常规设备检修任务，还要全员投入设备清洁活动。大家怀着“共谋绿色环境，共建美丽钢厂”的信条，放眼于宏大、着手于细处，认真推进“擦、洗、扫、拖、清”的每个步骤，清理区域内设备表面的油污，消除卫生死角，还原设备本色，防止“跑冒滴漏”发生。班组长朱月坤带领着组员治标更治本，在梅钢高炉区域不断承接环保升级改造技改任务。2022年，该班组参加了五高炉炉顶摆动箱机总成更换项目的施工，发扬“铁军精神”日夜连续作战，超计划完成任务，提前4.5小时实现高炉送风，消除安全和环保隐患，助力高炉恢复满负荷洁化生产。通过该班组的不懈努力，生产和检修效率得到显著提升，高炉设备实现安全稳定运行，为建设美丽钢厂添砖加瓦。

中冶宝钢第二分公司梅钢高炉作业区四高炉炉体班坚持安全质量“双优”标准，以综合实力推进服务水平不断提升，将极致化冶金运营服务融入日常工作，积极助推钢厂高效生产及环境保护，不断树立冶金运营服务“国家队”的良好形象。

（胡国防）

31. 勇挑重担当先锋　凝聚力量克难关

宝钢股份宝山基地是国内首家入选“灯塔工厂”网络的钢铁企业，在这片热土上，有这样一群人，他们有着央企人的责任与担当，展现了新时代班组的风采，他们就是中冶宝钢第三分公司炼铁检修队崔新刚班组。

扛起技术攻关的大旗

“过去，铁矿石、煤炭等原料都是露天堆放；现在，煤进仓、矿进棚，堆场自动化、全封闭。我们聚焦5人以上作业高风险、高频次、高强度的检修项目，设备检修安全、高效，已成为每个员工自觉的思维方式和行动指南。”班组长崔新刚说。

该班组主要承担着宝钢股份宝山基地炼铁原料厂液压润滑设备检修维护工作，同时支撑炼铁原料厂以外产线的定年修任务。本着“早策划、早部署、早跟踪”的原则，通过PDCA管理循环的方法，从“人、机、料、法、环”等五个方面进行分析，对原料堆场设备各注油点进行记录，掌握设备内滚筒、轴承等数量，施工前对项目进行梳理，检查人员状态、手续，针对检修项目认真开展危险源辨识和过程安全管控，提高检修安全本质化和设备检修效率。

“在攻关的过程中，也遇到了很多难题，但班组成员没有退缩，种种困难他们都一一解决了。”作业长齐峰说。

守卫安全人人是“C位”

“小班组”保障“大安全”，人人既是管理者，又是被管理者。在多次支撑设备年修任务中，该班组主动请缨，战高温、抢时间、赶进度，出色完成急难险重的施工任务，这些都离不开平日该班组加强安全教育、完善考核机制、强化安全隐患排查等安全措施的实施。

“没有规矩不成方圆。”班组成员自发学标准、学技能、学规程，开展模拟演练、消防演练等，绷紧“安全弦”；严格执行车间绩效考核管理、隐患排查整改等管理制度，奖勤惩懒，让管理有章可循、有据可依；安全隐患排查“整改+闭环”，做到隐患排查到位、原因分析到位、整改措施到位。

“崔师傅，皮带机轴承需要润滑。”无论大事还是小事，班组长崔新刚都会立即回复：“收到，这就去处理。”他戴好安全帽，背起“装备”，叮嘱好安全问题，赶赴现场，凡是该班组负责的项目，从未出现过安全问题。

这支团结奋进、忠于职守的团队，先后荣获中冶宝钢“标杆班组”、宝钢股份首批“主力班组”等称号。

（张祎博　刘　棣）

32. 不畏艰难勇拼搏　注重安全保顺行

在宝钢股份宝山基地有一支“不畏艰难勇拼搏，注重安全保顺行”的标杆班组，虽然他们只有6名员工，却担负着宝钢股份宝山基地炼铁厂3套干熄焦锅炉、吊车装置电气设备检修的重任。他们就是中冶宝钢第三分公司炼铁检修队胡桃班组。

抗疫保产勇担当

2022年3月，上海市新冠肺炎疫情暴发，按照宝钢股份宝山基地疫情防控管理要求，该班组积极响应，连续驻厂100余天保驾生产。其间，需紧急新增设集装箱供保产人员居住，该班组主动承担起80余个集装箱电气线路的敷设和设备安装任务。为做好个人防护、人员分散作业，100多根1.5米长的接地桩采用人工打入土里，榔头手柄打断3根，有的员工手掌磨起的泡破了粘在手套上，吃饭的时候拿筷子的手还在发抖。在这样艰苦困难的条件下，该班组凭借不服输的奋斗精神，硬是按原计划完成了任务。在整个驻厂保产期间，该班组起早贪黑连续奋战，24小时待命，班组长胡桃常常贴心地鼓励大家克服长时间封闭驻厂的心理焦虑，班组成员全部坚守到最后，无一人“中途退厂”。

奋战高温保年修

2022年7月，上海市疫情解封不久，该班组就迎来了宝钢股份宝山基地炼铁厂A吊车年修。当时正值高温时节，正午气温高达40摄氏度以上，为保障年修进度，该班组主动提出驻厂年修，采取“做两头、休中间”的策略避开高温时段，每天早上5点施工，晚10点收工。其间，由于坦克链、电缆小车更换作业要在45米的高空进行，属于一级高危项目，班组长胡桃亲自上场指挥，一直坚持到啃完这根“硬骨头”，确保了年修任务的顺利进行，获得业主一致好评。

中冶宝钢第三分公司炼铁检修队胡桃班组强化自身建设，严明劳动纪律，积极参加各种专业技能学习。该班组民主管理意识高，团结协作意识强，历经数年的摸爬滚打，在班组长胡桃的带领下，成为一支技术过硬，拉得出、打得赢，能征善战的检修团队，并被中冶宝钢授予“标杆班组”荣誉称号。

（曾　刚）

33. 加强管理建制度　顺应发展强考评

在中冶宝钢有一个专业从事炼焦“四大车”设备检修的“红旗”班组，这就是中冶宝钢第三分公司炼铁检修队申天红班组。他们主要承担着宝钢股份宝山基地三座焦炉“四大车”的日常维护工作。“四大车”主要是指推焦车、导焦车、装煤车、电车。为顺应企业变革发展，中冶宝钢大力推行班组小班化，申天红班组也由9人的编制压减到6人，通过“建制度，强考评”有力化解了人少、活多、责任大的矛盾，班组活力也得到了显著提升。

深化精细管理，确保安全顺行

随着宝钢股份宝山基地设备管理变革推进的步伐，该班组参与了宝钢股份一期、四期焦炉电车“无人化”改造项目，并针对新设备、新工艺、新技术环境的变化，按照安全生产管控要求，确定了电车运行时严禁人员进入该区域的作业原则，保障检修作业安全。此外，宝钢股份宝山基地焦炉煤车进行智慧化改造后，其前、后都加装了摄像头和行人感应系统，只要在运行中有人靠近，煤车就会语音报警并自动停车。为防止检修作业影响煤车正常运行，班组对作业人员在现场的行走路线进行了规划，规定班组人员进入该区域必须按“绿色通道”指示方向行走，有效保障了生产作业现场平稳顺行。

加强制度建设，激发团队潜能

为了推动班组绩效管理，班组长申天红不断完善班组薪酬分配制度，针对外部考核激励评价，当月落实到个人，做到贡献、考核、激励对等。同时，该班组充分发挥员工主观能动性，结合现场实际，积极参与并开展合理化建议和小改小革，如为了防止发生机械伤害，班组提出增加门限位的方案，当有人上下车时会发出断电信号，消除了大车移动造成的安全隐患，确保人员安全。

中冶宝钢第三分公司炼铁检修队申天红班组通过建立现场管理制度、检查考评制度、各类基础管理台账、工序奖惩考核办法等，加强内部基础管理，提升标准化作业水平，全力打造一支规范、专业的模范团队，得到了甲方和上级的一致好评。

（高　杰）

34. 骨干班组有实力　安全环保树形象

中冶宝钢第三分公司炼铁检修队王明泉班组号称“老虎班”，别看成员只有5人，但有“指哪打哪，打哪哪赢”的硬实力。凭借这种实力，该班组连续8年荣获宝钢股份宝山基地“信得过班组”称号。2021年，在宝钢设备管理变革中，该班组获得首批“骨干班组”最高荣誉。

注重苦练基本功

该班组5名成员均持有中级工及以上技能等级证书，班组长王明泉也通过努力，获取了上海市焊接技师资格证，成为电气队伍里名副其实的焊接工匠。2021年初，顺应宝钢设备管理变革的大力推进，王明泉班组结合本区域设备常规检修特点，开展了大型电机抢修快速更换安全吊装、高压电缆头制作规范施工标准、光缆抢修施工快精准等一系列技能提升培训，较大程度提升了班组成员技能操作水平。在疫情封控驻厂保产期间，该班组多次完成大型电机更换、光缆抢修等任务，且每次均“零事故、零隐患、零违章”，保质保量圆满完成任务，得到了业主的高度好评。

关键时刻显身手

“这个项目你沟通一下，叫王明泉班组来干。如果安排其他班组，8个小时都不一定拿得下来！”这是宝钢股份宝山基地炼铁厂设备点检作业长同区域工程师的对话。当时，编号为C209的高压电机发生故障，需要紧急抢修，由于该设备处于2号高炉的咽喉位置，停机时间过长势必会影响高炉正常生产，甚至休风停炉。接到紧急抢修指令后，班组长王明泉立即组织人员赶赴现场勘察情况，针对电机吊装作业中电动葫芦位置不对中的难题，班组长王明泉亲自拟订完善的吊装方案，最终提前2小时完成抢修任务，得到宝钢业主的一致赞许。

日久见成效

该班组始终将安全生产放在首位，扎实推进“指唱交底”、高危项目“指唱确认”等安全规范；严把质量关，做到负责区域的所有电机设备在检修周期内无质量事故。为做好区域内大型电机“设备见本色”及样板产线创建等工作，该班组严格执行清洁检修工作要求，认真落实检修过程6S工作，并积极开动脑筋，采取“小桶行动”、“小袋行动”、油污不落地等举措。在2023年宝钢股份宝山基地设备管理系统“三最电气室”评选活动中，该班组负责的原料9号电气室成功入选，树立了中冶宝钢清洁检修的良好品牌形象。

中冶宝钢第三分公司炼铁检修队王明泉班组综合素质高、实力强，作为“指哪打哪，打哪哪赢”的检修服务先锋，始终奋战在难度最大、要求最高的设备维保第一线，树立了“打得响、打得胜”的骨干团队形象。

（辛勤菠）

中冶宝钢第三分公司炼铁检修队王明泉班组合影

35. 严把安全关　创出榜样牌

中冶宝钢第三分公司炼钢检修队黄建华班组长期扎根于宝钢股份宝山基地炼钢厂，对RH精炼区域设备了如指掌。他们凭借认真踏实、精益求精的工作作风，在炼钢厂小有名气。多年来，班组长黄建华把班组建设与工作特色紧密结合，将其打造成安全型、创新型特色班组，用实际行动在炼钢厂打出特色、创出品牌。

坚持生命至上，确保安全生产

安全红线、安全底线，在该班组是绝对的禁忌，“高高兴兴上班，平平安安回家”是该班组公认的口号。工作30多年，班组长黄建华深知钢铁企业安全生产的重要性，始终把安全生产和标准化作业放在首位，谆谆教导员工认真按照每项施工步骤和安全操作规程施工。

“进入有限空间，必须做好防护措施……”每次实施精炼炉高危检修项目前，班组长黄建华都会组织开展专项危险源辨识和交底工作，反复检查安全带、安全网、生命绳等安全措施的落实情况，并严格执行旁观监护。尤其在面对转炉氧枪螺栓更换等在煤气或有限空间区域等特殊环境的工作时，黄建华更是亲自检查组员空气呼吸器、煤气表、氧气表等安全器具的佩戴和使用情况，以确保万无一失；对于施工附近区域可能存在风险的能量源或是运行设备，他都会亲自和对应施工的点检员逐一确认，确保对一切情况做到心中有数，有效控制风险，安全施工。

坚持技术创新，化解施工难题

发现问题，解决问题，是一个优秀班组具备的特点。对于现场施工中广泛反映的现场“打孔难”“打准难”的问题，该班组积极探索，对框架和管道等进行多场景实验，最终研发出一种小型电动专用打孔器的新型工装，通过在传统工机具上增加支架和夹具等固定装置，使整体操作更加稳定高效。工装直接解决了转炉上打孔不便的难题，每年可节约人工成本近万元。

在精炼炉炉壳整体更换施工中，因设备区域不断更新使炉壳不能很好地被吊出，黄建华班组经过不断的讨论研究，采取分段切割、化整为零的办法，在保护设备可用的前提下，先将炉壳拆解成上、中、下三部分，再采用自行研制的吊盘将其分别吊出和安装，既解决了因空间不足导致的吊装困难，又缩短了施工时间。

竞争在市场，竞争力在现场。班组的安全、和谐是企业发展壮大的根基，作为一支有着深厚底蕴的炼钢“老牌”班组，中冶宝钢第三分公司炼钢检修队黄建华班组将继续发挥专业特长，发挥每个班组成员的智慧和力量，齐心协力、奋勇拼搏，为中冶宝钢高质量发展添砖加瓦。

（朱　雷）

36. 万丈高楼缘根深　精益求精出成效

择一事，终一生。中冶宝钢第三分公司冷轧设备检修队陈仁班组始终秉持这样的信念，精耕细作、精益求精，从细节做起，努力提升班组综合素质，认真做好每一项平凡的工作。

积极推进技术创新，提升作业效率

班组长陈仁是中冶宝钢焊接专业的领军人才，在他的带领下，班组技术创新成果显著，其中有2项成果成功申报技术专利。

在宝钢股份宝山基地硅钢区域退火炉炉辊更换项目中，人工托举炉辊不仅劳动强度大、存在安全隐患，而且易造成碳套与炉壁碰撞，导致碳套损伤。班组成员集思广益，设计制作了碳套辊更换专用装置，实现辊子的安全、快速更换，人员劳动强度大幅降低，安全性和施工效率大幅提升，并有效保护了备件。

在宝钢股份宝山基地冷轧区域，活套钢丝绳作为活套小车的主要传力构件需要定期更换，一般单根长度接近百米，重量在数百千克至1吨左右，由于其常常被布置在地坑、钢结构框架等相对封闭的空间，行车、吊车等无法对其进行吊装，更换时倒运较为困难。靠人力倒运不仅投入人员多、劳动强度大、检修成本高，而且在拖拽过程中容易造成辊面损伤。班组长陈仁结合多年检修经验，设计了一款钢丝绳盘整装置，其结构紧凑、传动平稳，并具有反自锁能力，成功将钢丝绳更换作业效率提高了60%，每年为甲方节约检修成本19万元。

严格落实施工标准，确保施工质量

将工作做到极致，是该班组的特色。2022年，该班组参与了宝钢股份宝山基地原料输入皮带系统超低排放综合改造项目，负责5～8号转运站14条运输皮带除尘管道的焊接安装及设备安装任务。作为主打的施工班组，该班组员工面对严重的粉尘及高温酷暑等恶劣施工环境，个个像无所不能的战士穿梭在除尘管道中，比照着图纸测量管道，寻找着不同大小的管道型号，用一道道焊缝把管道连接起来，一朵朵焊花在酷暑下绽放。由于施工点下是运输皮带及精煤，该班组严格落实防火措施，消除火灾隐患；由于施工位置狭小，班组长陈仁精心优化排管方案，实施过程中严格执行标准化作业，认真确认每条焊缝质量，20天内高质量完成250米的除尘管道焊接安装任务，赢得高度赞誉。

不负韶华争朝夕，乘风破浪再前行。中冶宝钢第三分公司冷轧设备检修队陈仁班组将持续发扬积极向上、团结协作的奋斗精神，苦练内功，在平凡的岗位上书写属于他们的华丽篇章。

（方立芹）

37. 严抓现场标准化　树立检修新标杆

中冶宝钢第三分公司三电设备检修队杨立彬班组主要负责宝钢股份宝山基地二炼钢电气设备检修及部分区域产线技改工程项目，先后参与了冷轧厂C309彩涂机组RTO改造、电炉操作集控中心改造、宝钢原料超低排放改造等一系列重点项目，是一个集安装、调试于一身的全能型班组。在班组长杨立彬的带领下，该班组赢得了甲方和领导、同事的一致赞誉，成为中冶宝钢标杆班组。

严把技改质量关，以身作则树表率

2022年，在宝钢股份宝山基地原料系统超低排放技改项目施工中，该班组承接了除尘器、空压站及净循环水系统的设备安装和调试工作。面对项目工期紧、施工区域复杂的情况，杨立彬班组多次前往现场反复勘察、摸排，精心测算电缆敷设数量，电气盘柜垂直度、水平度，电缆桥架走向等，并积极沟通，提出改进建议，为项目的顺利实施奠定了坚实的基础。

争分夺秒保进度，认真负责树新风

2022年9月，宝钢股份宝山基地厚板产线SVC装置改造技改项目开工，该项目是厚板变配电系统改造项目，定于厚板设备年修期间施工，工期仅18天。该班组作为主力班组迅速投入紧张的施工，电流互感器、滤波电容器、电抗器等重型设备的配合安装、接地安装、设备调试，以及电容、电抗继保试验，各项工序做到无缝衔接，最终提前48小时完成施工任务并一次调试成功。该班组雷厉风行的工作作风和认真负责的工作态度，赢得了业主的高度评价。

严谨勤奋树形象，技能精湛美名扬

该组积极参加各类学习培训活动，努力提升员工岗位技能。作为分公司电气试验工作的中坚力量，该班组一直保持着电气调试“零失误”的纪录。班组长杨立彬牵头研制的“二炼钢6号炉副枪孔门限位改造”成果，大幅降低了劳动负荷，减少了设备故障率，为业主节约了宝贵的生产时间，获得宝钢股份宝山基地炼钢厂的一致好评，并入选宝钢股份宝山基地设备管理系统隐患整改优秀案例。他本人也凭借电气调试专业技能，成功入选第四批中冶宝钢电气调试专业“领军人才”，一跃成为分公司电气调试精英。

中冶宝钢第三分公司三电设备检修队杨立彬班组是一支充满朝气、有着顽强战斗力的优秀团队，出色地完成了一次又一次任务，攻克了一道又一道难题。他们勤奋执着、勇攀高峰，为宝钢股份宝山基地设备稳定和安全生产保驾护航，为建设美好中冶宝钢砥砺奋进。

（周 可 马 浩）

38. 安全质量一把抓　施工品牌人人夸

中冶宝钢第三分公司焦化检修队何永清班组成立至今已有二十余载，在班组长何永清的带领下，始终秉持着艰苦奋斗、顽强拼搏的工作精神，连续7年荣获宝钢股份“信得过班组”称号，为打造“中冶宝钢”的金字招牌添砖加瓦。

▌强化管理保质量

该班组担负着宝钢股份宝山基地炼铁厂、冷轧厂、宝武碳业产线区域的单项维工和技改施工项目。严把项目质量关、保质保量完成业主方交付的每项任务是何永清和班组成员的终极目标。针对施工作业区域高危项目多、环境复杂等特点，该班组按照项目要求，施工前认真组织制定高危项目施工技术方案，结合项目现场动态环境变化，细致策划落实项目安全措施，以标准化作业为抓手，对施工难点落实应对举措。

▌积极创新提效率

何永清班组是一支勇于迎难而上、敢打硬仗的团队，近两年先后出色完成了宝武碳业苯加氢蒸汽管道更换，宝钢股份宝山基地三期氨水贮槽整体更换、苯加氢设备移位处理优化、钢管厂年修、原料输入系统超低排技改、焦油萘COG煤气管道更换等诸多急、难、险、重的施工任务。

在2021年8月实施的宝武碳业苯加氢S16、S40蒸汽管道更换项目中，面对装置进出口部分管道弯头多、阀门多、作业空间狭小、工期紧张等多项难题，班组长何永清带领组员深入现场勘查测绘，按照提供的设计数据对管道进行预制作，采取每组管道仅留2道焊口进行现场焊接的方法，较大程度缩短了施工时间，全部管道焊缝一次性通过无损检测验收。

在宝日汽车板煤气站年修管道更换项目中，在实施新管道安装期间，班组长何永清发现厂家提供的法兰备件与原管道的尺寸不一致，而厂家制作新品再送至现场至少需要2天时间。为确保年修节点，班组紧急修复旧件并重新安装，确保了整个年修的如期完成，得到业主方的充分肯定。

在宝钢运输部超低排放技改施工项目中，由于设计图纸与实际安装尺寸存在较多差异，该班组经现场反复勘查、讨论确定了最优施工方案。为降低酷暑高温、落料粉尘、皮带机作业安全环境风险，该班组采取管道、钢结构预制尽量场外预制组装和现场安装相结合的方式，极大地减少了现场施工作业量，有效确保了施工节点。

征途漫漫，做好手中的项目，走好坚实的每一步，是中冶宝钢第三分公司焦化检修队何永清班组的工作目标，虽不高远但真实温暖。今后，该班组将继续牢固树立安全第一的理念，抓安全、重质量、提效率，积极完成上级交予的各项施工任务，为中冶宝钢打造“国内第一、国际一流”冶金运营服务商再立新功。

（项　项）

39. 荣誉面前不骄躁　巩固形象启新篇

2022年是一个特殊的年份，战疫情、伴疫情，坚持练内功、健“肌体”，在班组建设、项目攻关、检修服务等方面下苦功夫，打出一套“组合拳”，这就是中冶宝钢第三分公司焦化检修队胡磊磊班组。

▌精心组织，精细管理

该班组是宝钢股份宝山基地焦炉区域设备检修服务团队，针对焦炉区域生产环境复杂，设备检修安全、质量、现场5S管理等方面要求高的特点，该班组制定了检修安全、质量过程管理要求，并建立了相应的过程管控记录台账。在焦炉装煤车检修中，该班组快速响应，积极协同设备点检开展设备故障分析，配合实施焦炉装煤车煤斗及套筒故障排除。其间，班组成员明确分工、各司其职，高标准、严要求。同时，该班组结合现场实际，重视加强安全危险源辨识和隐患排查工作，每周定期组织员工开展查隐患、纠违章周活动，总结焦炉区域检修习惯性不规范行为，树立安全意识，曾多次荣获第三分公司劳动竞赛“优胜班组”称号。

▌精心策划，精准攻关

在班组长胡磊磊的带领下，该班组成员每年积极参加焊工、起重工等特殊工种技能等级提升培训，自主推进并参与技术创新和工装研发，在高效工装技术开发和推广应用上取得了突出成效。其中，在焦炉推焦车刮板机更换工装研发项目上，该班组针对刮板机更换新旧件倒运空间狭窄，且无吊装口，无法使用吊车配合拆装作业等问题，自制研发一套刮板机拆装专用液压坦克小车组，通过增加电动操控型液压可升降走行装置，使刮板机更换时间由原来的2天缩短至半天，倒运作业减少50%，大幅降低劳动负荷，检修作业效率明显提升，吊运安全作业环境得到了显著改善。

近年来，伴随着宝钢焦炉智慧制造发展的步伐，该班组结合检修难度大、劳动强度高、作业条件改善性提高等特点加大技术攻关力度，先后对焦炉焦罐底部衬板更换工艺、旋转焦罐底部衬板更换工艺、焦炉导焦车格栅挂轮检修工艺等进行改进，有效提升了刮板机、焦罐底部衬板、格栅等设备检修效率，同步助力焦炉生产运转效率的大幅提升。

▌精心服务，精益求精

面对焦炉推焦车的推焦杆变形矫正作业施工难点，该班组积极靠前，勘察设备故障点，同业主方一起分析推焦杆变形原因，策划推焦杆矫正作业方案，利用楔形加热区加热方法，对推焦杆上拱量及旁弯量进行测量跟踪，通过型变量绘图精细检修作业解决了推焦杆变形矫正的难题。在导焦车取门机旋转臂更换检修中，该班组查阅图纸，对设备进行解剖分析，优化备件倒运方案，通过调整吊点，巧妙运用狭窄空间完成大型备件的倒运安装任务，得到了业主的高度好评。巧妙中见功底，攻关中见精准，平凡中显不平凡。

“雄关漫道真如铁，而今迈步从头越。”中冶宝钢第三分公司焦化检修队胡磊磊班组始终坚持以人为本的管理理念，科学组织、严抓细管，以攻坚克难的勇气和扎实干事的行动，确保了宝钢股份宝山基地焦炉区域的安全生产。该班组因此连续5年荣获宝钢股份“信得过班组”称号，连续两年荣获宝钢股份设备管理系统“骨干班组”称号，2022年被评为中冶宝钢“标杆班组”。

（韩文浩）

40. 综合实力强　竞技勇夺魁

专业、敬业、乐业是中冶宝钢第三分公司连铸检修队孟令勇班组的名片，他们在宝钢股份连铸区域深耕细作多年，敢于拼搏、勇于挑战、善于创新，不断用努力和实力为自己证明。

▌精细管控，深挖成本潜能

班组长孟令勇是一名政治素质过硬的老党员，在他的带领下，该班组团队意识、成本意识过硬。宝钢钢管条钢事业部电炉厂管（方）坯连铸机输送辊道有大约500套同类输送辊，每次日修、定修、年修均涉及辊道组件更换施工，更换数量多，施工频繁。输送辊倒运长期以来均采用行车配合液压推车进行，每次倒运需3～4人拖拽，费时费力，且易造成设备外壳损坏和地面划伤。

班组长孟令勇带领班组改变施工工艺，制作专用装置配合新工艺的有效实施。该班组集思广益，制作了一套专用电动遥控倒运装置，主要有遥控器、车体框架、传动机构、蓄电池、走行机构等。该装置采用手持遥控器操作，对于操作人员来说安全可靠，已多次应用现场，大幅提高了劳动效率，改进了施工质量，规范了作业程序，降低了人工成本，节省了作业时间，使用该装置后平均0.5小时即可完成单台输送辊的倒运作业，劳动效率提高50%。

▌工装研发，实现降本增效

工装是解放劳动力，提升劳动效率的重要手段。在连铸大包油缸更换工装改进项目中，该班组改变施工工艺，制作专用装置配合新工艺有效实施。他们设计了一款智能对接装置，实现了油缸更换的智能化。该装置包括平衡梁、可移动式配重、自锁自松式滑车、15吨电动倒链。自锁自松式滑车主要包括旋转电机、电动走行轮、内置单利机构。施工时，首先将滑车两轮开口打开至350毫米，并安装在平衡梁的基座上。

2022年，3号连铸机使用大包油缸更换专用工装，更换平均工耗降为150.3工时/套，更换施工效率提高67.7%，减少了高处作业的施工时间和人数，消除了安全隐患。按照炼钢厂一台连铸机每小时生产钢坯200吨，连铸机生产正常运行取得效益为2万元/小时计算，宝钢3号、5号、6号连铸机每年各更换一台大包油缸，产生效益400多万元。

吃苦耐劳，锤炼实干作风

2023年2月23日清晨，宝钢股份宝山基地二连铸13米平台集控室上方水管突然爆裂。接到抢修任务后，该班组迅速启动应急响应机制，安排作业人员火速抵达现场，仅在事发两小时后便圆满完成抢修任务，确保了现场生产正常运行。

当日上午8时，宝钢股份宝山基地二连铸通往离检车间的杂用水管发生爆裂，给正常生产和现场环境带来了安全隐患，特别是水已渗到平台下方的电气室里。该班组接到抢修任务后，火速组织人员赶往现场，爆裂的水花溅出几米远，抢修人员根本无法靠近。经过短暂的磋商后，他们迅速排摸管线，将最近的控制阀门关闭。施工人员找来雨鞋和水桶，全副武装投入战斗，快速清理平台上大面积的积水。因长期使用的水管发生锈蚀，拆卸非常困难，抢修人员经过两小时协同作战，顺利完成了本次抢修任务，使现场生产及时恢复，保住了集控室和电气室，防止积水流入液态钢水区域，保障了生产顺行。

（刘　芳）

41. 永葆战斗力　再刷新纪录

中冶宝钢第三分公司轧运检修队郭卫红班组主要负责宝钢股份宝山基地运输部智慧物流生产任务。该班组紧跟宝钢智慧物流发展方向，逐渐从单一的行车操作变成了拥有十八般武艺的智慧化操作团队，从原本单人只能驾驭1台行车变成了单人能轻松操控两跨4台行车的能工巧匠。

抗疫保产创佳绩

2022年，因受疫情影响，宝钢物流产成品全面胀库。为了缓解紧张局面，该班组集思广益、群策群力，积极开拓自动化行车无法作业的滩涂二期无人化行车通道区域，采取人工轮岗遥控作业，增加冷轧钢卷堆放2万多吨。班组成员每天背着3千克重的行车遥控器行走两三万步，不言辛苦，保障宝钢物流畅通。为保障宝钢股份运输部外轮“盛平海号”宽厚板装船任务，该班组放弃休息，昼夜不停地作战，提前高质量完成了业主方交付的任务，并且将宽厚板昼夜出入库记录由原来的1.1万吨提升到1.38万吨、1.46万吨，再提升到1.65万吨，一次又一次地刷新了出入库纪录。

技能高超美名扬

借着智慧物流的东风，在班组长郭卫红的带领下，班组成员个个能干、敢干、会干。一键化、集控化操作技能娴熟，作业效率得到了质的飞跃，单个冷卷平均作业时间从7～8分钟缩短到4～5分钟，班组成绩斐然。他们既是滩涂仓库C跨单班立式卷出入库纪录的保持者，单班271个的纪录至今无人能破；又是滩涂仓库单班卧式卷出入库纪录的保持者，单班606个的纪录遥遥领先；还是室内跨单班出入库纪录的保持者，单班760个的纪录至今稳居第一。一个个新的纪录正不断被该班组刷新。

严谨严细保安全

该班组自我加压，严格执行工作岗位各项规章制度，坚持勤指导、勤监督、严考核，大力推进现场管理工作制度化、规范化和标准化建设，提高标准化运行管理水平。坚持强化预案管理，提高事故处置能力，熟练掌握岗位所需的各项技能和自动化设备点检的相关知识。该班组在日常自动化设备点检过程中，从不放过任何一个异常状态，及时消除设备隐患；在自动化生产过程中遇到难题能主动学习，提高自身应急处理能力。该班组全年点检行车发现问题近千条，如行车大车机械停止限位变形失效、主起升钢丝绳断丝断股、行车轨道断裂、大车联轴器螺栓断裂、提升制动器过热等。尤其是副班组长罗军，多次在点检中发现吸盘电缆破损断电异常，及时按照应急预案采取应急措施，将产品先放置到安全区域，再停机将破损电缆修复，避免了行车断电故障造成的产成品掉落事件发生，获得业主的充分肯定。

中冶宝钢第三分公司轧运检修队郭卫红班组积极主动高质量服务现场、服务业主，努力提升服务质量和水平，与极致物流、智慧物流共同成长，不断向着新的目标阔步前行。

（柯陆伟）

中冶宝钢第三分公司轧运检修队郭卫红班组合影

42. 老中青同携手　挑重担攻难关

中冶宝钢第三分公司轧运检修队张勇林班组作为宝钢股份宝山基地运输部原料码头卸船机设备检修主力班组，面对交叉重叠艰巨又繁重的工作，他们不辞辛劳地解决了一个个复杂的难题；他们不畏艰难地战胜了一场场严峻的考验，为宝钢原料码头船舶装卸料安全生产做出了积极贡献。

重点项目展风采

该班组主要承担着宝钢股份宝山基地运输部原料码头卸船机设备的日常检维及保驾工作，也参与支撑原料码头以外区域设备定修、年修等任务。2022年，该班组在基础管理、检修作业、安全管理、技能提升和科技创新等方面均取得了较好的成绩，还参与原料码头超低排放改造、18U8卸船机新机上岸、原料码头卸船机推拉篷安装、运输部防疫喷淋装置安装等多个重点改造项目施工，高效优质地完成了任务，得到了业主的高度好评。

中坚力量挑重担

班组长张勇林作为该班组的中坚力量，其认真负责的工作态度为班组成员树立了良好的学习榜样。大到码头少人化设备改造，小到设备日常消缺，都能看见他的身影。他以百分之百的工作责任感、敬业心、事业心，感染着身边的每一名员工。他重视对新员工的培养，经常鼓励大家钻研新设备、新技术，推动设备智能化、日常管理信息化，切实做到技术上有提高、思想上求上进。

青春力量冲在前

在码头36U连续式卸船机俯仰液压油缸更换年修项目中，由于俯仰油缸上部支撑重量高达1260吨，吊装高度高、作业空间狭小，安全风险较大。对此，该班组青年员工发挥年轻人优势，积极参与施工方案的编制，在作业中做到分工协同、认真谨慎。虽然他们工作时间不长，但通过参与项目，已经成为原料码头设备检修的主力军。现在，在码头上看到最多的是他们上下高几十米的卸船机、汗如雨下的身影。

平凡的岗位、平淡的工作，班组“老、中、青”员工每个人都发挥着各自的专长：老同志经验丰富，处理问题全面到位，对青年员工言传身教；青年员工更是虚心好学，把每次检修任务都作为难得的学习和锻炼机会，让港机设备检修技术薪火相传。中冶宝钢第三分公司轧运检修队张勇林班组上下一条心、拧成一股绳，形成了一支强大的战斗队伍。他们迎难而上，从未叫苦叫难，始终以顽强的战斗力和高度的责任感完成任务，提交给业主最满意的答卷。

（柯陆伟）

43. 细化管理促效率　准备充分有保障

为了拓宽基层岗位一线员工的用武之地，中冶宝钢第四分公司工业工程车间1550成品乙班积极探索推行扁平化、创新化、履约化三种班组管理模式，不断凝聚班组力量，夯实班组建设。

“扁平化”管理，打造安全意识强的班组

7时35分，是该班组召开班前会的时间。“安全第一，违章为零！”和往常一样，清晨的湛江钢铁1550成品厂房外，回荡着该班组响亮的口号声。为提高班组管理水平，该班组以结对活动为契机，每天定时、定点、定内容、定形式地开展班前会和班后会，严格执行“一看、二查、三讲、四问、五喊”等要求。

通过管理人员结对子、班长督促检查、员工落实整改等形式缩短班组管理流程，把工作做细、做实，保障人员有分工、责任有落实、考核有制度，充分调动班组员工参与管理的积极性和创造性，逐步形成全员自觉、自发地抓班组建设的大好局面。

“创新式”管理，打造技能水平高的班组

随着智能装备、智能工厂信息化程度的逐渐深入，中冶宝钢首次承接湛江钢铁冷轧厂两条集国内外尖端包装技术于一体的全自动包装线，其中，故障快速处理能力是首要解决的难题。为此，该班组收集近两年自动线故障处理、TPM点检维护等一系列知识和具体操作方法，将其详细视频放入教程二维码，并在每个岗位粘贴教程二维码，进一步提高员工对自动

线设备操作能力。

“瞧，就是这么一扫，咱们就知道了处理故障的办法，非常便利。”班组长余艳画自豪地介绍着。当自动包装线区域发生故障时，员工只需要扫描自动线操作程序教程二维码，便能在第一时间得到正确合理的故障处理方法，为两条自动线生产目标再攀新高峰赢得了宝贵的时间。

“履约式”管理，打造生产防疫两不误的班组

2022年，湛江钢铁两次疫情封控管理期间，该班组冲在前面、想在前列，主动帮助作业区人员安排宿舍、采购生活用品，齐心协力开展排查筛查、消毒工作，完善防控物资，加强厂区管控，保证饮食安全。

“封控期间，冷轧带包多、缴库量任务重，现场工作不能停，咱们班组谁愿意搬到现场操作室？”“我！”“还有我！”“我也来。”……看着班组成员一个接一个举手，班组长心里踏实了，整个班组也踏实了。心往一处想、劲往一处使，为了快速响应现场生产，完成冷轧合同缴库，该班组连夜从厂外宿舍搬到现场操作室，做到吃、住、睡全在作业现场，发挥随叫随到精神，为生产物流保驾护航，促使单月目标产能突破26万吨，在四班缴库量、出库量并列第一，获得业主的大力认可。

通过不断推进三种班组管理模式，深度挖掘班组内部巨大潜能，中冶宝钢第四分公司工业工程车间1550成品乙班实现了管理细化、发展高效、可持续的发展模式，成功打造了“班组命运共同体”。

（余　丹）

44. 强化细节严管理　以点带面促提升

“零工伤”“零投诉”“创产能冲刺纪录”，每当提起这些词的时候，人们总是联想到中冶宝钢第四分公司工业工程车间2030包装乙班；“优秀班组”“标杆班组”“岗位之星”“最佳实践者”称号，多项荣誉都在诉说着这个班组不一般。

让安全教育的链条长起来

“高高兴兴去上班，安安全全回到家。我相信这是每一位员工家属最希望看到的，所以咱们也要重视员工下班后的情况，这不就是来摸底了”。一听就知道这是班组长余荣典又在进行员工家访了。将安全生产教育监督扩展到8小时以外，从工厂延伸到家庭，深入了解员工身体、心理状况，倾听家属心声，获得家属对员工工作的更多支持，这是该班组坚持多年的习惯。2022年以来，该班组共开展了23次家访，形成了一条条绵延的情感纽带，为安全生产成功筑起第二道防线。

让现场一线的颜值靓起来

不放过每个细节，提升现场管理水平，改善员工工作环境，是该班组一直坚持的工作重点。“生产区域、资材架，这些都要做好定置存放标识”。“现场资材、各类标识警示牌要清理干净、悬挂好。”“用油漆刷新一下包装线栏杆及地面警示线。”“定点回收现场擦拭钢卷油污的抹布。”机组停机的空隙是班组改善生产一线“颜值”的良机，轰鸣的设备虽停下了步伐，现场环境整治“硬核”行动却加快了节奏。“我们在干净、整洁、舒适的环境中工作，心情也舒畅，干起活来更带劲。”一位正在对栏杆刷漆美化的员工如是说。

让隐患整改的速度快起来

“千里之堤，溃于蚁穴。安全生产的每个细节都不容马虎”。这是该班组多年来形成的共同认知。2022年6月，重卷员工发现提升小车在自动运行状态下，防撞装置触点未接触到钢卷设备，继续前进未停止运行，若人员在炮筒顶住钢卷时未及时按下急停按钮，就会造成钢卷顶翻翻卷的风险。“必须赶紧上报，不然会出现操作安全风险。”员工立即向上反馈。该班组召开降风险推进会讨论分析，最终决定采用安装面包块状防撞装置的解决方案，一场可能的险肇事故在萌芽状态便因班组对细节的严控被扼制住。

“隐患排查整改，就是要有鸡蛋里挑骨头的劲头，达到精细化管理的要求，更要有速度。”班组在日常隐患排查整改中，发现问题第一时间处理。2023年，该班组员工在清扫设备时，发现提升小车轨道平台存在临边高处坠落的风险，立即上报作业区联系点检，并按照“四有四必”原则落实问题整改，在临边空洞处增加硬质隔离板，为钢卷包装安全生产作业的顺利开展奠定了基础，更为临边区域施工人员提供了安全可靠的检修作业环境。

立足安全教育、现场治理、隐患排查，以点带面。中冶宝钢第四分公司工业工程车间2030包装乙班实现了“安全生产无事故，生产产量有提升”的综合目标，强化细节管理，多领域同步提升，实现班组整体进步。他们确实“不一般”。

（陈萝婷）

45. 砥砺奋进　诠释巾帼责任与担当

她们用汗水代替了红装，用安全帽盖住了长发，埋头苦干、团结一心、积极向上，在这秋收的季节里收获了青春、成功、荣誉。

她们就是中冶宝钢第四分公司厚板精整行车作业区成品库丁班的姑娘们。该班组在2018年被评为“先进班组”，2019年被评为中冶宝钢“巾帼奖”先进集体，2020年3月获车间党支部授牌更名为“湛蓝巾帼班组”，2020年5月被评为中冶宝钢“巾帼奖”先进集体。班组长邓小花更是因为表现优异，被湛江钢铁厚板厂评为“巾帼标兵”。她的事迹荣登《中冶宝钢》报和《湛江日报》，成为广大读者和员工学习的榜样。

迎难而上，诠释责任与担当

2020年初，新冠肺炎疫情来势汹汹。为了保证现场生产的正常运转，“湛蓝巾帼班组”迎难而上。疫情期间，该班组未出现由于疫情请假、缺勤等情况。每天面对单调、重复、枯燥的行车操作工作，她们从不言苦、言累，凭着对工作的热爱顽强拼搏。在厚板厂季度产能冲刺阶段，单月目标产能突破20万吨。全体员工主动放弃了假期，要求加班协助完成本年度的生产目标。该班组在四班缴库量、出库量指标名列第一，以辛勤付出诠释了什么是“实干闯未来”，并获得了业主的一致认可。

▌稳扎稳打，勇当“领头羊”

在作业要求上，该班组狠抓岗位安全，严格执行各类规章制度，提高全员安全意识；在员工管理上以人为本，多与员工交流，倾听员工的诉求与心声，积极配合改善员工作业环境，帮助员工解决生活困难；在班组管理上，刚柔并济、公私分明，使全班组人员一直稳定团结，员工流失率低。种种优异表现让“湛蓝巾帼班组”迅速挤到了行车操作队伍的前列，成为第四分公司当之无愧的“领头羊”。

▌砥砺奋进，勇立时代新潮头

“妇女能顶半边天”从来不是一句空话。“湛蓝巾帼班组”携手同行、砥砺奋进、自强自立，巾帼不让须眉。从2019年12月26日湛江钢铁召开厚板厂热处理代加工、包装筹备会后，该班组奋勇争先、迎难而上，积极主动报名参战。为确保业务高效、有序推进，该班组员工多次到冷轧厂包装现场进行调研、取经，并设计专属的板包装场地和打造特制的对齐桩；为防止行车擦伤钢板，该班组为行车安装了专用板钩、挂梁和磁头防护罩，进一步确保了钢卷质量，用实际行动展示了巾帼的责任与担当，奋力书写了中冶宝钢板包装历史新篇章。

她们盯紧目标，矢志奋斗，在岗位的奉献中展现作为，争当新时代巾帼建功的实践者、奋进者。

（陈　邕　余翠明）

46. 践行“家文化”　凝聚班合力

班前规范交底、班中技能测评、副班集中培训，为提高班组员工专业素质和技能水平创造条件；班组团建、员工家访、现场带教帮扶，为提升团队凝聚力、向心力开辟绿色通道。中冶宝钢工业工程车间第四分公司热轧作业区乙班以其浓郁的“家文化”，凝聚强劲的“班合力”。

▍“齐”家文化——班组防疫100%封控率

该班组提倡员工以厂为家，共同建设管理好班组大家庭。2022年，钢厂两次疫情封控期间，该班组交出了优异答卷。8月的湛江火热依旧，班组抗疫保产的热情高涨。上午9时，班组内部召开会议，部署管控要求；下午3时，班组整齐有序地出现在待分配宿舍的人群中；下午5时，班组在最短时间内完成宿舍布置；晚上7时，产业基地521宿舍里整整齐齐地坐了21人，召开班组民主生活会。

“大家的生活物资都备齐了吗？接下来这段时间我们将两点一线上班。在这个紧要关头，我们要以厂为家，有困难大家一起克服，有啥意见提一提，我们想办法给你们解决。”“兄弟们，要减少不必要的抱怨，工作忙的时候想一想闲的时候。”“来，谈谈你的想法。”……小会越开越激烈，楼道内传来阵阵淳朴的笑声，扫去了疫情带来的紧迫感、压抑感。面对疫情，该班组成员临危不惧，通力合作、相互配合，最终在这场没有硝烟的战争中取得了胜利。

▍“小”家文化——成就“单兵作战能力”最强班组

为了响应减员增效的号召，该班组积极开展多功能工培训工作，让这支队伍在单兵作战能力方面实现了飞跃，充分体现了“小”家文化的“帮”与“带”。

“小”家文化小试牛刀，包装岗位全取证。该班组每天指定代表担任培训员，利用作业间隙教授其他员工岗位技能，开展内部师带徒、“一帮一”等活动，安排经验丰富的老师傅对其他员工进行现场单项技能讲解演示，引导他们发挥主观能动性，提高主动服务意识，班组21人全部考取了上岗证。

“小”家文化以身作则，机前岗位普遍化。班组长郭艳以身作则，通过与组员相互监督、学习，前期完成9名机前工培训取证，并鼓励班组成员克服高温环境、懈怠思想。最终通过3个月的努力学习，班组有17位成员实现了机前上岗证取证目标。

“小”家文化依托“家文化”，逐步攻克切割岗位。切割岗位员工较难培养，因员工学历参差不齐，考煤气证较为困难。经过多方共同出力并与厂部协商，通过更换能源介质，使员工只需要考取焊工证即可。该班组通过内部师带徒、“一帮一”等活动，助力员工成功上岗。

一团火、一盘棋、一股绳、一家人，中冶宝钢工程车间第四分公司热轧作业区乙班把“小家”与“大家”融为一体，为保障钢厂生产顺行注入了源源不断的新动力。

（王鸿翔）

47. 集智创新绝隐患　齐心协力促生产

“集智慧、拓创新、攻难题、绝隐患”，是中冶宝钢第四分公司电仪队热轧电气班组14名员工始终坚持的工作理念。特别是，在参与热轧钢卷库、板坯库无人化调试过程中，该班组向“智慧制造”方向努力，大胆创新工装工法，以实际行动诠释了小智慧凝聚大作用。

“小改造”解决“大难题”

为在安全本质化层面解决热轧现场的“老大难”问题，该班组成员积极发挥主观能动性，利用新技术、新方法对现场的设备隐患问题进行“小改造”。

热轧加热炉区域的炉门链条抖动过大导致检测信号不稳定，通过改进限位挡块仍不能解决问题；同时，层冷辊道电机端子箱受到板坯冲击，导致软管接头容易松动进水。“试验感应开关”“试验安装办法”“试验，再试验……”班组成员执着地进行着测试。经过测试10多种感应开关、7种安装办法，收集对比大量数据，该班组发现采用光电接近开关可从本质上解决炉门链条抖动影响限位检测的问题；通过更换软管接头为格兰头，双面均可卡紧，解决了端子箱进水问题；通过改造加热炉区域的炉门主令控制器，极大地降低了炉门故障率及备件损坏率。

▌"小创新"创出"大效益"

"巡检过程中发现，出口辊道第一组三号电机辊道接手完全脱落，现将三号电机紧急断电，请立即前来处理。"该班组始终坚持当好设备维护"第一责任人"的理念，在巡检过程中发现问题快速处置，成功避免电机损坏，从而避免带钢发生批量质量问题，也因此获得15万元的嘉奖。

热轧1780产线轧制期间，经常发生系统通信异常、信息传输丢失情况，严重影响轧机生产效率。该班组快速响应、主动请缨，采用"专人负责、分段跟踪、线路检测"的方法进行逐项排查，"检测一下这条线路""没发现问题""再检测下一个"……在不断排查下，该班组发现是电源线路产生的磁场影响了通信线路数据传输。为了解决这个大难题，该班组将通信线放到新增的桥架中架空处，最终系统数据通信恢复到正常状态。

▌"小发现"实现"大成效"

热轧1780产线投产初期，在轧机开轧期间屡屡发现轧机编码器、传感器将军帽连接头处出现进水情况影响轧机运行。秉承"啄木鸟"精神，该班组进行了专项的"啄虫""治病"。"仔细观察了运行过程，也检查了损坏情况，我们认为是接头卡不紧导致的问题。"与点检人员不断讨论后，众人得出了结论。经过3个多月的努力，该班组最终成功完成轧机和层冷合计406个传感器的改良，确保了轧机的稳定运行，提高了产线效率。

集小智成大智，集众智促创新。中冶宝钢第四分公司电仪队热轧电气班组始终坚信每个小智慧都能成就大梦想。

（徐心平　陈家爽）

48. 心系业主提效率　精诚服务受表彰

"心系业主，快速响应，精诚服务，24小时待命"，中冶宝钢第四分公司工程机械大队修理一班不负这句誓言。“敬业奉献奖”、“大干100天，再创新佳绩”个人二等功、“物流之星”、“降本之星”、“环保之星”等诸多荣誉加身，更是对这句承诺的验证。成立7年来，该班组始终保持团结协作、开拓进取、努力创新的优良作风，保障全厂工程机械物流顺行。

言传身教，提高维修效率

“班长，这个车辆故障我不会解决怎么办？”

“没事，我教你。”

班组长谢永泽组织新员工学习工程机械维修知识，有意识地引导新员工参与车辆维修工作中遇到的故障疑点、难点研究讨论，针对如何更加有效快捷地对故障进行处理等问题进行师徒带教，利用空余时间组织班组员工开展对车辆维修故障判断处理、发动机故障诊断实操带教、PPT课件制作等学习，提高班组成员维修效率，保证维修质量。

提前准备，保障生产顺行

“码头区域的工程机械车辆属于产线上的A类设备，一旦出现故障，就要在2小时内完成修复，不然影响船运计划，产生滞期费用等后果。”

“没问题，保证提前完成任务。”

面对高湿度、高腐蚀性的作业环境，车辆电气原件、线路故障率多发，但故障排查专业性强、抢修时间短，如果处理不好，就会影响码头区域的生产作业任务。“怎么办？”紧张的气氛迅速蔓延。“不用担心，我们已经提前做了充分准备。”该班组自信的底气来源于利用业余时间在网上查询或向厂家咨询学习维修技能，以便快速把准故障命脉，精准开出维修“药方”。

该班组抢修经验丰富，在接到码头调度抢修作业任务后，从人员拉动、工器具准备、现场安全措施落实，到试车检查、电脑检测、故障点确认、故障诊断、确定处理方案及应急预案、故障排除、试车检验、交付生产，每个步骤都有条不紊地开展。该班组参与的105次抢修全部按时间节点顺利交付，为码头清仓作业抢出了时间，为业主降低了成本，赢得了好评。

心系业主，发挥“主人翁精神”

“我们不仅要保障现场车辆状态良好，还得为公司、为业主提效率、降成本。”

班组长谢永泽不光是这样说的，也是这样做的。该班组积极开展“五小”发明、革新创新活动，不断挖掘日常工作中的合理化建议。特别是，针对滑移装载机、叉车等工程机械设备更换轮胎带来的费用居高不下问题，班组成员拓展思路、举一反三，制作出轮胎压制工装。通过采购不带钢圈的轮胎，利用压胎机将旧轮胎的钢圈装到新胎上，使钢圈可以重复使用，不仅做到了技术创新，而且大幅降低了轮胎成本。

“随叫随到，全天候保障服务！”不只是口号，也是切实行动。中冶宝钢第四分公司工程机械大队修理一班秉持着高品质、高质量的车辆维修技能水平，为钢厂生产顺利进行做出贡献。

（杨小媛）

49. 合理改造促生产　节本降耗增效益

“这个备件改造一下可以延长使用寿命。”“这个零件修一下还能用。”“这个材料留下来将来一定有用。”在中冶宝钢第四分公司焦化队焦炉电气班组中，时常会听到组员之间这样讨论的声音。拆卸的废旧备件、长期搁置在室外的旧材料，别人眼里的“破烂儿”，都是该班组眼中的“宝贝”。通过合理改造促进生产，该班组用实际行动践行了降本增效。

以更合理的改造节本降耗

“敢想、敢干，才会有突破。”这是该班组成员的统一认知。以往遇到电车焦炭落地时，电缆槽温度会迅速升高，导致电缆槽内的电缆全部被烧毁或因高温熔化。为杜绝此类事故，该班组充分发挥“两型”员工作用，每当电车换车下线维修时，班组成员都会一起到现场根据提出的建议进行试验，“我们已经经过了两个多月的反复试验观察”。最终，班组决定在电车电缆桥架上增设消防水管及桥架隔热防护装置，一举解决了电缆耐热性不强、防护措施隔热无效的难题，杜绝了电缆被烧毁或因高温熔化的现象。另外，新增的消防水管如遇到抢修，能快速给整车电缆桥架降温，为稳定生产提供安全保障。此改造既大幅减少了抢修次数，也降低了人力和物力投入，还减少了生产损失。

以更精准的举措提增效益

焦化单元有许多易燃易爆区域，对现场照明灯具的要求是防爆，很多损坏的防爆灯具由于没有新的备件，只能使用普通的灯具替代，而这种普通灯具在复杂的工作场所中极易损坏，不仅浪费了灯具，而且给日常的维护工作带来了负担。2022年1月，该班组在日常巡检过程中发现，焦炉地下室大部分灯具损坏，现场环境昏暗，存在安全隐患。对此，他们充分发挥“主人翁”的精神，在班组长的带领下，带着卷尺到现场测量防爆灯具灯架的尺寸，“这个灯具的尺寸是……”“已经记录了，别的呢？”……数据收集完毕，班组也开始忙碌起来。制作现场你来我往、井然有序，班组成员各显身手，钳工下料、焊工焊接、电气接线组装，最终共制作了防爆灯具灯架50套，每套防爆灯成本40元左右，而市场上最普通的防爆灯具价格则在300元左右，仅此项就为湛江钢铁焦化单元节约近万元，每年为整个焦化单元节约近10万元。现场的照明常年充足，施工安全也得到有效保证。“多动脑、多发明，既能省钱，又能保障施工安全，我们心里也是很乐意干的。”班组成员乐呵呵地说。

善于发现问题，更能解决问题，中冶宝钢第四分公司焦化队焦炉电气班组始终遵循“降低消耗、精打细算、提高效益”的原则，养成了“先算后干、边算边干、算后再干”和“从小事做起、从点滴做起”的良好习惯，一直秉持着“与时俱进，不断开拓创新”的工匠精神前行。

（翟文鑫）

50. 以提升为目标　以优秀立标杆

中冶宝钢第四分公司炼钢队连铸一班是个名副其实的“90后”班组，中国五矿集团公司2017—2018年度“百强班组”称号是对他们以往工作的肯定，连续3年荣获宝钢股份宝山基地“信得过班组”称号是对他们现在工作的认可，湛江钢铁“无忧班组”的创建是他们未来工作努力的方向。

▌重学习促提升，创知识型队伍

“2016年4月22日，某公司进行俯仰弹性圈更换检修，在拆除电机固定螺栓后，余某用撬棍撬动电机，电机接手碎裂，碎片飞出击伤余某……”该班组每日坚持组织成员学习安全日历及近期事故材料，不断从思想上激活班组“细胞”，从行动上提高该组“健康度”。

作为设备检修班组，该班组干的是技术活，要想设备平稳顺行，检修质量不过关是不行的，要保证质量就必须技术过硬。从逼着学到主动学、从被动练到主动练，该班组在午间学习切下辊摆臂更换工艺、液压螺栓拆装要点、煤气安全作业要点等理论知识；在班后，组织钳工、焊工、起重工进行技能实操培训；在管件制作焊接项目中，以学代练、以练促学提升实操技能。2022年，该班组有高级工2人、中级工6人，大工种百分之百持证，且一人多证、一专多能。班组长宋周松在钳工、焊工技能比武中，分别获得一等奖和二等奖。

▌提质效降负荷，建创新型团队

连铸机清长轴盖板拆装项目施工时，由于附近板坯多、位置狭小，汽车吊无法进场，只能焊接吊点用导链倒运，费时费力。

“现场太多既空间小又有大量设备需要倒运的地方了，有没有像消防机器人那样的小设备，能进入各种不利环境发挥作用呢？”该班组集中开展“头脑风暴”。

经过3个多月的努力，轻型履带式起重机工装应运而生。使用该工装进行长轴盖板拆装，原来需要8人12小时完成的工作，现在仅用4人8小时便能完成。之后，轻型履带式起重机工装更是被广泛应用于连铸辊道更换、减速机开盖、电机更换等检修项目中。在脱销进行压缩空气管道配管安装、扒渣机改造液压管路冲洗等技改项目中，轻型履带式起重机代替汽车吊，以小巧灵活、转场方便等优势有效解决了空间受限、吊装难、劳动强度大等问题，获得业主方的一致好评。

▌夯基础强管理，造信得过班组

“黄德志，你检查一下上场工器具的完好性。林志辉，你准备好台布、检修旗和红白带、垃圾桶等。明天集中日修，大家各司其职，做好现场标准化，落实安全措施，保证检修质量……”

该班组从班前班后会议制度、安全检查和隐患整改、学习培训、安全考核与奖惩、劳防用品穿戴等方面健全管理制度，扎实开展和落实各项工作，每次项目开工后，洁白的台布上都整齐地摆放各类工器具，红蓝垃圾桶犹如卫兵一样立于台布一侧，而鲜红的“检修信得过班组”旗帜飘扬在另一侧，“设备医生”又开始工作了。

“博观而约取，厚积而薄发。”中冶宝钢第四分公司炼钢队连铸一班着力打造“学习力强、担当力强、执行力强”的标杆榜样，在创先争优的道路上奋勇向前。

（刘奉英）

51. 不畏艰难想办法　优质高效交答卷

每当提起中冶宝钢第四分公司炼铁队修理四班，人们无不竖起大拇指。不畏艰难、奇思妙想、精益求精，该班组被称为皮带机检修战线的“排头兵”。在填补滚筒在线包胶空白、打造皮带硫化品牌业务方面，他们交出了优质的答卷。

不畏惧，求精益，打造品牌

重视施工安全，把控检修质量，定期开展分析研讨会探讨工作提升效率，这种对“精益求精”品质的坚守，成为促进班组综合水平不断提升的关键所在。

皮带硫化品牌的打造，体现了该班组数年如一日的高标准、严要求，更体现了他们在每一次主作业线抢修等紧急施工时的“召之能战、战之必胜”。该班组在紧急抢修时，敢想、敢干、敢冲在前头。2017年，烧结单元皮带撕裂造成主线设备烧结机停产。“SP102BC皮带撕裂了，情况紧急，迅速集中人手。”“采用常规办法可能来不及了，全程热补时间不够。”……抢修刻不容缓，激烈的讨论更显出现场的紧张，最终他们创造性采用“分段热补 + 冷补”的施工工艺进行施工，较之全程热补或者皮带更换的施工方法，抢修时间被大大缩短，减少了损失，赢得了业主的高度评价。

重技术，讲革新，实现双赢

在钢铁厂内，长距离钢丝绳输送带的物料费用在皮带总体费用中一直占据较大比例，如何进一步压缩该费用一直是降本增效工作中关注的重点。

“是否可以借鉴皮带翻身节省帆布输送带物料费用的经验呢？”班组长刘德汝提出了建议。“嗯，是可以参考，先切断皮带再连接，可以消除钢丝绳皮带翻身产生的扭力。”“这样，皮带在翻身过程中就能平直地通过滚筒，避免皮带折叠导致皮带发生打滑或撕裂等现象了。”“对对对，都想到一块儿去了。”班组成员默契依旧，你一言我一语的“头脑风暴”后，想出了解决办法。2019年，该班组利用这一方法顺利完成湛江钢铁原料单元皮带翻身作业，成功验证了最初的想法。在经过翻身后，皮带使用寿命延长了2/3，更换时间节省了4天，硫化作业人员劳动负荷被降低，开创了与业主双赢的局面。

强开拓，宽思路，再攀高峰

湛钢原料单元滚筒设备在经过数年运转后，包胶磨损严重，常规处理就是更换滚筒。

“但是，现在为了完成创A企业达标，转运站全封闭了，想要更换滚筒就要对设备设施进行破坏性处理。”发现这一困难后，该班组通过借鉴网上视频资料等方式，着手研究“滚筒在线包胶”这一课题。经过采购胶板胶水、线下试验、线上实操等工序后，他们于2019年5月顺利完成湛江钢铁厂原料单元L110BC改向滚筒的在线包胶作业，填补了湛钢区域滚筒在线包胶的空白，节省了滚筒更换过程中轴承备件、起重设备的机械台班等费用。在该班组的带动下，整个作业区已先后完成300多个滚筒在线包胶作业，创造了除皮带硫化以外的另一块“金字招牌”。

中冶宝钢第四分公司炼铁队修理四班自成立以来，不断开拓进取、革新技术，以更宽、更广的检维思路唱响了品牌强音，为企业发展添砖加瓦。

（杨华圳）

52. 集智慧巧解难题　创工装提升效率

“先进班组”“最佳岗位技能之星”“岗位之星”“最佳实践者”，这些都是中冶宝钢第四分公司炼铁队苏永谋班组的代名词。集智慧、创工装，他们是钢厂内的“智多星”；“零违章、零事故”，他们是设备检修的“实干家”。

凝聚智慧力量，巧解检修施工难题

该班组主要负责湛江钢铁原料区域设备检修任务。“越是遇到问题，越要迎难而上，越要敢于碰硬。”这是该班组一直坚持的理念。为提升现场检修作业效率，该班组经常组织“头脑风暴”活动，凝聚集体的智慧。

原料单元三期破碎机液力耦合器拆卸是最关键的工序，该液力耦合器近1吨重且体积大，加之现场环境为全封闭式，施工空间受限，施工难度极大。为解决破碎机液力耦合器拆卸施工这一难题，该班组主动攻关，制作破碎机液力耦合器专用工装，在设备内部安装丝杆，配合顶板借助千斤顶将液力耦合器设备拆除。“但是，安装液力耦合器需要加热且内部油封受热温度不能超过150摄氏度。”又一个难题摆在了他们面前。“大家一起分析一下，看看有没有什么好办法。”班组长苏永谋把组员集中起来，经过激烈讨论，最后一致决定采用对内孔使用油浴进行局部加热的方法。正是这个创造性的方法成功解决了液力耦合器现场回装难的问题，为破碎机的大修创造了前提条件。

创新工装工法，堵截检修安全“下山虎”

该班组积极研发可以降低劳动负荷和消除安全隐患的工装工法。原料单元在超低排放封闭后，转运站内减速机的倒运都是通过在转运站增设吊点挂设手拉葫芦完成的。在这一过程中往往会涉及歪拉斜吊，存在较大的安全隐患，且员工劳动负荷较大。

为了彻底解决减速机倒运作业安全这一难题，守住安全检修的底线和红线，该班组利用业余时间制作工装。该工装由滚筒架和吊装支架两部分组成，其中，吊装支架由型钢构成，位于减速机上方，支架上部横梁充当吊点对减速机起吊，起吊之后将减速机落于滚筒架上，使其滑移前进，快速进行减速机的挪运工作。当减速机需要调离转运站时，滚筒架与吊装支架交替运作。“这样既方便快捷，又能减少人力投入，更提高了施工安全系数和施工效率。”苏永谋自豪地介绍着。

“一花独放不是春，百花齐放春满园。”中冶宝钢第四分公司炼铁队苏永谋班组只是中冶宝钢一线产业工人的一个缩影，他们以智慧检修打造了一支检修效率高、安全底线牢的青年护航队，共同构建起冶金运营服务的未来。

（宋凯达）

53.“指唱确认”做表率　带动区域守规范

“眼到、手到、心到”是中冶宝钢第四分公司生产运营车间钢包装包作业区甲班中常常能听到的声音。“指唱确认”作为安全的第一道防线，是标准化、规范化作业的重头戏，旨在协助现场作业信息沟通确认无误，避免发生安全生产事故。

▌引导示范，以点带面

该班组主要负责钢包在线运转的生产维护和指挥工作，在装包作业的关键工序方面表现突出，安全质量“零事故”。该班组各项成绩优异的根源在于其严格贯彻标准化作业要求，按照岗位规范推进“指唱确认”常态化。在开展工作前，班组长会接受一系列培训，进行模拟训练，然后采用“老带新”“一点对多面”的方式，通过示范引领带动其他未参加培训人员。“不放过任何一个细节”，曾获“两型”员工称号的班组长陈珍平精确做好“指唱”的每一个动作，并组织组员结合标准作业说感想、谈理解、找不足。平时，班组内部会发送教学小视频帮助班组成员理解，真正做到了用“传帮带”的方式交流学习。

班组团队氛围非常好，“就像一个大家庭一样，大家总能想到一块儿去，也很团结”。员工发自内心地开心分享着。2022年，在装包区域创建示范作业区的过程中，该班组详细解读评分标准、积极清洁现场、整理现场工器具及耐材等，所有成员都没有怨言，做出了标准化、定置化的榜样。

▌强化训练，全面铺陈

在标准化作业持续进行过程中，也出现了小插曲。个别员工取笑“推行没有意义”，“我们以前没有指唱确认，不也做得挺好”，对此不以为意。

“钢包吊运不平衡导致钢水溅出，这是一个很大的风险点。如果我们在吊装作业过程中加入‘指唱确认’环节，就能在第一时间通知行车工异常，事故也就能避免。”班组开起了谈心会，动之以情、晓之以理，员工明白了标准化作业确实是为了自己的生命安全着想，学习热情更加高涨了。

▌联系工作，实践检验

“上方、左方、右方、前方道路安全，可以通行。”连日来，炼钢厂工作现场，指令确认声此起彼伏，员工规范手势动作标准到位。提升安全标准化管理水平的细度与精度，必须理论与实践相结合。作业中，该班组指吊作业全面执行“指唱确认”。班组执行作业过程质量管理，装包作业关键点全部经过班组长确认和把关。“一定要做到眼到、手到、心到，不能马虎！无论是你指唱时的手势，还是动作角度，抑或是站位，都关系到对方能不能理解你想表达的意思。来，我演示一遍，你可得牢牢记住。”班组长陈珍平不断地提醒班组成员。

寓教于乐，中冶宝钢第四分公司生产运营车间钢包装包作业区甲班自主学习氛围不断浓厚，以热忱的工作态度和爱岗敬业的精神，在平凡的岗位上干出了“不平凡”，守规范、做表率，他们始终作为榜样带动其他班组共同进步。

（周廷宇）

54. 身先士卒带班人　诚信服务创一流

“下料下料，有老张真好。今年评上了先进，明年我们要继续领跑。”当中冶宝钢第五分公司试样下料热处理班得知荣获了公司“标杆班组”称号时，组员群情激奋，拥着老张又跳又笑，有几位组员甚至流下了激动的泪水。获得这样的集体荣誉，大家都深知离不开一个人的辛苦付出，他就是班组长张建华，组员都亲切地称他“老张”。

以身作则，积极做表率

2022年3月27日晚上，在家的班组长张建华看到了上海浦东即将封控的新闻，他来不及细想，立马收拾了行李，连夜从南汇搭乘地铁前往浦西。夜深人静，地铁上只有司机和张建华，他上传了一张照片到班组群，同事都说这是“老张专列一号”。张建华这次义无反顾选择驻厂保产，克服种种困难，坚守一线60余天。从切割到带锯，甚至车床，他凭借30余年的工作经验及专业的岗位技能，一人兼多岗，带领为数不多的员工圆满完成封控期间的各项任务。

▌带好队伍，创一流业绩

2022年以来，在宝武特冶执行高温合金、钛合金产品全年完成“双三千”工作指标的背景下，试样加工的任务量较以往翻了两番。班组长张建华在广泛听取组员意见后，积极推行“计分计奖”制度，充分调动了组员的工作积极性，班组出色地完成了每月4000炉左右的试样加工任务，成功助力宝武特冶实现全年“双三千”工作指标。近两年来，张建华主动带教7名新员工，培养了多名骨干员工，“老法师”的丰富经验得到传承。对切割工王留战来说，印象尤为深刻。2022年10月5日中午，一阵敲门声让他纳闷儿：“这个点谁会来找我？”开门后，只见张建华手上拎了好多菜，笑眯眯地说：“你不回老家，我陪你吃点。”张建华醉翁之意不在酒，除了吃的以外，他还带来了图例。他知道王留战作为新员工，还有很多东西需要学习，于是仔细地把下料各个部分的取样要求及位置通过图纸向王留战一一进行讲解。这样的带教故事还有很多，如今的王留战已是切割岗位上的骨干了。

▌质量至上，把好第一关

“切勿张冠李戴，扣子不能乱扣。”班组长张建华常常用这句话形容切割作业。“切割必须对照加工单取样，取样的部位、方向千万不能弄错，这两点一旦失误，就会造成混钢、性能数据不准确。”对于军工、核电、航空航天领域的产品，张建华都亲自把关，对重点项目进行画线取样，一对一交底，同时对重点项目重点跟踪，为产品检测把好第一关。多年来，在张建华的严格要求下，该班组从未发生质量事故。

▌节约挖潜，促降本增效

该班组在日常工作中坚持“成本管理，人人有责”的降本增效思想，贯彻事前计划、事中控制、事后分析“三部曲”统一的原则，鼓励员工多提合理化建议，节约挖潜，营造“勤俭持家”的良好氛围。2022年以来，该班组在切割区域利用套切、加厚垫板的方法，采取大试样使用大砂轮片、小试样使用小砂轮片的方式，每月节省125片砂轮片；在带锯区域，通过锯条再利用，该班组每月节约3根硬质合金锯条；在热处理区域，该班组大力倡导节能，提高了炉子的使用率，每天坚持多少试样使用多少炉子，不支持炉子空开，为作业区降本增效。

如今，中冶宝钢第五分公司试样下料热处理班获得的荣誉已经成为过去式。回首昨天，他们倍加珍惜；展望未来，踏上新的征程，班组长张建华将带领班组成员重新出发，再创辉煌。

（杨志营）

55. 困难有我来解　生产有“备”无患

在中冶宝钢有这样一个班组，他们擅长减速机、电动机和万向联轴器等设备离线拆检，多次在宝特长材、宝武特冶区域的大修、年修中承担主控项目检修任务。该班组作风过硬，敢打敢拼，组员发挥各自特长紧密合作，一次又一次解决设备修复问题，获得了业主一致好评。他们就是中冶宝钢第五分公司特钢运营事业部备修作业区备修班。

发挥技术优势，高效完成紧急任务

2021年9月，在宝特长材棒材分厂大定修中，该班组承担了主控项目4号轧机减速机检修、14号轧机减速机修复两项任务。经检查，两台减速机都需要更换齿轮，但业主方没有该备件，即便紧急采购，也会影响大定修的工期。技术骨干胡农对照图纸和实物认真研究后给出解决方法，“修磨齿轮斑驳面、调整齿轮间隙”。该班组加班加点，连续48小时奋战在检修现场，顺利完成了修复任务，减速机通过严格检测，一次性试车成功。此时的技术骨干胡农满脸疲惫，露出欣慰的笑容。2022年3月，宝特长材棒材分厂D线修磨机磨头、胶轮装配设备均损坏，严重影响业主生产。接到任务后，该班组立即取回待修复备件，合理分工、连续作业，胡农带领4人负责3套磨头修复，另一名技术骨干戴志平带领5人负责15套胶轮装配修复，仅用2天时间就完成了原计划3天的工作量，顺利将修复好的备件交付业主。

勇于挑战自我，毅然面对全新挑战

2022年春节前，第五分公司装备制造事业部厂房中跨、南跨两台行车位置需要对调，虽然该班组从未承接过特种设备安装作业，但是他们毅然地接下了任务。在进行技术交底时，电气专业领军人才高辉尤为兴奋："行车安装虽然没有干过，但是搞定它没问题。"作业长王西洋说道："这次任务非常艰巨，大家都把'看家本领'亮出来。第一天施工，我们首先要……"开工前，班组成员深入现场开展调研，精心准备施工器具，认真学习施工方案，反复推演重要步序。施工期间，班组成员紧密配合，仅用两天时间就顺利完成了两台行车对调任务，保障了正常生产，再次体现了该班组善打硬仗的能力和优良作风。

2022年9月，该班组接到一项艰巨的任务，要在国庆假期前完成第五分公司装备制造事业部20吨行车安装。该班组因为有了上次的经验，开工首日就完成了旧行车的拆除工作，为后续作业打下了坚实的基础。随后，该班组稳扎稳打，有条不紊地持续作业，克服厂房空间小、设备拼接难度大、电气调试复杂等困难，终于赶在国庆假期前一天完成安装调试工作。

近两年来，中冶宝钢第五分公司特钢运营事业部备修班既能发挥技术优势高效完成紧急任务，又能勇于挑战自我高质量完成全新任务，累计完成产线各类轧机、减速机、修磨机、行车等备件安装修复1000多项，备修合格率达到100%。该班组以精诚的服务态度打造优质的产品，让业主满意、放心，得到了业主的信赖，充分展现了中冶宝钢一线班组良好的精神面貌。

（汪明礼）

56. 工作脚踏实地　服务保质保量

在宝武特冶锻造分厂活跃着这样一个年轻的班组，在定修年修、技改工程项目，以及处理突发抢修故障时，无论刮风下雨，还是严寒酷暑，都能看到他们忙碌的身影，他们就是中冶宝钢第五分公司特钢运营事业部锻压作业区13MN班。该班组在中冶宝钢第五分公司2021年“百天百项、百战百胜”劳动竞赛活动中荣获“优胜团队奖”；班组长何维国荣获“突出贡献奖”，并连续两年被中冶宝钢第五分公司遴选为技能比武钳工组裁判员。该班组员工精通13MN主缸更换和操作机整体拆装、高压配管、润滑系统改造、轨床滑板更换等项目的检修技术。工作中，他们脚踏实地、用心做事，做到执行不打折，事事有反馈，为业主提供优质高效的设备检修运维服务，获得业主高度认可。

2022年7月，在13MN径锻机年修中，该班组承担4个主缸更换任务，业主要求16天完工。其中，1号、3号主缸筒套密封经常漏油，油缸头部柱塞拉伤。班组长何维国为解决这个问题指明了方向：“关于这个密封的修复，我们的检修方法肯定没问题，先从底座形状上分析。”组员说道：“老何，你说咋干，我们就咋干，想办法解决这个问题。”针对这一问题，班组成员深入分析原因，发现是13MN径锻机锤头底座和主缸柱塞安装面与装配配合面设计不合理，导致氧化铁皮经过锤头座工艺孔进入了柱塞。经与业主工程师现场勘察和研究，该班组将椭圆形锤头底座改良加工为圆柱形，并与防尘套组合安装，避免氧化铁皮掉入柱塞杆表面，彻底解决了铜套密封漏油和缸头柱塞划伤的问题。目前，1号、3号主缸筒套密封已使用1年有余，未出现渗油现象；缸头柱塞表面也无任何划痕拉伤。不仅为业主方创造了巨大的经济效益，还降低了检修人员的劳动负荷，保证了设备状态稳定。即使再遇到精锻机检修，该班组也不需要对1号、3号主缸筒套进行修复了。这时，大家都会忍不住感叹道：“老何，你把锤头底座改成圆的，帮了大忙了，不然今天我们又不知道几点能下班啊！”

在13MN径锻机主缸更换中，拆除锤头底座通常需要耗费至少8小时，而且锤头底座温度非常高，存在灼烫的安全隐患。拆装锤头必须用操作机配合千斤顶反复顶升，作业复杂而且安全风险高，施工空间狭小。该班组通过多次实践和改进，制作出了一套可调试顶杆装置专用工装，利用螺纹上升原理将锤头端盖拉出，主缸更换时间仅需5小时，不仅提高了施工效率，降低了劳动负荷，还提高了作业的安全系数。在20MN操作机平衡缸更换过程中，作业人员需要高空作业，且工器具携带不方便，只能搭脚手架进行作业，作业过程复杂而且风险高。班组长何维国带领班组成员自主研制了可移动式检修平台。该检修平台的使用不仅消除了安全隐患，降低了搭脚手架成本，而且大幅提高了作业效率。

近年来，中冶宝钢第五分公司特钢运营事业部锻压作业区13MN班顺利完成宝武特冶锻造分厂各类大定修、年修10余次，每次都能保质保量按照工期完成任务。他们还积极开展技术创新活动，申报“五小”成果5项、研制工装4套，大幅提高了劳动效率与设备检修运维质量，为宝武特冶生产顺行贡献了力量，也得到了业主的一致称赞。

（苗　刚）

57. 积累经验变成果　勇于创新增效益

中冶宝钢第五分公司兴澄项目部厚板作业区粗轧班主要承担兴澄特钢厚板厂4300轧线粗轧区域的机械和电气设备检修维保任务，班组长黄厚义始终践行“安全、能力、团队、创新”的班组管理理念。

安全生产是原则

“你们的生命安全是我的责任，我希望大家都高高兴兴上班，平平安安下班。”班组长黄厚义是个温厚又不失严厉的人。温厚是他的性格，严厉则是责任使然。该班组的工作伴随着大量的高空作业、起重吊装和动火作业，作业难度大、危险系数高。每天早会时，班组长黄厚义都会逐一确认每位员工的精神和身体状况，确保每位组员的劳动防护用品穿戴完好，作业工器具完好。对于任何作业中出现的安全纰漏，他都会毫不留情地严肃处罚。有一次，他看到两名员工将安全带挂在了同一段安全绳上，这个画面让他心里一紧，立即大声阻止，两名员工这才意识到自己的疏忽。

工作之余，班组长黄厚义经常在网上找一些安全事故案例分享给组员，让大家举一反三，说说自己遇到相同的情况会怎么办，自己的工作区域是不是也有这些隐患。班组长黄厚义用严谨和责任心，守护着每一名组员的生命，这份守护也让该班组的成员倍感温暖，愿意和他一起打造“零事故”的工作环境。

过硬能力是保障

除本区域工作外，该班组还承担了项目部的单项技改项目施工，中板、靖江区域的定修、年修以及一体化业务。他们能独立、高效地完成各项任务，屡屡受到业主的肯定。班组长黄厚义经常督促班组成员多学习技能，为了让班组成员更快地掌握新技能，他常常在日常的检修作业中手把手教学。该班组目前共有成员6人，全员持有高处作业证，其中，4人持有焊工证、2人持有起重指挥证，在兴澄特钢厚板分厂各类年修、定修、抢修的现场，这个6人小队的身影总是出现在关键攻坚区域，为项目部其他班组做出了榜样。

技术创新是核心

该班组不断积累管理与现场施工经验，近年来完成QC项目2项、“五小”发明5项，有效推进了中厚板检修工法集成。2022年9月23日，兴澄特钢厚板分厂年修序幕拉开，作为公司年度重点攻坚战役，班组长黄厚义深知任务的艰巨性，粗轧机的工作量尤其大，特别是他们班组参与的20吨冷轧自动厚度控制系统（AGC）油缸更换更是重中之重。采用传统工艺需要使用4根20吨手拉葫芦进行人工操作，需要24名员工连续作业72小时。“但是今年不一样了，我们研发的这套专用工装可以实现远程电控，12个人48小时肯定能拿下。”班组长黄厚义眼神坚毅，拍着胸脯保证。两天后，精轧机AGC油缸果然顺利完成更换，业主纷纷竖起了大拇指。这个工法现在已通过中国冶金建设协会专家评审委员会评审，被评为“冶金行业部级工法”，具有广泛的应用前景。

创新是进步的源泉，只有拥有创新精神才能如雄鹰一样搏击万里长空。今后，中冶宝钢第五分公司兴澄项目部厚板作业区粗轧班将牢记“从我做起、从细节入手”的理念，坚持分工协作，勤于总结、勇于创新，以爱岗敬业的工作热情谱写一曲岗位奉献之歌。

（颜　烽）

58. 积极培训强技能　创新创优展风貌

在宝钢股份黄石涂镀板厂，有一支富有活力、团结进取的年轻队伍——中冶宝钢第五分公司黄石项目部涂镀板作业区检修二班。在班组长郭富兵的带领下，该班组前后共培养了4名电焊工，现均成为骨干，在平凡的岗位上绽放光彩。2021年，在202机组36小时卷取机旋转油缸及芯轴抢修工作中，郭富兵带领班组人员顽强拼搏，圆满完成任务，获得了业主的高度赞许；在402机组电极板工装改造和502机组精涂吹扫装置改进过程中，班组长郭富兵与组员提出多条有价值的改进建议，获得业主的特别嘉奖。一分耕耘、一分收获。2021年，该班组凭借优异的表现获得中冶宝钢第五分公司“百天百项、百战百胜”劳动竞赛“优胜团队奖”。

安全为先，筑牢安全防线

为了实现“零事故”的目标，该班组认真落实全员安全生产责任制，严格执行公司安全管理制度，认真宣传和贯彻安全知识，扎实开展规章制度和安全事故学习，并结合班组的业务特点有针对性地进行教育培训。该班组还积极倡导“我的安全我负责、你的安全我有责”的安全理念，在日常检修作业中，组员之间相互提醒、相互督促，共同确保安全。同时，为了保证定修、大修等检修负荷较高、连续作业时间较长项目的施工安全，班组长郭富兵会在开工前带领班组成员到检修现场，详细交代全部的危险源和安全措施；检修结束后对检修过程进行复盘，并开展工作讲评，对表现优秀的员工予以表扬、对存在不足的员工进行教育，形成了良好的安全氛围。

质量为本，突出创新创效

“这是一场硬仗，大家要有信心、有勇气迎难而上，展示我们的实力和精神。”这是班组长郭富兵在2022年新承接的黄石涂渡板厂机组检修业务前的“迎战”动员讲话。作为项目部的“先锋队”，该班组积极深入现场，详细了解工艺情况和设备状态，并以精心编制高质量维修作业标准为突破口，顺利完成承接后的首次定修、年修任务。2022年11月，该班组响应项目部要求，派出骨干员工承担湖北新冶钢锻造厂20MN锻压机高压液压油管焊接任务。该班组严格按照施工方案打磨、焊接和检验，每层焊缝均做到三检，最终一次性试压验收合格，获得了业主的好评和嘉奖。该班组认真落实新员工带教制度，并本着“干什么练什么、缺什么补什么”的原则，扎实开展机组设备辊系更换、电机更换、油缸检修、焊接技巧等检修技能培训“传帮带”活动，大幅提升了员工的技能水平。

管理为基，强化班组建设

班组长郭富兵经常说：“如果把企业看作一棵大树，班组就是树根，也是基础，只有班组过硬，企业发展才会根深叶茂。”他是这么说的，也是这么做的。在他的带领下，班组以创建“六型班组”（学习型、安全型、创新型、技能型、节约型、和谐型）为目标，积极开展劳动竞赛、合理化建议、增收节支等活动，促进和激发组员的工作热情。每位组员严格遵守各项安全生产制度，熟练掌握本岗位的操作技能和岗位核心要素，并铭记于心、践之于行。他们还充分利用小发明、小创造、小革新等，不断提高作业效率、降低安全风险，严格管控工序质量，降低检修能耗，努力把班组建设成员工爱岗敬业、奋发向上、团结互助的“温馨小家”。

荣誉、掌声和鲜花都已成为过去。在成绩和挑战面前，中冶宝钢第五分公司黄石项目部涂镀板作业区检修二班将以更高的标准不断创新、开拓进取，努力提升班组管理水平、提高班组整体素质，立足岗位、恪尽职守，用实际行动为公司高质量发展贡献力量。

（辛婷祥）

59. 细管理定人定责　学技能新老结对

在宝钢德盛热轧厂1780轧线板加粗区域，设备复杂、工艺特殊、维保难度大，但中冶宝钢第五分公司福建项目部轧钢作业区初轧检修二班充分挖掘组员的能力和优势，积极开展技术创新活动，推行有效的师徒带教模式。班组长赵来福也有班组管理的绝招，在他的带领下，该班组凭借团队合作精神和创新意识，保证了设备检修运维的安全和质量，为宝钢德盛热轧厂安全生产做出了积极贡献。

开展“五小”活动，保障机组高效运转

该班组承担了1780轧线运转负荷最大的机组检修任务，保障设备正常运行的难度非常大。为此，该班组定人定责开展合理化建议活动，通过一系列“小改造”，不仅解决了设备运行过程中的问题，提高了设备本质化安全水平，还降低了检修作业的安全风险。面对1780轧线板加粗区域辊道加油难、投入人员多的问题，班组长赵来福主动与业主协商，引入润滑油量传感器和自动润滑系统，实现对辊道润滑油量的实时监测和自动补给，使辊道加油变得便捷、高效，减少了检修力量的投入，大幅提高了劳动效率。

创新安全举措，保障现场安全生产

“小王，你先别着急干活，先讲讲安全交底内容。”班组长赵来福有自己安全管理的绝招。在每次检修前他都会组织班组成员以“头脑风暴”的形式辨识危险源并制定具有针对性的防范措施。开始作业前，他总会抽出时间，要求组员复述安全交底提到的检修项目、危险源和应对措施，长期坚持下来，不仅增强了组员的安全意识、提高了技能水平，还大幅降低了发生意外的概率。

此外，该班组以作业标准化为切入点，经常开展机组检修知识经验“大家讲”、维修作业标准“找碴儿”等活动。在一次“找碴儿”活动中，大家针对联轴器更换的方法讨论得热火朝天，班组长赵来福一锤定

音："都别争了，我们现场试验一下就知道了。"经过这样的"讨论＋实践验证"的方式，该班组员工的专业能力都得到了较快提升。

▌推行激励制度，提高工作积极性

对于月度表现突出的员工，该班组采取加分激励制度，而对于相对落后的组员，班组长赵来福会给予"绩效辅导"，及时谈心谈话，让组员知道自己的不足之处，明确努力的方向。长期坚持下来，组员的执行力和工作积极性都有了大幅提高，班组凝聚力更强，形成了比学赶超、相互促进、共同提升的良好氛围。

组员冀小闯是2023年3月刚刚加入的新员工，对工作不太熟悉，常常紧张和不自信。下班路上，班组长赵来福与冀小闯一边走一边聊，倾听他的心声，讲述自己的经验。最后，赵来福拍了拍冀小闯的肩膀说道："小伙子很精神的，这些工作你肯定能干好，有困难就找赵哥。"从此以后，冀小闯的变化很大，逐渐适应了工作岗位，也时常展现出成为一名骨干员工的潜力。现在，班组长赵来福又在琢磨如何进一步培养他。

中冶宝钢第五分公司福建项目部轧钢作业区初轧检修二班凭借优良作风勇攀技术高峰，通过开展"五小"活动落实安全举措和推行激励制度，加上有班组长赵来福这只"领头羊"，班组建设持续提升、组员综合素质不断提高，用高质量的检修服务擦亮了中冶宝钢的金字招牌。

（张晓播）

60. 团结奋进争贡献　创新改造有"尖刀"

"108个小时，终于成功了！"谢越站在机床旁边，疲惫又兴奋地说道。作为中冶宝钢第五分公司装备制造事业部模具作业区数控班班长，他深知这一刻的重要性。5天前，该班组接到了一个艰巨的任务，要在7天内完成石油钻井产品的试制。其中，2度斜面轴的制作技术难度非常大，由于轴的材质比较特殊，且长度近8米，最大直径只有200毫米，加工时产生的抖动很容易导致产品变形。作为“尖刀”班组，解决难题正是该班组的专长。从图纸消化、模型建立到数控编程软件（CAM）模拟加工、生成程序，整整5天时间，谢越只回过一次家。通过不断优化操作工艺，该班组研制了数个新的工装，终于在108个小时不间断的加工后，啃下了这块“硬骨头”。2022年3月31日，2度斜面轴作为第五分公司“中冶铸模”品牌首次迈向石油钻井领域的产品一次性通过了验收。

团结奋进，勇争一流

该班组技能精湛、工作效率高，主要承担热挤压模具、挤压筒等“中冶铸模”重点品牌产品的加工任务。在班组长谢越的带领下，该班组各类指标完成情况在公司名列前茅。不仅班组长谢越被评为“安全生产先进个人”，班组也连续两次获得第五分公司劳动竞赛“优秀班组”称号。

“多取证、多长能耐，技术学到手永远是自己的。”这是班组长谢越经常对班组成员说的话。这几年，班组成员成长情况喜人，14人中有高级车工5人、中级车工9人，还有7人同时持有4种操作证、2人同时持有2种操作证。正是这“十八般武艺”造就了该班组的“尖刀”基因。针对日常生产中遇到的技术难点，该班组通过开展技术攻关、小改小革、合理化建议、专题讨论等方式逐一攻克，把工匠精神发挥到了极致，形成了“降低挤压筒测温孔漏气率”QC成果、“一种利用BIM技术的挤压筒装配方法”专利等。该班组研发的无芯剥皮技术，可提高工效8倍以上。

创新为矛，科技为刃

机床是该班组的武器，也是其朝夕相处的“伙伴”。为不断提升生产效率，优化产品质量，该班组开动脑筋，不断升级改造。原数控龙门镗铣床每分钟仅能达到250转，在一定程度上影响了刀盘的转速与进给速度，也影响了加工效率和钢板表面质量。有一次，两个年轻的组员找到班组长谢越，提出了一个针对机床的改造方案，谢越听后眼前一亮，立刻成立了攻关小组。经过1个月的反复计算和分析，在机床改造后的第一个工作日，来到现场的人都怀着紧张的心情等待改造后的效果。班组长谢越亲自上前启动机床，当它以每分钟1000转的速度旋转起来时，在场的人都欢呼起来。通过测试，机床的工作效率提高了近30%，产品表面质量也有了明显改善。该班组用勤劳、专注、精益求精的态度，为第五分公司精加工转型打下了坚实的基础。

班组建设，榜样引领

作为班组长，谢越深知一个好的班组离不开以身作则的带头人和全员的共同努力、恪尽职守、竭诚奉献。2020年，第五分公司接到为上海市口罩机制造工程第一批50部口罩生产设备加工关键部件的任务。时间紧、任务重，为了全力配合口罩生产设备生产节点，班组长谢越身先士卒，带领数控班全员参与，仅用一天时间就完成图纸消化、人员组织和物资落实等全部准备工作，顺利完成生产任务，在抗击疫情的攻坚时刻肩负起央企的国家使命，展现了“刀刃”班的风采。

作为模具作业区的“尖刀”力量和绝对主力，中冶宝钢第五分公司装备制造事业部模具作业区数控班始终不惧困难、冲锋在前，积极营造和谐向上的大家庭氛围，凝聚团队力量，打造了一个团结奋进、无私奉献的班组，树立了同类班组学习追赶的榜样。面对荣誉和奖励，该班组成员没有丝毫的骄傲，而是继续发扬勤奋工作、吃苦耐劳、爱岗敬业的光荣传统，努力成为一流的产业工人。新时代要有新作为，新使命呼唤新担当。该班组将继续发扬勇于攻坚的拼搏精神，继续以求真务实、苦干实干的工作态度，齐心协力、攻坚克难，为实现公司高质量发展做出更大的贡献。

（张　超）

61. 努力学习打基础　精心服务创品牌

班组是企业的“细胞”，是企业安全生产的前沿阵地，班组的战斗力决定着企业的战斗力。中冶宝钢第六分公司首钢京唐项目部电气三班就是这样一个“攻无不克、战无不胜”的“尖兵”班组，在首钢京唐多年冶金运营服务中圆满完成了公司及业主下达的各项任务，荣获首钢京唐公司“先进协作集体”称号。

员工是企业财富，安全是企业基础

牢牢绷紧安全这根弦，做到警钟长鸣，是该班组保持安全顺行的指导思想。该班组坚持在班前会上讲解安全事故案例，通过员工发言、提问等方式对事故案例进行深入剖析；在当班期间开展安全检查；在班后组织班组成员学习讨论安全知识，使每位员工都树立良好的安全意识。班组长布置工作首先会提醒安全问题，注重细节、责任到人。该班组负责首钢京唐公司2号酸洗线、3号轧机、8号镀锌等多个区域，采用轮岗作业的方式使班组成员在不同区域全面发展，减少作业中的安全隐患。

责任是质量保证，质量是品牌生命

该班组坚持不定期组织学习，持续提高全员技能水平，增强质量保障，通过对质量事故案例的分析结合自身工作特点总结经验，对于重点部位、质量重点项目更是认真落实质量管控措施，贯彻落实质量检查三检制。到目前为止，该班组未出过一起质量事故。

集思广益，用“金点子”换真效益

该班组积极配合点检完成全线电气设备的安装调试工作，直至顺利投产。投产后，该班组在产线遗留设备问题的处理、隐患治理及专业图纸整理等工作中，用“金点子”消除安全隐患、提高劳动效率。例如，地坑因地势问题经常被水淹，通过全员集思广益决定在地坑中加装液位计和声光报警器，当水位达到一定高度时，自动报警会第一时间消除隐患。该班组在确保完成检修任务的前提下，还积极开展“五小”发明活动，如研发制作简易快速放电缆架，根据电缆线盘制定架子高度，电缆穿口处再加装轴承，提高了放电缆效率，节省了放电缆体力，最主要的是解决了电缆缠绕的问题。

成绩的取得是班组全员共同努力、全心全意配合的结果。该班组以安全、质量创建活动为契机，奖罚分明，极大地提高了员工对班组管理的参与度，全面提升了员工质量、安全意识，调动了员工的工作积极性和创造性，增强了员工的集体荣誉感和团队精神，提高了员工队伍的整体素质，促进了生产的发展。中冶宝钢第六分公司首钢京唐项目部电气三班想业主所想、急业主所急，快速响应、使命必达，全力以赴为业主提供高质量的冶金运营服务，让中冶宝钢品牌在华北大地生根发芽。

（曲冰晶）

62. 群策群力攻难关　同心协作打胜仗

中冶宝钢第六分公司冷轧检修中心镀锌班组持续在加强班组建设、技能培训及员工个人成长等方面下功夫，致力于维保现场的生产保驾，着力解决维保现场难点问题。该班组成员通力协作、高效协同，建设成为一支团结的队伍，踏平荆棘、攻克难关，用责任与担当保障设备顺行，用努力与汗水浇灌荣誉。该班组荣获第六分公司“优秀班组”及“标准化先进班组”称号；班组长刘海亮荣获山钢日照冷轧部“安全生产先进个人”、第六分公司“优秀员工”称号。

发挥聪明才智，提高劳动效率

山钢日照镀锌产线整体装备处于国内领先水平，先进的预氧化技术、炉内雷达式纠偏、高氢闪冷工艺均成功实施，为镀锌产品质量提供了可靠保障，也对维保人员设置了较高门槛。几年来，该班组不负众望，在机组设备安装阶段同步进驻现场，协助解决了机组设备安装过程中的多个难题，并制作工装解决了多个不利于设备检修的实际问题。在镀锌机组炉区进行通氮气气密性施工前夕，由于炉区辐射管膨胀节位置处于安全栏杆以外，在更换辐射管拆卸膨胀节作业时，施工人员只能蹲坐于安全栏杆外面的辐射管上，作业环境恶劣，安全风险系数高，且进度缓慢，导致在实验前3天还剩137根未安装。班组长刘海亮带领班组骨干多次深入现场研究测量，在经过详细分析后，自主设计并制作了一个Z形平台，人员可以立于平台上施工，改善了作业环境，提高了作业效率，同时降低了安全事故发生的可能性，协助业主完成安装任务，确保了镀锌机组炉区通氮气气密性施工顺利进行。此项设计还获得了第六公司“五小”发明成果奖。

该班组深谙“工欲善其事必先利其器”的道理，在密封辊更换项目中，由于镀锌线快冷段密封辊为紧定套结构，且密封辊炉壳处空隙小于密封辊辊径，密封辊无法直接抽出，如需对密封辊进行更换，则要依次使用4个倒链才能完成密封辊轴承座拆卸、炉壳螺栓拆卸、炉壳抽出与密封辊抽出4道工序；同时，密封辊悬于平台上1.5米处，在将密封辊炉壳抽出时，需要耗费大量的时间交替使用吊具，且存在坠物的风险，不仅耗费人力、物力，还增加了风险。为了节省人力和物力，提高更换效率，该班组群策群力，制作了一个型钢与钢管配合的支架，使用导链锁住轴头，将炉壳拆卸后抽出一点缝隙，将支架塞入缝隙支撑住密封辊，直接拆卸炉壳，实现施工安全、质量与进度可控的目标。

勇于攻坚克难，消除安全隐患

该班组攻坚克难，检修项目从未延时，均以高效率提前完工，检修交工验收合格率年年最高；在设备维保过程中，该班组及时提出有针对性的整改建议，有效避免了事故的发生。2019年3月，在镀锌炉鼻子首次更换项目中，由于盖板的尺寸设计不合理，盖板无法盖严锌锅上方区域，存在施工人员踏空掉入锌锅的严重安全隐患。班组长刘海亮带领班组成员群策群力，研讨实践，完善作业方案。他们根据锌锅炉鼻子的实际尺寸修改盖板尺寸，使锌锅盖板与炉鼻子完美契合，改进了锌锅盖板的设计缺陷，消除了重大安全隐患，有效提高了作业效率，使镀锌炉鼻子更换工期由5天缩短至3天，更换效率提高了67%，为生产争取了宝贵时间。

该班组主动配合业主方规范现场6S管理，积极开展“冬夏四防”工作，多次收到业主的表扬信。在冷轧厂主产线维保过程中，该班组积极协助业主制作辊架、取样板存放架，并在冬季来临之际，协助完成暖气管道及暖气片整改工作；在夏季来临之前，协助完成排水设施检查工作，完成天井路等雨水井盖打孔改造工作，改善了连退镀锌天井排水系统不通畅、雨水囤积过多往车间翻水的状况，从根源上消除了安全隐患，为员工的人身安全及设备的稳定运行提供了有力保障，受到业主的高度赞誉。

“生命不息，奋斗不止”，这是中冶宝钢第六分公司冷轧检修中心镀锌班组豪迈的口号，在班组长刘海亮的带领下，该班组全员携手耕耘，一步一个脚印，一天一个台阶，完成无数份优秀答卷，实现了全年安全生产指标及各项工作目标。新征程扬帆起航，新使命重任在肩，中冶宝钢第六分公司冷轧检修中心镀锌班组将继续发扬勇于攻坚的拼搏精神，继续以求真务实、苦干实干的高尚情操，积极创造一流的工作效率，齐心协力、攻坚克难，按下快进键，跑出加速度，开启新征程，为实现公司高质量发展做出更大的贡献。

（杨洪超）

63. 抓班组建设　提综合素质

中冶宝钢第六分公司青岛项目部二炼钢甲班主要负责青钢炼钢事业部炉渣跨内生产运维任务。该班组在中冶宝钢第六分公司组织的创建标准化班组评比中，荣获“先进班组”称号。该班组严抓现场班组安全管理，实施班前、班中、班后事故隐患排查工作，检查本岗位设备、安全设施、工作环境和作业人员行为规范，积极发现事故隐患并将其消灭在萌芽状态，带动现场员工工作积极性，改善作业区现场定置化管理水平。

严抓班组安全管理，保障企业安全生产

该班组认真贯彻落实公司各项安全管控要求，不断提高安全管控能力。对班组的“一规一卡一清单”及岗位核心要素，根据环境和季节变化进行实时更新。在安全交底时，干脆利落的山东汉子变身“婆婆妈妈的江南阿婆”，事无巨细地叮嘱作业场所和工作岗位存在的危险因素、防范措施及事故应急措施。积极开展班组安全教育，定期开展安全日活动，通过学习事故案例，提升员工的安全意识与能力。认真组织开展事故隐患排查工作，小到劳保穿戴、标识放置，大到设备、器具、环境都不放过；认真填写隐患排查台账，对隐患问题一一进行落实整改，并跟踪执行闭环管理。

坚守一线不怕吃苦，爱岗敬业乐于奉献

在该班组成员身上充分体现出“什么是吃苦、什么是爱岗敬业”的工作作风。二炼钢滚筒定修期间，该班组多次组织员工进行有限空间料仓积渣清理作业，作业环境艰苦，积渣坚硬。因为空间受限，只能用人力使用铁锹进行清理，耗时、耗力。该班组员工发扬不怕苦、不怕累的工作作风，采用轮流制作业，计划周期2天的积渣清理作业，仅用1天时间就高标准地完成了，为业主节省了宝贵的生产时间。班组长姜雷以身作则，总是第一时间到达炉渣跨区域查看上个班的交接情况、渣场围堰高度是否标准、滚筒进水阀是否存在漏水隐患、滚筒下方是否有积水需要清扫等问题，尽自己所能在班会中传达需要注意的安全隐患。不仅如此，班组每位员工也都在自己的岗位上默默奉献，面对作业环境差、重复性强的工作，班组成员从不言苦、言累、言脏，以干一行、爱一行的工作热情，重复着每天的工作。

现场管理执行标化，改善环境促进和谐

现场管理是生产第一线的重要内容，也是生产系统合理布置的补充和深入。该班组积极响应车间号召，加强炉渣跨生产区域标准化作业管理，积极将班组观点反映到作业区。比如，针对现场指吊人员站位不统一、不规范的情况，他们向作业区提出用黄色油漆画出定点站位位置，要求指吊人员每次吊运指挥时必须做出“指唱确认”手势方可指挥起吊。针对现场工器具管理，他们建议制定班组专用的工器具箱，实现现场工器具定置化规范管理，通过“接触齐呼”或“指认唱和”等形式，振作士气，营造团队氛围。他们还建议制定班组现场5S检查标准，对班组内检查出的不符合项目标准问题当场进行更改并制定复查日期与评定标准。

标准化班组是企业的细胞，是企业的基础单位。中冶宝钢第六分公司青岛项目部二炼钢甲班高质量完成各项生产工作，全面加强班组建设，实现班组管理的科学化、制度化、规范化，努力提高生产管理水平，为助力企业高质量发展贡献力量。

（孙　静）

64. 同心夯实基础　携手再攀高峰

中冶宝钢第六分公司烟台项目部工模具作业区定径装配班组是一支新老结合的队伍，在班组长邵胜泉带领下，全体员工团结一致，坚持为业主提供优质服务，圆满地完成了各项生产任务。该班组当选为第六分公司“标杆班组”，班组中一人被评为鲁宝公司“优秀协力员工”。

狠抓现场治理，保障安全生产

从2022年初开始，该班组按照公司要求严格执行安全生产管理办法，加大安全生产培训及现场治理的考核力度，要求学习培训完成的考核知晓率必须百分之百达标。在每次培训后内部都进行理论与现场操作相结合的考试论证，特别是在第一季度“三方自力挂牌”专题培训结束后，该班组在第六分公司学习效果抽查中全员知晓率达到了100%，并且依照自身岗位举一反三，为现场的安全生产提供了有力支撑。

在现场作业中，该班组营造了“人人监防，互保联保”的作业氛围，全员进行排查安全隐患闭环整改，其中，以起重作业手扶机架、地操行车点检时不关闭遥控器电源尤为典型。为了消除安全隐患，该班组制定了起重作业转运机架进行起落动作时必须使用专用推拉钩措施，确保人与吊物保持安全距离；地操人员在上下行车进行点检时，要随身携带遥控器并关闭发射电源，确保行车不会发生误操作。为了使员工养成良好的行为习惯，该班组确认人人有提醒、劝阻、纠正现场违章人员不良行为的责任。通过积极踊跃地参加公司组织的系列活动，该班组安全治理工作取得了显著成效，实现了全年安全生产“零事故”的目标。

树立质量观念，提高装配质量

定径机架装配质量直接决定了成品钢管质量，为了保证装配质量，班组长邵胜泉带领班组通过集中培训岗位规程、现场教学等方法提高全员技能水平。该班组始终坚持“质量第一，预防为主”的质量控制原则，加强过程管控，要求员工在各自负责的每道工序上重点做好装配前的检测、装配中的控制、装配后的跟踪监督。该班组设立专职质量检测人员，发现装配过程中存在备件质量问题或工艺不合格问题，他们及时采取纠正措施，确保装配过程受控。

在装配294–8机架时，备件检查员孙华测量新进伞齿轮发现备件尺寸差2毫米，他立即停止装配作业，并及时进行情况反馈，避免了因备件尺寸不合格产生的装配质量问题。在对下车机架进行检查时，该班组发现6号机架下滑板多次异常脱落，为了解决该异常问题，班组长带领骨干人员对机架尺寸、宽度、固定滑板螺丝进行了逐一检查，确认所有尺寸合格。在联系兄弟检修部门对定径机本体6号滑道进行测量检查后，该班组发现滑道存在碰疤肿胀导致机架滑板在推拉过程中受力脱落的情况。最终，这一问题被顺利解决，现场的生产质量得到加强。

积极开展技能培训，提升业务水平

该班组现有钳工技师5人，他们通过一对一“结对子”方式传授新员工装配理论知识与实际操作方法。2022年度，该班组成立QC自主管理小组，经过对现场机架溢油造成浪费且污染环境问题进行研究，确定采用“定径机架轴承密封改进工法”。通过开箱检测机架发现，原机架油封密封唇方向朝外，起不到密封作用。通过测量轴承盒密封槽尺寸申请采购同规格加厚密封圈，将密封唇方向调至朝内。装配上车后，生产更换下车补油量比之前大幅减少。

2021年，为了解决定径机架在线生产时发生的一系列问题，该班组成员群策群力，通过对锁紧螺母解体进行研究，利用螺母内丝制作专用扳手，将锁紧螺母拆解分体紧固，达到了锁紧螺母的设计目标，完成“定径辊轴锁紧螺母扳手”“改变辊轴锁紧方式减少辊轴松动”2项QC自主管理项目，经过改进后取得了良好效果。

中冶宝钢第六分公司烟台项目部工模具作业区定径装配班组表示，只要班组成员心往一处想，劲往一处使，自觉拧成一股绳，就能凝聚向上的力量，促进班组不断进步和提升；就能更好地完成各项工作，为企业发展贡献更多智慧和力量。

（程子楠）

65. 挑战面前显真功　实力担当见成效

中冶宝钢第六分公司炼铁检修中心烧结电气班组共有10名成员，主要负责山钢日照烧结区域电气设备日常维保和检修工作。他们在多次定修、年修中表现出色，高效地完成了各项工作任务。该班组充分发挥员工的聪明才智完成了多个小改造项目，利用“金点子”大大降低了劳动负荷和设备故障率，先后荣获公司“标杆班组”、业主“信得过班组”称号。

加强自我学习，增强业务能力

该班组成员平均年龄35岁，是一支非常年轻的团队，其中，“95后”有4人。为了将更多知识本领传授给年轻人，班组长黄付林动了一番心思。首先，在班组休息室设立学习区域，利用工余时间对年轻员工进行一对一帮扶，从基本的电气元件、电气原理讲起。其次，结合书本上的概念、定律和法则，将工作中遇到的实际问题向员工一一进行解释并实践，为青年员工定期“传经送宝”。比如，关于三相电机的功率、电压、电流之间的关系，如何在知道电机功率的情况下推算电流等基本逻辑关系。班组长黄付林还积极向员工传授工作经验，如怎样省时省力敷设电缆、剥线接线打接头的便捷方法等。截至目前，该班组成员已全部取得低压电工证，还有6人分别取得了初级、中级、高级不同阶段的技工证。

发挥聪明才智，减少设备故障

由于工艺不断升级改造，生产设备也在不断更新迭代，同时在日常生产过程中，新设备的故障和设计缺陷也逐渐显现出来。对此，该班组积极主动联合点检、生产、自动化、设备管理等多部门负责人，共同研究系统设备改造方案。在山钢日照炼铁皮带五防系统中，多次出现信号闪断情况，故障排查费时费力，但难究其原因。该班组进行了长期的观察实验，研发了专门用于中继闪断的捕捉方法，一旦信号出现故障就瞬间锁定故障地点，并点亮信号灯。经测试，该监控系统信号捕捉只需要0.1秒，运行精准高效。该监控系统成本小、设计简单、抗干扰能力强，极大地缩短了故障排查时间，实现了“五防”故障的精准排查，为炼铁厂的稳定高效生产提供了保障，此项改善获得业主的高度赞扬。

该班组还参与了环冷机压轨限位改造、红矿喷淋系统设计、行车电葫芦加装重锤行走限位和走行警报器、行车电葫芦手柄改无线遥控、烧结机台车轮限位及弹性滑板检测限位设计等10余项重要改造项目，提高了产线设备性能与安全生产效率，得到了业主的嘉奖。

班组是一个团队，班组荣誉是全体成员共同努力的结果。今后，中冶宝钢第六分公司炼铁检修中心烧结电气班组将进一步增强班组成员作战能力，发挥聪明才智，不断解决现场中的实际问题，为公司打造“国内第一、国际一流”冶金运营服务商贡献力量。

（王　哲）

66. 认真履职有担当　争做先锋展作为

中冶宝钢第七分公司广州JFE项目部连退白班在班组长魏勤武的带领下，以严谨严细对待工作、认真负责做好事情、努力提升技能立足岗位为目标，取得了优异的成绩，受到了业主与公司的一致好评。

▌重视安全学习，及时检查预防

该班组坚持狠抓全员安全意识教育，每次施工前都会认真做好项目危险源辨识工作，安全交底。在连退炉辊更换施工前，班组长会告知员工在作业中要注意起重伤害、机械伤害、高处临边及受限空间等危险源，在进行起重作业前要检查吊具是否完好、人员要注意站位等，高处临边要系挂好安全带、做到高挂低用等，受限空间作业前要做好手续办理等，切忌未对受限空间检测氧气含量就进入受限空间作业。质量方面则要注意轴承方向朝位、密封是否完好、辊子回装时间隙要调整在0.08～0.13毫米。2022

年1—8月，每次业主及项目部在现场检查时，都能看到班组规范整洁的现场作业指导书，安全交底本记录认真、字迹清晰。班组的软件资料经常被评为示范案例，在每月安全月度例会上被传阅学习。工器具是班组在检修工作中最重要的伙伴，该班组每月不定期检查班组工器具，发现有损坏的工器具及时报废，发现有问题的工器具及时维修，做到工器具安全使用。2022年，在班组成员的共同努力下，该班组负责作业区的违章操作考核、项目施工考核均合格，险肇事故为零。

善于总结经验，促进整改提升

在广州JFE项目部连退产线年修结束后，该班组在班组研讨会上对连退出口9号张力辊和压辊更换项目进行经验总结，提醒班组员工在进行辊子更换时，一定要注意轴承的方向、油封的位置以及旧辊子的压板是否已取下、新辊子的压板是否已装上，避免因压板未取下造成返工及质量事故。在对项目瑕疵点进行分析时，该班组发现连退产线平整机机架下的通道隔离临边没有安全护栏且存在孔洞，人员在行走时要格外注意避开这些孔洞，造成检修工作效率低，尤其是在运送材料时，如没有注意这些孔洞则会造成人员摔倒，存在极大的安全隐患。此外，连退产线的联轴器罩壳有很多已经缺失或损坏，如果人员在点检作业时不注意，很容易造成伤亡，存在严重的安全隐患。研讨会结束后，该班组把发现的安全隐患点及整改建议与业主进行沟通后，获准进行整改。该班组在连退产线平整机机架下通道处制作了插拔式的护栏，日常开机时可以插上护栏，停机检修时可以把护栏拉开，同时制作了一些盖板对临边的孔洞进行覆盖，整改后可以直接用推车运送材料，大大节省了时间，提高了检修效率；对于产线联轴器罩壳缺失和损坏的问题，该班组进行全面排查，点检出缺失及损坏的数量并加工制作，等产线停机时再进行罩壳安装及修复，这项整改让员工生命安全得到有效保障。该班组在工作中善于总结和分享经验，促进了班组整体检修能力的提升，及时处理发现的安全隐患，把危险隐患扼杀在摇篮里，得到业主一致的好评。

细化标准制度，夯实现场管理

该班组所在的连退产线出口有一间库房，是备件存放的一个固定地点。由于备件摆放杂乱，员工每次在找备件时都要花费大量时间。为了按照公司要求做好5C场地标准化，减少寻找备件的时间，该班组积极参与备件库房整理工作，对库房的备件做好清单明细；对一些废旧损坏的备件做好标记，在征得业主同意后立即处理；对新的消耗类备件进行归类并贴标识，如螺丝类备件按规格、尺寸进行分类放置并贴好标签。通过班组的一系列举措，备件库焕然一新，所有备件摆放一目了然，即使检修结束后备件库还是干干净净的。这种做法已多次在业主例会上得到称赞，并推广至其他区域对标学习。该班组在细节管理上精益求精，认真对待每一项工作，做到严谨严细，成为作业区综合素质最好的班组之一。

践行榜样精神，争做先锋表率

该班组践行榜样精神，强化爱岗敬业，认真履行岗位职责，做有担当的班组。在抗疫保产期间，班组长魏勤武带头驻厂，他带领连退白班克服了艰苦的起居条件，第一时间响应业主的需求，圆满完成各项任务，为钢厂生产运行保驾护航。他连续3年春节坚守在岗位上，其间项目部接到业主通知，酸轧产线的4号机架轴承出现问题，需要派人抢修。他收到通知后，第一时间组织班组留守员工以最快的速度进厂抢修。抢修结束后，他和班组另一名员工留守酸轧机组等待试车。直到试车成功后，他们才撤离现场。工作中，他总是冲在最前面，反复确认工作细节。他说："作为班组长，关键时刻就得往前冲，要敢于担当、敢于作为，这样才能给班组全员树立榜样，带领班组争先创优。"

中冶宝钢第七分公司广州JFE项目部连退白班班组成员在班组长魏勤武的带领下，争做有担当、有作为的新时代产业工人。他们将继续保持这种锐意进取的工作精神，做一枚渺小却不可或缺的"螺丝钉"，做好每项工作，为业主提供专业优质的服务。

（董思岑）

67. 安全质量赢口碑　能战能胜树标杆

中冶宝钢第七分公司炼钢（技改）项目部机械检修班，主要负责炼钢二工序转炉区域的现场设备检修和维护工作。该班组以认真负责、严谨严细、雷厉风行、令行禁止的工作作风，获得了业主的一致好评。

▌固安全防线，解后顾之忧

对待工作认真、负责，办事雷厉风行，这是班组成员对班组长巫碧文的评价。他认真履行安全职责，绝不搞形式主义，将保障生产现场作业安全融入每项工作，用自己的实际行动筑起安全高墙。在韶钢炼钢厂二工序的转炉烟道进行检修作业时，他发现作业区域内出现堆积灰尘，经过检查后发现末端积灰会掉落，容易造成人员烫伤事故。为消除这个安全隐患，巫碧文立即向作业区提出对烟道末端进行清灰处理，要求作业人员进入作业区域佩戴防尘帽。炼钢厂立即采纳该项改善措施，及时清灰，消除安全隐患。班组长巫碧文对安全工作的认真细致获得了业主一致好评。

▌持续精细化管理，夯实班组基础建设

该班组一年到头与各种生产设备打交道，很是忙碌。烟道检修、散装物料运输、超低排项目等都是他们重点检修的项目，特别是变压器抢修，既要做得好、做得安全，又要确保工期节点按时完成。根据公司班组建设总体要求，该班组将危险源辨识作为一项重点工作抓落实，坚持利用班组例会对危险源辨识进行“理论+实践”的双重培训，细致辨识到一个阀门的开关顺序。在转炉后新增挡火门设施后，该班组及时对该区域进行危险源再辨识，将精细化管理贯穿班组建设工作。除此之外，该班组通过开展多层次、多角度、多形式的技术研讨提升活动，使组员相互学习、相互交流，老师傅还把积累的工作经验分享给大家。班组长说：“只有大家共同进步、共同提升，才能真正做好班组建设工作。”该班组还走访其他先进班组，取长补短，除全面开展现场作业的定置管理、标识管理和现场清理

工作外，还对休息室进行可视化定置管理完善工作，杯子也要求在规定区域定置摆放，促进规范管理与员工行为养成。

▌服从工作安排，全力以赴保生产

2022年，该班组累计完成韶钢炼钢厂1～5号5座转炉500余项年修任务，完成1500余项日修任务。2022年，该班组还参与了炼钢厂1号、2号转炉余热锅炉改造项目。该项目工期紧、任务重，为按时完成项目，全体班组人员服从安排，放弃中秋节、国庆节、元旦等节假日与家人团聚的机会坚守现场，全力以赴加班抢节点。在余热锅炉改造项目中，转炉烟道更换是重点项目，烟道最大重量近24吨，施工难度大，现场施工情况复杂，需要拆除部位繁杂，现场临边、高空作业情况多，安全管控难度大。在困难面前，该班组没有退缩，而是将经验丰富的员工组成攻坚队，每日在现场坚守十几小时，严把质量关、严守时间节点，坚持当天计划当天完成，最终顺利完成烟道更换项目。在另一个重点项目汽包更换吊装中，该班组凭借前期充分的准备、丰富的经验，在2天内就顺利完成了计划7天完成的项目，很大程度缩短了作业时间，节约了人力、物力和财力，获得了业主的高度评价。

机械检修班参与的施工安全管理、项目进度及质量等工作均获得业主方高度评价，树立了第七分公司新的品牌形象，为公司下一步业务开拓创造了条件。

未来，中冶宝钢第七分公司炼钢（技改）项目部机械检修班将持续推进班组基础建设，落实现场施工安全管理，进一步提高班组综合素质，时刻保持战斗精神，哪里需要就到哪里去，树立能战能胜的标杆形象。

（赖远志）

68. 勤奋学习增本领　关键时刻显身手

在中冶宝钢第七分公司炼铁项目部8号高炉休息室里，挂着两块金光闪闪的牌匾：“2021年度先进集体”和“2022年度劳动竞赛先进班组”。

这两块沉甸甸的牌匾，是授予炼铁项目部吴秋明班组的荣誉，是对以班组长吴秋明为首的全体员工在工作中凝心聚力共同攻坚克难、全力以赴的奖励，饱含他们智慧和汗水的结晶，激励着大家立足岗位、奋发有为。

爱岗敬业，高标准服务用户

该班组坚持秉承服务至上、让业主满意的理念，不管是半夜三更还是刮风下雨抑或是严寒酷暑，只要有抢修任务，该班组员工就以最快的速度到达现场，克服各种困难高质量地完成抢修任务，一次又一次获得业主的称赞。

2022年4月3日凌晨3时，8号高炉主皮带意外被刮出裂缝，急需进行皮带打卡修补。该班组员工接到电话后马上赶赴现场抢修，并且创造了打皮带卡数量之最。其他班组人员不解地问："为什么你们的速度这么快？"他们谦虚地说："我们以前的效率也不高，也是向师傅学习经验，自己开动脑筋反复摸索改良的。"

还有一次，业主打电话告知2号磨机内套管需要补焊，冷却除尘密封管需要更换，中午12时准时停机检修，作业时间只有1小时。班组长吴秋明安排好工作后，自己先去现场了解情况并且准备工具器。班组成员匆忙吃完午饭，马上去制粉四站准备挂牌停机。此项检修作业涉及有限空间、煤气、高温、机械伤害等危险源。经过三方确认挂牌后，严格按有限空间操作方案开展工作。因为检修空间有限，只能容纳两个人，只好让个子瘦小的同事随焊工进入。虽然时间紧，但检修人员忙而不乱，各项工作有条不紊地进行，10分钟后，一条黑乎乎的冷却除尘密封管被拆除了，外面的同事马上把银光闪闪的金属软管递进去。又过了20多分钟，除尘密封管顺利完成更换，里面的检修人员钻了出来，浑身都是汗水和煤粉，除了戴口罩的部位，全身都是黑的。这次检修只用了30分钟就圆满完成了，高效率的抢修离不开该班组利用业余时间刻苦钻研，提升业务水平。

新老搭配，"结对子"共同提升

该班组以新老搭配的方式开展"传帮带"工作，让年轻人与经验丰富的老工人“结对子”，不但解决了班组技术人员短缺的问题，也让新员工快速成长。新员工坤鹏从学校一毕业便进入该班组，在班组长吴秋明的带领下，他的实践能力不断得到提升，从什么都不会的职场“小白”成长为技术能手。坤鹏深有感触地说：“师徒结对就像一条无形的纽带联结着我和师傅，使我在老员工的带领下得到了许多学习的机会，从而提高了我的技能水平。”班组积极创造条件，鼓励员工“活到老学到老”，通过多种形式开展学习，提升自身综合素质，从而有效推进并提升班组整体业务能力。班组长吴秋明常说：“只有多学习、多实践，才能从点滴积累经验，干好每一步工作。”

▌行家里手，哪里需要到哪里

经过长期磨炼和积累，该班组人人成为检修战线上的行家里手。2021年10月，韶钢7号高炉大修期间，该班组承接关键设备更换任务。施工前，该班组积极做好准备工作，精心筹划、制定方案；施工过程通力合作，遇到难题以安全为基础、以质量为根本，推进施工进度。最终，该班组以高效优质的服务完成了大修任务。大修期间，该班组还抽调人员完成了6号高炉和8号高炉日常维护及定修任务。该班组员工常说：“有检修任务，不管什么时间、什么区域、作业环境怎样艰苦，我们都会雷厉风行全力执行。”高炉喷煤系统作为高炉生产的心脏工区，煤粉的正常喷吹直接影响着高炉生产产量。皮带线上料后，磨煤机开始进行煤矿石碾碎工作，但磨煤机辊套时常出现动环、静环磨损情况，检修难度大，工艺条件比较难掌握，且工作区域煤粉弥漫导致工作环境差。为了进一步提高喷煤系统维护、检修等方面的技能，该班组努力提高理论知识和业务水平，认真学习专业技术、业务知识，在理论和实践上武装大家，不断提高班组人员的专业水平。

中冶宝钢第七分公司炼铁项目部吴秋明班组有较强的凝聚力和向心力，近年来已成为第七分公司的“标杆班组”。其将以荣誉为激励，在平凡的岗位上用更高的标准要求自己，在今后工作中，继续以砥砺奋进、无私奉献的精神实干担当争先进，为韶钢设备的平稳运行谱写新篇章。

（黄李沙）

69. 吃苦耐劳强作风　协同作战齐进步

铁路运输安全重如泰山，需要铁路职工众志成城，铸造铁路运输安全的“钢铁铠甲”。中冶宝钢第七分公司生产协力车间调车连接作业区普车甲班的13名调车连接员，是钢厂安全运输的直接执行者。长期以来，该班组在班组长黄北山的带领下，始终将安全生产作为工作核心，积极贯彻落实公司各项规章制度，严格执行调车连接岗位规程，推进现场基础管理工作。“勇于担当，铁路护航做先锋”“敢于吃苦，共同守护铁路安全”等理念引领该班组全体调车员共同守护钢厂铁路运输安全。

▌爱岗敬业，敢打硬仗

钢厂的铁路运输需求就是该班组全体调车员的追求，他们落实安全生产要求，想办法提质增产，满足钢厂及客户生产需要。他们多次挑战工作量大、时间紧的运输任务，每次都以认真负责的态度和爱岗敬业的精神迎难而上，团结协作、勇克难关，为作业区其他班组树立了敢打硬仗的榜样。

2022年4月，为配合产线提质增产，作业区需运行6台机车，但面临人员短缺问题，这给作业区提质增产工作带来不小的压力。在困难面前，该班组召开动员会，讲形势、讲任务、讲措施，13名调车员心往一处想、劲往一处使，控制病事假、放弃补休，合理安排班中岗位轮换。“吃饭也是一种训练，要像军人一样严格。”班组长黄北山带头缩短就餐时间。他们争分夺秒，迅速行动，铆足干劲，力争提前完成运输任务，设法排除一切困难。对于其他班组人员短缺的情况，班组长黄北山带头主动放弃休息日，为作业区人员调配缓冲了时间，帮助作业区顺利完成了运输任务，为其他班组做出了榜样。

遵章守纪，安全生产

在安全方面，他们执行“一对一”联保模式，让组员之间联保互保，形成联保闭环，保障组员安全。他们制定2022年的奋斗目标，眼睛向外对标优秀班组，践行榜样力量。大家群策群力，与其他班组开展互查活动，进行实地交流学习、传播经验，“每日缩短一点差距”。同时，他们运用多维度对岗位安全风险描述进行动态调整。班组长黄北山经常鼓励大家上下同心，发挥协同合作的力量，将铁路运输安全工作做好，持续将安全生产模式推上新高点，助力现场各产线做好运保工作。对于作业区提出的“岗前三问”“岗位禁令”等多项要求，他们都能认真执行。每次班组员工上台讲安全时，都会认真准备讲解材料，不仅按要求讲解，还与现场人员进行互动，共同提高标准化作业与岗位技能。工作中，该班组还与机调组默契配合，圆满实现班组全年无事故，运输指标、月质量指标均排第一位，得到了作业区、车间的认可。

不怕吃苦，敢于挑战

该班组调车员能吃苦、不怕累，无论是夏季40摄氏度高温，还是冬季数九严寒，调车员在场内的动作速度依然不减，从未因高温或者严寒耽误作业影响生产。广东的梅雨季节连续多日下雨，对铁路行车线的工作影响较大，尤其对调车员是个挑战。他们既要认真完成调车计划内容，又要进行长达8小时的露天作业，在接近挂车区段或是线路不好需要眺望时，他们就一只手挂着车梯，另一只手抓着手持机作业。爱岗敬业的他们始终用行动彰显责任、默默奉献，表达着对公司的热爱。他们已经把“干一行、爱一行”的工作理念贯穿实际工作，将公司生产制度、安全管理制度贯穿工作过程，促进岗位安全操作技能和班组综合素质同步提升。

团结友爱，协同作业

2022年，该班组以“大学习、大培训、大比武”为抓手，扎实推进组员技能提升。班组长黄北山为了督促和鞭策组员养成锻炼的好习惯，组织班后开展健康活动，如跑步、打篮球、徒步工农渠、拔河比赛等，使班组成员具有较强的协同意识和工作责任心。他们在工作中的互联互保方面表现十分优秀，时刻关心同事的精神状态，互帮互助、协同作业，提高工作效率。他们还能与机调组搭档做好互联互保工作。在技能提升方面，他们参加作业区组织的技能提升培训、应急演练培训，积极响应作业区标准化推进工作，按规定管理好班组储物柜，整改区域环境卫生，做好现场6S管理，推动安全生产，完成工作目标。该班组统一思想、统一行动，共同进取，使班组成员保持团结友爱、青春向上的力量。

突破瓶颈，刷新纪录

该班组虽然不直接从事生产，但作为生产辅助班组有力助推了生产进度。2022年，韶钢铁路运输压力持续增加，该班组发挥团队协作精神，紧盯工作目标，勠力同心破纪录。上半年，该班组突破铁路局车运输多项纪录，连续4个月位列班组劳动竞赛第一。尤其在2022年5月，该班组调车员提前超额完成了作业区下达的计划指标，突破瓶颈取得了优秀的成绩，其完成指标在作业区班组中排名第一，彰显了脚踏实地、刻苦磨炼、敢打必胜的精神。

不忘初心、牢记使命。中冶宝钢第七分公司生产协力车间调车连接作业区普车甲班用行动实现了公司的安全管理方针，在今后工作中将加强班组建设，秉承优良的工作作风，鼓足干劲再攀高峰。2023年，该班组将继续携手奋进，乘势扬帆开新局。

（张彩霞）

70. 真抓实干强本领　专业技能铸品牌

中冶宝钢第七分公司阳春项目部硫化班组13名成员在班组长贾阳的带领下，任务来了不退缩，困难来了不逃避，在新钢、涟钢、韶钢、湛钢皮带检修现场大放异彩。无论是施工方法、工艺流程、技术能力，还是人员素质，该班组都获得了各业主单位认可，为公司赢得了良好信誉，为项目部皮带硫化业务拓展做出了积极的贡献。

真抓实干增效益，驰而不息强技能

该班组始终秉承“质量至上，科学严谨，优质服务，顾客满意”的方针，在皮带更换过程中严格按照工艺要求施工，对每道工序严格把关，有力保障更换后的皮带不出现胶结接头断裂事故。班组一年内累计完成新钢铁厂皮带更换150余条、修补220余条。近年来，该班组多次到湛江宝钢、韶钢、涟钢支援皮带硫化业务，克服一切困难，在安全、质量、工期方面紧跟业主要求。2022年8月，在连续30个小时支撑韶钢8号高炉主皮带更换任务后，该班组未做调整休息，返回阳春新钢铁后便立即投入烧结定修作战，要在24小时内完成8条皮带的更换任务。该班组通过细致编排8条皮带同步更换的时间网络图，细化施工节点，制作简易工装等全力组织施工。每道工序都分工明确、责任到人，每步工作都细致到位，班组人员用一腔热血和敢于挑战自我的精神，加班加点，全力以赴如期完成任务，获得业主的赞誉。“打铁必须自身硬。”班组作业效率的提升及皮带胶接质量的提高，得益于日常岗位练兵。该班组坚持把岗位练兵作为全员技能和业务提升的重要途径，充分利用业余时间及工作间隙开展业务培训，学习皮带胶接岗位安全操作规程、皮带常见故障处理方法，进行皮带胶面剥离和搭头硫化操作演练，力求使员工做到理论和实际操作相结合，为高效率、高质量完成皮带更换工作提供保障。

保质量打造精品，守诚信赢业主信赖

2022年4月，该班组在5天内两次往返娄底涟钢开展高炉皮带抢修工作，这是一场争分夺秒的抢修战役。该班组将压力转换成动力，鼓足干劲整装上阵。为了缩短抢修时间尽快恢复生产，班组人员抵达现场后先进行现场勘查，考虑到更换现场环境比较复杂，皮带机尾部空间不足，他们立即分工行动，提前拆除皮带廊道的第一跨顶棚，现场制作安装3个专用导向辊工装，并把两卷新皮带倒运至指定位置进行接头硫化，为后续停机时新旧皮带更换打好基础。正式施工中，该班组员工与时间赛跑，优化工序无缝衔接，连夜鏖战。为了保障皮带接口的黏接强度，大家粗中有细、细中求精，有条不紊地进行皮带的牵引、端头、胶面剥离、钢丝打磨、胶料铺设作业。硫化过程中要对时间、温度、压力精准掌控，不容许出一点差错。该班组凭借多年的经验和娴熟的技能，将原计划26小时的施工任务在20小时内完成并交付生产，班组员工再次用实力担当树立了中冶宝钢高质量、高效率的品牌形象。

品牌需要经过时间的积累和沉淀，中冶宝钢第七分公司阳春项目部硫化班组通过苦练内功、提升技能，以高超的技艺和勇挑重任的担当，成长为一支管理精干、专业多元、业务能力强的检修班组，打响了中冶宝钢在华南基地的皮带硫化业务品牌。

（罗方艳）

71. 攻坚克难积累经验 擦亮品牌凭实力

中冶宝钢第七分公司综合项目部板材一班成员8人，主要负责板材工序地面设备检修维护工作。该班组表现突出，圆满完成各项任务，助力业主完成月度产量14.5万吨的高产，获得韶钢特轧厂颁授的“服务贴心周到工作专业细致”锦旗，得到业主的好评。

安全效率两手抓

在日常管理中，该班组结合班组实际情况，认真学习和落实公司各项安全规章制度及安全操作规程。该班组员工始终坚持“安全第一，预防为主”的原则，在工作中牢固树立“责任重于泰山”的意识，熟练掌握安全专业知识与作业区域实际危险源，分析和控制危险因素，做好各方面安全防范措施。每次班前会，班组长都会强调安全事项及作业区域的安全风险，停送电必须严格执行操作票手续，施工中必须集中精力按工序施工，对施工过程中的动态因素做好辨识与应对措施，并在施工后及时总结。班组成员集思广益，根据已有的经验对维修用工器具进行改造制作以提高工作效率。在矫直机辊盒支撑辊轴承拆除中，需要用100吨两爪拉马，施工过程耗时耗力。该班组员工经过用心钻研和反复实践，制作出拉轴承装置，利用轴承座把辊夹紧，使端盖不易变形，让原本需要6人完成的工作，现在只需要3人就能完成；原本一天只能拉20个轴承，现在可以拉40个，既省时省力，又提高了工作效率。班组成员齐心协力，安全效率两手抓，取得了有目共睹的成绩。

24小时待命保生产

该班组鼓励员工通过互相交流学习提升技能，提高班组综合业务水平。为保证每台生产设备正常运作，班组实行24小时不间断值班制，对生产运行过程中出现的故障随叫随到，争分夺秒缩短停机时间，确保业主生产不受影响。一天深夜，该班组接到韶钢板材轧机机前1号辊发生故障的消息，他们当机立断，立即成立应急小组进行抢修，一场与时间赛跑的抢修战役拉开帷幕。在安全交底结束后，他们利用待温时间拆除更换1号辊，有效节约抢修时间，最后仅用2小时便完成抢修任务。此时，虽然已接近凌晨2点，但班组成员还是在抢修后针对设备发生的异常情况及时进行分析，查找事故源头，做好记录并举一反三，制定防范措施，避免发生同类事故。工作中，班组成员严格要求自己，班组长发挥带头作用，带动整个班组养成不怕苦、不怕累，关键时刻敢作为的工作作风。

耐心坚守战高温

一次，现场轧机C型架下垫板脱落，导致阶梯垫阻挡卡住无法直接起吊，支撑辊无法拉出，抢修施工空间狭小，人员无法直立。板材一班采用千斤顶支撑C形架下方的焊接吊耳，人员只能跪着用钢筋一边撬一边用电动葫芦拉，对支撑辊进行拆除。焊接时，由于现场临近热板坯库，加上二氧化碳保护焊需要在无风的状态下进行，现场温度高达50摄氏度，班组科学调配人员，在确保人员安全的情况下快速完成抢修。类似的高温作业，该班组经常遇到，在1号加热炉更换一段1.7米炉筋管及安装10件滑块的作业中，炉内作业点温度高达72摄氏度，超出人体承受温度，等炉内温度降至63摄氏度时，班组安排4名焊工，每次进去2人，5分钟轮流作业。虽然高温作业时间短、进度很慢，但班组成员仍然耐心坚守作业，直到炉内温度降到57摄氏度，作业时间才由原来的5分钟一换变成10分钟一换。检修人员持续坚守14小时，该项目顺利完成。即使在这样艰苦的环境下，班组也没有人抱怨，组员互相配合，克服困难，在节点时间内完成了任务。

中冶宝钢第七分公司综合项目部板材一班在日常工作中遇到难题时，都群策群力想办法解决。全体成员在工作中不断探索，在实践中总结经验。他们的工作准则是，当天的问题得不到解决不下班，当天计划的工作量完不成不下班。无论是严寒还是酷暑，他们都以高标准要求自己，不断提高自身技能，认真做好每项工作。该班组也因此积累了检修经验，提高了班组综合实力和战斗力。他们表示，今后将继续发扬吃苦耐劳的工作作风，积累更多的经验，挑战各种难题，为业主提供更高效的优质服务，擦亮中冶宝钢冶金运营服务金字招牌。

（李有勇）

72. 变革创新强基础　多措并举树标杆

中冶宝钢重机分公司设备修造厂修造一班是从事专业化备件修复业务的班组。近年来，该班组积极响应新时代高质量发展要求，变革挖潜提效能，勇于创新提质量，强化管理促发展，多措并举，树立了班组建设的新标杆。

深化变革，挖掘潜能提效能

近年来，在面临宝钢股份宝山基地备件业务及费用“双降”，重机分公司优化产能结构和产业布局的新形势下，该班组于2021年积极响应厂部减员增效和加快再制造市场拓展转型发展要求，围绕突出专业优势，积极变革班组管理和激励模式，挖掘员工潜能，以大班组小分队为指导，在减员30%的基础上，优化组合成立泵气缸维修、冷轧辊类装配、机械加工3个小组，14名员工团结一致，克服车间整体搬迁对生产造成的影响，全年累计完成橡胶辊类修复2000余根、刀片修复1000余片、气缸及泵类维修150台以及其他加工任务，人均产能近30万元，创效提升35%，且无一例业主质量及工期延误事件，为巩固备修市场奠定了坚实的基础。

2022年第二季度，上海新冠肺炎疫情暴发期间，该班组4名骨干人员成立了保供小分队，义无反顾地投入复工复产，保障宝钢生产。封控期间，4名骨干人员发挥一岗多能的特点，干完装配上机床，丢下扳手拿起焊钳，下了行车上汽车，在现场备件突发故障时，采用视频方式与现场点检会商解决方案，连续奋战两个月，完成了数十项备件应急抢修工作，极大地保障了宝钢股份宝山基地的生产顺行。

2022年7月，该班组主动迎战，负责实施德盛新能源料槽车制造任务。在保障常规备修业务的同时，班组以具有车辆维修经验的成员为核心，克服车辆装配经验欠缺、工期紧张、备件供应滞后等困难，团结协作，挑战高温极限，双线作战40余天，顺利完成2台车辆的装备调试任务，跨界啃下车辆制造的“硬骨头”，为设备修造厂闯市场和转型发展树立了榜样。

勇于创造，技术创新提质量

为了进一步凸显备件维修专业化优势，契合智慧化维修时代潮流，该班组勇于创造，积极开展技术创新工作，增强内核实力，提升发展质量。

挤干辊维修是重机分公司备件维修拳头产品，为适应宝钢降低备件上机故障率、提升备件使用寿命的要求，2020年以来，该班组围绕装配质量稳定和效率提升，应用液压、PLC自动控制、激光检测技术，开发出挤干辊轴承自动化装配、挤干辊芯轴自动化装配等系列工装，实现了挤干辊芯轴、轴承自动化装配生产线，装配工效提升100%，且使用寿命从20天延长到45天，进一步稳定了核心产品市场。由此形成了系列自动化装配工装与成套的挤干辊再制造技术，获得“冶金行业部级工法”“中冶集团科技成果鉴定”等国内领先成果。

针对泵类维修，该班组通过合理化建议方式，自制多规格法兰检测工装，应用红外检测技术等优化自动化检测工艺，扩大了水泵实验台的检测范围，并提高了精度，得到了宝钢宝日铁设备管理方的赞誉，提升了泵类维修的市场份额。

严格管理，强化基础促发展

为保障生产安全和企业健康发展，该班组积极响应公司管理提升要求，严抓严管，稳步推进安全环保、设备等基础管理工作和班组建设。

该班组根据设备多、专业强的特点，坚持硬件整治与素质提升并重，推进班组基础管理提升工作。结合环境整治、设备见本色等专项工作，进一步优化作业场所分区，推进设备、备件定制化，明确区域管理责任。完成班组近机加工、起重、检测设备、电器盘柜隐患排查，实施设备安全防护及警示、跑冒滴漏、外观清洁等整改，从本质上保障安全生产。通过开展规程“找碴儿”，危险源动态辨识，积极宣讲安全环保知识、疫情防控知识，规范“五步法”安全交底，加强班中安全检查，将安全环保责任与绩效挂钩严格考核，促进员工素质提升。通过多措并举和持续推进，使作业环境明显改善、员工行为素养明显提升，展示了新时代良好的班组形象。

2021—2022年，中冶宝钢重机分公司设备修造厂修造一班紧扣新时代国有企业发展新要求，团结协作、勇毅前行，以变革激发内能、以创新提升发展质量、以严格管理保障发展，实现了班组生产能力、基础管理水平双提升，树立了班组建设新标杆。

（周　兵）

73. 坚持以人为本　创建“四型”班组

中冶宝钢重机分公司设备制造厂设备二班由9人组成，其中，技师2人、高级工以上5人，是一支具有较高技能水平的队伍。2022年，该班组在班组长李思好的带领下成功创建“四型”班组，在抗疫保产期间圆满完成270套焊接渣罐制作的前道焊接任务。该班组先后荣获重机分公司2021度“先进班组”、2022年第十五届“中冶重机杯”劳动竞赛“先进班组”等称号。

互助学习，创建“学习型”班组

学海无涯，每行每业都是一片广阔的海洋，等待有心人的探索。设备二班牢固树立终身学习的理念，以项目促进学习、以学习促进技能提升，做到工作与学习交融提高，理论与实践螺旋推进，不断提高员工综合素质，培养技能型人才。在每周一的班会上，班组都要安排10分钟技能“切磋”，焊接渣罐等项目由班组成员轮流执教，各显神通，展示技能高超的一面；埋弧焊焊接能手李思好强调焊接渣罐埋弧焊的注意要领，清根一定要清到位，确保探伤缝一次成功，合格率100%；拼装能手王兴厚讲解焊接渣罐拼装又快又好的工作方法，效率比一般人员高40个百分点以上……班组成员互助学习，在交流沟通中取长补短共同进步。

安全第一，创建“安全型”班组

安全可以千万日，不安全或许仅有一次。该班组始终把安全生产作为工作核心，每天早上开工前花5分钟时间列队进行安全交底，有针对性地讲述当天作业过程中可能存在的不安全因素，强化众人的警惕心理。一看当班员工是否齐全；二查员工劳防用品穿戴的规范性和特种作业证件的有效性，不符合规定禁止上岗；三问员工身体状况、是否清楚知道制作项目的内容、在项目中扮演的角色，做到心中有数；四讲项目的特点和危险源、安全防范措施，做好安全准备。

与此同时，利用每周一的班会，检查上周人员的安全情况，违章人员在会上对上周作业过程中所有不规范行为或典型违章问题现身说法，深刻查找出现违章问题的根源。例如，有的组员在工作过程中选用支撑材料强度不够，没有达到使用10号以上工字钢标准要求，由此带来的安全隐患是渣罐倾倒，发生人身和设备事故；有的组员在工作中安全带的佩戴不规范，由此带来的后果可能是发生高空坠落事故……该班组从管理角度举一反三，对违章人员和全体员工晓以利害，防微杜渐，避免今后重犯。

降本增效，创建“效益型”班组

该班组始终以创建效益型企业、实现效益发展为目标，每年都按公司要求积极开展劳动竞赛和“五小”活动。在焊接渣罐制作过程中，提出多项改进方案：制作埋弧焊机导丝辊装置，提高功效60%；筒体焊接首次采用双筒体焊接工装，耳轴耳板焊接首次采用流水线焊接工装，一次UT合格率高，提高焊接效率50%以上；创新研制了环缝焊接工艺及辅助焊接工装，实现球底焊接渣罐环缝自动埋弧焊；同时，通过数控排版共边切割下料，搞好工序质量控制，降低了生产成本。

▍以人为本，创建“和谐型”班组

该班组始终坚持管理民主化、透明化，打造和谐型班组，在日常考核、奖金分配、班费使用等问题上由全体员工讨论表决后方可生效，奖金分配严格定额打表，体现多劳多得原则。牢固树立和谐发展理念，以实现班组和谐发展为目标，坚持以人为本，员工工作、生活相互结对子，遇到困难及时解决，努力营造员工关系和谐、工作协调、互助互爱的良好氛围；节假日组织员工参与乒乓球、拔河、包饺子等文体活动，培育和创建班组特色文化，努力把班组建设成为员工爱岗敬业、奋发向上、团结互助的“温馨小家”。

中冶宝钢重机分公司设备制造厂设备二班表示，未来将始终以安全生产为核心，做到从我做起、从细节入手，树立“零违章”理念，坚持团结协作，不断深化学习型、安全型、效益型、和谐型“四型”班组理念，为公司高质量发展保驾护航。

（鲜德武）

74. 积累经验强实力　有技有策勇担当

“千金何足惜，一士固难求。”中冶宝钢重庆分公司炼铁队供风班组成员团结奋斗、扎实勤勉，经过多年的检修经验积累和技术提升，他们在各类高转速发电机组及各类大型电机抽芯的检修、诊断和运行状态监测等方面成绩斐然，成为重庆分公司转动设备检修的王牌班组。

坚定信心，奋力攻坚

2022年8月18日的TRT更换作为重庆钢铁4号高炉复产关键项目，内部结构复杂、装配精密，安装精度要求高、难度大，由供风班组进行攻坚。

重庆钢铁4号高炉的TRT长6米、宽3.72米、高3.72米，总重量达38.7吨，额定转速高达3000转/分，圆跳动值小于0.02毫米，对动平衡要求较高。TRT透平机安装时要求气封间隙均匀，动静叶间隙的调整、瓦面接触面积均匀度都不低于80%，转子最大偏心距在动平衡后不超过30微米。在更换过程中，该班组成员按照分工对关键部位进行测量、清洗和调整。其中，叶轮与隔板间隙、径向与轴向滑动轴承的间隙调整最精密，稍有不慎就会直接影响该设备正常运转。为了消除0.01毫米的偏差，该班组全体成员对关键部位进行反复调整和确认，烦琐复杂的安装工艺让组员在施工过程中更加沉着和冷静。该班组成员认真对待、细心调校，经过7天的不懈努力终于不负众望，成功将TRT安装到位，为重庆钢铁4号高炉的顺利复产奠定了基础。

勇担重任，再次突破

2023年4月11日，重庆钢铁系列定修中，1号高炉气密箱倾动减速机更换项目为重庆分公司首次承接，缺乏相关施工和技术经验。为了保障该项目顺利完成，重庆分公司指定该班组负责该项目的施工。

4月11日凌晨3时，班组长张文平和班组成员还在讨论施工要点，虽毫无气密箱倾动减速机更换经验，但他们信心十足，因为他们相信转动类设备更换技术要点万变不离其宗。施工时，该班组仅历时6小时便完成了旧设备的拆卸。新倾动减速机在安装时要求外齿与大齿圈啮合侧间隙为0.7～1毫米，班组成员准确记录每组调试数据，耐心调校，验收时齿侧间隙江边0.75毫米、山边0.85毫米，连接位置密封，无渗漏现象，符合质量要求，气密箱倾动减速机更换项目首战告捷。

▍知难而上，树立典范

2022年3月28日，在重庆钢铁系列定修停机检修项目中，1号高炉除尘风机联轴器更换项目由其他公司承接。由于联轴器校正要求较高，该公司现场检修人员始终无法找到电机磁场中心。高炉复风时间临近，重庆钢铁炼铁厂厂长要求班组长张文平带领该班组全体成员立即给予现场支撑，确保1号高炉按时复风。

被委以重托的该班组成员马不停蹄地赶到作业现场，在快速了解现阶段施工情况后便投入了紧张的作业。凭借多年的技术积累和施工经验，班组长张文平要求开启电机试空车，根据设备运转情况进行现场判断，准确无误地找到了电磁场中心线，确定了电机、风机的距离和开口，随后开始校对。不到1小时，该班组就完成了联轴器的校正，并且径向、轴向偏差均在0.1毫米以内，符合质量要求。高炉按时复风，赢得了业主方的一片赞誉。

越是布满灰尘与油污的检修一线，越能看到中冶宝钢重庆分公司炼铁队供风班组成员的挺拔身姿。每次突破自我、每次探索向前，都是班组成员对工作热爱与奉献的最好写照。他们在自己的岗位上始终保持着昂扬奋进的姿态，在不断发展进步的漫漫征途上与重庆分公司共同求索。

（蒲　莉）

75. 燃烧青春之火　锤炼基本功底

中冶宝钢重庆分公司昆明项目部烧结二班共有成员5人，是有着光荣传统的优秀集体，素以“能打硬仗，善打硬仗，关键时刻顶得住”的工作作风著称，已经成长为一个知识化、专业化的标杆班组。

▍勠力同心，和衷共济

在班组长的严格要求下，该班组成员自觉遵守公司规章制度，与企业共荣辱、同进退。班集体注重员工的沟通、教育培训工作，对公司的各项管理政策和措施都能深入贯彻执行。班组人员能自觉做到无违纪、违规事件发生，全力配合公司做好人员调整工作，对稳定生产、促进项目部人员成长起到了很好的带头作用。

2022年，重庆分公司昆明项目部初成立，“打天下”的过程是痛苦与困难的，人员调整、新设备摸索，无不饱含班组成员的辛劳汗水。面对生产任务重、技术力量薄弱、人员紧缺等现状，该班组能做到合理安排、合理调配，一条心、齐进发，顶住了前所未有的生产检修压力，保质保量地完成了各项生产任务，并且无一次重大工伤事故，为昆明项目部开好了局、起好了步，给业主方留下了深刻印象，为后续昆钢市场的开拓奠定了扎实的基础。

日拱一卒，功不唐捐

“工地就是阵地，现场就是战场。”这是一种“死磕”精神的呈现，也是该班组奋斗者的日常。该班组在长期工作实践中，始终坚持以人为本、保障安全生产的理念，严格执行管理制度，夯实安全生产基础，形成了认真踏实的工作作风，以及独具特色的安全文化氛围。该班组首先通过安全制度规程的学习强化员工安全思想，增强员工安全意识，并坚持每周一开展安全教育，通过典型案例结合实际工作进行分析总结；其次在平时工作中严格标准化作业流程，杜绝违章行为，相互监督提醒，把安全管理制度切实贯彻到位，营造浓厚的班组安全氛围，有力地保障了安全生产。服务昆钢一年多以来，该班组未发生人身伤害事故，未发生人为原因引起的设备损坏事故，有效地保证了安全生产。

踏浪前行，钢铁意志

“质胜于华，行胜于言。”该班组有着过硬的实力和在工作中较劲的风格，对厂区有着强烈的主人翁责任感。对于业主和项目部交代的任务，他们从来没有犹豫和推诿，发扬“哪里需要去哪里”的服务精神，成为重庆分公司昆明项目部的奋斗缩影。同时，他们能及时发现问题，解决问题。该班组与项目部一起成长，走遍了烧结每一个区域。

在2022年3月的一次系列定修中，时至夜晚10时，该班组刚完成所有检修项目，又因整个定修进度和人员不够被作业区抽调增援。班组成员顾不上休息，立即赶往现场，顶着寒风连夜施工到次日凌晨2时，顺利完成了增援任务。该班组凭着对工作的热忱和吃苦耐劳的精神练就了独属于自己的“钢筋脚”和“铁意志”，成为重庆分公司昆明项目部一面鲜明的旗帜。

成绩、荣誉和掌声都已成为历史，面向未来，中冶宝钢重庆分公司昆明项目部烧结二班将以更高的标准要求自己，不断提升、开拓进取，不断超越自我，用青春和汗水谱写新时代产业工人的奋斗之歌，为中冶宝钢高速高质发展贡献自己的一份光和热。

（王　毓）

76. 以学促进　以练夯基

要合作先分工，而要分工就得有效发挥团队每个成员的能力和作用，每个人不但要把自己的工作做好，还要互相配合、互相帮助，才能使整件事情圆满完成。中冶宝钢重庆分公司物运队检修六班一直秉承着这样的思想，并且用一次次实践证明了班组能力提升，员工合作分工、携手共进的重要性。班组成立3年来参加过定修、年修、设备改造升级等大大小小的项目，将学习融入工作和生活，在工作中分工合作相互配合，齐心协力克服困难，出色地完成了各项任务。

抓现场练本领

在该班组负责的料场区域，皮带机设备老化情况比较普遍，班组鼓励班组成员对设备情况大胆发言，对于任何可能出现的问题都不盲目信任权威。班组形成现场有一人提出异议，全班小心求证的处事风格。在一次班组巡检过程中，一名入职时间不长的班组成员发现A306皮带机在运行时，机头处的滚筒有轻微异响，他立即向同行的老师傅报告。随后，班组长立即组织班组成员对设备进行了解和研究，发现可能是因为皮带滚筒长期运转，轮毂出现偏心或磨损导致摩擦不均产生异响，需要更换滚筒或轮毂。找到问题后，班组积极与点检员沟通落实整改方案，逐步实施改进，有效避免了设备隐患事故的发生。

利用现场一次次发现的问题强化学习训练，使班组每位成员都快速掌握了一些高效的故障排查及检修方法。针对易损设备，该班组利用午休和下班时间组织讨论，对现场常见问题如皮带方向跑偏、皮带机联轴器产生噪声、皮带机传动部位安全防护装置安装等，一起分析问题症结所在，尽最大努力把故障隐患消灭在萌芽状态，保障责任区域内设备的高效安全运行。

抓质量重安全

2022年8月16日，重庆钢铁6号码头钢引桥桥门形架垮塌，需立即进行抢修作业。该班组临时接到任务，需要利用船吊把钢引桥拆除，然后在趸船上重新安装。班组长张吕彬了解任务后立即同班组成员讨论施工要点，安排好人员分工。虽然此项抢修作业为多数班组成员首次作业，但设备检修安装永远脱离不了抓质量重安全的核心要点。从组织准备到作业安全和质量管控，从切割拆除到吊装回装，班组成员坚守自己的岗位，出色发挥自身应有的作用，最终使抢修作业有条不紊地圆满完成。该班组过硬的业务能力与相辅相成的分工给业主留下了深刻印象，获得了业主极高的赞誉。

抓建设提素质

该班组着力建设学习型班组，为了使每位班组成员都学到对故障设备"把脉问诊，药到病除"的硬功夫，整个班组始终弘扬"传学帮带"之风，利用培训学习、实操练习等一切机会，不断促进班组提升技能水平，坚持立足现场，从小设备小零件到重点设备大部件，会的带不会的，都不会的向业主点检请教学习，记不住就随身携带笔记本记录常见隐患问题及处理方法。该班组成员有一个有趣的习惯——看见刚刚换下来的废旧托架、滚筒、电机，双眼就会放光，他们将这些废旧设备集中放置在指定位置，然后利用这些废旧设备学习和练习，不断加深每个人对设备检修的认识。同时，他们还利用空闲时间开展班组技术座谈会，分享工作经验和检修小技巧，使全员都能在施工中独当一面。

在中冶宝钢重庆分公司物运队检修六班，既可以看到挥汗如雨的场面，也可以看到遇到困难群策群力的情景，还可以听到解决问题或完成任务后的欢声笑语。该班组将继续拼搏、团结协作，为公司的蓬勃发展奉献自己火热的青春。

（陈　鑫）

77. 干工作互相支撑　提技能比学赶超

闪烁着光芒的焊把是他们的武器，严丝合缝的焊缝是他们的签名与信条。当最后一道焊口上的“星光”隐入尘烟时，揭下面罩，中冶宝钢重庆分公司轧钢队焊工班班组长龚伯年指着入职不久的年轻小伙，笑呵呵地说道：“小蒋，虽然你取得了焊工初级证书，但这‘签名’还得抓紧时间，抓住机会好好练练啊。”焊工作为一个高技能熟练特殊工种，在钢铁厂一直属于稀缺工种，因此该班组除了主要负责重庆钢铁设备管理部备件修复作业区委托的结构件制作和修复工作外，还承担着重庆分公司各个区域的支撑工作。

吃苦耐劳，技术精湛

无论夏三伏还是冬三九，该班组都穿着厚厚的工作服，戴着厚厚的面罩，领口扎紧、袖口扎紧，每天与弧光共舞。在一次又一次的焊接作业后，作品上留下了他们一道道的“签名”，也镌刻下了他们精湛的技术。

重庆钢铁设备管理部备件修复作业区涵盖的设备结构件种类繁多、工序复杂，切割焊接工作量巨大。例如，振动料斗制作、耐磨板堆焊及下料、数控切割、镗孔母板分割焊接拼装。在一次构件主体制作中，由于工序复杂，该班组先从构件图纸入手，反复推敲演练从切割下料到初步焊接拼装，再到复合耐磨板使用螺栓加焊接，一块一块镶嵌在内壁需要注意的地方，以及如何做好人员配合安排。最终，该班组采用电弧焊的方法，由浅入深协同做好各自的分工，在规定时间内一次性成功完成制作焊接工作，受到了设备管理部的极力赞扬。

齐心协力，互相支撑

2022年6月，重庆钢铁炼铁厂高炉工序3号热风炉炉体炉壳焊缝由于高温而开裂，而热风炉停风将会严重影响高炉正常生产，因此急需将炉壳裂纹切除挖补。由于热风炉壳体厚度达25毫米，材质特殊，焊补处温度极高，考虑到设备的重要性，此次焊补对技术要求非常高。该班组接到抢修任务后，立即派班组骨干成员到高炉区域同兄弟班组一同勘查现场，确定挖补方案。最终，在考虑现有条件下，采纳了该班组曾经使用的类似的结构件焊接方法：采用焊条电弧焊，选用J507焊条，将焊材在使用前进行烘烤；选用较小电流进行焊接，减少焊缝热输入，降低焊接用力；焊接时，点焊好后采用合理的顺序焊接；采用“V”形坡口的焊接方式，控制每层焊接厚度不大于4毫米。最终，该班组同兄弟班组共同奋战18个小时，圆满完成挖补任务。焊工班在确保本区域工作顺利开展的情况下，积极参与其他区域各项检修作业。他们一丝不苟、认真负责的态度和精湛的技艺深得兄弟班组的认可与信赖。

比学赶超，多专多能

该班组在圆满完成上级下达的各项任务的同时，以肯钻研、勤实践的行动力不断提升自我。在班组长龚伯年的带领下，该班组积极开展技能提升活动，人人争当骨干力量，不断营造“比学赶超”氛围。班组成员在班组内相互学习、交流经验，同时积极参加各项比赛活动，他们曾在重庆钢铁焊工比武大赛中荣获第三名的好成绩。另外，整个班组积极向一专多能与多专多能方向努力，在公司还未下达全员取证目标时，该班组就已达到百分之百持证，并且班组成员每人持2种以上特种作业证件。在全员各项能力的支撑下，班组始终践行降本增效理念，如在工作中将半自动火焰切割机与手动等离子切割机相结合，改造为半自动等离子气割机，提高切割效率的同时，有效减少氧乙炔的消耗，节约了成本。

只要学习就有收获，检修作业也是熟能生巧，掌握技术就会巧干、就能提升工作效率。中冶宝钢重庆分公司轧钢队焊工班组表示，会再接再厉，努力学习进取，提升服务能力和服务质量，为公司生产保驾护航。

（蒋　辉）

78. 革新降本见成效　科学优化利安全

“上下同欲者胜，同舟共济者赢。”在中冶宝钢重庆分公司二高炉班有这样一群青年先锋，在班组成立短短3年多时间里，他们奋战在高炉检修的第一线，干起活来不惧难、不服输，心往一处想、劲往一处使，立足现场设备检修实际经验，善思考、勤动手，坚持边干边学，以学习提升技能，以技能经验促技术革新降本，以技术革新优化保障一线作业安全。凭借在工作中勇于担当、雷厉风行，不断革新突破的精神，该班组荣获中冶宝钢2021—2022年度“标杆班组”称号。

一直以来，重庆钢铁高炉水渣渣池板结料清理需要投入大量人工作业，且在作业过程中高温、粉尘、煤气等环境因素对人体伤害极大。该班组针对此项作业中存在的各种问题，在班组内集思广益，经过多次讨论，同时向业主方点检及生产部门认真请教渣池工艺、渣池参数、水渣行车使用、往年渣池板结料清理等各种参考经验，积极联动检修队与分公司，在其技术支撑下，在常规清料装置的基础上设计并研制出一套高炉水渣板结料清理专用装置。该套装置体积小、速度快，可实现人工远程操作，投入高炉水渣池进行板结料清理维护后，减少了人力投入，由原先的8～14人降至目前的6人，同时降低了人工作业带来的风险，作业效率有效提升30%以上。

从炉底到炉顶，巍然屹立的高炉夜以继日地保持着属于钢铁心脏的有力脉动。作为高炉设备检修“医生”，该班组的成员虽然没有高学历，但是他们在奋斗中执着追梦，精心呵护着高炉的健康运行。他们善于在工作中挖掘降本增效的“金点子”，敢于打硬仗；善于以大型关键项目为切入点，以公司智慧智造为基础，在日常作业中不断思考如何通过提高班组作业人员的劳动效率和班组核心竞争力，挖掘既有班组团队潜力和提升员工自身能力。

2022年8月，重庆钢铁将对2号高炉炉顶气密箱进行更换，由于是炉顶重要的大型设备，重庆分公司高度重视。该班组当仁不让地作为主力施工队伍被委以重任。他们闻风而动，提前一年多次勘查现场，结合以往的更换经验，对大型设备吊装转运、设备找正悬停及高炉炉顶现有的各种设备环境等多种情况进行多次模拟复盘演练，以智能智造为抓手，创新设计了一套高炉炉顶气密箱更换专用小车装置。该装置充分利用了高炉炉顶原有的行车轨道，通过车架对重达30吨的气密箱进行承重固定，再通过远程遥控使小车牵引装置及行走车轮牵引车架移动，实现位置找正，最后由小车四方的起吊装置对气密箱进行起重作业。经过各项理论认证和实践验证，该专用小车装置成功避免了原来使用猫头吊进行吊装施工时会出现猫头吊受力不均或者行走不一致，导致猫头吊因受力过大而脱槽或者断链的重大安全问题隐患，极大地提高了安全性、稳定性和作业效率。在后续投入使用中，该装置成功减少了5～6人同时作业，有效节约了人工投入和时间投入，减少了上下交叉作业带来的安全隐患，赢得了业主方的高度赞誉。

昂然屹立的高炉，滚滚的铁水涵养出中冶宝钢重庆分公司二高炉班专注检修的一腔热血和砥砺奋进不断创新的厚重精神。他们扎根高炉设备检修维护的第一线，在日常工作中善于发现问题、善于以科学的方法解决问题，将理论运用于实践，积累经验改革创新，班组成员共同提升，适应企业智慧制造，推动高效率高质量的安全检修，不断为企业生产降本增效赋能。

（文世林）

79. 不同的国籍　相同的初心

中冶宝钢东南亚冶金运营事业部炼钢生产协力专案部石灰皮带清扫班是一支以越籍女性为主、深入现场、贴近客户的服务型班组。该班组因踏实、能干的出色作风，被誉为中冶宝钢东南亚冶金运营事业部的“铁娘子军”；2022年，被中冶宝钢东南亚冶金运营事业部评为“先进班组”。同年，该班组因在工作岗位上坚守初心，高效、认真地维护好业主皮带走廊清洁工作，荣获中冶宝钢2021—2022年度“标杆班组”称号，成为中冶宝钢东南亚冶金运营事业部各班组的学习榜样。

严格贯彻作业标准，快速响应业主生产

该班组负责区域遍布越南河静钢厂原料、石灰、转炉的28条高架皮带走廊，涉及运转设备、高处临边作业、煤气区域作业、料仓作业等高风险作业。为保障日常高效率安全生产，该班组积极贯彻落实中冶宝钢各项管理规定，分工明确、责任到人。管理人员每天通过工前会详细明确作业区域及人员分段清扫任务，确保清扫人员之间在视线范围内作业，及时有效加大安全监管力度；在班组的严格执行下，全年无安全事故和质量事故发生。同时，该班组为了不影响业主方生产，严格执行半小时响应制度，很多时候为抢生产赶进度，放弃午休时间。2022年5月，炼钢区域成品料仓下料皮带运转异常，出料口下方异常堆料，造成下料口堵塞。时值转炉生产高峰期，石灰用量激增，维修班组必须尽快完成清扫，让设备恢复正常运转。当时正值午休吃饭时间，班组长黄氏明得到通知后当即决断，严格执行半小时响应制度，20多名员工分为3拨，由她带部分人率先出发，其余人员稍作休整再来轮换。最终历时4小时，该班组的女工配合维修班组铲除了近5吨粉料，为检修班组抢出了维修环境。当回到休息室时，许多工人的隔灰巾上的石灰与汗水已经板结成块。

团结互助共同学习，提前预警消除隐患

每当有新员工入职，该班组的员工就会积极帮助新员工熟悉现场环境，为其讲解安全注意事项和工作流程，最大化帮助员工融入班组。这样团结互助的和谐班组氛围，常被其他班组学习推行。在日常沟通中，该班组熟悉中文的越籍员工会主动配合中籍员工进行翻译讲解。组员韶氏草作为2018年入职的老员工，总会热心地帮助新进成员学习理解工作内容，翻

译中方的工作宣导，是班组里的老大姐。其他人好奇她的中文是怎么学的，她笑着说，她刚入职时也有一位热心的老大姐，总是帮新来的员工翻译学习，这是一代代传下来的，而她自己也在不断学习，中文越来越好。在这样的氛围中，该班组全体员工越发团结，除了服从业务分配和安全生产管理外，还学习设备运行状态和设备点检维修方面的知识，在休息时就把工作中看到的设备状况转达给中籍管理人员。工作期间，她们多次发现皮带通廊栏杆锈蚀、通道踏板开裂等重大安全隐患，极大地减轻了设备巡检的工作压力。2022年9月，该班组班组长黄氏明在清扫皮带时，看到皮带托辊转动异常，她俯身发现一侧卡板螺栓松动、另一侧卡板螺母松脱。她立即通知当班的维修工上报业主走检修流程，避免了托辊掉落的风险，得到了业主的肯定，为越南河静钢厂生产安全顺利运营做出了贡献。

立足岗位自主创新，降本增效提质节能

该班组负责的区域遍布高架，雨天清理出来的湿料需要装袋搬运或者吊运至地面，再集中到分选区晒干，但皮带走廊距地面较高，湿料搬运十分辛苦。该班组为此组织工作研讨会，在中越籍员工集思广益、群策群力下，此项工作有了具体改进措施。后经班组与业主协商，将现场盛装耐火材料剩下的塑料桶桶底打通，用铁丝一个个串联起来，制作成了结构简单、装卸容易、便携易纳的折叠式简易溜槽。投入使用后，落料粉尘可直接从简易溜槽放至地面，改变了原先以人工搬运至地面费时又费力的工作方式，还省去了大量的装灰袋，极大地节省了人力和物力，深受专案部及业主方主管认可。

虽然在日常生活习惯上有两国差异，但在岗位上中冶宝钢东南亚冶金运营事业部炼钢生产协力专案部石灰皮带清扫班只有协同一致的初心。她们有缘相聚到中冶宝钢的大家庭中，立足岗位积极进取、奋勇拼搏，脚踏实地驻守在清扫一线，全力维护现场环境，以相同的工作初心展现了团结包容、开放进取的精神风貌，全力保障现场生产的稳定顺行，成为冶金运营服务国际化进程上一道亮丽的风景线。

（何　增）

80. 中越牵手　共树海外冶金运营服务新标杆

炼钢转炉BOF维保班组作为中冶宝钢东南亚冶金运营事业部炼钢维保专案部成立之初的示范带头班组，凭借中越携手共建、独具属地化特色的海外冶金运营高效率服务水平，荣获中冶宝钢2021—2022年度“标杆班组”称号，成为海外冶金运营队伍的模范榜样。

大胆尝试，实现新检修模式转变

2021年10月，随着炼钢维保专案部的成立，中冶宝钢东南亚冶金运营事业部开启了台塑河静钢厂新业务。为了适应新形势下的业务模式，中籍技师蒋仕军被调到该班组担任班组长，负责带领越籍员工适应检修工作性质转变。班组长蒋仕军到班组后，第一时间扎根现场，比较各区域之间的检修模式，在对班组各位越籍成员有了充分了解后，在首次班组负责定修时，将班组成员分为两组，一组成员按照原方案进行作业，另一组成员按照新模式检修流程开展工作，在作业完成后进行两相对比。新模式下的作业效率较原模式提升近20%，节省了更多时间。班组成员纷纷被调动起了好奇心，主动投入新模式的学习适应中，进而推动越籍班组整体检修工作性质发生转变。

携手奋进，优化升级检修效率

该班组在充分适应新模式下的检修作业后，着手提升检修能力。一方面，他们积极同业主进行沟通，了解本区域作业项目与具体需求，不断寻找新思路、探索新方法，解决检修效率问题。另一方面，针对区域内转炉区域氧枪钢丝绳更换方式及方法进行总结优化。以前更换氧枪钢丝绳，要先把旧钢丝绳取出，再把新的钢丝绳穿入滑轮。经班组探索实践后，现在改为把新的钢丝绳与旧的钢丝绳焊接在一起，利用卷筒进行新钢丝绳更换，有效将检修时间从16小时缩短到10小时，提高了整体项目的检修效率。此外，在2022年3月为期1个月的转炉年修工作中，该班组始终以饱满的精神状态冲锋在前。面对年修时转炉28米南北升缩下料管更换难点，他们提前勘查、科学分析、精密策划施工方案，成功完成项目吊点及钢丝绳的挂设，顺利推动升缩下料管更换项目完成，提前并出色地完成了转炉年修各项任务。

严格作业，做好安全质量双重管控

该班组始终注重引导员工从思想上、行为上提高安全红线意识。2022年，该班组认真学习落实各项规章制度，组织属地员工开展“海报上墙”、可视化安全教育、员工集体打卡学习等活动；同时，该班组每周自主开展安全学习，增强员工安全防范意识，班组成立至今未发生任何机械事故及轻伤事故。平时定修期间，班组长蒋仕军严格要求班组员工在各维修环节按专案部标准作业程序（SOP）执行，作业不达标的现场立即整改，直到达到标准要求。在一次平时作业中，因越籍员工急于交工，焊接时没有严格达到焊接质量标准，虽不影响现场生产，但在班组长蒋仕军眼中这是不能容忍的错误。他当即要求员工返工，不仅要求焊接精准，而且必须整洁美观，保证交付项目时业主的满意度。正因如此，蒋仕军被班组员工送了一个有特色的绰号——“蒋质量”。

没有一时的成功，只有不断地坚持。中冶宝钢东南亚冶金运营事业部炼钢维保专案部炼钢转炉BOF维保班组始终践行高质量、高标准的检修作业要求，一次次向业主交付满意的检修答卷。面对检修难点，他们不断探索、提升突破，发挥队伍作业积极性，成为当地一个具有示范性的冶金运营服务标杆班组。

（孙永凯）

81. 忠于职守勇逆行　抗疫保产稳供给

无论是寒风凛冽的严冬还是酷暑难耐的炎夏，中冶宝钢加油站配送班组的员工都在每天凌晨4时人们还沉睡在憨甜的梦乡时，就发动油车开启一天的柴油配送之旅。

用数字书写业绩

2022年，受上海地区新冠肺炎疫情形势不稳定影响，大部分企业和区域停产停业，柴油需求总量有所降低，但宝钢股份宝山基地由于采取了封闭生产措施，现场生产节奏依旧紧张，油料需求仍然强劲。2022年1—8月，该班组为宝钢股份宝山基地厂内配送油料总量达664万升，月均完成配送量约83万升，接近2021年月均历史最高水平的95%。

用坚守诠释担当

2022年，上海新冠肺炎疫情静态管控期间，为保障生产一线工程机械的正常运行，该班组员工把疫情当作“集结号”，闻令而动、迅速响应，在凶猛的疫情面前勇做抗疫“逆行者”。4名配送人员驻守在宝钢股份厂内连续作业，克服道路限行、加油时间限制、食宿条件简陋等诸多困难，风雨无阻地穿梭在厂区各个角落配送柴油。其间，上海宝冶集团浦钢再生能源利用项目现场柴油储备告急，为确保兄弟单位现场生产不受影响，在拿到通行许可后，该班组连午饭都顾不上吃，紧急抢战4小时，配送柴油6800升，争分夺秒地确保了项目正常生产。他们虽不是直面病毒的“白衣天使”，但是奋战在抗疫保产前沿，保障现场工程机械正常运转的守护者。

用实力保障品质

为确保圆满完成各项配送任务，该班组以增强配送人员调动灵活性为目的，积极组织员工学习各类车辆操作知识、典型事故案例和参加技能培训，鼓励员工向一专多能型发展。经过不懈努力，班组成员均取得危险货物运输从业资格证、易燃易爆危险物品从业人员证书，其中，高级工占比达50%，有半数人员同时持有危险货物运输驾驶员证及危险货物押运员证，真正实现了每名成员不仅能做车辆驾驶员，还能做车辆押运员，为班组顺利完成各类配送任务奠定了坚实的基础。

十几年来，由于特殊的工作性质，中冶宝钢加油站配送班组每天早出晚归、披星戴月，用实际行动践行着责任重于泰山和越是困难越向前的敬业精神与责任担当。

（张 红）

82.“领头雁”有担当 破难题有巧方

在宝钢股份宝山基地钢管条钢产线活跃着一个冶金钢铁设备检修班组。该班组全体人员始终以高度的责任感和归属感，抓安全、提质量、降成本，只要是急难险重的检修任务，该班组总是勇挑重担，并且能交出完美的答卷，这就是中冶宝钢第三分公司条钢检修队郑宏伟班组。自宝钢股份宝山基地线材厂建成以来，该班组就一直为线材厂的机械设备保驾护航，伴随其发展走过了一道道坎坷，也创造了一次次辉煌。

▌“领头雁”要有敢于担当的气魄

2022年上半年，上海新冠肺炎疫情防控形势严峻时期，在仅安排1/4的检修人员驻厂保产的情况下，该班组主动请缨，5名组员驻厂70余天。面对繁重的检修任务，他们没有一句怨言，没有耽误一项工作任务，受到业主的高度好评。有一次，突发设备故障抢修，面对停机时间短、现场人力不足的难题，夜班刚下来的该班组5名组员不顾疲惫，拿起工具就冲到了一线，作业长劝他们休息一下再上，班组长郑宏伟说：“这是关键时刻，宝钢业主寄希望于我们，我们就要拿出真本事，尽快查出故障原因，修好设备。”

▌“领头雁”要有“领”的能力

为适应宝钢设备管理变革要求，该班组以大局为重，严格服从上级工作安排，发扬团队协作精神，坚持苦练内功，加强自我学习。其中，4人成功通过设备点检考核，有1名组员作为设备协力点检参与设备管理，其余3人参与运行点检业务。

“点检还没到，我们有能力自己组织设备维检。”这是班组长郑宏伟在一次突发设备抢修时，向线材厂厂长做的保证。宝钢股份宝山基地钢管条钢事业部线材厂是一条重要的生产线，是事业部运行收益的支柱，一直以高标准、严要求著称，对安全、保质、标准化生产及效率均有较高的要求。2022年11月的一个双休日，在得知线材厂运卷小车减速机故障点检还需要1个多小时才能赶到后，正在参加设备年修的该班组主动请缨，及时补位。当设备成功运转后，在场业主方领导被这个“头雁”班组折服。

“群雁”翱翔，“头雁”领航

当下，冶金设备检修企业面临着严峻的市场考验，“群雁”也遇到了风雨。此时，“领头雁”既没有窝在“雁群”中保暖过冬，也没有闭上双眼任凭风吹雨打，而是心往一处想、劲往一处使，与企业共解难题、共渡难关。2022年，该班组承接了高线厂新增立体库设备检修任务，和宝钢业主一起边干边学，目前已经具备立体库设备常规维护能力。与此同时，围绕降低成本、提高效益这个中心，班组成员积极献计献策，在改善施工环境、降低安全风险、提升施工效率方面做出积极贡献。

中冶宝钢第三分公司条钢检修队郑宏伟班组合影

成绩面前，“头雁”班组不争功、不计较；遇到难题，“头雁”班组敢于挑战。未来，中冶宝钢第三分公司条钢检修队郑宏伟班组将在技术上求精、工作中求实、班组管理中求严，为中冶宝钢高质量发展积极贡献力量。

（张盼盼）

83. 立足岗位控风险　降本增效获激励

中冶宝钢第三分公司冷轧设备检修队蔡佳宏班组是一个善于精打细算的班组，他们立足岗位、实干创新、提质增效，积极打造“标杆班组”“优秀班组”。

▌敢于冲锋，勇于胜利

由于长期在现场检修，该班组养成了一不怕苦、二不怕累，敢于冲锋、勇于胜利的工作作风。2022年，在宝钢股份宝山基地烧结转底炉技改项目中，该班组承接的底炉烟气改造项目是重点任务。面对时间紧、工作量大、作业环境差等问题，该班组合理安排施工计划、制定施工工序，协调交叉作业，加班加点，克服困难，在指定时间内完成操作箱移位、电缆敷设、接线调试等任务，为转炉整体大修争取了时间。

▌筑牢防线，确保安全

班组长蔡佳宏常说：“不管施工条件怎样艰苦，班组仍将立足岗位笃定前行，踏踏实实做好工作，努力创一流、树标杆。”该班组参照公司各项安全管理制度，结合实际情况，制定了班组安全规章制度及安全操作规程，并认真组织全员学习和落实；始终坚持“安全第一、预防为主、综合治理”原则，引导员工牢固树立“责任重于泰山”的安全理念；要求员工熟练掌握安全专业知识，提高危险预知和风险控制能力，努力把安全事故消灭在萌芽状态。

▌贴心服务，善于创新

该班组结合多年工作经验积极创新改进，不断为业主排忧解难。宝钢股份宝山基地烧结转底炉进行电气改造时，该班组人员发现图纸中的电缆布线及穿管方案与实际情况不符，无法按照图纸施工。经过现场认真勘查排摸后，该班组积极与业主方及设计院进行沟通，对原设计提出合理的优化与改进方案。这样既避免了电缆敷设绕弯路，又绕开了高风险区域，有力提高了电缆及桥架铺设安全和施工效率。在冷轧厂2030区域炉子段改造项目中，班组长蔡佳宏发现热镀锌机组炉子段电机在传动侧更换时无法直接设置吊点，就自主制作了吊装支架，大大提高了作业效率。一个又一个贴心的小改小革，为业主方节省了材料成本和人工成本，该班组也因此获得了业主方的嘉奖和鼓励。

中冶宝钢第三分公司冷轧设备检修队蔡佳宏班组结合多年工作经验积极创新改进，不断为业主排忧解难。班组长蔡佳宏强调，“世上无难事，只怕有心人”。每个项目的背后都有他们连续奋战，穿梭在机组狭缝间的身影，不管施工条件怎样艰苦，他们都确保安全、质量受控。他们用实际行动诠释着中冶人的责任与担当，立足岗位笃定前行，踏踏实实做好本职工作，努力创一流、树标杆。

（方立芹）

84. 群力群策促建设　从严从细保顺行

在中冶宝钢第三分公司马迹山港有这样一个班组，他们负责港区料场矿料堆取作业及设备巡检维护任务。为了更好地保证料场生产顺行，该班组8名组员正在全力打造全能型班组，他们就是中冶宝钢第三分公司马迹山项目部乙班料场班组。

做好人人防范，保障安全可控

安全管理制度是开展日常安全工作的基础，该班组定期组织员工学习安全管理文件、中冶宝钢相关安全要求，吃透安全政策并严格落实执行。

将“一岗双责、一岗提醒”管理制度摆在首位。该班组通过宣贯，将安全责任层层推进、层层落实，并在员工中间形成了“自我约束、相互约束、有效激励”的良好氛围。将安全技能培训常态化。该班组每周都要组织员工学习安全知识、应急知识，并在每日班组交底中应用，切实提高员工的安全技能储备、现场应急处置能力，以及现场整体安全管理水平。

现场作业标准化。班组长不遗余力，积极推进标准化作业，员工积极响应，以“主人翁”的姿态对待工作中发现的问题，提出有针对性的建议和改进措施，并认真落实到位，让标准入脑入心，达成“我要安全”的共识。

加强技能互补，保障生产运行流畅

为确保班组员工熟知设备操作规范、提升故障排除能力，料场班组不仅对每名员工进行技能评估，有针对性地补齐生产技能、巡检技能等方面的短板，还建立了相邻设备的互保制度，有效降低了设备故障率，保障了生产指标圆满完成。培训是提升班组整体素质的有效方法，针对新堆取料机司机在合堆料作业过程中容易遇到的取料难题，该班组选择技术骨干与技能高手组织现场施教，以学经验、讲教训、谈方法、说总结等方式进行探讨，将合堆料三层的每一层要点展开讲解。除了对顶层、中层及底层每刀取料的回旋角度要领以及操作顺序进行详细讲解外，还多次提醒料场巡检工分层取料作业时不得超过料堆角度，避免出现塌方情况。把生产技能、安全规程、工作经验无保留地传教给其他人，促进了全体员工共同进步。

开展合理化建议，为班组建设献计献策

只要是关于生产安全、技能提升、设备优改等方面，有利于提高班组建设的好建议就都会被采纳。例如，班组员工在实际作业中发现，从料场

地面上道场的梯子没有扶手，存在安全隐患。事情虽小，但是班组长朱兵海及时采纳员工建议，并上报项目部。如今，从料场地面上道场的梯子全部安装了扶手，不仅方便人员上下，提高了安全系数，而且提高了班组成员参与班组建设的积极性。

“播种一种行为，收获一个习惯。”中冶宝钢第三分公司马迹山项目部乙班料场班组作为马迹山港区涉及设备最多、责任区域最大的班组，作业切换频繁，对指令复唱、设备巡检、生产技能要求较高。如今，安全文化已在该班组落地生根，全班成员形成了安全至上、积极进取的浓厚氛围，激发出新的活力。

（郑园园）

中冶宝钢第三分公司马迹山项目部乙班料场班组合影

85. 披荆斩棘不畏难　同心协力蓄动能

敢打敢拼助投产，抗疫保产不畏难。中冶宝钢第四分公司生产运营车间手清作业区丙班创造了一个又一个骄人的业绩。面对成绩，这支长年奋斗在板坯精整线上的团队这样说：“我们班组只是做好分内的事，履行自己的职责，对工作负责、对公司负责。”

▌执行力，是披荆斩棘的利剑

“安全第一、事故为零、违章为零、隐患为零！”仔细一听，正是该班组在进行安全交底。该班组负责2150、1650、2300三个区域的手清作业，严格管理、细化要求、规范操作，始终保持安全生产无事故业绩，有力保障了生产安全顺行。

2021年，湛江钢铁1650手清系统投产。“由于人手紧张，现在我们面临着产能激增的压力，自身的技能也需要提升。”该班组利用业余时间积极开展培训，迅速进入最佳生产备战状态。“我们的目标是向热轧产线供应合格的手清坯。”“新系统、新设备，作业人员作业前必须做好设备点检，穿戴好防护服，务必确保设备无损坏、防护服无破损。”开工前，班组长苏开慧如同往常一样仔细叮嘱班组成员。“落实好安全措施，工器具备好了没有？”“在周围设立好警示牌。”开工前的检查步骤按部就班地推进后，班组发挥高效的执行力开启了“作业忙碌模式”，助力湛江钢铁1650手清系统顺利投产。

▌凝聚力，是攻坚克难的底气

2022年，疫情封厂期间，该班组主动逆行、驻厂保产，交出了令人满意的答卷。因为封控人手紧张，为保障现场生产，原来的四班两运转模式变成了三班倒模式，员工休息时间不足、工作量巨大。这时，该班组接到了出口巴西5万吨钢材的手清作业任务，越是艰难越要往前冲！“我来顶岗吧。”“我也可以来，没问题的。”驻厂员工主动牺牲轮班休息时间，踊跃顶岗。历经疫情封控期、复工复产时期，他们共克时艰，如期完成5万吨出口钢材手清任务。

连铸区域线条长、噪声大、粉尘多，现场作业环境恶劣且复杂，加之钢铁产品市场竞争激烈，其下道轧制工序对板坯清理加工的质量要求较以往更高、更严，尤其是巴西钢的订单需要增加喷印工序。2023年，接到5万吨出口巴西钢喷号的紧急任务后，该班组迅速调配人员。“本次喷号工作量大、任务紧，现场环境高温。大家齐心协力，克服这些困难。”“采用分批轮流式作业。”现场板坯温度高，作业人员汗流浃背，最终经过长达5天的作业后，该班组保质保量完成巴西钢喷号任务。

“火力全开”源于班组人人能“添柴加薪”，中冶宝钢第四分公司生产运营车间手清作业区丙班就是这样的班组，有责任担当、能坚持传承，同心协力是他们持续奋进的动力。

（吴庆兆）

86. 规范制度提效率　保障仓储供应链

“创最好的班组，做最好的自己！”这是中冶宝钢第四分公司物流成品大队化油班组的信念。仓储配速快、作业流程顺、制度把关严，他们打下“组合拳”稳住了供应链。

专业——紧急保供有效率

该班组主要负责湛江钢铁全厂危险化学品、油脂、气体、输送带等物资的验收储存及配送作业。其“跨前一步”精准获悉采购供应链系统出入库信息，动态掌握宝钢资材备件需求，全天候仓储配送，满足湛江钢铁生产需求。

2022年，韶关钢铁主高炉皮带突发撕裂，需从湛钢运送新输送带至韶钢。面对大量紧急皮带出货任务，该班组及时协调手头工作，第一时间调动力量给予支援。“任务紧急，大家可否协调手头工作？”“没问题。”班组成员坚定的目光、肯定的回答给忙碌的现场注入了一剂强心针。最终，皮带于当日22时全部完成发货，保障了主高炉皮带修复工作。同年，夜间装船系统W104皮带因开裂导致纵向撕裂400余米。时间紧，任务重。“马上启动紧急配送应急预案。”班长叶智坚毫不犹豫，第一时间将所需皮带送往现场，为设备抢修赢得了宝贵的时间。

规范——破解难题见真章

班组优化安全管理体系，促进安全生产管理水平提升。尤其是在危化品验收储存配送方面，该班组实行严格管控、双人验收、双人双锁储存机制确保仓储安全；物资供应严格执行环环相扣原则，保障装货、卸货、入库、出库数据一致。

2022年2月，湛钢炼铁厂焦化单元生产工艺发生变化，设备产生的硫酸内部无法消化，导致硫酸储备罐达到极限，需要对多余硫酸进行厂内回收。但建厂以来硫酸罐一直未启用，需要紧急对水药库的罐体及管道等进行检验修缮。“这是我们首次干这个。”班组成员立即意识到这是个难题。“立马启动对罐体、管道进行保压试验，检测有无泄露。”“检测完毕。”“下一步，我们……”紧密衔接的处理步骤后，硫酸罐满足储存条件。“验收完毕，数据无误。”4月29日，第一车硫酸顺利入罐，硫酸罐被成功启用，解决了业主的燃眉之急。

作为物资供应链源头，中冶宝钢第四分公司物流成品大队化油班组着力打造自主可控、安全可靠的循环畅通物资供应形式，以高标准、高质量提升物资供应链韧性。“专业+规范”，他们是一支精准高效的物资配送团队。

（陈俊君　糜　涵）

87. 小改小革展作为　互帮互助树榜样

立足岗位、严细管理、务实创新、创一流班组，是中冶宝钢第四分公司物流成品大队码头一班一直以来的目标。持续开展“五小”创新活动，抓好抓细小改小革，创造新活力，该班组成功激发出全员参与技术创新的主动性。

查隐患整改，除作业风险

该班组秉持“有隐患必整改”的原则，持续开展码头区域的隐患排查整改工作。综合码头W104皮带机尾部改向滚筒周围的落料需要每日进行清理，并且必须在未停机状态下进行，存在机械伤害的安全隐患。“这项作业频次高、风险大，请大家集思广益，有什么解决的想法提出来。”面对一直困扰大家的清料难题，该班组组织会议进行讨论。“是否可以制作一个安全防护罩呢？如果可行的话，就能保证清料人员的安全了。”组员梁志聪建议。多番思索后，该班组最终采纳了这个建议。经过对安全防护罩进行设计、加装，成功实现了不停机状态下安全清料。通过后期成果固化，现在码头区域的皮带滚筒已全部覆盖防护罩，为码头区域解决皮带机机械伤害问题提供了典型解决案例，也提高了工作效率。

提合理建议，促本质安全

成品码头产成品库行车每月需进行检修5次以上，频次高，加上作业位置距离地面11米，属于二级高危项目。小组攻关讨论中，“在行车作业位置安装一个安全平台就能像在地面一样干活了，这样也不存在高危了”，一项可行的建议被提出。通过对安全平台安装位置的测绘、安装、投用，消除了二级高处作业的高危属性，后续也无须在高危监护下进行作业，切实降低了作业人员的安全风险，为现场检修创造了安全的作业环境，减少人员投入。现如今，产成品库1～8号行车大车已全部增加了平台，作业安全得到了保障，检修效率大大提高。受此举措启发，在卸船拖绳小车上也相应加装了安全平台，以保证作业安全，这个方法成功解决了一大类问题。

重学习创新，提工作效率

该班组结合岗位特点长期开展岗位练兵，定期开展“行车起升钢丝绳更换”“制动器调试”“轴承拆卸与安装”等技能提升培训课程，并安排有经验的老师傅手把手、一对一地讲解传授。正是在这种良好的互学、互助氛围下，该班组创新优化能力不断提升。2022年初，该班组全员参与小改小革活动，优化了产成品库小车轨道螺栓紧固、主码头抓斗钢丝绳更换工艺，并编写维修作业标准，通过改变安全绳挂置方式使项目施工时间累计压缩2个工时。

中冶宝钢第四分公司物流成品大队码头一班勤学习、善钻研，在小改小革中解难题，在互帮互助中树榜样。他们让源源不断的技术创新成果成为安全生产的“助推器”。

（骆永兴　陈贵平）

88. 优化工艺流程　提高作业效率

既是知识型班组，也是技能型班组，更是创新型班组。中冶宝钢第四分公司轧钢队1750一班是设备的“医生”，爱好开展“头脑风暴”的他们，多次实现检修项目效率提升，为安全检修贡献了力量。

▌做检修现场的有心人

该班组主要负责湛江钢铁冷轧厂高强钢区域机组设备检修工作。在日常工作中，他们积极践行“两型”员工工作作风，是现场检修的“智多星”，是降低风险的先行者。

在高强钢区域蒸汽阀门更换项目施工中，阀门检修作业是距离地面高达16米的一级高危项目。“是否可以想办法实现高危项目降级呢？”班组主动攻关，开展“头脑风暴”。在仔细考察现场后，他们制作了一套固定平台并增设安全防护栏，有效规避了人员站在钢结构上作业不安全的风险，方便人员系挂安全带，工器具及零部件“落地生根”。自增设检修平台后，该区域阀门类设备更换工作，由高危作业降为普通作业，消除了点检和检修作业隐患。无独有偶，2022年1月，高强钢机组通道切换项目施工时，该班组再次发挥主观能动性，根据现场实际情况测量并制作了锌锅盖板，当作炉箅子检修平台使用，有效降低了检修作业风险，提高了效率与质量。

发现问题第一时间解决是他们一贯的作风。在一次日常检修作业过程中，班组长陈建辉发现机组入口步进梁区域一侧缺少安全栏杆，“这个临边高度4米左右，存在高处坠落风险”。发现安全隐患后，他组织班组成员利用空余时间焊接制作安全栏杆及盖板，使作业人员与临边区域做到有效隔离，保证了人员在该区域作业时的安全，消除了临边坠落的危险。

▌做主动思考的实干家

2022年8月，该班组承接湛江钢铁冷轧厂机组抽锌任务。经过现场调研后，班组决定先使用电动立式抽锌泵将锌液从锌锅内抽出，再通过整体焊接式锌液运输管将锌液导流至锌斗，待锌液冷却后再用叉车将锌锭运至库房储存。

七分准备三分干，该班组总是想在前头、干在前头，优化流程、提高效率。“既然解决方案已经制定好了，想想有哪些工装可用，时间不多，现在就可以开始准备了。”项目施工的前一周，班组便提前制作所需工装，包括抽锌所需的锌锅泵固定盖板、锌液运输管、中间存储罐及其他连接管道等。“为了抢时间节点，我们还要准备其他东西。”班组预先将锌斗平铺到机组通道上，对接缝处进行焊接；将锌液管管道支架放置到位，并安装锌液泵底板孔及对锌液泵进行确认；还预先在移动台车上焊接吊装支架。由于准备充分，抽锌项目提前1小时完成，该班组获得了业主的高度赞赏。

做检修现场的有心人、做主动思考的实干家，中冶宝钢第四分公司轧钢队1750一班正在朝着更高的方向攀登。

（方明敏）

89. 严抓食品安全　争当“服务先锋”

中冶宝钢宝鸿公司配送中心食堂红案班组主要负责中冶宝钢宝山基地全体人员工作餐的供应。在多次挑战面前，他们以高标准的表现出色地完成了各项艰巨的任务，充分展示了班组团结一致、勇于担当、甘于奉献的精神面貌，是确保现场生产顺行的幕后英雄。班组长蔡万能分别于2007年、2011年两次荣获宝鸿公司“先进个人”称号，2015年荣获中冶宝钢“先进个人”称号。

提升服务质量，严保食品安全

为了让广大员工吃得健康，该班组在班组长蔡万能的带领下从食堂实际出发，对食品采购、加工、储存等方面做了调整和改进。例如，针对不同季节和时令制定不同的菜谱，尽量丰富饭菜品种，提高工作餐质量；为了确保食品安全，该班组定期组织“线上+线下”培训、考核，夯实班组餐饮服务和食品安全操作规范、质量控制标准、食品安全专业知识，切实增强从业人员的食品安全防范意识，提高食品安全风险防控和应急处置能力。

众志成城坚守，勇当抗疫先锋

在上海新冠肺炎疫情暴发后，为了确保全域静态管控期间坚守宝钢一线保产人员、月浦镇政府工作人员、公司单身宿舍封闭人员及志愿者一日四餐的供应和食品安全，该班组集体入住单身宿舍，连续100多天坚守奋战在后勤保障工作一线。工作量是往常的2～3倍，班组员工每天从凌晨就开始挥舞手中的锅铲，有的手都累肿了，但为了让大家吃到热乎可口的饭菜，他们依然坚持奋战在灶台前。为预防与送货人员发生交叉感染，该班组在原本繁重的工作之外，还主动承担起食材卸货、搬运的重担，每天从凌晨到深夜，都能看到他们忙碌的身影。

积极苦练内功，提升基础工作

该班组在为广大员工筑牢后勤防线的同时，还深入贯彻中冶宝钢各项要求，围绕抓基础、提素质、树形象、重实效的工作方针，严抓质量、强化管理、规范服务，大力推进各项工作落实。为抓好安全生产，该班组员工利用班前会等多种形式认真学习安全用电、天然气使用常识、消防器材使用方法等安全生产知识，促使员工的安全意识和安全技能得到显著提升。为强化内部管理，该班组在加强员工思想政治教育和职业道德教育的同时，定期对食堂进行全覆盖严格监督，重点对食品安全自查情况、索证索票、食品留样、环境卫生、原料贮存、场所消杀、台账记录等进行全面的检查，做到有检查、有记录、有整改、有反思，确保工作要求落到实处。

中冶宝钢宝鸿公司配送中心食堂红案班组勤于做“加法”，在提升客户满意度上下功夫；勇于做“减法”，在安全及防疫管控上动真格；善于做“乘法”，在各项活动上花力气；敢于做“除法”，在成本管控上做实事，为中冶宝钢后勤保障工作贡献实干力量。

（吴　迪）

疫情期间，中冶宝钢宝鸿公司配送中心食堂红案班组加班加点制作菜肴

90. 坚持一流服务　打造专业品牌

中冶宝钢工业公司检修队冷轧作业区宝日班组主要负责宝钢股份宝山基地宝日汽车板厂39台行车的日常检修工作和部分技改项目施工任务。在“90后”班组长周明明的带领下，该班组敢打硬仗、善打硬仗，圆满完成了各项任务，2019年荣获工业公司百日安全“优秀班组”称号，2022年荣获中冶宝钢“标杆班组”称号。

2022年，该班组承接的宝日汽车板行车电控系统改造项目涉及11台大型行车。由于施工时间限制多、受新冠肺炎疫情影响等，组织施工难度增加。由于该项目是班组承接的延续了5年的施工任务，为确保项目顺利实施，班组长周明明带领组员根据生产需求、施工环境、季节特点等编制了详细的施工方案，并主动与各相关方探讨施工准备情况，对起重吊装、设备安装、电缆敷设乃至配合调试交付生产的各个环节，均严格按照施工方案和设计方案落实。最终在大家加班加点连续奋战下，按计划节点完成了全部施工任务。

同年8月，在实施宝日汽车板1-2号和1-5号两台行车改造项目中，该班组面临新冠肺炎疫情管控、各厂部集中年修人力短缺、40摄氏度高温天气等诸多不利因素，坚持以“守土有责，守土尽责”为原则，成立项目攻坚突击队攻坚克难。班组长周明明身先士卒，带领团队加班加点，凭借顽强的作战能力推动项目有序实施，保障了项目阶段节点。

2023年2月，该班组在同时实施宝日汽车板4-1号和4-2号两台40多米高的高跨行车改造项目中，由于生产需求紧，他们只能在夜间施工。班组长周明明充分考虑员工精神状态和场地照明等因素，在强化安全措施落实到位的情况下，统筹优化施工工序，同时做好交叉作业监管及现场5S工作，高效完成了高跨行车改造任务，展现了该班组的专业水平和综合素养，得到了业主方的高度好评。

中冶宝钢工业公司检修队冷轧作业区宝日班组为宝钢宝日汽车板区域行车保驾护航已有十余载，尤其是近五年来，该班组不断挑战和超越，圆满完成了冷轧厂计划的全部技术改造任务，为产线效率提升做出了积极贡献。班组员工一致表示，他们在成绩面前不骄不躁，将加倍努力持续服务好业主，努力为中冶宝钢行车“管用养修”专业品牌再添新光彩。

（戴　旭）

91. 做技术创新能手　提防疫保产能力

中冶宝钢工业公司运转三车间一炼钢点检班组共有4人，其中，高级工2人、中级工2人，岗位操作全部达到“一岗两证”，是一个有经验的实干型团队。该班组管理设备的业务覆盖范围从宝钢股份宝山基地废钢区域、精炼区域到连铸板坯库区域。自2016年12月承接宝钢股份宝山基地一炼钢行车管用养修业务以来，该班组争做技术创新能手，圆满完成抗疫保产任务，为宝钢股份宝山基地生产顺行做出了积极贡献。

善于创新获好评

该班组始终把技术创新作为提升设备管理的主要手段，通过几年的不懈努力，在设备技术创新管理方面培育出多名骨干，凭借良好的业绩得到业主方的一致好评。该班组面对设备管控区域不断扩大，成本管控要求越来越高的情况，不断进行技术创新，深挖潜力提升设备运行效率，先后取得“西门子3RT1066系列接触器线圈改造再利用”和“无触点接触器替代电磁接触器提高设备稳定性”两项国家专利，显著降低了接触器异常引起的行车故障率，降低了备件使用成本。该班组还完成了“电磁吸盘安全指示保护装置”和“起重机及连接器”等多项QC自主管理成果，在保持设备状态稳定、缩短故障停机时间等方面取得了良好效果。

抗疫保产当先锋

在2022年新冠肺炎疫情抗疫保产期间，该班组闻令而动，全员提高思想站位，高度重视疫情防控，主动驻厂保产。班组员工面对保障生产和疫情防控的艰巨任务，全身心投入工作，连续70天坚守奋战在生产一线，再苦再累也不退缩，确保做到“两不误”。其间，他们不仅用勤奋、严谨的工作作风确保设备“零故障”，还利用休息时间为全体驻厂人员义务安装热水器12个、临时厕所24个、空调18个。在全员“零感染”、疫情防控“零违章”的前提下，圆满完成各项任务，为现场设备安全顺行提供了强有力的支撑和保障，受到宝钢股份宝山基地炼钢厂及上级部门的一致认可和赞誉。

中冶宝钢工业公司运转三车间一炼钢点检班组，人人争做技术创新能手，疫情防控期间不断适应环境变化，提升自我防疫保产能力，以提升服务、延伸服务、增值服务的“三服务”理念，构建与业主共赢的良好氛围。他们的良好态度赢得了炼钢厂相关部门的高度认可，为树立中冶宝钢良好品牌形象做出了贡献。

（孙新波）

92. 团结聚力量　友爱助和谐

“团结和谐，把友爱传递到每一位员工身上，是我义不容辞的责任。”这就是中冶宝钢工业公司运转一车间第四作业区轧二丙班班组长沈洪的自立格言。该班组在他的带领下多次荣获中冶宝钢工业公司“优秀班组”称号。

▌精细管理创佳绩

该班组有较强的生产组织能力，全年产量遥遥领先其他4个班组，位列作业区第一。作业区供料分两个方向，一是热轧运输链地沟；二是鹅颈车，外加502机组上料、修复、倒垛、冷却等。502机组的年产能高达190万吨，其作业之繁忙可想而知。这对班组长日常工作中的协调能力提出了很高的要求，只有根据现场的实际情况充分合理地做好两台行车的收发协调，多样化、合理化进行指挥，才能稳产保产。该班组不仅在产量方面名列前茅，还凭借对工作的热忱，兢兢业业做好来料的外观拍照、质量检验、登记等工作，在产品质量管控和安全管理方面也是作业区中的佼佼者。

▌积极创新获好评

在班组长沈洪的带领下，班组成员学习能力与创新能力不断提升。该班组完成了“改善库区钢卷摆放提高行车日收料产能”QC课题，并在2020年工业公司现场改善会议上发布，获得了三等奖；2021年，该班组申报的“持续降低1730原料库退热轧返修率”的α项目通过宝钢股份宝山基地审批；2022年，该班组累计提出合理化建议3项，业主方采纳实施后均取得了良好的效果。一件件成果的取得离不开班组成员爱岗敬业的凝聚力，团队成员互相支持、携手合作，人人都是岗位多面手，都能跨工种互换角色支撑彼此工作。

团结友爱送温暖

该班组员工互相帮助、团结友爱，形成了强大的凝聚力，让每位员工感受到家的温暖，连续3年无人员离职。2022年，班组一名员工突发脑出血住院，其小孩无人照顾。班组长沈洪得知后，主动将该员工的孩子接到自家照顾。2023年初，班组一名员工因大腿关节疾病需要静养，大家得知后就自发地结伴去医院看望，让患病的员工感受到大家庭的温暖。

中冶宝钢工业公司运转一车间第四作业区轧二丙班这个大家庭无论在工作中还是生活中，都能团结奋进、充满正能量。正是这种正能量激发了团队的活力，增强了班组的战斗力，成为挑战繁重工作任务、高效率高质量完成工作任务的力量源泉，彰显出中冶宝钢人文关怀的强大魅力。

（张成珠）

中冶宝钢工业公司运转一车间第四作业区轧二丙班

93. 强化班组建设　提升工作效率

中冶宝钢工业公司运转一车间一冷轧作业区乙班在班组长高旭勇的带领下，充分发扬团队精神，认真做好每项工作。

▍安全管理，从身边小事抓起

班组长高旭勇从员工违章着手，通过每天的班前会、班后会和安全学习会，认真组织班组成员学习各类事故通报并举一反三，反复强调习惯性违章的危害。作业现场和行车是班组长高旭勇的“常驻地”。一天，高旭勇在厂房检查室时，发现班组库位工在绿色通道上行走时通过手机联系驳料。他立即对库位工进行了安全教育，详细说明现场行走时使用手机存在的安全风险。针对交通安全，高旭勇每天都检查骑“三车”人员头盔的佩戴情况，对不遵守规定的员工进行点名批评。在这些一点一滴的小事中，不仅体现了班组对员工无微不至的关怀和关心，更切实保障了班组员工的人身安全。

▍班组建设，从岗位规程抓起

在开展违章自查的同时，该班组有针对性地对违章人员实行说服教育，督促每个人牢记杜绝违章是保证安全生产的重要前提。随着时间的推移，班组人员已经能够将行车操作各项规章制度潜移默化地运用到实际作业中。一次，宝钢股份宝山基地一冷轧轧后库严重涨库，2–5、2–6两台行车不但需要收料也要驳料，班组长高旭勇发现行车工有“三联动”、不及时鸣号等违章行为，立即通过对讲机喊话提醒。他在严肃批评违章行为的同时，细心叮嘱员工不能因为作业繁忙违反岗位规程，让标准化作业深入人心，切实保障员工生命安全。

▍设备管理，从日常点检入手

设备状态稳定是确保生产顺行的首要条件。一天，班组长高旭勇在巡检中发现C02无人化行车电脑断网，导致其无法正常运行。他立刻通知设备点检进行维修，同时第一时间带着班组员工手动驾驶行车进行作业，保障了现场的生产顺行，得到了业主方领导的肯定和表扬。

中冶宝钢工业公司运转一车间一冷轧作业区乙班全体员工时刻不忘职责使命，在工作中严格遵守岗位规程，一丝不苟、严谨严细，用踏实的作为保驾无人化行车生产顺行，是当之无愧的“设备卫士”。

（姚海果）

中冶宝钢工业公司运转一车间一冷轧作业区乙班

94. 提升岗位技能　确保行车稳定运行

中冶宝钢工业公司运转三车间一热轧点检班组主要承担宝钢股份宝山基地热轧2050区域行车的设备维护工作。在班组长周生杰的带领下，行车设备故障时间、故障次数环比、同比均降低35%以上，圆满完成了保障产线物流吊运稳定的工作目标。

▌强基础，提升安全意识

该班组狠抓全员安全技能，不折不扣地落实各类安全主题活动，不断增强全员安全意识。该班组结合各岗位安全职责，构建了班组安全责任网络体系。强化学习教育是提升安全意识的基础，该班组认真学习和吸取历史事故教训，分享学习体会。每位组员都认真落实工作过程安全管控，确保消除安全隐患。

▌学技术，强化岗位技能

该班组为设备维护机电混合班组，管辖的行车液压夹钳设备故障率较高。为了破解设备难题，班组长周生杰利用业余时间组织大家有计划地系统学习相关设备维修技术标准及产品说明，有效提升了员工对设备的理解和熟悉程度，机械、电气点检互相交流、互相学习、互相帮助，解决了液压管道、阀门、电磁阀控制问题，极大地改善了液压夹钳的使用性能，降低了故障时间和故障次数，为整个区域行车设备稳定做出了贡献。该班组还利用生产间隙开展设备排故模拟演练，将理论知识和实践操作相结合，不断提升全员排故实战能力。此外，该班组还鼓励不同专业人员互相学习，积极打造一专多能的复合型技能人才队伍，以满足业务发展需求。例如，宝钢股份宝山基地热轧2050板坯库5号行车主卷变频器的同步性能经常发生异常，在人工故障复位后才可正常运转。该班组骨干详细观察设备运行情况，对照说明书研究变频器参数，最终确定故障原因为机械车轮更换后产生的转速差异，并通过矫正编码器参数彻底解决了这一问题。

善管理，保障生产顺行

该班组通过系统总结方式，将日常点检保养和定期检修维护相结合，有效降低设备故障率，为宝钢股份宝山基地热轧2050这条黄金产线的生产顺行保驾护航。该班组鼓励员工多提合理化建议，积极开展自主管理提升活动，提升行车设备本质化安全，如增设夹钳减速装置，有效缓解了因板坯下放速度快而碰撞其他垛位板坯的问题，提高了产品质量，得到了业主方高度肯定；为液压夹钳增加管道油过滤网，减少液压油杂物引起的堵塞故障；针对板坯库温差大的特点，改变行车电气室空调出风口方向，避免潮湿结露对电气控制装置的损坏；等等。一系列小建议、小改进，使设备故障率大幅降低。

在今后工作中，中冶宝钢工业公司运转三车间一热轧点检班组将持续秉承勤奋学习、严肃认真的优良作风，提高行车设备生产效率，为打造一个更加优秀、综合实力更强的“标杆班组”努力奋斗。

（聂文齐）

95. 保障安全促运行　小改小革降成本

中冶宝钢工业公司运转二车间条钢方管甲班主要承担宝钢股份宝山基地条钢厂方管坯区域19台磁盘行车的操作吊运业务。该班组始终秉持安全风险分级管控和隐患排查治理双重预防的工作理念，坚持按质量、安全、现场、培训“四结合”管理体系开展工作，在班组长王波的带领下顺利完成各项生产任务，多次受到公司和业主的赞扬与表彰。

▍强化班组建设，确保安全顺行

该班组秉持以人为本安全生产以及“从我做起，从细节入手，违章为零”的理念，坚持教育与惩处相结合，落实责任、夯实基础，以个人控制差错为切入点，坚决避免不安全事件发生。此外，该班组还通过班组长督促检查、员工落实整改等形式，把责任细化到每个职工，增强了职工的质量、安全、成本、诚信意识，调动了员工参与管理的积极性和创造性，逐步形成了自觉、自发抓班组管理的大好局面。一次，班组员工进行班前行车点检时，依照点检流程发现大梁轨道处断裂，他们立即报告并采取补救措施，及时将隐患消除在萌芽状态，确保了行车的安全运行。

▍优化人力资源，培育“多能”员工

该班组积极开展多类型的技能培训，如跨区域培训、重点帮扶、以老带新等，先后培养出区域全能工8人，优化了班组人力资源结构，减轻了人员压力。2022年初，方管区域呈现“库压”状态，该班组人员积极响应上级协调，打破常规的定区域模式，实行跨区域协同作战，人员用餐同步采取换班制，创造了单班1100吨轴承钢出库量的佳绩。以“人停机不停”的多能工操作运转模式有效缓解了现场库存压力，确保了生产顺行和物流畅通，在有效提高员工工作业量的同时获得了业主方的高度认可。

▍加强安全教育，提高安全意识

在日常工作中，该班组积极组织全员学习安全事故案例，确保安全意

识入脑入心，定期组织违章人员走上讲台，结合自身案例现身说法；该班组成员积极帮助违章人员排查问题根源并制定相应对策，切实提高全员安全意识，取得了安全生产无事故、无落料、无碰擦的佳绩，确保了现场生产安全顺行。

开展课题研究，积极降本增效

该班组管辖区域内的行车操作以磁盘吊为主，磁盘横移机架与磁盘以链条衔接。针对磁盘链条磨损快、更换频繁等问题，该班组以“改进磁盘链条节数”为课题开展QC自主管理活动，全员集思广益，深挖潜力，在小改小革的同时摸索出一套磁盘链条节约方法，并定期对链条进行给脂润滑，有效降低了磁盘链条磨损度，减少了链条消耗量，每年为业主节约备件成本30余万元。

优秀是永远的标杆，追求优秀是永恒的目标。中冶宝钢工业公司运转二车间条钢方管甲班团结一心，勇挑重担，以推进文化建设、打造和谐团队为切入点，强化精细管理，突出落实责任，努力为公司又好又快发展贡献力量。

（刘赵峰）

中冶宝钢工业公司运转二车间条钢方管甲班

96. 立足岗位　务实创新　争创一流

中冶宝钢工业公司运转一车间冷二电气点检班组在全体人员共同努力下，出色完成了各项行车检修、维护和异常处置任务，2019年、2020年连续两年荣获工业公司劳动竞赛“优胜班组”称号，2022年荣获中冶宝钢“标杆班组”称号，2023年荣获中国五矿“百强班组”称号。

秉持“标准化作业”与“安全本质化”的管理理念

在安全管理方面，该班组督促班组成员从思想上充分认识安全生产的重要性，在提高安全技能、团结协作和督促落实等安全本质化方面取得了有目共睹的成绩。在设备管理方面，该班组发扬“我是设备主人”的精神，坚持每天做好设备巡检工作，认真记录，对发现的设备隐患及时提出解决方案并认真落实；对发现的异常事件，全员共同参与分析，制定同类事件的防范措施。特别是，在无人化行车的管理上，班组成员总结编制了全新的“手顺”，优化了数据参数，自主完成起升机构变频器升级项目，逐渐填补技术上的空白。经过全员共同努力，该班组所辖区域无人化行车的自动化率持续保持在99%及以上，为后续无人化改造和业务拓展奠定了坚实的基础。

精细管理优化作业模式

值得一提的是，2021年，该班组承接宝钢股份宝山基地1550区域5台行车电控系统改造项目。在施工中，由于机组生产节奏较快，业主提出“施工中同跨行车不允许出现故障”的严苛要求。为了保证改造实施和机组生产两不误，该班组人员积极响应，制定详细的保驾护航方案，提前组织全员开展备用行车大体检，兵分两路任劳任怨24小时轮番坚守现场。在近两个月的时间里，该班组成员几乎放弃了所有休息时间，深入改造现场，在提供技术支撑的同时还要保证作业人员的安全和施工节点。正是他们这种立足岗位的精神，在保证改造节点的同时确保了机组正常生产，得到了业主方的一致好评。之后，该班组凭借优秀的业绩，又相继承接了宝钢股份宝山基地1730区域、1420区域、1550区域行车定位跟踪系统改造项目，施工效率和质量再次得到业主的高度好评。

中冶宝钢工业公司运转一车间冷二电气点检班组全员爱岗敬业、勇于奉献，创造了有目共睹的成绩。随着时代的发展和科技的进步，他们将与时俱进，用实际行动提高设备运行效率，保障行车稳定顺行，以全新的姿态让各项工作再上一个崭新的台阶。

（闫文博）

中冶宝钢工业公司运转一车间冷二电气点检班组

97. 以卓越为目标指导前进　以优秀文化打造团队

中冶宝钢工业公司运转二车间条钢点检作业区机械班组主要承担着宝钢股份宝山基地条钢区域63台行车的日常点检及设备管理任务。该班组紧紧围绕上级下达的各项指标，发扬特别能吃苦、能战斗的优良作风，圆满完成工作任务，并荣获中冶宝钢“大干一百天先进班组”等称号。

▌加强安全教育，提高员工素质

该班组根据设备管理要求，结合实际情况，认真开好班前会和班后会。在教育内容上，突出抓好职工安全第一的意识，突出提高职工“我要安全”的觉悟，突出掌握“我会安全”的技能，突出履行“我管安全”的责任，突出完成“我保安全”的任务，从思想认识和实战能力上为安全生产奠定基础。

▌强化设备管理，确保生产顺行

为强化设备管理，该班组对负责区域内的设备采取区域负责、对口把关的管理办法，确保设备到人、责任到人。该班组成员每天认真做好设备巡检工作，发现安全隐患第一时间解决落实，尤其不放过微小的设备异常故障，通过组织大家讨论分析，查找事故源头并举一反三，制定防范同类故障再次发生的措施，为设备稳定运行奠定了坚实的基础。

▌持续岗位练兵，提高业务技能

该班组利用业余时间积极开展师徒带教、团队创新等活动，努力提高班组成员的技术能力，营造主动学习的良好氛围。班组成员在掌握机械专业知识的同时，全部考取了电工上岗证书，实现了“一岗多能”。该班组还通过积极开展合理化建议和科技创新活动推进设备改造，现已形成自主管理活动成果2项、申请专利成果3项。其中，“一种用于起重机合金吊链调整装置”的成果，解决了吊链误差不均匀导致吊料不平的疑难问题，同时将合金吊链使用寿命由原来的3个月延长到1年；“一种桥式起重机重锤限位装置”的成果，解决了重锤限位支架受力变形后无法复位的问题，大幅提高了劳动效率，减少了故障停机时间。

▌强化学习意识，规范班组管理

该班组坚持加强学习教育，坚持以科学的理论武装人，以正确的理论引导人，以高尚的精神塑造人，以优秀的作风鼓舞人，不断提高班组员工的思想道德综合素质和科学文化素质。班组长坚持开展员工家访谈心活动，了解员工思想动态，帮助他们解决工作、生活中的实际困难，促进了班组各项工作的顺利开展。

面对新的奋斗目标，中冶宝钢工业公司运转二车间条钢点检作业区机械班组将精诚团结，继续发扬特别能吃苦、能战斗的优良作风，力争让各项工作迈上一个新的台阶。

（曾全安）

98. 用行动诠释抗疫保产中的巾帼担当

中冶宝钢工业公司运转一车间第二智慧作业区DCL乙班共有7人，其中，女性员工6名，平均年龄41岁，是一个立足岗位、务实创新、充满活力、争创一流的“巾帼班组”。该班组坚持严细管理、务实创新，以优良的工作作风赢得了业主的称赞。

2022年初，宝钢股份宝山基地全面拉响新冠肺炎疫情警报，厂区实施封闭式、单元化管理，吹响驻厂保产“集结号”。班组长彭渝克服家庭的种种困难，在尽最大努力做通家人思想工作的同时，通过电话、微信等途径和班组员工沟通交流，发动大家积极响应抗疫保产工作号召，投入驻厂保产第一线。在沟通动员过程中，他每天都要和员工打上数十个电话，与员工推心置腹地交流，耐心说服每位员工理解驻厂封闭保产的重要意义，让员工明白驻厂封闭生产既是不得已的选择，又是严峻疫情面前最好的选择；既能保护自己，又能保护家人。希望大家做好家人的思想工作，早日投入驻厂封闭生产一线，为企业和社会贡献力量。

驻厂保产期间，该班组全体员工二班二倒连续作业70天，开足马力全力保驾硅钢部机组生产。在这70天里，他们一个班组完成了原本需要两个班组完成的工作任务，且各项指标均创历史最高水平。每当接到疫情防控最新要求时，该班组都能第一时间响应、第一时间落实，严格做到上下步调一致，不折不扣完成各项工作任务，用坚韧和执着诠释了他们抗疫保产的决心。班组库位工李小庆自2022年4月1日起就一直坚守在岗位上，没日没夜地在轧后库和高温库两个作业点来回奔波，她的丈夫也是一名驻厂保产人员，在公司调度岗位上做着安全保障工作。夫妻二人把年仅6岁的女儿留在年迈的父母家中，每每电话中都会传来女儿的哭声，他们心里也有百般不舍。坚守在抗疫一线的员工马苏曙光在驻厂保产期间突然接到父亲去世的消息，她强忍丧亲之痛，将失去亲人的悲痛化作抗击疫情的强大动力，继续坚守岗位。

抗击疫情是一场没有硝烟的战斗，越是特殊时期，越是身负重任；越是面临困难，越是勇往直前。这群抗疫保产的"巾帼战士"，在班组长的带领下抛下小我、服务集体，废寝忘食、投身工作，用日复一日的努力，保证了疫情期间宝钢股份宝山基地硅钢事业部第二智慧工厂的生产顺行，得到业主的高度评价和衷心感谢。中冶宝钢工业公司运转一车间第二智慧作业区DCL乙班员工用柔弱的脊梁扛起了抗疫保产的重担，诠释着"钢铁报国"的巾帼担当。

（辛　刚）

中冶宝钢工业公司运转一车间第二智慧作业区DCL乙班

99. 铸造卓越团队　开创美好人生

中冶宝钢宝武铝业项目部冷轧精整作区行车丁班是一个积极向上、团结拼搏的班组集体。该班组现有成员11人，主要负责冷轧厂全线的生产行车吊运作业。班组全员团结一致、共同努力，在班组长聪颖的带领下，出色地完成了作业区安排的各项任务，荣获“标杆班组”称号。

▌安全重于泰山，生命高于一切

该班组在管理上始终坚持“安全第一、防治结合”的管理方针及工作理念，密切关注设备运行状态及现场作业环境安全，积极参加危险源辨识及隐患排查，并在整改中提出有效可行的“金点子”。例如，作业区C形钩保险压板之前只是用螺丝固定的一个片状压板，在卸钩时需要人员配合按压保险压板脱钩，且压板弹簧张力过大，比较费力，易造成挤压伤害，存在较大安全隐患。该班组成员提出将保险压板改进为双向反方向压板，这样人员在钩头背面上推将保险压板打开就可以进行脱钩，彻底避免人员与压板直接接触可能造成的挤压伤害，后在全作业区推广使用，效果良好。

▌提升综合素质，打造优良团队

该班组成立初期，由于各机组均在初步调试生产运行，生产、吊运、物流都处于不成熟阶段，在相互沟通上也会经常发生争议，又因为遥控行车作业工作负荷大，操作工每天要跟着行车行走两万多步，劳动强度高，所以时常会有不稳定情绪，甚至提出离职。班组长根据员工的不同性格到各机组依次与业主方沟通协调，与员工谈心，疏导安慰。班组员工张乐乐由于与甲方沟通不畅，加上工作劳动负荷大，提出离职的想法。班组长迅速到现场了解情况，最终与甲方当事人沟通协调，并与张乐乐谈心，及时化解了矛盾。班组员工兀翠翠入职半年，操作技能一直较弱，且工作积极、主动性不够，班组长经常在作业闲暇时间到她的工作岗位上对其进行技能指导，并给予她关怀，让她感受到集体的温暖。慢慢地，兀翠翠的行车技能得到提升，工作主动性也提高了。

▌常态精细管控，推动提质增效

该班组负责吊运的铝质品密度低、材质较软，最薄的成品卷厚度仅有0.02毫米，在吊运过程中极易出现不同程度吊损、夹损、碰损等情况。针对这些“短板”，班组全体成员从细处着眼，集思广益分析原因，出谋划策，经过多次观察、试验，最后确定使用棉布加固，将其缠绕在夹具衬板上，杜绝了夹具衬板与卷材端面直接接触造成的吊运质量问题，大大提高了吊运质量，且达到减本增效的效果。该班组还利用作业间隙，给驳运车辆的鞍座铺设橡胶保护垫，确保每个卷材的落位安全等。他们勤劳、朴实的身影成为现场一道亮丽的风景线。

在全体成员的共同努力下，中冶宝钢宝武铝业项目部冷轧精整作区行车丁班始终以“打造昂扬向上的学习型、发展型团队”为目标，实现了素养、技能的全面发展，为今后取得更好的成绩打下了坚实的基础。

（付青青）

为驳运车辆鞍座铺设橡胶护垫

100. 勇挑重任有担当　不畏艰难树榜样

中冶宝钢第三分公司范伦班组成员共有4人，虽然班组小、成员少，但每个人都是设备检修行当的“老法师”。他们凭借过硬的专业技术、良好的团队协作能力、扎实的工作作风，连续多年荣获宝钢股份“信得过班组”、宝钢股份宝山基地设备管理系统“主力班组”、中冶宝钢“标杆班组”等称号。

▌检修一线“主力军”

该班组不仅承担着宝武碳业宝山基地设备检修职能，还积极承接并参与宝钢股份宝山基地冷轧、无缝钢管、炼铁、厚板等区域产线设备的定修、年修项目，可谓宝钢股份宝山基地定修、年修不可或缺的支撑力量。该班组先后高效、优质完成冷轧1420单元C212连退机组定修，钢管事业部无缝厂1号、2号冷锯更换年修，宝武碳业苯加氢氢压机传动系统改造等繁重的检修任务，树立了“重质量、追求卓越”的班组形象。特别是，2022年7月，该班组承接的宝武碳业精制区域夹套管制作安装项目，由于要预留探伤接口，焊接难度和工作量大幅提升。对此，该班组勇担重任，精心组织，按照项目策划，同心协力，有序实施，发扬“一不等、二不靠”的工作精神，最终提前5天完成原定15天的设备安装任务，得到了业主方的高度赞扬。

▌技术创新“智囊团”

该班组把学习新知识、掌握新技能作为班组建设的重要内容，且坚持不懈地学习和探索，积极参与各项技术创新项目。其先后完成多项新工艺、新技术改造，极大地提高了检修效率，有力地推动了各项生产任务顺利完成。宝武碳业区域每年都有管道更换检修任务，其中，有些管道内的介质易凝固，需要保持一定的温度，以保证工艺管道内介质的流动性。传统方法是使用蒸汽保持其温度，不仅费时费力，而且耗费很多保温材料。该班组集思广益，在夹套管上获得启发，将管道制作成双层的，夹层流通蒸汽，从而有效地保证了主管道中介质的流动性和管道外表的美观性。该班组还先后解决了宝钢股份宝山基地冷轧厂2030单元C101酸洗机组横剪剪切不规则、钢管事业部无缝厂辊道不同步、炼铁厂混合机大齿圈调整等设备检修技术难题，获得各方的一致好评。

中冶宝钢第三分公司范伦班组始终牢固树立“安全第一”的理念，严把检修质量关，坚持执行标准化作业，齐心协力助推中冶宝钢高质量发展。

（金洪珠）

第二章

一线故事

1. 基层一线班组诠释党员真谛

——记中冶宝钢工业公司钢管行车机械班组

中冶宝钢工业公司钢管行车机械班组共有成员8人，其中，中共党员2名（分别为班组长龙定华和钳工夏伟），班组工种涉及钳工、指吊工、电焊工。

2021年春节期间，该班组包括龙定华在内一共有6人选择留守在上海，为钢管条钢事业部100余台行车保驾护航。受新冠肺炎疫情影响，这个春节虽然比往年长了许多，但是在钢管行车机械班组的统筹协调下，现场未发生一起因检修质量、抢修呼出不及时等导致的事故。在保障生产顺行的同时，该班组还会同设备点检运行维护行车操作等，共同确保了设备的正常运转。

关键时期，该班组始终坚持复工、防疫“两手抓”，并充分发挥党员的引领作用，挺身而出，不求回报，有求必应。作为班组主心骨的龙定华，不仅是一名班组长，还是一名退伍军人，更是一名拥有多年党龄的老党员，曾荣获中冶宝钢2019年度“‘创先争优’优秀共产党员”称号；钳工夏伟也是一名党员，他是作业区技改工程设备安装定位材料下料的核心骨干，是作业区应对疑难杂症的“智多星”。对于班组里的各项工作，他们两人总是想在前、干在前，积极带头引领，让党徽在基层一线闪光。

任何一项工作的开展都离不开基层，离不开一支优秀的团队。钢管行车机械班组主要负责运维宝钢一期于1985年投产的行车，这些行车普遍处于露天噪声区域的环境，设备呈现类型多、易老化的特点，需要“医生、护士”的定期维护、保养。面对这种情况，龙定华始终坚持每天第一个到，晚半小时走，与设备点检充分沟通，按照轻重缓急，根据设备的功能好坏进行等级分类作业，确保检修维护的高效实施，将可能造成的影响降到最低。复工以来，该班组累计完成设备消缺100余项，既有钢丝绳、车轮等的维护更换，又有设备清灰、紧固、润滑等周期性管理项目，充分保障了新冠肺炎疫情期间各项工作安全有序地进行。由夏伟负责的行车技改工程是展现公司品牌的又一个窗口，夏伟深知自己肩上的责任，凡涉及宝日初轧行车电控系统改造的工作，他都严格把控各个环节，施工图与现场实际都亲自一一核实，以确保施工顺利、高效推进。

特殊时期，龙定华和夏伟二人不惧危险、任劳任怨，以身作则的同时，积极发扬“传帮带”作用，带领班组年轻人提升业务技能。身为党员，龙定华和夏伟始终不忘初心、牢记使命，坚持理论学习，主动关心、帮助在工作或生活中遇到困难的同事：为单宿隔离人员“加餐”，帮助大家提高免疫力，保持积极健康的体魄；主动承担对休息室周围公共区域消毒的工作；在支持抗疫的捐款活动中，言传身教感召周围的同事，充分发挥了党组织“四个一批”党员先锋岗作用，让“党员”这一光荣称号在他们身上熠熠生辉。

防疫前线有逆行而上的医务工作者，一线有我们可亲可爱的行车检修人，他们奋战在基层一线，诠释了党员的真谛，用朴实的劳动让党旗在班组飘扬！我们坚信，希望就在前方，任何困难都无法阻挡我们走向蓬勃发展的康庄大道！

（陈俊杰）

2. 烟气净化样板工程“动能”守护者

——记中冶宝钢协力分公司烟气净化电气班组

历经10余年的探索发展，中冶宝钢承运的宝钢股份宝山基地烧结烟气净化系统已成为国内外同类项目的样板工程。如果说烟气净化系统是“身体”，电气就相当于“血液”，而电气设备则相当于“关节”，即系统运转的能量所在、枢纽所在。烟气净化电气班组成立于2008年，先后承接了宝钢股份宝山基地一、二、三、四烧结机烟气净化环保设备的生产运维业务。多年来，烟气净化系统的平稳运行离不开烟气净化电气班组的精心呵护和细心运维。

▌踏踏实实做好每件事

设备管理无小事，设备维护不分时。因此，确保系统正常、稳定运行，保证系统设备无故障是烟气净化电气班组的职责。作为电气点检员，他们严格要求自己，严格按照岗位职责作业、落实设备运维管理。当设备出现故障时，他们第一时间赶到现场，找出故障原因并组织抢修，迅速、有效排除故障，保证系统稳定运行。2019年6月10日，宝钢股份宝山基地四烧结SCR（脱硝）加热炉系统出现故障，电气点检接到中控电话后第一时间赶往现场进行排查，有效判断故障原因为火焰检测器损坏并快速进行更换，加热炉系统随即恢复运行。对于他们的精湛技艺、快速响应，业主给予了高度评价。

▌排除万难打掉“拦路虎”

设备运维初期，烟气净化电气班组在生产过程中遇到了诸多棘手问题，但其始终秉持初心，成功突破一道道难关，解决了众多疑难杂症，包括三烧结活性炭保安电源供电线路故障、煤气加压站氧分析仪装置煤气泄漏故障、活性炭热电偶温度检测故障……日积月累，烟气净化电气班组不断总结凝练更好的维护方法，消除设备原设计弊端，如活性炭保安电源供电线路改进SCR系统、GGH（烟气换热器）装置增设油位检测装置、煤气加压站焦炉煤气系统改进等的创新实施，实现了设备的不断升级。

▌把握细节打造星级电气室

把简单的事情做好就是不简单。标准化是做好每件事最基本、最重要的一个环节。电气室标化、机旁备件库标化，烟气净化电气班组始终不断努力。由他们负责的13间电气室中有5间被评为宝钢股份宝山基地炼铁厂“三星电气室”（为最高级别）。

一马当先奋战在前线

2022年初，新冠肺炎疫情阻击战全面打响。烟气净化电气班组积极贯彻一手抓疫情防控不松懈，一手抓生产经营不止步。其间，该班组有2名湖北籍点检无法及时返岗导致用工紧张，班组党员立刻主动补位，圆满完成各项任务，保障设备正常稳定运行。2022年1月以来，该班组共计完成定修3次，项目达100余项。由于主控项目难度系数高、高危项目多，该班组严格把控现场员工情况，落实进度安排，保障施工质量，高效完成定修任务，得到炼铁厂领导的一致好评。

班组是企业最小的集体单元。烟气净化电气班组就是这样一群高效、高质量的“细胞”，主要负责宝钢股份宝山基地烧结区域环保项目，包括三烧结活性炭烟气净化、三烧结制酸废水、四烧结脱硫、四烧结SCR脱硝、烧结煤气加压站、二烧结活性炭烟气净化系统的日常运维。他们中既有党员，也有群众，都是炼铁厂的超级贡献者、烟气净化样板工程“动能”的超级守护者。他们以饱满的工作热情、扎实的工作作风、严谨的工作态度和忘我的敬业精神，让鲜红的党旗在一线迎风飘扬。

（张孝江）

3.“阳春”召我　保驾护航

——记中冶宝钢第七分公司阳春项目部烧结作业区作业长施雄

疫情就是命令，防控就是责任。在这次对抗新冠肺炎疫情的战役里，全国各地、各行各业涌现出一大批先锋模范。在中冶宝钢第七分公司阳春项目部烧结现场，就有这样一个身影日日夜夜穿梭在各个班组和检修现场，他就是中冶宝钢第七分公司阳春项目部烧结作业区作业长施雄。防疫期间，他主动放弃所有休假时间，每天不厌其烦地跟班组人员念叨：“一定要做好自己的防护工作，防控疫情没有旁观者。”全面复工复产后，他们始终把班组员工的生命安全和身体健康放在第一位，严格落实各项防控措施，为保质保量完成各项检修任务出谋出力，为争取疫情防控的阶段性胜利做出了积极贡献。

工作中，施雄时刻关注疫情进展，主动奉献爱心。在防疫物资还未到位的情况下，为保证对现场人员情况进行实时防控，他将自己家中的测温仪带到作业区给大家使用，并将自己的手机作为24小时防控热线，用以及时沟通、解决班组员工工作生活中关于疫情防护的各种问题。防疫物资保障方面，他开车转遍了市区大小药店，多方联系，及时储备、购买了一批口罩和消毒液，免费提供给班组员工使用，为第七分公司防控工作的顺利开展提供了强有力的支撑。

落实防范措施、强化纪律要求、提高防护意识，是疫情防控工作的重中之重。在阳春项目部设有疫情防控领导小组，每当相关安排部署公布之后，施雄都能在第一时间传达、落实各项要求。每天上岗前，他都会提前半小时对公共区域进行消毒，然后对班组人员进行岗前体温检测，做好跟踪记录。同时，他还会在班前会上提醒大家做好自我防范，督促大家正确佩戴口罩，班中再增加一次随机的检查。在阳春项目部，烧结作业区是作业人员相对集中的区域，分布的班组数量较多，业主等流动人员也较多。为此，施雄要求每班每天进行“无死角”消毒，严控疫情输入。他还会在工作群里及时推送最新的防护知识及措施，将防疫要求传达到每个人，并鼓励大家只要坚定信心、正确预防，就能赢得这场疫情防控阻击战的最终胜利。

作为烧结作业区作业长，施雄在随后的抗疫情、保生产工作中，带领班组长积极筹划，合理安排检修任务，积极引导返岗人员的思想、意识形态及行为规范，加强相关的教育培训；配合项目部的施工安排进行人员调整，缓解疫情导致的用工紧张局面，确保复工复产工作安全有序进行；有针对性地组织作业区人员对烧结车间所有重点设备进行巡检，全力保障设备设施的稳定运行；加强与业主方车间人员的沟通交流，带领班组长梳理现场施工工序，合理分配作业区承接的维修工程项目，在班组现有人员配备的基础上重新进行整合，及时完成高炉及烧结区域的彩瓦更换项目。随后，他又马不停蹄地与业主方沟通振动筛改造大修的施工方案，以及2022年5月烧结定修的各项工作安排，积极做好施工前的各项准备工作。

特殊时期，施雄坚守岗位舍小家、护大家，充分发挥了中冶宝钢一线骨干员工的先锋模范作用，用责任和担当鼓舞、带动了作业区成员抗击疫情的斗志，凝聚起众志成城、共克时艰的正能量！

（谢　红）

4.“迷你”班组　小身材大智慧

——记中冶宝钢第三分公司同位素作业区代松贤班组

中冶宝钢第三分公司同位素作业区代松贤班组负责宝钢股份宝山基地热轧厚板区域设备的检修工作，曾多次荣获中冶宝钢“先进班组”称号，多次蝉联宝钢股份“信得过”班组，是名副其实的“明星”班组。另外，该班组还是个“迷你”班组，只有1名班组长、3名组员，平均年龄不到40岁，但平均工龄近20年，都算得上同位素专业的“老法师”了。多年来，他们活跃在宝钢股份热轧厂、厚板厂，出色地完成了各类日修、定修以及抢修任务，还积极参与现场的设备改造，提出合理化建议，在赢得各方掌声的同时，逐渐树立了良好的口碑。

该班组中有两位是中冶宝钢同位素专业的领军人才——代松贤、杨小飞，他们从事同位素检修作业多年，不断刻苦钻研，从熟悉和掌握业主各类同位素设备的工作原理入手，不断提升自身的检修作业能力，以扎实的检修水平和能力赢得了业主的信赖，并于2019年被公司评为专业“领军人才”。扎实的工作经验和能力是他们的“金字招牌”。2019年，他们受宝钢设备部计量室的委托，参与同位素“智慧制造”项目，为宝信软件承接的同位素现场放射源监控项目提供技术支撑，包括对设备改造后出现的遗留问题进行处理，并进行日常维护和保养工作。他们克服了一系列困难，将同位素专业与通信技术完美地结合在一起，遗留问题被逐个解决，充分彰显了中冶宝钢专业领军人才的真正实力。

该班组另外两名组员的业务能力同样不可小觑。一名组员是退伍军人出身的严文彬，他拥有包括Q3、Q4、Q8和N2在内的多项特种设备操作证，并且对作业区内的工作几乎样样在行。作为作业区的“兼职司机”，他常常被安排进行起重机械指挥、行车和汽车吊驾驶等起重设备作业；作为同位素检修员，他在完成本职工作的同时，参加全厂同位素设备的检修，照样得心应手。另一名组员程永清，同样一专多能，持有电工证、焊工证、燃气操作证、放射人员证以及运保证等，对各个专业的工作都能驾驭得游刃有余。这就是代松贤班组，寥寥4人，却个个是拥有多项岗位技能、一人多岗的复合型人才。

在业务上，代松贤班组始终坚持走在技术创新的最前沿，自制涂层测厚仪测量探头增加冷却恒温装置、自制样板支架活动支腿装置、自制可拆卸式放电缆装置、自制拉力机液压油缸拆除装置等。通过自主研发的各种装置，该班组成功解决了现场的各种检修难题。其中，“缩短凸度仪MPC测试时间”的JK（自主管理）成果，还被宝钢股份设备部评选为优秀成果并发布，这是中冶宝钢唯一入选的JK成果。经过半年的课题研究、CAPD（全面质量管理）循环，以及为期3个月的试运行后，相关统计数据出炉：样板测试次数为17次。成果实施后，点检只需要一个人就可以完成测试；时间也大大缩短，从平均1.1小时减少到0.2小时。该技术创新实现了人员及时间的双重集约，降本增效作用明显。班组全员的个人能力、团队意识、工作热情、专业知识、解决问题能力等，也在这次实践中得到了明显提升。

“不积跬步无以至千里。”代松贤班组，是一个技艺精湛、勤于思考、擅于攻坚克难的优秀班组，也是一个全能型班组。一路走来，他们脚踏实地，打磨技艺、磨炼心智，充分发扬工匠精神，勇做新时代追梦人，在各自的工作岗位上发光发热。

（李占芬）

5. 勇攀高峰创佳绩　砥砺前行展英姿

——记中冶宝钢重机分公司特种车辆厂液电班

中冶宝钢重机分公司特种车辆厂液电班是一个制造冶炼大物流特种车辆的专业班组，现有成员16人，工种涵盖钳工、电焊、液压、仪表、电气领域。多年来，该班组借助管理的“翅膀”，不断拧紧责任的“螺栓”，锻造新车型，勇攀新高峰，制造的产品驰骋在国内各大冶炼工厂，挺进韩国等多个亚非市场，并首次迈入欧洲发达国家的大门。该班组立足岗位，严细管理，务实创新，善打硬仗，曾荣获“全国‘安康杯’竞赛优秀班组”、“上海市团队创建特色班组”、中国五矿“百强班组”等多项称号，并多次获得中冶宝钢“先进班组”称号；所属特种车辆厂曾荣获2008年度、2010年度全国“工人先锋号”以及2017年度上海市“工人先锋号”称号；班组创建的QC成果“提高380吨铁水车走形机构组装工效”还荣获2018年度全国冶金建设行业一等奖。班组长朱政华成功登上CCTV-2《匠心英雄》栏目，“中冶重机”品牌越发深入人心。

▌勇于实践，百炼成钢，勇攀高峰创佳绩

该班组成立至今共参与完成500多台特种车辆的制作安装，包括远销国内外的35-110吨全系列抱罐车200余台；首创当时“亚洲第一”的380吨铁水车累计18台；供应澳森钢铁的200吨铁水车累计30台，各类铁水车制造80台；出口韩国、印度、刚果（金）等亚非国家的特种车辆21台；18台380吨铁水车成为行业旗舰车型；“中冶重机-江铜版”新型抱罐车实现进口车型国产化。该班组注重在实践中出真知，在工作中不断提升工艺，撰写了《380吨铁水车制造工法》《抱罐车制造工法》等，其中，《大吨位铰接式抱罐车制作工法》获省部级奖励；提出“五小”合理化建议30余条，实现了现场作业的改进和提升。

匠心独具，厚积薄发，砥砺前行展英姿

在全厂倡导“感悟匠心、无界泛舟”的理念指引下，该班组设计制作了360度全尺寸可调节轴套工装，并通过国家专利申请；该班组还针对零件制作的工艺要求，设计出旋转焊接平台、花焊尺、小型折弯机、小型弯条机等系列工装，为生产添新翼、为劳动添成效。在第二批9台380吨铁水车的安装中，班组长朱政华带领大家创新“流水线工作法”，将过滤器组件、差速合流阀组、转向遥控阀组叠加式溢流阀、行走泵和工作泵等进行预组装，使液电安装模块集成化达到90%以上，创造了液电安装5天落地的新速度，由此开辟了液压元件装配区预组装区域，大大提升了整车安装效率。该班组统筹安排，以生产的“天天读”和“5+X”工作法创下了14台大批量澳森铁水车每周总装1台的“神速”。为解决车辆轮边减速机加油口低、油口小、容易溢出的环保难点，朱政华融合班组智慧设计制作小型齿轮油加注机，提升齿轮油加注速度，助力洁净生产、环保达标。

安环顺行，质量卓越，建功立业创品牌

该班组始终围绕安全生产、环境保护、降本增效、质量提升建立管理对标制度。完善基础管理体系，有效推进管理创新。以“安全1000班组”建设为基石，牢固树立红线意识、底线思维和安全发展理念。积极贯彻落实“安康杯”的管理要求。坚持体现以人为本的安全生产理念，树立“零违章”意识，按规定使用环保烟气净化设备，杜绝安全隐患。“安全月”通过看板宣传排查隐患、安全宣誓等形式开展“守护生命、你我同行”的主题教育，营造“你查、我找、大家评”的氛围，使装配作业、大件翻身、大件运输、防汛抗台等工作都能在方案中运行、在提醒中作业。近年来，该班组共检查和整改隐患100余条，未发生一起安全生产事故。其始终坚守质量敬畏与质量操守，坚持按照公司规定操作，时刻保持自查和互查的优良传统，进行质量自检260次，工序外委飞检42次，坚持质量差异状态分析，不断改进纠偏，确保合同履约和业主满意。

多措并举，攻坚克难，战“疫”、复工两不误

受新冠肺炎疫情影响，公司复工首日，该班组具备上岗条件的仅有5人；按照相关规定，到2月中旬能够上岗的仅有10人。面对工期紧、用工缺的压力，该班组统一思想、共克时艰。班组长朱政华率先牺牲休假时间，在做好个人防护的同时提前返沪，尽可能将14天隔离期提前，争取第一时间复工。在他的带领下，班组全体成员齐心协力，克服各自困难，陆续提前返沪，无怨无悔地冲向防疫复工第一线。即便是处于隔离观察期的组员，也时刻心系班组，积极通过中冶宝钢智慧运营平台进行质量、安全在线学习，熟悉项目资料，随时做好复工准备。

特殊时期，该班组的微信工作群里消息不断，推送着战“疫”精神和注意事项，每天提醒大家强化自我防护意识。班组坚持日报精细化制度，确保实时掌控出入沪人员健康状况等。每天进入工业园区按要求检测体温，安全列队交底，人与人保持1米以上距离，强化防疫意识；对休息室、更衣室及单身宿舍等公共区域严格执行每天至少两次的消毒规定。为避免就餐时交叉感染的风险，他们用废旧纸箱在休息室搭起了“格子间”，打造独立的就餐空间。各项全方位无死角的战“疫”、复工举措，让该班组顺利实现了达产履约。

中冶宝钢重机分公司特种车辆厂液电班全员众志成城，在劳动中挥洒汗水、贡献智慧，在生产中严控质量、争创品牌，以工匠精神展现新时代工人风采，让“中冶重机”的品牌声名远扬！

（方 刚　董 梅）

6. 传承安全文化　擦亮“安全”招牌

——记中冶宝钢第三分公司马迹山项目部生产乙班作业区机械班组

中冶宝钢第三分公司马迹山项目部生产乙班作业区机械班组曾荣获2019年度舟山市企业安全班组建设“劳动竞赛优秀班组”称号，这份来之

不易的荣誉是对该班组多年来努力建设安全工作给予的充分肯定。

该班组主要在宝钢马迹山港从事清舱作业清场、归堆、转驳料等工作。班组共有成员8名，其中，推扒机司机4名、装载机司机4名，是一个团队意识强、业务能力突出的优秀班组。班组长郑意军能管、敢管、善管，在他的带领下，机械班总能出色地完成各项工作，在马迹山项目部四大生产作业区中各项工作指标名列前茅。

该班组的安全文化由来已久。自2008年马迹山项目部承接生产业务以来，其第一任班组长就提出了“安全第一，以人为本”的管理理念，并传承至今。郑意军身为一名党员，思想觉悟高、善于探索新事物，工作中他通过不断改革与改进方式方法，在安全制度、安全意识、安全责任、安全教育、安全检查等方面形成了一套成熟的安全管理模式，建立了完善的安全管理体系。

安全管理制度是开展日常安全工作的基础。该班组定期组织员工学习安全管理文件及宝钢股份和公司相关安全要求，吃透安全政策，严格落实执行。将“一岗双责、一岗提醒”的管理制度摆在首位，通过宣贯，将安全责任层层推进、层层落实，并在员工间形成了自我约束、相互约束、有效激励的良好氛围。安全技能培训常态化，该班组每周组织员工学习安全知识、应急知识，并应用在每日的班组交底中，切实提高员工的安全技能储备，提升员工现场应急处置能力，提高现场整体安全管理水平。现场作业标准化，郑意军不遗余力积极推进标准化作业，员工积极响应，以“主人翁”的姿态对待工作中发现的问题，有针对性地提出建议和改进措施，并认真落实到位，让标准入脑入心，形成“我要安全”的共识。

由于清舱作业的特殊性，员工高度的责任心和过硬的操作技能是安全生产的重要保障，若在上船清舱过程中出现操作失误，就会对船舱造成损坏，因此该班组非常重视员工的专业技术能力提升，是一个不折不扣的学习型班组。一方面，积极做好师徒带教，通过建立岗位练兵台、互学互助结“对子”等灵活多样的岗位培训活动，营造良好的学习氛围。另一方面，积极组织员工参加“清舱作业顺序和思路”研讨活动，通过经验丰富、技术过硬员工的言传身教，让全员快速、熟练地掌握工程机械清仓工艺的操作和保养维护知识，了解在线故障诊断系统的功能，以不断降低清舱油耗，提高清舱效率。目前，该班组的清舱作业时间已从原有的6～7小时缩减为3～4小时。过硬的操作技能不仅提升了劳动效率，更有效保障了现场安全，实现了双赢。

快节奏、高压力的工作环境最能考验一个团队的综合能力，中冶宝钢第三分公司马迹山项目部生产乙班作业区机械班组在无数次的作业中不断优化工作方法，用高质量、高效率的工作表现证明了他们是一个安全、可靠的团队。前进的路上誓不止步，未来，该班组将继续加强班组安全建设，一步一个脚印，认真做好每项工作，以更好的工作状态、更高的工作标准，为宝钢马迹山港保驾护航。

（龚晓娣　郑园园）

7. 宝武特冶锻压机的安全守护者

——记中冶宝钢第五分公司特材队径快锻主机运保班组

在宝武特冶活跃着这么一个班组，其成员善于学习、敢于创新、技能过硬，是一群兼具活力与稳重的年轻人。这个班组就是中冶宝钢第五分公司特材队径快锻主机运保班组。该班组不怕吃苦、甘于奉献，始终践行“特别能吃苦、特别能战斗”的检修人精神。他们在平凡的岗位上，用热情与真诚谱写了动人的篇章。

该班组成立于2010年3月，共有成员12名，平均年龄不到40岁，其中，高级技师1名、技师1名、高级工6名。该班组全体成员的业务能力过硬，尤其是对设备故障的判断和解决能力最强。同时，该班组还坚持定期开展活动，交流学习心得和经验，相互帮助，共同进步，将“质量、安全、现场、培训”四结合的管理体系落实到位。该班组负责区域内主要有2000吨、4000吨、6000吨3台快锻机组和1台1300吨径锻机组，这些设备主要用于生产军工材料和航空航天设备的原材料等。特别是，由德国西马克公司制造的1300吨径锻机组，是目前世界上最先进的集机械、液压、电气于一体的锻造设备。由于其自动化程度和控制精度高，整套设备的维护难度很大。

多年来，在班组长张健的带领下，该班组顺利完成了各项生产任务，并以公司开展的各项安全活动为契机，立足岗位，严细管理，务实创新，以优良的工作作风赢得了业主和各级领导的一致赞誉。

安全管理工作有声有色。安全管理是一切工作的基础，因此该班组非常重视设备检修、技术培训、班组建设、设备技术改造等工作的开展，充分发挥每一位成员的职能和作用，确保设备安全可靠运行。该班组坚持安全意识教育常态化，以形式多样的安全生产意识宣传教育活动，营造良好的安全生产氛围，增强班组成员的安全意识和自我防护能力。

做好各项安全基础工作。该班组认真开展每周一的安全大交底活动，并对活动的内容、要求、措施、考核都做了具体规定，使活动真正收到实效。坚持开展班前安全技术交底、安全分析，并根据班组的专业特点有针对性地抓好安全意识、安全知识、安全技术的培训教育，并多次被队部和公司评为“无违章班组”。

认真开展危险源辨识和防控工作。该班组根据实际情况，针对设备安全、作业环境、安全管理三个方面开展工作，使班组成员从主观上改变麻痹大意、安于现状的心态；从客观上充分认识到当前的不安全因素，预测可能发生的危险，提出超前控制的反事故安全技术措施。同时，班组成员通过学习提高技术业务水平，转变工作作风。通过加大反违章力度、考核奖惩力度，使遵章守纪成为班组成员的自觉行为。在开展定修时，科学组织、密切合作，不管遇到什么难题，总是以安全为基础，以质量为根本，以工期为目标，强化安全管理，保质保量完成各项定修任务。

该班组还是一个敢打敢拼、技术过硬、专业能力强的检修团队，常年负责全厂夜间的主机运保和抢修工作，确保现场稳定生产。当设备出现问题时，他们第一时间快速判断设备故障情况，用最合理、最快速的方法解决故障，为生产赢得宝贵的时间。多年以来，该班组坚持班委会制度，对每天发生的问题做到“今日事今日毕”，对当天发生的故障进行分析、总结和学习，决不把问题拖到第二天。在班组长的带领下，该班组经常组织员工编制学习“故障手顺书”，通过对“故障手顺书”的学习、总结，提高班组整体工作效率。该班组始终保持着良好的学习氛围，员工经常利用业余时间及时“充电”，努力学习专业技术知识。班组成立的第一年，班组长张健就取得了钳工高级技师职业证书。班组成员在他的带领下，逐渐呈现出“比学赶帮超”的良好氛围，业务水平都得到了快速提高。作为技术攻关型班组，该班组获得过多项荣誉，其中，“改进1300吨径锻2号、4号主缸端盖密更换施工工艺”成果获得2011年度全国冶金建设行业QC成果一等奖，“降低1300吨径锻机打印机设备故障率”成果获得2011年度中冶宝钢技术第五检修分公司QC成果三等奖，“提高13MN操作机滤芯更换效率”成果荣获2016年中冶宝钢第五分公司QC成果二等奖。

“人心齐泰山移。”中冶宝钢第五分公司特材队径快锻主机运保班组的青年在宝武特冶创造了一个又一个佳绩，在一次次挑战中完成自我学习的升华，在一次次奉献中实现人生价值的突破。在平凡的岗位上，他们孜孜不倦、默默付出，书写着青春的奇迹，创造着不朽的传奇。

（苗　刚）

8. 安全1000班组

——记中冶宝钢第二分公司水处理班组

中冶宝钢第二分公司水处理班组成立于2017年5月，共有成员6人，负责宝武水务科技南京分公司水处理区域的设备检修保驾业务。在班组长姚启邦的带领下，该班组从对新区域设备的一无所知到现在的无所不知，从对新班组安全管理不知所云到现在的“安全1000班组”，成为大家学习的榜样。

狠抓班组安全基础管理工作

“大家精神状态好不好？”“大家把证件拿出来接受检查。”“安全第一，违章可耻。”“今日的任务有……需要注意……”每天的班组早列队安全交底，班组长姚启邦都要反复强调这些话。第二分公司一直非常注重班组的安全管理，坚持推行列队交底、“指唱确认”、每周班组安全学习、“今日我当班”等班组安全基础工作。工作中，姚启邦经常思考如何更加有效地开展工作，也经常向他人请教。在他的努力下，“今日我当班”“我问你答”等交底活动应运而生，从而大大提高了班组全员的风险知晓率。目前，班组每个人对于本区域内存在的主要风险、每个项目应关注的重点都一清二楚，大家的安全意识显著提高。在防范风险方面，姚启邦先定期通过地毯式检查方式自查隐患，再积极主动地邀请安全管理人员、业主相关人员等共同协调制定解决措施，治标治本。在姚启邦的带领下，该班组始终贯彻“安全第一”的理念，违章率降低了，设备隐患消除了，班组施工安全得到了有效保障。

▍小改小革不断提升施工安全

该班组是一个爱学习、爱创新的班组。液下泵检修是该班组的常规项目，施工时往往需要用吊机吊运，而由于液下池口很小，起吊液下泵时，需要有人站在池口附近扶住液下泵，防止起吊过程中液下泵因旋转卡在池口。但人员站在吊物下属于违章行为，存在较大的安全风险。对此，钳工林海浪一直在尝试解决这个难题，他结合2018年第二分公司推出的“严禁手扶超过腰部以上吊物”的习惯性违章杜绝项，利用业余时间主动请教前辈、上网查询资料。最后，他制作出了一根1.8米长的推拉杆，这样既能稳住吊物又能保证人员与吊物的距离，大大提高了吊装作业的安全性。现场还有一种常见情况，为防止气瓶倾倒，通常采用链条防护的措施，但是链条需要人工挂摘，一旦出现疏漏，措施就会无法发挥作用。针对这一情况，气割工王海云提出了制作气瓶防倾倒安全环的设想，并主动联系作业区进行试点。气瓶防倾倒安全环略大于瓶径，并且可以上下移动。放气瓶前，上抬安全环；放气瓶后，安全环自由下落牢牢套住气瓶，从而让气瓶防倾倒措施有效落实。诸如此类例子还有很多。该班组不断在实践中思考，通过一系列的小改小革实现本质安全。

在实战中接受安全检验

2019年6月，该班组迎来蒸氨系统第一次停修任务。这次停修项目多、任务重，又是班组成立以来首次承接的项目，如何安全、高效完成本次蒸氨停修任务是班组首要考虑的。定修前一个月，姚启邦多次主动联系业主方、管理人员到现场，共同讨论蒸氨系统的工艺流程、安全风险、管控措施等，直到他对此次停修的安全管控要点都了然于心之后，再组织班组员工进行学习。施工当天，项目负责人吴金民根据施工方案检查蒸氨塔塔板更换情况，方案中需要堵21块管道盲板，但他经过反复确认实际只堵了20块。他立即将该情况反映给作业区及生产方，最终，经查为一处蒸汽吹扫管道未堵盲板，从而避免了一次可能发生的重大事故。2020年4月16日，姚启邦带领两名员工在酚氰废水装置区域进行检修作业，突然西侧传来爆裂声，并伴有较大的烟雾。他立即叫停施工，经过现场查看，发现西侧竹林有明火。姚启邦立即通知生产方报警，并组织班组员工协助灭火，在短时间内将明火扑灭，避免了火势的蔓延。事后，姚启邦表示："幸好我们班组一直在积极参与平时的消防应急演练，这次救火就是对我们平时演练的一次实战检验。"这些都得益于该班组非常注重抓实班组安全基础管理工作，班组成员才能树立"安全第一"的理念和掌握必备的安全技能，在实战中发现问题、解决问题，在面对突发事件时做到沉着冷静、应对自如。

"千里之行始于足下"，安全工作始于班组。班组是生产组织的最基层，是实现安全生产的基石，只有抓实班组安全基础管理工作，才能获得"安全1000班组"称号，确保安全体系有效运行，真正实现安全生产。

（陈兴梅）

9. 安全生产第一位 苦心钻研提效率

——记中冶宝钢第一分公司秦振旭班组

班组是企业的细胞，是企业安全生产的前沿阵地。班组建设工作的好坏直接关系到企业的生存与发展。中冶宝钢第一分公司秦振旭班组成立于2018年，彼时的中冶宝钢正式承接武钢硅钢区域检修业务。经过几年发展，该班组现有成员8人，他们担负着武钢三硅五分厂近1/3的生产检修任务。该班组自成立起，便把安全生产作为班组管理工作的核心，并积极贯彻上级传达的各项安全管理制度，坚持以人为本的安全生产理念，坚持从自身做起，从细节入手，树立“零违章”理念，坚持教育与惩处相结合，落实责任夯实基础，坚决杜绝一切安全隐患。

该班组始终以拼搏、创新、奉献的检修作业精神激励着自己，不松懈安全教育，不断自我强化安全责任意识，认真学习各类安全文件和有关通报，认真吸取兄弟班组和其他单位的经验和教训。

“火车跑得快，全靠车头带。”秦振旭于2018年3月来到宝钢股份青山基地，作为班组长的他带领班组成员负责武钢硅钢部CA（取向硅钢脱碳退火）线机组的检修作业。从此，他肩负起重任，每次检修都提前钻研项目，编写施工流程，向班组成员详细分析施工作业步骤和难点，确保施工圆满完成。

检修中时常遇到困难，秦振旭从不放弃，咬牙坚持干。2021年盛夏的一天，“火城”武汉温度极高，正在值班的他突然接到业主电话，称CA13线的备件有磨损，需要立即更换。接到指令后，秦振旭立刻组织人员，同时叮嘱员工佩戴好安全带、做好防护。作业班组来到现场后，才发现需要更换备件的地方不好站位，空间狭窄，作业人员视线受限，只能用手摸索探知情况。秦振旭和其他班组成员配合，通过反复尝试，发现想要完成备件更换就要拆除一整块盖板。他和班组里作业经验丰富的马义顺反复沟通探讨，仍然无从下手，但业主托付的任务一定要完成！他转而采取逆向思维，从最难拆除的部分下手，一个人经历1个多小时的作业，最终将盖板拆除，成功把备件换了上去。秦振旭凭借对工作的认真耐心、精湛的检修技艺和丰富的作业经验圆满完成任务，成为武钢CA机组的一段佳话。

秦振旭算得上是一名老师傅，在以前从事检修时就是班组骨干，肯吃苦、肯下功夫，来到宝钢股份青山基地后更是始终保持极高的工作热情，事事冲锋在前，并充分发扬检修人“传帮带”的优良传统，为作业区培养了一批技术专业人才，实现了自我价值的升华。

作为检修班班组长，每日的班前会是秦振旭一天工作的开始，听取当日工作负责人汇报准备情况、现场可能存在的危险点，根据自身多年的现场工作经验及时指出问题所在，严格落实班前危险源辨识，并为员工详细分析项目作业细节，叮嘱重点，加强关注。除此之外，他还定期开展月度总结会，旨在解决日常工作中出现的难题。秦振旭利用点滴时间组织员工在安全、技术、经验方面互相交流、切磋，在解决工作中难题的同时，有效加快了班组人员专业能力的提升。

在入驻武钢之初，因人员不稳定、检修水平参差不一，秦振旭班组在每月一次的硅钢部CA机组104小时大定修中总是表现平平，这让秦振旭非常着急。于是，他组织班组中检修水平较为出色的马义顺、吴江生和闻斌通过一对一“传帮带”的形式，一点一点地提升整个班组成员的作业水平。

5年来，中冶宝钢第一分公司秦振旭班组始终在技能提升、任务分配等方面狠下功夫，以优异的成绩完成了业主托付的各项任务，实现检修安全无事故，被业主列为“示范班组”，成为其他班组及供应商学习的榜样。今后，他们将在工作中进一步严抓管理、内强素质、外树形象、与时俱进、团结创新，团结和带领广大员工努力完成各项检修任务，为实现企业的蓬勃发展奉献自己火热的青春。

（周梦琴）

10. 青春绽放 初心不改

——记中冶宝钢第七分公司阳春项目部生产主管宣振飞

一袭工装、一身技能，他是阳春项目部一线生产的守护者；坦诚笑容，坚毅眼神，他是施工现场的领军人物；孜孜不倦，初心不改，他是第七分公司引以为傲的“先进个人”。他就是中冶宝钢第七分公司阳春项目部生产主管宣振飞。

▌因为使命在手，所以逆风前行

2010年，宣振飞担任中冶宝钢第七分公司阳春项目部硫化班班组长，从此扎根在阳春新钢铁10多年，带领班组成员逆风前行。万事开头难，面对有260多条皮带的钢铁厂，皮带胶接更换是工程量最大、技术含量最高的检修项目。由于现场生产人员对皮带系统维护保养得不到位，经常发生皮带接头开胶和异常跑偏磨损的情况。另外，由于检修员工对皮带硫化工艺不熟悉、操作水平有限，多条皮带硫化更换时间较长。

为了尽快扭转局面，宣振飞把自己掌握的硫化知识毫无保留地分享、传授给同事，同时积极推行皮带硫化作业规范、狠抓硫化班组建设和队伍建设、加强硫化工艺培训学习、严格控制皮带硫化质量等，在不断提升自我管理的同时，帮助班组员工共同进步。他常说：“只有上不去的天，没有做不成的事。”经过半年的努力，现场皮带硫化质量及更换效率得到了大幅提升，以实力一改业主方的固有印象，成为现场的一块“活招牌”。

▌因为责任在肩，所以勇往直前

“火车跑得快，全靠车头带。”一个领导就是一个标杆，一个项目部就是一座堡垒。2013年初，宣振飞被任命为原料检修作业长。为了更好地服务于岗位，他一方面激发员工的工作热情，加强现场安全监督检查，落实作业区日常管理；另一方面以身作则，坚持行为影响、示范引路，加班加点培训学习，急难任务等都是他身先士卒，展现了勇往直前的工作态度。

在宣振飞的带领下，作业区出色完成了原料厂匀堆机轨道调整及台风受损修复项目等维修工程项目，充分彰显了中冶宝钢的检修实力，为进一步扩大市场、提升公司品牌影响力奠定了坚实的基础。2015年，钢铁行业陷入低谷，宣振飞助力阳春项目部实现逆势突破，顺利承接阳春新钢铁炼铁厂一烧结、二烧结区域设备的维护检修业务。

因为忠诚在心，所以甘为先锋

2020年，新冠肺炎疫情突发，当时已准备回家与家人团聚的宣振飞立刻主动取消了休假，坚守岗位开展疫情防控工作。他对人员到岗、防疫措施、复工安排、检修推进等工作做了统筹部署，每天深入各个班组，对在岗人员进行体温测量，对“三室”消毒工作及食堂用餐安全工作进行细化。在人员及工期双双吃紧的情况下，宣振飞组织作业长重新策划施工方案，调整工期节点，协调人员安排，将预计面临的问题一一罗列，逐个解决。在项目施工过程中，他始终坚守现场。他说：“这个阶段是我们团队磨合，形成凝聚力和战斗力的最好时机，越是困难越能激发团队的潜力和凝聚力。”在他的合理安排下，阳春项目部实现了防疫与复工“两手抓，两不误”。大事难事见担当，危难时刻显本色。宣振飞用信念诠释着一名管理者的职责，用实际行动践行着中冶宝钢人的初心，用青春与汗水谱写着中冶人的奋斗之歌。

（吴翠莺）

11. 工程机械好“医生”班组

——记中冶宝钢协力分公司二炼钢机械管理组

如果将大型冶金工程机械比作人，那么机械内无数的零部件就是人体器官，各司其职协同运作，任何一个部分出了问题都会影响整体机能。

在协力分公司有这样一个班组，肩负着宝钢炼钢渣处理区域内70多台工程机械的点检工作，他们就是工程机械好“医生”班组——二炼钢机械管理组。

不忘初心的共产党员

黄瑜罡是二炼钢机械管理组的班组长，也是一名有着10多年党龄的老党员，多次被评为中冶宝钢“优秀共产党员”。他主要负责60吨大型抱罐车的日常点检业务。每天他都是最早开工的，在车辆上爬上爬下，忙得不亦乐乎。他对车辆的行走、刹车、渗漏、排故一条也不放过，大小问题逐一化解。为了驯服钢铁“巨兽”，他每天在60吨抱罐车上上下下多达百次，工作服不一会儿就被蹭得斑驳一片，对此他却无怨无悔。他常说：“越是简单的事情，越是要做好，才称得上是一名合格的党员。”

扎根现场的技能“大咖”

桂礼坤是二炼钢机械管理组的中坚力量，他专业技能过硬，不怕吃苦、乐于奉献。作为班组的领军人才，他主要负责二炼钢渣处理区域35吨抱罐车的点检工作。由于35吨抱罐车的使用频次较高，设备也大多为非标件，故障率较高。对此，他运用自己所学技能，先后对抱罐车传动系统、尾灯等进行了改进，为抱罐车日常的平稳运行提供了有效保障。工作中，桂礼坤每天坚持把当天的事情做完后才下班，因此晚上经常能看见他工作的身影。他将一腔热血都倾注在了抱罐车的管理工作上。

专于钻研的后起之秀

刘双成在二炼钢机械管理组中年纪最小，成长速度却很快。他肩负着叉车、吸盘、装载机等工程设备的点检工作，2019年被评为协力分公司年度“优秀员工”。刘双成是个爱钻研的小伙子，日积月累下来，他变成了“万事通”，现场很多问题找他准能解决。二炼钢渣处理区域的吸盘油缸由于设计原因很容易发生断裂，经常影响生产。越是棘手的问题，刘双成越是有攻坚的干劲，他甚至连续几个通宵查阅相关资料、深入研究，最终将吸盘油缸进行了合理改进，再也没有出现过断裂的情况。很快，他的好方法就在二炼钢渣处理区域广为流传，为现场解决了实际问题，节省了成本。

他们代表着中冶宝钢无数基层班组员工，以认真、勤奋的工作精神，在自己平凡的岗位上书写着华丽的人生篇章。

（宋玉浩）

12. 检修好搭档　上阵父子兵

——记中冶宝钢梅山基地化工区域煤精水务站班组

中冶宝钢梅山基地化工区域煤精水务站班组有一对检修好搭档，他们既是父子，又是师徒和同事。父亲林勇于1997年入职中冶宝钢，是高级起重工；儿子林海浪于2013年加入中冶宝钢，目前已是中级钳工。父子二人同在一个作业区工作，多次出色完成工作任务，得到领导和同事的一致赞扬。

2010年，中冶宝钢开拓梅钢市场，林勇主动报名，成为首批入驻南京扎根梅山钢铁厂的员工。作为班组里的老大哥，林勇有丰富的工作经验，无论现场作业还是带教徒弟，他都认真负责，还曾多次获得第二分公司劳动竞赛“先进个人”称号。2013年，儿子林海浪跟着父亲进厂做了一名检修工人，单位安排林海浪跟着钳工师傅学习钳工。但作为父亲的林勇没少操心儿子的成长，他经常带着林海浪熟悉现场的不同环境，了解危险源及防范措施，讲解设备生产工艺与设备故障的解决办法。下班后，父子二人还时常就白天遇到的工作难题进行探讨。林海浪在林勇及钳工师傅的带教下进步很快，在2017年顺利通过了钳工中级技能鉴定。钳工作业有了一定基础后，林海浪还主动向父亲学起重工。经过两年多的学习，林海浪在起重作业上也取得了较大的进步，逐步向一专多能的技术骨干转型。

2019年初，中冶宝钢拓展梅钢煤精分厂检修业务，父子二人同时被抽调到煤精区域的同一个班组工作。在林勇的带教下，林海浪的进步更快了，安全意识也不断提升，还能因地制宜地优化工作方法。2021年，在煤精轻油装置一次停修施工中，父子二人负责轻油管道更换工作，他们一个指吊，另一个对接管道。为了提高管道对接效率，他们研究制作了一套管子固定夹具，提高效率的同时也提高了作业安全性，这套夹具被沿用至今。

2022年，梅钢水务站安排其他单位进行过一次皮带输送管廊动火作业。作业区域下方因没有按照标准化要求落实防火措施，导致火星引燃了草丛和树林。父子二人当时正在附近更换水管道，林海浪在换工具时发现了火情，他一面大声呼叫上空施工单位注意火情，一面叫上父亲和班组人员一起灭火。凭借多年的现场工作经验，林勇快速想到水务站旁边应该有消防用水，在他有序得当的指挥下，短短几分钟大家就将火情消除了，避免了一场大火。事后，业主方通报表扬了林勇、林海浪父子的英勇行为，并对所在班组表示感谢。这次事件中，中冶宝钢员工在面对现场突发状况时表现出的高度安全意识和急救组织能力令人印象深刻，获得了业主方的高度赞扬。同年4月下旬，又逢为期8天的煤精轻油装置定修，林勇父子所在班组为主力施工班组，父子二人认真落实开工准备及安全措施，高效地完成了轻油装置定修。

在中冶宝钢的一线班组里，像林勇、林海浪父子这样两代同组的情况并不多，但是这对特殊的搭档身上凝聚着朴实无华、任劳任怨的品格和精神，并在中冶宝钢的冶金运营服务队伍中代代相传。

（陈兴梅　李王君）

13. 老当益壮　班组“老顽童”

——记中冶宝钢第四分公司一线班组员工李卓谋

他没有惊天动地的壮举，却有踏实肯干和默默无闻的服务精神，他就是中冶宝钢第四分公司一线班组老员工李卓谋。平日里的李卓谋看上去普普通通、老实厚道，工作中的他却始终以无私奉献作为自己的座右铭，勤勤恳恳、任劳任怨、兢兢业业，以实际行动彰显着模范担当。他积极肯干，乐于奉献，凡事总是设身处地为别人着想。在工作中，他认真负责，善待新人，能毫无保留地传授自己的知识和技能，即使工作了多年，他也没有安于现状止步于只是做好本职工作。

刻苦学习，提高工作技能。作为班组里的老员工，李卓谋深知要想不被飞速发展的时代淘汰，只有不断学习、不断进步，用知识武装自己。因此，他从不放过任何一次学习的机会。每次大修、定修都是他进一步学习的课堂，每次抢修更是他进一步磨炼技能的舞台。每天李卓谋和其他同事一样忙碌，无论任务多艰巨，他总是乐呵呵的；无论哪个同事找他帮忙，加班加点他也毫无怨言。他常说自己这是在学习，活到老学到老；终身学习是提高自身素质的重要手段，也是成为一名优秀钳工必须具备的条件。正是这份对工作的责任心成了激励他不断前进的无穷动力。

螺栓紧固、轴承加油，不管脏活、累活，李卓谋总是抢着干。他还时刻提醒年轻技工不能漏掉任何一个紧固润滑的环节。每年的高温季，对一线工人来说都是最难熬的时期，对于像李卓谋这样有些年纪的工人来说就更不容易了。高温天里，不一会儿工作服就全湿了，一天下来衣服不知道要湿透多少回，但他每次都会坚持到最后一个项目完工才从设备里爬出来。大家看到他对待工作如此痴迷，久而久之就喊他“老顽童”。

工作中的李卓谋一丝不苟，生活中的他却是个爱玩爱闹的大叔，热情活泼，爱好广泛。工作以外的李卓谋爱钓鱼、爱阅读、爱烹饪，生活多姿多彩。其中，他最大的爱好就是钓鱼，无论春夏秋冬，只要有空他就会拎起自制的竹鱼竿四处钓鱼，而且每次都能满载而归。爱阅读的他，平时喜欢积累见闻，习惯第一时间关注天下大事。为此，班组里的年轻技工都爱和他聊天。他们常说，和李师傅议时事一点儿代沟都没有。爱烹饪的李卓谋经常邀请同事去家里吃饭。他的拿手菜也是多不胜数，如清蒸鲈鱼、辣炒虾蟹、干煸鱼块等。他在工友当中颇受欢迎，班组间也因此变得其乐融融。

李卓谋总是把简单的事交给别人，把困难留给自己。遇事积极乐观，行事勇往直前，是李卓谋的处世准则。他常说：“大家有缘相聚，就要珍惜缘分。”他尊重同事，常怀感恩和宽容之心是他与同事的相处之道。他既没有豪言壮语，也没有丰功伟绩，有的只是一如既往，不计得失；有的只是冲锋在前，任劳任怨。朴实无华的李卓谋代表着中冶宝钢基层最广大的一线员工，他们在平凡的岗位上为企业的发展尽自己最大的努力，用一贯的勤勤恳恳践行着中冶人的使命。

（陈豪威）

14. 纯朴的一线行车检修人

——记中冶宝钢工业公司检修队二炼钢机械班组

中冶宝钢工业公司检修队二炼钢机械班组共有10名成员，涉及电工、钳工、电焊工、指吊工等多个工种，是检修100吨以上行车综合实力数一数二的班组。其班组长刘占国是一名焊工高级技师。班组负责二炼钢区域18台行车的常规检修，是作业区技改工程施工队伍中的骨干班组。

炼钢厂现场作业环境比较艰苦，金属粉尘大、温度高等因素给检修维护工作造成了诸多不便和困难。但是，在班组长刘占国的带头努力下，该班组先后完成了炼钢厂一系列的检修任务，包括94吨行车夹钳总成的更换、160吨行车龙门架总成的更换、160吨行车联轴器的更换等。在“管用养修”的500多台行车中，唯有炼钢区域存在“大家伙”行车，但在技术精湛的班组面前这都不是问题，一个个施工任务最终都圆满完成。在冷轧厂2030单元C612区域无人化行车库区围栏安装、冷轧厂2030精整7区行车定位系统鞍马座橡胶垫安装、热轧厂1580板坯库遥控行车改造、热轧厂1880钢卷库无人化行车改造等项目中，都有二炼钢机械班组的身影。在热轧厂1580板坯库遥控行车改造项目中，该班组负责主起升电机底座更换和焊接任务。该项目要求精度高，焊接须经过探伤合格后方可安装新电机，由于施工周期短、要求高，现场作业空间狭小，给拆除旧电机底座和安装新底座带来一定难度，特别是底座有一小部分焊缝眼睛看不到，无法焊接。针对上述特点，刘占国结合丰富的工作经验利用一块玻璃把视线盲区内的焊缝反射到镜面上，对照镜像进行焊接，最终一次成形并探伤合格，给后续的施工环节争取到了充足的时间。

“合抱之木，生于毫末；九层之台，起于累土。”不仅有这十几年来一点一滴的积累，刘占国对专业知识的学习和提升也从没有停下过脚步。从一名学徒到如今的焊工高级技师，刘占国深知“独木难成林”的道理，所以他始终将班组人才的培养作为工作的重中之重。他经常利用休息时间对班组员工进行一岗多能培训，毫无保留地把自己多年总结的经验传授给大家，有问必答。在他的带领下，班组一半以上人员实现了一岗多能，刘占国也成了名副其实的能工巧匠。

为了落实年度基础管理标准化的工作要求，刘占国带领大家进行标准化创建，主要对办公区域进行重新布局、整顿，在大家的精心布置下，墙面上随处可见企业文化，环境卫生情况也大幅改善，使大家从现场忙碌归来，能有个舒心愉悦的休息场所。该班组还针对岗位安全核心要素、危险源辨识等进行可视化布局，营造出一个安全的团队氛围。

当现场设备检修出现困难，技改工程需要精湛的技术支撑时，二炼钢机械班组总能啃下“硬骨头”，让业主放心，从而赢得了一致点赞。

（吴　林）

15. 打造炉窑品牌　重振昔日辉煌

——记中冶宝钢第五分公司炉窑技术班组

班组是企业的细胞，是企业稳定生产、不断发展的基础保证。中冶宝钢第五分公司炉窑技术班组为宝武特冶工业炉窑提供技术服务，是一个学习型、创新型、安康型班组。他们把初心和使命落实到工作里，践行到一言一行中，为实现“降低宝武特冶工业炉窑设备故障率，提高设备可开动率，成为工业炉窑设备管理的技术专家团队”的目标奋力拼搏，在看似平凡的岗位上创造着不平凡的成绩。

该班组现有6名成员，平均年龄30多岁，大专以上学历占83%。他们都是各个专业领域的工程师，其中，热工工程师2名、电气工程师2名、机械工程师2名。这是一支充满活力的年轻团队，是一支专业门类齐全、技能水平突出、忠诚可靠信得过的技术队伍。他们以全力争做一流的冶金建设运营服务复合型、高素质、能担当重任的“主力军”，为班组建设目标不断奋斗。

该班组主要从炉窑设备的预防性、适应性、改善性三个方面提供技术服务。预防性技术服务是对炉体结构、耐材、机械、电气、仪控燃烧系统等提供定期预防性维护服务方案；适应性技术服务是根据需求和系统环境的变化，提出适应性维修方案；改善性技术服务是对设备运行状态进行分析和评估，提出对炉座状态改善性建议方案。

该班组活跃在炉窑大修项目的各个环节。施工前，他们要对现场状况进行详细的摸排，提升维修的精准度，提高备件的工作效率，减少检修的时间；对设备使用中暴露出的缺陷等，及时与检修方、生产方和点检方积极沟通，提出改进和优化的建议与方案。施工过程中，他们需要在铸件安装、浇注料浇筑、炉门安装、电气调试等环节进行现场检查和指导，在加强过程管理、完善工艺流程、严把质量关三个方面提供技术支撑，确保现场大修工作的圆满完成。

该班组全年为宝武特冶提出的合理化建议多达数百项。由于宝武特冶的工业炉窑大部分在锻造电渣区域，炉门限位的结构设计不合理，时常发生限位失效、炉门冲顶故障。针对这一故障，该班组通过现场考察和资料查阅，全方位分析故障原因，最终得出起因是设计上的四种缺陷：一是配重在炉门立柱内上下运行易卡阻，二是挡块在导管内上下运行易卡阻，三是钢丝绳易绕卷断裂，四是挡块偏移达不到限位。以上任何一种缺陷出现问题都会导致限位失效、炉门冲顶。该班组进而提出改进方案，建议保留原有限位机构，在炉门上部加装一个限位，串在炉门上限位的二级限位中，确保炉门不会因为限位机构失效而冲顶。此改进方案经实践证明有效，并最终被宝武特冶采纳沿用至今。

为了提高检修人员对工业炉窑的认知，熟练掌握工业炉机电仪设备的检修和维修技术、故障的判断和排除能力，培养专业的炉窑检修人员，该班组定期对检修人员进行培训。本着“理论讲授和实践操作相结合”的原则，从燃烧系统控制、耐材施工工艺、机械系统等三个方面切入，结合各种案例进行详细的分析，并对烧嘴燃气管道系统、风机联轴器电机等进行实物拆解和装配，将每个系统、每个部位，无论是外形、名称、安装位置、故障现象，都详细地一一介绍，有问必答。培训过程中，组员都能仔细倾听讲解，踊跃提问，积极动手，学习氛围既轻松愉快又不失严谨，认真的态度收到了良好的效果，真正做到了学有所用、用有所成。

拥有一支安全思想牢固、技术业务过硬、团队意识强的员工队伍是保证企业立于不败之地的重要前提，也是增强企业活力、提升企业竞争力的动力源泉，只有夯实班组基础、激活企业细胞，才能驱动企业不断向前发展。中冶宝钢第五分公司炉窑技术班组就是这样一个优秀的基层班组，他们紧紧围绕中冶宝钢主业，为降低工业炉窑的故障率，有步骤、有实效地开展各项工作，并带动更多的基层班组为建设中冶宝钢辉煌的明天不断努力。

（蒋旗伟　樊　洁）

16. 咱们班里的退伍兵

——记中冶宝钢第二分公司梅钢码头作业区电气班组班组长董国华

“70后”的董国华是一名退伍兵，也是一名共产党员。受过部队锤炼的他是个典型的北方硬汉，年近天命的他已在一线班组耕耘了20多年。他以吃苦耐劳的本色诠释着共产党员的责任与担当。

1991年，董国华18岁，正值风华正茂的他应征入伍，并很快因表现优秀成为一名党员。1994年退伍后，他进入邯郸钢铁厂从事电工工作。2009年，他来到中冶宝钢，担任第二分公司梅钢码头作业区电气班组班组长。多年的带班经验让他总结出一套成熟的管理方法，他个人和所带班组多次荣获“双文明建设”的称号。身为高级电工的他非常注重技艺的传承，班组大部分组员都是他亲手带教出来的，工作上他们互相配合，班组氛围十分融洽。

该班组成员共计10人，主要负责梅钢码头所有电气设备的维修。码头区域的作业环境恶劣，设备也多在室外，常年的风吹日晒导致设备需要频繁的维修。为了保障现场的正常生产及检修用电的供应，董国华将班组分为常白班与中夜班两班。工作中，董国华经常赶到现场巡检，发现隐患和问题第一时间报告，尽心尽力的服务获得了业主方的一致好评。除了现场日常的检修外，他还定期对作业区的移动电动工具进行维护，打开吹扫、检查线路、拧紧松动的螺丝等，事无巨细，为提高现场电器具的效用打好基础。

新冠肺炎疫情防控期间，班组部分人员因隔离观察无法到岗，董国华主动顶班顶岗。码头产线长，全部巡检下来需要花费大量的时间和精力，但即使是每天加班加点，董国华也要确保现场用电的顺畅。这样超负荷的工作状态，他整整坚持了一个多月，直到班组人员全部到岗后，他才回归正常的工作节奏。

多年的现场实践，使董国华对各系统的电气控制及运作了然于心，因此再小的细节也逃不过他的“法眼”，现场经常能看到他查缺补漏的身影。2021年，原料码头正值堆取料机改造，董国华积极参与电气改造图纸设计工作，对堆取料机的走行、回转限位的位置、控制方式等都提出了修改建议。经过他的设计改良，现场设备故障率下降、生产效率提升，得到了业主的一致赞扬。

在一线工作的这些年，虽然董国华一直很低调，但他的勤劳和付出是大家有目共睹的。他常说：“我一直坚持以党员的标准去做事，干好工作，守好本分，对得起党、对得起家人，不辜负领导和同事的信任。我觉得这都是应该的，没必要去声张。”

默默奉献、知足常乐，是董国华留给大家的印象，也是中冶宝钢广大基层班组一线员工最真实的写照，他们以朴实无华的点滴力量聚沙成塔，共同铸就中冶宝钢的美好未来。

（陈兴梅）

17. 定向突破　书写青春

——记中冶宝钢第五分公司生产协力车间渣处理作业区综合班

中冶宝钢第五分公司生产协力车间渣处理作业区综合班是作业区的技术核心，班组成员平均年龄不到40岁，是一个集朝气与专业于一身的班组，负责作业区工程机械的使用和维护保养工作。近年来，该班组深挖青年员工的潜力与特质，倡导“立足本岗、书写青春”的工作理念，从问题出发，定向突围，以点破面，全面颠覆传统的工作思维模式，有效解决了日常工作中普遍遇到的难点，顺利完成了车间下达的项目任务，助推作业能力再提升，实现单月渣处理量突破8066吨，渣场运行周转率提升至99.5%，在有效保障作业区常规渣处理工作正常开展的基础上，每月还额外配合车间完成 2 次转运除尘灰，最大限度地增加了作业区产值，提升了作业效率。

班组技术力量的强弱是衡量班组作业水平的核心要素，根据木桶原理可引申出班组的技术水平由班组最低的技术水平决定。该班组紧盯“托底、转优、综合提升”的重点发力、梳理差异，促美转优，依托班前会、班后会等平台，以装载机、小挖机等各种机械的使用操作和维护保养为评定标准，对差异化班组成员进行梳理跟踪，为其分析差异点，制定提升路线，应运而生了垂直清渣法、行车作业与装载作业最佳衔接时间点的制定等特色做法，在班组转优晋升中被广泛推广，并在班组精准化、高效化作业中收效良好。

清渣和装渣转运是该班组的主要工作内容。该班组敢于尝试，突破固化思维的局限，对关键把控点进行梳理，根据作业方向和流程划分出可控要素，再结合不可控要素，以不可控要素优先的原则，将运输时间和车速定为关键点加以把控，从而实现了对全过程的把控，确保装渣转运作业顺畅进行。班组长张卫民负责对接司机，以保障装渣前、运输中，以及卸渣返程等关键点受控，并通过作业区与运输公司负责人、司机建立了定时、定点的双向联络机制，共同制定出当天装渣的最优方案、备选方案及应急预案，以实现事前把控、事中关注、及时沟通、灵活机动、快速反应的多维度保障，赢得时间，拼出效率。

班组是企业的地基，班组长是班组的中流砥柱，是为班组顶住高压、化解难题的存在，既要有埋头苦干的精神，也要有四两拨千斤的智慧。中冶宝钢第五分公司生产协力车间渣处理作业区综合班“以点破面”突出重围的创新工作方法，彰显了新时代一线青年员工的智慧和勇气，在岗位上实现人生理想。他们以昂扬的斗志和果敢的闯劲奋斗在一线，书写着青春的华美篇章。

（张　利）

18. 安全第一为要务　苦心钻研提效率

——记中冶宝钢第四分公司罗永龙班组

班组是企业最基本的组织细胞，是企业各项工作的基础和落脚点。企业的一切生产活动都在班组中进行，因此班组工作的好坏与企业的经营发展息息相关。中冶宝钢第四分公司罗永龙班组成立于2015年，此时第四分公司刚刚起步，班组长罗永龙从上海前往湛江提供支撑。面对全新的环境，他从零开始，独挑大梁，带领班组一路走来。经过多年努力，目前罗永龙班组成员发展到8人，他们担负着湛江钢铁全厂同位素司磅仪表设备的检修与维护任务。该班组始终坚持将安全工作作为第一要务，积极贯彻落实上级部门传达的各项安全管理要求，充分理解和消化其中的重点内容，并结合班组情况，不断在实践中锻炼和提升。

该班组充分发扬敢于拼搏、勇于创新、无私奉献的工作作风，为班组的可持续发展及人才培育奠定了基础。他们对安全一丝不苟，不断强化自我安全责任意识，认真学习各类安全文件和相关资料，结合生产实际与班组特色，形成了一套自己的安全体系，为其他班组树立了榜样。

一个班组建设得好不好，首先要看班组长如何。2015年，罗永龙初到湛江，便与班组共同担负起了湛江钢铁基地所有同位素司磅仪表设备的检修与维护工作。他深知肩上的责任重大，在工作中不敢有丝毫的怠慢。检修前，他总要提前勘察好现场作业环境，根据实际情况编写作业流程，并向班组成员详细分析流程中的步骤、难点、质量控制点和安全要点等，以确保检修项目安全、质量双达标。班长带好了头，组员的能力也得到了提升，大家齐头并进，为班组赢得了诸多殊荣，包括2017年度第四分公司冷轧单元年修劳动竞赛“优秀班组”、2018年度第四分公司“先进班组”称号等。

作为湛江钢铁唯一负责同位素仪表设备检修及维护的班组，罗永龙班组每天都要与同位素设备打交道，工作性质非常特殊。在同位素检修作业过程中，为了实时监测X光源等放射性设备产生的辐射影响，把控作业人员的健康状态，每人都要随身佩戴一个剂量块，用于记录他们在检修作业中累计受到的辐射剂量，并于每个季度末由作业区送到相关单位进行分析，及时换领新的剂量块。每个班组成员还会定期收到相关检测单位出具的受辐射证明，合格方可继续从事该行业，确保他们的作业安全。最具挑战的情况是遇到现场的涉源设备需要在线检修。每逢接到这样的任务，罗永龙在检修前都会不厌其烦地与班组人员反复确认铅服是否穿戴到位，安全交底是否全部完成等。待一切准备工作就绪后，他还要身先士卒，自己第一个进去，确认无误后再招呼大家进来作业。作业过程中，罗永龙会反复强调各种注意事项，直到检修完毕所有人安全撤出后，他才会松一口气。这样的“唠叨”伴随着每一次作业，没有一次落下。他常说：“干我们这一行，不小心不行，既然大家归我管，我就得保证他们每次都能安安全全地回家。”

由于这份工作的特殊性，具备高度的安全意识在这个班组尤为重要，而这也是罗永龙对班组全体人员最基本的要求。因此，罗永龙经常组织班组成员及业主点检进行现场放射性设备检修作业的安全培训，诸如“高压绝缘检修安全三讲（同位素篇）”“中子水分计耐磨板检查安全三讲”等。罗永龙还结合项目作业流程创新工作方法，把安全要点和技术质量要点具体落实到作业的每一步。通过培训，班组成员和业主点检的安全意识与工作能力都得到了提升，也为班组的检修安全和检修质量奠定了坚实的基础。

有着丰富工作经验的罗永龙，早在宝钢股份宝山基地从事检修工作时就是同位素作业区的骨干，他吃苦耐劳、仔细认真的工作态度给大家留下了深刻的印象。来到湛江钢铁后，他更是保持着极高的工作热情，主动带头冲锋、迎难而上，在作业区充分发扬“传帮带”的优良传统，为作业区培养了一大批同位素检修的专业人才，同时获得了第四分公司“优秀个人”及中冶宝钢“领军人才”等荣誉。

平日里，每天早上8点的班前会是罗永龙一天工作的开始，他会检查班组成员的上岗证件和精神状态，讲解每天的施工项目内容、危险点及相关安全措施，并结合自己多年来的工作经验，针对涉源设备的作业过程、安全防护和作业流程进行详细分析，叮嘱各项重点、要点，抽查大家对禁令施工情况的知晓度，分析近期违章案例，时刻督促大家绷紧安全这根弦，在班组中逐渐形成人人讲安全的工作氛围。除此之外，他还定期开展“安全月讲安全”活动，通过组员轮流上台讲述作业过程中可能存在的危险点及防范措施，帮助大家进一步树立安全理念，增强大家的安全意识；定期开展月度班组总结，要求班组成员汇总作业过程中的重点、难点，联合点检出谋划策，通过向业主方提出合理化建议减少安全隐患、提高作业效率。这些特色活动的举办均得到了业主方的高度赞扬。

自入驻湛江钢铁以来，罗永龙在技能提升、任务分配、安全管控等方面不遗余力，带领班组圆满地完成了业主方委托的各项任务，实现了检修过程安全无事故，得到了业主方的一致认可，成了作业区各班组的学习榜样。今后，他们还会在工作中继续坚持“安全第一”的理念，牢固树立安全意识，稳步提升专业技能，不断提升班组的整体素质和水平，与时俱进，努力完成各项检修任务，为企业的蓬勃发展贡献基层的力量。

（赵兴亚）

19. 我们的班长我们的班

——记中冶宝钢协力分公司原料修理一班

2018年12月1日，中冶宝钢正式承接宝钢股份宝山基地原料区域车辆维修保驾项目，加上筹备期的79个日夜，时至2020年7月22日，已是该项目自筹备以来的第679天。平稳顺行600多个日夜的背后，离不开一群昼夜奋战的人——中冶宝钢协力分公司原料修理一班。每每回想起那段“魔战”的岁月，大家都会心潮澎湃。

2018年9月，天气渐凉，但在宝钢原料区域车辆维修保驾项目筹备现场一片热火朝天，项目涉及一支由129台车辆组成的车队，它们是区域内运输转驳作业的主力军。车队包含多种车型，国产的、进口的都有，车况也参差不齐。12月1日是项目承接的日子，留给协力分公司准备的时间并不充裕，如何在这么短的时间里快速掌握新型车辆的修理技术，成了项目顺利运行的关键。协力分公司快速行动、精准策划，抽调15名修理骨干组成突击队，进驻宝钢原料区域学习修理技术，原料修理一班由此而来。

原料修理一班成员平均年龄30余岁，有技术精湛的带头班长，有维保“明星”，有高级工，有专业对口的科班生。该项目对这个年轻的班组来说可谓巨大的挑战。进驻前，大家互相加油鼓劲，并就车型摸底维修数据整理、模拟故障分析等方面，将具体任务分工到人，全面落实各项准备。

然而现实总是骨感的，班组进驻没多久，就频频遇到奔驰水渣自卸车动力传动系统故障、真空污泥罐车发动机及液压系统故障等一连串的难题。面对这些陌生的车型，除了慢慢摸索逐步掌握以外，没有任何捷径可走，有时仅一个故障点的分析排故就要耗费很长时间。特别是，在处理一台奔驰水渣自卸车作业过程中无高速挡的故障时，由于大家对该车型非常陌生，没有类似的维修经验，只能分头找原因，有人负责从电路系统寻找，班组长邓大力负责从机械传动系统排查，机修工负责对离合器及空气助力器进行检查。最后，电路系统和变速箱都没有查出问题，而助力器发现有漏气。然而问题修复后，车辆故障依然存在。这时已临近下班时间，面对眼前的难题，班组长邓大力的倔劲上来了，他暗下决心，加班加点也得把故障拿下。新一轮的排故随即展开。大家从线路到硬件设施，每个角落都不放过。时间一分一秒地过去，夜色也愈加浓重，新一轮的排故依旧一无所获。久久找不到症结所在，身心俱疲的大家有些情绪低落。班组长邓大力不禁紧锁眉头，重新思考了一遍各种可能性，突然一个念头闪过：会不会是变速箱内部的问题？由于变速箱新换不久，大家排查故障时忽略了这点。果不其然，在打开变速箱后，大家发现高速挡换挡同步器里的锁环滑块弹簧已失效。在更换弹簧后，同步器立刻恢复正常，自卸车重启。终于把问题解决了，大家顿时松了一口气，瘫坐在地上，此时天都快亮了。

这次故障的成功解决离不开班组长邓大力的执着与坚持。自2010年参加工作以来，邓大力从一线修理工慢慢做起，直到如今带班，他已经历了无数次现场车辆的抢修，丰富的实践经验造就了他在全班员工心目中镇定自若、临危不乱的“大哥”形象。只要有班组长在，大家就有主心骨。工作中的邓大力除了事事都亲自把关之外，对待组员也是亲如兄弟。宝钢股份宝山基地原料区域运输的水渣，形态上其实是一种非常细小的玻璃纤维，无孔不入，也很容易附着在车辆表面，作业时稍有不慎，手上就会被这些水渣扎出红点。伤口虽小，但是表皮伤疼起来很不好受。对此，邓大力多次与业主方进行沟通，最终班组换上了皮质加厚手套。在班组进驻现场的初期，大家还在适应和调整的过程中，“连轴转”和加班的情况在所难免。为了保障项目的顺利推进，班组里一旦有人抱恙，邓大力就亲自顶上，一段时间下来，他也病倒了。医院的检查结果不太乐观，他被告知一个星期后要进行手术。为了不让家人担心，邓大力并没有将病情告诉他们，但是班组成员都非常心疼自家班组长，轮流照顾他。半个月后，邓大力刚能下床活动就立刻返岗，回归了繁忙的工作。

项目顺利承接后，摆在班组面前的问题依然很多。作为首批进驻的突击队，原料修理一班一直奋战在最前线，在做好常规工作的同时，还要将经验技术传承下去。2020年春节，整个班组都留守在现场，为春节期间车辆的顺利运行保驾护航。大年夜，大家在宝钢厂区内一起吃着年夜饭，聊着来到这里后发生的事，伴着泪水和感动共同度过了一个难忘的节日。

就是这些点点滴滴的辛劳与付出，最终汇聚成了宝钢股份宝山基地原料区域车辆维修保驾项目承接前后的679个日日夜夜，就连业主方也被他们这种肯吃苦、能吃苦的精神所打动，多次表示："将项目交给你们，我们放心！"

万事开头难，但一个良好的开端是成功的一半，"宝剑锋从磨砺出"。他们相信，通过日积月累的努力，再陌生的工作也会熟能生巧。技能水平提升了，车辆车况改善了，故障率大幅降低了，一切都会慢慢步入正轨，朝着高质量的方向发展。

每当回首往事，想起那段大家一起冲锋陷阵的峥嵘岁月，班组成员都会感慨连连。这份宝贵的经历已化作一股源源不断的动力，推动着大家不断前行，在各自的工作岗位上发光发热。

（赵格松　张　威　孙财磊）

20. 不爱红装爱"蓝装"

——记中冶宝钢第四分公司行车班班组长邓小花

2020年7月14日，中冶宝钢第四分公司行车班班组长邓小花，在"查隐患、守底线，重标化、提产能"活动中表现优秀，被湛钢厚板厂部授予"巾帼标兵"称号。

一位普通的母亲，优秀的员工

在第四分公司有一支行车"娘子军"，她们也是分公司内唯一全是女工的班组，而邓小花就是她们的班组长。从一名普通的行车操作工成长为好评如潮的骨干、"巾帼标兵"，一路走来，邓小花早已不爱红装更爱"蓝装"了。工作时的邓小花是一位严谨的班组长，做事认真负责，不断总结提升，尤其在标准化管理和行车操作技能方面非常下功夫。同事眼里的她，质朴无私，有耐心，勤奋又有毅力，是一位不可多得的好班组长。生活中的她，是丈夫和女儿的精神支柱。为了让邓小花一心一意地工作，丈夫带着女儿在老家生活，她独自一人在湛江拼搏，为中冶宝钢的发展奉献着自己的力量。

一个从未停止过脚步的行者

工作中，邓小花始终把上级交给的各项工作和任务视为对自己最大的信任，争当“头雁”。面对湛钢厚板厂月度产能的不断提升，她主动放弃月休，积极召开班组生产研讨会，寻对策、找方法、促协同、优操作。她无惧物流紧张带来的重重压力，以“铁娘子”的精神，带领着班组日夜奋斗在现场。身材瘦小的她蕴含着巨大的能量，在严格日常管理、抓好现场标准化作业方面，立得住、顶得上、冲在前。员工因病缺岗，她去顶岗；成品库出入库出现问题，她去沟通，她每天不断穿行在作业现场的每个角落。班组连续3个月缴库量、出库量名列第一，全力协助湛江钢铁厚板厂实现物流畅通“一路通”，得到业主的一致好评。

一个特别能吃苦的“铁娘子”

热处理高强钢板是湛江钢铁的新业务，而钢板包装对中冶宝钢来说更是一项新机遇、新挑战。为了确保湛江钢铁的保供要求，厚板厂钢板包装团队从2021年12月31日开始筹建，邓小花不怕辛苦，迎难而上，积极报名，主动参战。炎炎夏日酷暑难当，却挡不住她为热爱的事业前进的脚步，更点燃了她心中“妇女能顶半边天”的干事热情。男同志能做的事，女同志也不在话下，做就要竭尽全力做到最好。短短52天，她带领的班组就完成了从团队筹备到首批钢板完成包装的“华丽”变身。班组在她的带领下盯紧目标，干出加速度，实现了中冶宝钢钢板包装业务“零”的突破，翻开了中冶宝钢钢板包装业务的新篇章。

在第四分公司还有很多像邓小花这样的员工，他们也是中冶宝钢生产一线所有普通员工的缩影，在岗位上默默耕耘、无私奉献。今后，第四分公司将不断加大人才培养力度和对领军人才、先进典型的宣传力度，助力公司涌现更多为企业改革发展贡献力量的人才。

（余翠明）

21. “飞虎队”班组不一般

——记中冶宝钢第七分公司生产协力车间普车丁班

在韶钢的铁路线上，有一支以特别能吃苦、敢打硬仗和优质服务闻名的班组——中冶宝钢第七分公司生产协力车间普车丁班。该班组自成立以来，在韶钢安全保产运输工作中取得了安全事故为零的优秀成绩，并荣获第七分公司2019年度“先进集体”称号。他们爱岗敬业、吃苦耐劳，加上工作中需要经常在车上爬上爬下，韶钢业主亲切地称他们为“飞虎队”。

该班组现有员工12人，平均年龄33岁，主要负责韶钢日常的铁运运输安全和保产任务。工作中，他们团结一心，是个高效协作的团队。该班组始终坚持“安全第一、预防为主、综合治理”的工作方针，以“安全第一、违章为零、隐患为零、事故为零、隐患排查治理百分百”为标准，全力以赴，为业主提供安全、优质、准点的铁路运输服务。

开展“员工上台讲规程”活动

为强化员工安全行为意识，班组开展了“员工上台讲规程”主题活动，每个人结合自己所在的调车连接岗位，根据作业流程，对照标准要求，上台讲述本岗位在实际作业中涉及哪些步骤、有哪些注意事项，以及规程在实践中暴露出的不足，进而梳理出“厂房徒步引导”系列内容，并得到了协力车间及业主的认可和采纳，增加到原有的岗位规程中。这次活动使更新后的岗位作业标准内容更加全面、更具操作性，也让班组员工都亲自参与进来，有效提升了班组全体标准化作业的意识，营造了安全作业的氛围。

▌打造“现场文明星级班组”

前期，该班组开展了以“整理、整顿、清扫、清洁、安全素养”为主题的星级班组创建工作，要求大家就日常行为方面积极提出建议，倡导每位员工都养成工作不分大小、事事力求完美的工作作风，帮助组员养成良好的行为习惯。除了规范日常行为以外，班组还将每周四定为全员改善日并开展主题日活动，组织大家改善作业现场环境、基础管理等方面，齐心协力把该班组打造成员工日常行为、现场环境和基础管理皆优的“现场文明星级班组”。

▌荣获2019年度“先进班组”

该班组在2019年度表现尤为突出，人员配置分工明确，形成了从收到作业计划就进行主动沟通、提前检查等环节的无缝衔接，是作业区里协作效率最高的班组。据统计，该班组节时效率可达30%，每月平均调车数达2900余钩，调车数量专用单位比最低的多1000钩左右，也是总量最多的班组。此外，在铁运作业区开展的各项评比活动中，无论是主要线路取送达标率还是空车交车时间等，该班组的指标都是最优，多次得到业主的高度评价。

展望未来，中冶宝钢第七分公司生产协力车间普车丁班将充分展示“飞虎队”的风采，为韶钢的安全保产运输工作保驾护航。

（丘丽英）

22. 冲锋在前的“后道”班组

——记中冶宝钢第五分公司线材作业区线材后道班组

在中冶宝钢第五分公司线材作业区，轧制作业分初轧、中轧和后道三道工序，其中，负责最后一道工序的班组，在2020年4月保质保量完成多个高难、高危任务中，刷新极限速度，将不可能变为可能，这个特别的班组有个特别的名字——“后道班组”。

后道班组日常主要承担高线及盘卷的检修任务。班组长朱跃国擅于在工作中开拓创新，在他的带领下，班组始终秉承着实事求是的工作作风和精益求精的工匠精神，广受业主好评。在检修作业工机具改良创新上，他们狠下功夫，努力提高检修作业效率，想方设法为公司和业主降本增效、节能降耗。该班组曾多次被公司及业主授予“优秀班组”“先进班组”“信得过班组”等称号，是中冶宝钢在生产一线的一个标杆、一面旗帜。

业余时间，后道班组不忘时刻自我提升。他们利用自主培训区苦心钻研提高技能；通过查阅大量相关资料和图纸改良创新多个专用工机具，大幅提升现场作业效率。其中，“小改小革”和“五小”QC成果达10余项，如“降低退火炉链条故障发生率”“剪刀干油系统改造”“打包机蝶型板改造”等，并多次荣获第五分公司年度“五小”QC成果奖。这些荣誉的取得都源自该班组勇于创新、充满激情、自强不息的奋斗精神。

2020年6月初，朱跃国带领的班组全面完成了减轻定径（RSM）轧机步轮箱开箱检修项目，并一次性调试成功。该项目的承接是第五分公司在宝特长材线材分厂高线区域实现的首个突破，赢得了业主的高度赞誉。

RSM轧机是线轧机上的主要设备，是早在建厂时期就从美国进口的摩根系列轧机，其结构高度复杂、装配精度要求极高，相关的检修工作一直由外单位负责。经过常年使用，齿轮箱开始在轧制过程中发生异响，轴承达到使用寿命，间隙过大、离合器传动侧齿轮齿面磨损严重，可能导致变频器报警信号随时丢失，造成长时间停机，必须立即开箱检修。

经过与业主方沟通协商，第五分公司线材作业区线材后道班组勇敢地承接了这一极具挑战性的任务。朱跃国随即带领班组和队部技术人员，以最快的速度对设备图纸进行了消化了解，并对照图纸分析设备结构，同时梳理其技术要点。在反复确认相关数据无误后，该班组将特殊工器具、检测器具等相关专业工具全部整理到位，做好前期准备工作。设备停机后，按照既定的施工工序，大家开始有条不紊地拆卸齿轮箱外围润滑管道，并包扎油口，做好标记：逐一拆卸并起吊其上部各个大小齿轮轴，对内部损坏的传动侧齿轮面逐一进行修磨，对间隙超标的轴承进行更换，并逐级测量调整轴向窜动间隙、齿轮啮合间隙及齿面接触点等。确认所有步骤后，回装箱体及油路，在业主规定的时间内完成了任务，并一次性调试成功。该班组凭借高效过硬的检修实力得到了业主方的高度肯定。

在班组日常的检修保驾工作中，类似的任务还有很多，也是他们的工作常态，但是为了确保作业区和队部的有序运转，该班组始终无怨无悔、任劳任怨。正如班组名字的由来那样，作为最后一道工序保障作业区有序安全节点等的全面受控。今后，中冶宝钢第五分公司线材作业区后道班组将继续凭借过硬的业务能力和顽强的拼搏精神让中冶宝钢的品牌更加闪亮。

（汪明礼）

23. 立足生产一线　谱写奉献之歌

——记中冶宝钢第一分公司机械三班班组长谭晓龙

2014年，他扎根在钢花四溅、机床轰鸣的一线岗位，兢兢业业地保障生产设备安全顺利运行；他累计实验检修机组设备数万台，身先士卒带领班组征服了一个又一个“钢铁”高峰；他虚心学习，在工作中力求创新，用自己勤劳的双手书写着奉献的故事。他就是中冶宝钢第一分公司机械三班班组长谭晓龙。

30余岁的谭晓龙早已褪去稚气，举手投足间散发的是久经磨砺的干练，黑框眼镜下透射出一股坚毅。他待人随和，平时话不多，语气斯斯文文的，看外表完全想象不到他会是个舞大锤的检修工。2006年，谭晓龙刚从学校毕业便进入了中冶宝钢。最开始，他从事的工作是机械设备维修。随着工作的不断深入，他渐渐意识到，如果自己的理论知识得不到实践就会成为空谈。为了提升自己的专业知识和技能水平，他每天围着师傅讨教各种问题，虚心学习设备故障的处理方法，并且在完成本职工作后积极帮助其他同事。在他看来，帮助别人的同时也能提升自己。就这样，谭晓龙逐渐练就了一身过硬的本领。

2018年，中冶宝钢正式承接武钢硅钢区域的检修业务。大任在前，谭晓龙凭借突出的能力和敢闯、敢拼、敢创新的精神被同事一致推选为机械三班班组长，他也成了车间最年轻的班组长。多年以后，时间和口碑进一步证明他还是个最令人放心的班组长。

当被问到对班组长的印象时，机械三班的员工表示："我们班组长难得说话，但他只要到检修一线话就不停，除了反复强调各项标准要求之外，还要对大家的不规范操作不断地念叨，所以工作中我们都叫他谭（谈）不停。"

"大海航行靠舵手。"如今，为了更好地服务岗位，谭晓龙一方面不断强化自身安全责任意识，认真学习各类安全文件和专业技能；另一方面始终以身作则，遇到困难冲锋在前，完工后亲自确认各项工作无误才最后一个离开。生活中的谭晓龙待同事亲如兄弟，对新员工关怀备至，经常和大家谈心交流，了解大家的工作生活情况，及时维护班组内部关系，常为有困难的同事排忧解难。在他的努力下，该班组始终保持着强大的战斗力和凝聚力。谭晓龙一丝不苟、以身作则、体贴入微的作风也得到了班组全体人员的一致认可，班组在他的带领下被拧成一股绳，任何困难都无往不利。

2018年7月，正值二伏天的江城酷暑难耐，谭晓龙像往常一样忙碌着。下午4点左右，刚完成常规检修的他正准备下班休息时，接到了一通业主打来的紧急电话："谭工，你赶快到6号环形炉来吧！B门异常、链条断裂！"通话简短而事态紧急，谭晓龙立刻带着班组火速赶到现场。由于环形炉设备配件为非常规配件，国内厂家一般不会储备很多，存货跟不上消耗，除了定修项目外，其他现场大都无此备件，这给抢修带来了不小的挑战。凭借着多年的机械检修经验和对环形炉的了解，谭晓龙当即制定了抢修方案：现场加工配件以匹配损坏部件并现场进行安装。

抢险就是命令，时间就是效率。在刚刚停炉的余热和高温天气的严峻考验下，谭晓龙带领班组二话不说，一头扎进现场。油污沾满了工装，汗水湿透了衣服，工具震麻了双手，没有一个人有怨言，大家按照计划相互配合、有序作业，全然不顾酷暑与饥饿。经过14小时的鏖战，次日早上6点，临时备件在经过多次测量和测试后，误差已被控制到最低，B门链条测试正常，环形炉恢复正常生产。直到此时，谭晓龙和班组才终于松了一口气，在车间外的空地上倒头就睡着了。因为长时间在高温、炎热环境下作业，事后大家的背上都长满了红疹，但每每回忆起这次经历，大家更多的还是骄傲和自豪。

在成为机械三班班组长后，谭晓龙越发爱动脑、勤动手、善于学习。作为班组带头人，他以安全生产、环境保护为切入点，努力做好现场修旧利废、降本增效工作。在检修工作中，最令人头痛的就是轴承座的拆除。工作过程中，只能用扁铲一点点地剔除，有时还要动火切割才能拆卸。对此，谭晓龙不断钻研，带领大家集思广益，最终制作出了轴承座拆卸架子，还把废弃的辊子改装成安装工具，这样使原本需要半个多小时的拆卸工作缩减到了一分钟以内，为提升设备精度、节省能源、提高效率做出了积极的贡献。

“工于心，匠于行。”谭晓龙班组常年以精益求精的工匠精神，为业主现场生产的安全、稳定运行保驾护航。谭晓龙在肩负使命的同时，将班组努力打造成检修的“梦之队”。“雄关漫道真如铁，而今迈步从头越。”今后的中冶宝钢第一分公司机械三班将继续勇往直前，奋斗不止，并带动周围的班组一起将基层更多的“细胞”凝聚成强大的合力，共同谱写出未来属于中冶宝钢的华美篇章。

（周梦琴）

24. 沟通　交流　帮助　提高

——记中冶宝钢第五分公司炉窑项目车间安全员尹延东

尹延东是一名从基层一线走出来的安全管理者，现担任中冶宝钢第五分公司炉窑项目车间安全员。在2022年公司管理者“结对子”活动推行后，他积极响应，与特材作业区检修一班和运保甲班结为对子。这两个班组分别担负着宝武特冶锻造、特冶电渣三个分厂的日班检修和夜间炉窑运维保驾任务，主要危险源涉及机械伤害、触电动火、高处有限空间、起重伤害等，作业环境较复杂，且班组成员均为劳务工，安全意识较淡薄，易发生违章。

凭借十几年来在现场工作的经验，尹延东深知安全生产的重要性。根据公司管理者“结对子”工作的相关要求，他首先要做的就是进一步融入结对班组。考虑到这些员工都是从五湖四海远道而来的，背井离乡、独自打拼，生活都很不容易，他平时一有空就会到班组里跟大家谈谈心。一段时间下来，他对班组里每个员工的身体状况、家庭状况、性格、爱好、特长等情况都有了基本的了解，进而快速拉近了和大家的距离。尹延东深知，想要真正融入班组只做这些还远远不够，他除了要以一名管理者的角色在日常工作中指导和帮助他们以外，还要坚持与他们保持沟通、交流、谈心。在他看来，只有处出感情了才算是真正结上对子了。

如今，先进的通信手段已经被广泛运用于人们工作和生活的方方面面，因此尹延东借助手机微信和结对班组建立了微信群，实现了线上、线下全方位掌握结对班组的人员情况。为了更加便捷、高效地提高班组员工在作业过程中的安全防范意识，所有公司下发的相关学习资料及要求他都会转发至班组的微信群里，方便大家随时随地学习，并及时回应大家提出的问题。两个月的时间里，他通过“一周一讲、两周一查、一月一会、一季一评”等方式，开展“结对子”活动19次，发现问题10项，并均在第一时间完成整改。

自管理者“结对子”活动开展至今，在尹延东与结对班组的共同努力下，班组违章数量逐月下降，为年底实现违章下降20%的工作目标打下了坚实的基础。为了真正实现“降违章、遏事故”，提升团队凝聚力，班组全体自发对违章较多的员工采取一对一的帮扶机制。

安全工作只有起点，没有终点。尹延东深知以后要做的事情还有很多，想要让这些一线班组的员工真正从思想上做到“我会安全”，除了强化日常的安全工作外，还需要有效的沟通交流和情感上的关怀。在班组会议上，有的员工发言积极性不高，存在“我是听客”的现象，需要激励他们多动嘴、多参与、多讨论，让他们逐渐主动参与到安全工作中来。只有从思想上真正重视安全，才能保障安全要求的落实；当管理者在现场检查时，现场作业往往较规范，一旦管理者离开现场，大家对自己的要求就会开始松懈，只有“违章可耻”入脑入心，才能营造出管理者在与不在一个样的自主安全生产现场。

今后，在推进管理者“结对子”工作的道路上，尹延东有准备，也有信心，他坚信只要用心做，没有做不好的。身为安全员的他永远在路上！

（焦伯奎）

25. 架起一座沟通　进步的桥梁

——记中冶宝钢协力分公司工业炉窑车间中间包日班

自公司管理者“结对子”工作实施以来，各基层安全工作标准更加明确，现场安全管理质量大幅提升。事实证明，让基层单位多层面管理者参与到现场安全管理工作中，成效是显而易见的。中冶宝钢协力分公司工业炉窑车间中间包日班在推进管理者“结对子”工作期间，通过不断的尝试和总结，形成了一系列卓有成效的工作模式。

一周一讲

管理者通过每周参加结对班组的安全交底，了解当班人员的年龄、文化程度、技能等，并实时掌握当班人员的精神状态。经过多次沟通和接触，消除了彼此之间的距离感。公司相关规定和要求的传达方式也有了改变，以往只借助内部流程或者会议的形式给人比较生硬的感觉，若改为面对面的交流方式，则更有利于班组对规章制度的认可，能使班组员工更直接、更深刻地从案例中吸取教训，提升班组整体安全水平。

两周一查

对现场一线的班组员工来说，结对管理者丰富的专业知识及项目经验，是其迫切需要的。结对管理者能从管理者的角度出发，对班组员工的作业行为进行提醒，也能改善一线员工对安全工作一知半解的普遍现象，给出专业的解答，让他们真正明白安全工作既要知其然，更要知其所以然，从而提高他们规范作业的主动性。除此之外，结对管理者在对接不同区域的过程中，能将不同的经验和做法融合、改进，总结出更好的作业方式，并直接传递给班组。

一月一会

通过组织班组安全会议，让一线员工第一时间感受到公司对安全工作的重视程度。会上，班组每一位员工还能通过结对管理者了解更丰富翔实的周边安全形势等相关内容，提高案例教学的成效。

一季一评

在结对管理者参与班组危险源辨识工作之后，班组的风险辨识能力明显提高，在拓宽班组员工知识面的同时，也提高了他们举一反三的能力，帮助员工将本岗位危险源与周边事故案例更好地结合起来，进一步提高事前风险辨识能力。

希望通过开展管理者“结对子”活动，在管理层与一线班组之间搭建起一座沟通、进步的桥梁，从安全教育作业条件、员工素养等不同角度切入，重点提升现场的安全建议、条件改善、隐患排查等服务质量，充分收集现场建议，上下一心，共同努力将安全工作做到“看得见、摸得着、能感受、更实在”。

（汪本勇）

26. 强班组管理之基　树专业化备修品牌

——记中冶宝钢重机分公司设备修造厂维修二班

“基础不牢，地动山摇。”班组是企业基础管理和安全生产的关键，使每个班组安全就是保住了企业的安全。自中冶宝钢全方位、全覆盖、全范围地推进管理者“结对子”工作以来，各单位管理者在对班组进行帮扶、指导、强化安全管理制度的执行过程中积极融入班组解决实际困难，进一步压实班组长安全管理责任，提高了员工的安全意识及班组的安全管理水平。

“结对子”，带队伍，保安全

中冶宝钢重机分公司设备修造厂维修二班共有成员13人，其中，高级技师1人、技师2人、高级工10人、钳工3人。班组主要从事炼钢烟罩、裙罩、台车等大型冶炼装备的修复工作，涉及焊接、电气、机械装配等各类作业，其中，大型设备起重作业、高处作业、焊接作业等都具有一定的危险性。班组长李明智有多年班组管理经验，曾荣获2020年中冶宝钢“优秀共产党员”称号。在重机分公司落实管理者“结对子”工作期间，李明智经常思考和总结工作，不断提升自己管理班组的能力。结合对公司管理制度的感悟，他越发感受到了作为一名班组长身上承担的责任，以及该“管什么”和“怎么管”。简而言之，就是班组长不仅要带头干好活，还要带好队伍，保证组员的安全。

安全管理教育先行

在日常工作中，李明智严格按照“五步工作法”开展班前早会列队教育，强化“安全作业十禁令”“岗位核心要素”“安全指唱”的宣贯和抽查，并着重结合当日工作内容梳理危险源及对策，通过引用相关事故案例，提高员工安全意识。他每天坚持两次巡查，对员工习惯性违章行为及时制止教育，并重点对大型备件转运吊装、高处作业脚手架搭设和安全带正确系挂、室外露天气瓶防暴晒、门吊封固等安全措施进行检查；在“结对子”工作推进过程中，他积极配合管理者进行危险源辨识及设备隐患排查，已排查并整改了室外行车夹轨器、废钢料斗翻转臂维修等7项安全隐患，完善了废钢料斗修复、三罩修复等大型备件维修的安全方案，落实了安全本质化工作。

推进管理身先士卒

在李明智的带动下，该班组成员的安全意识有了大幅提升，班组早会质量明显提高。“违章就是犯罪”的理念和“我要安全，我不违章作业”的主动安全意识深入人心。起重吊装指唱确认、烟尘净化器规范使用、焊接作业隔离防护等执行薄弱的情况均有了大幅改善，习惯性违章大幅减少。对作业中出现的困难和安全隐患，该班组成员会一起讨论，并通过管理者“结对子”工作传达给管理者，上下形成了良好的互动氛围。

该班组承担的烟罩、裙罩、台车维修任务是中冶宝钢重机分公司有特色的再制造业务。通过推进管理者“结对子”工作，不仅提升了班组的安全管理水平，还从质量管理、标准化车间创建等多个角度促进了班组基础管理水平的提升，为中冶重机在将来树立专业化备修品牌打下了坚实的基础。

（周　兵）

27. 龙哥的老“铁”班

——记中冶宝钢第七分公司炼铁项目部安全员龙金河

古人有云：“三十而立，四十而不惑，五十而知天命。”50余岁的龙金河是中冶宝钢第七分公司炼铁项目部的一名安全员，周围的同事都亲切地喊他“龙哥”。在韶钢的这片热土上，龙金河管安全一干就是十年，遍地留下了他的足迹。十年如一日的他，总是在忙忙碌碌的工作中度过。

在管理者“结对子”工作中，虽然“结对子”这个概念对龙金河来说并不陌生，但当他再次了解了工作的具体内容后，还是收获了不少新的心得体会。龙金河认为，这将是彰显安全工作是一个“齐抓共管”的系统性、全员性的工作举措，也能更好地促进管理者用实际行动践行“一岗双责”的安全誓言。龙金河最先想到的就是自己所在的项目部，由3个安全员管理着300多名员工的安全工作，同时要监管3家协作单位。这些日常工作足以让迈向花甲之年的他感到力不从心。现在随着“结对子”工作的推进，安管队伍被一键扩大，这一状况将得到有效改善。与此同时，“结对子”工作能让项目部管理者参与安全管理工作，安管队伍进一步扩容了6倍，安全管线的对接比例由原来的1∶119直接降至1∶20，这是“结对子”工作带来的最直接的改变。

对于“结对子”工作，龙金河认为首先是自己带好头，做出表率。因此，他主动选择了炼铁区域负责中夜班的两个班组结对。这两个班组员工平均年龄超过50岁，都是干了十几年的老“铁”，对现场设备状况、作业环境都比较熟悉。然而，由于文化水平普遍不高，这两个班组的日常安全教育和考试工作推进起来困难重重，这也正是龙金河选择这两个班组的理由。

所谓“知己知彼，百战不殆”。龙金河深知要做好“结对子”工作，自己肯定要先融入班组。因此，闲暇时他就跟这些老“铁”谈心，从工作到生活无话不说，很快就和大家打成了一片。得益于年龄相仿，有着共同的话题和生活观，不到两个月的时间，班组员工就把龙金河当作自己人了，平时有心事、想法、工作建议都会趁休息的时候，向龙金河畅所欲言，道出自己的心声。如今，龙金河在现场观察员工的行为素养时，发现以前经常看到的习惯性违章现象已不知不觉间减少了很多。

回顾“结对子”工作初见成效，龙金河总结道：“家家有本难念的经，班组也有各自的性格和脾性。以前实在忙不过来，没有精力去推敲办法，现在有了‘结对子’这么好的政策，我们管理者要在怎么‘结’上下功夫，摸索最适合班组的方式，将‘结对子’工作真正落到实处。”

（黄建生）

28. 知行合一　筑牢安全根基

——记中冶宝钢第三分公司宝日运抢作业区作业长张小磊

张小磊，中冶宝钢第三分公司宝日运抢作业区作业长，在管理者“结对子”工作中，他与作业区的何波班组、苏路班组、刘进班组结为对子。

根据业务区域的特殊性，张小磊围绕“规范班组列队交底、开展现场安全检查、召开班组安全会议、参与班组岗位危险源辨识”4个维度开展各项基础管理工作。

严格落实“四个统一”，规范班组列队交底

以班前、班后会交底为载体，严格落实时间、地点、内容、形式“四个统一”。通过掌握班组人员出勤信息、精神状态、作业内容等，及时纠偏自查，使班前、班后会内容更加饱满，同时消除文字记录的千篇一律，实现准确交底。

固化安全检查标准，确保作业安全有序

深入现场，从“查手续、查挂牌、查措施、查行为”4个维度17个子项对结对班组进行事中评价。对班组承接的项目，分别从作业内容、挂牌数量及位置、作业环境及安全器具、重点项目的作业工序、危险要因及对策制定与落实等5个方面进行检查，规范员工的行为标准，确保施工作业安全有序。同时，以班组长履职为抓手，按照结对班组的行为准则自查、自纠、自评，要求全员积极参与，全面持续开展现场检查。截至2020年7月底，共完成“两长”履职36次、班组自查23项、本质化安全改善6项、隐患排查与治理3项，另有2项待与业主方商讨。

规范召开安全例会，优化作业安全行为

每周四召开班组例会，根据班组成员技能差异有效点评重点，从现场作业、消防动火、环保标化、交通安全等四大方面展开。组织全员参与应急救援设施的演练，对首次作业、高危项目、设备故障处理及排查等开展危险预知活动，评价、优化后形成案例。

科学分析岗位要因，提升辨别危险能力

针对高风险作业，辨识出“两人同行，一人作业、一人监护”和“签订抢修项目跟踪记录单”2项岗位核心要素，将故障现象、排故方法、危

险源辨识、交底、签字确认落实到位。开展季度结对班组危险源辨识活动，组织全员学习、测试；作业区每月检查、全面覆盖；对重点作业环境、作业项目、区域危险源、管控措施进行再梳理。

自规范管理者“结对子”工作以来，安全目标行为准则已深入现场和班组，正确引导员工以P（策划）、D（执行）、C（检查）、A（改进）的形式开展班组日常安全工作。知形势、明目标、抓落实、持续开展管理者“结对子”工作永远在路上；不忘初心、牢记使命，必将实现构建安全和谐班组和完善现场安全生产标准化作业的目标。

（方立芹　张小磊）

29. 用真心去融入班组　以结对促管理提升

——记中冶宝钢协力分公司一炼焦作业区甲班

“安全第一，违章为零”，随着安全口号呼喊完毕，队伍解散，中冶宝钢协力分公司一炼焦作业区甲班员工在结对管理者的谆谆提醒中，精神抖擞地走向工作岗位，开始一天的工作。

管理者、班组长、一线员工是管理者“结对子”工作的三个关键角色，管理者是核心与重点；班组长作为班组队伍管理的第一责任者，是“结对子”工作的纽带；一线员工则是“结对子”工作的最终目标。通过管理者走下去、班组长融进去、一线员工意见带上来、安全责任扛起来夯实安全基础管理，坚固安全第一防线。

一是预先了解班组基本情况，详细掌握员工的工作、家庭、健康状况等基本信息，在沟通时选取员工乐于接受的方式，达到有效沟通。二是严格落实规定工作。一周一讲，结对管理者在交底后发言，突出重点、易忽视点，力求简洁明快；两周一查，与行为观察等专项工作相结合，对照岗位规程检查员工标准化作业执行情况，在提升专项活动开展质量的情况下，既可校验岗位规程的有效性，又不增加管理负担和班组负担，且员工更乐于接受一月一会，即通过每月一次的座谈会与班组开展深层次沟通，丰富主题样式，既拉近了彼此间的距离，又起到了有效的提醒作用；一季一评危险源辨识活动，引导员工发现潜在的、新的危险源，指导员工填写岗位风险辨识卡，了解班组层面危险源辨识的真实能力。三是管理者和员工保持良好互动。作为“4+a”项目中的a项目，管理者已加入对应班组的微信工作群，并与员工保持互动，除宣传工作重点、提醒安全要点之外，还可更直观地了解班组工作和生活动态。

无论是哪个环节，都需要管理者和班组形成联动，管理者说的员工愿意百分之百执行，员工说的管理者能够有效倾听并及时回应。在一炼焦作业区甲班、乙班，煤焦作业区日班，这样的互动一直在发生、升华。员工和管理者的距离不断被拉近，基层更愿意述说真实的想法和生活中遇到的实际困难；岗位规程不断被完善，员工作业有了更加规范的指导；现场的作业环境不断改善，推焦车员工休息点11个小型鼓风机的增设，有效阻挡烟尘靠近、降低休息点温度、改善员工作业条件。管理者、班组长、一线员工环环相扣，管理者用真心融入班组、班组长使巧劲发挥纽带作用、一线员工以真情互动执行，可实现企业的长治久安和高质量发展，使全员共享企业发展的丰硕成果。

（刘岩生）

30. 与钢花共舞的切割班勇士

——记中冶宝钢协力分公司运输部切割班

在中冶宝钢有这么一群勇士，在无数个日夜里，与火花四射的钢花共舞，恶劣危险的环境练就了他们钢铁战士般的品格。他们以坚强的意志力守护在生产一线，为企业发展尽心尽力。他们就是中冶宝钢协力分公司运输部切割班。该班组共有成员10人，平均年龄40余岁，他们的日常工作需要将来自炼钢、热轧等不同区域的切头等物料按照要求切割成不同规格的成品。在班组长唐健的带领下，大家齐心协力、勇往直前，各项工作指标均位于前列，他们用辛勤的汗水和顽强的意志孕育出了累累硕果。

▍汗蒸房里舞火龙，勇战高温夺佳绩

由于切割作业需要动火，常年和高温为伍，在切割班里流传着这么一句话："干上切割就意味着没有了冬天。"寒冬腊月还能熬住，可一旦到了酷暑季节，堪比汗蒸房的作业环境则是对切割工的极大"烤"验。由于作业过程中经常会有飞溅的熔渣，为了防止烫伤，无论多热的天气，切割工都要从头到脚全副武装。大大的面罩、厚厚的防尘口罩、密不透风的隔热服、厚重的切割鞋，缺一不可。在35摄氏度的高温下，光是穿齐这身装备就已经汗流浃背了，但我们的勇士还需要端起近15千克的切割枪开始一天的工作。切割作业现场是半封闭式的烟罩，脚下一寸寸的钢坯在切割枪火舌持续不断的炙烤下一点点成型，一股股热浪始终包围在切割工的左右。现场虽然有洒水车定时洒水降温，但是随之升腾而起的蒸汽使得现场犹如露天的汗蒸房。就是在这样极端的环境里，勇士手中的火龙、飞溅的钢花和汗水伴着热浪翩然起舞，成为钢城里一道独特的风景线。在作业环境如此艰难的盛夏，切割班全员迎难而上，切割量的纪录不断被刷新，大家戏称："新的纪录永远在来的路上。"切割班也因此多次获得业主的赞誉，被业主称为"最信得过班组"。

▍精益求精抓质量，精打细算控成本

如果说战高温需要的是勇气，那么促生产需要的则更多是智慧。虽然该班组里是一群大老爷们，但他们粗犷的外表下藏着一颗智慧、细腻的心。由于切割料型来源不一，圆的、方的，厚的、薄的都有，切割要求也各不相同。如果都按照传统的切割方法操作，不但成本高，效率也很低。对此，该班组通过不断实践摸索出了归堆切割法。该方法先根据不同的料型进行归堆，再对同堆型的进行切割，这样一来，预热点火次数明显减少，不但减少了燃气消耗，切割效率也得到了显著提高；针对最难切割的含铬合金废钢，该班组采取叠加普通废钢的办法，先切割普通废钢，随之产生的熔化物在含铬废钢上形成预热，很好地解决了含铬合金熔点高不易切割的问题，真正实现了降本增效。在切割质量方面，该班组同样追求精益求精。为了提高作业的一次成型率，他们苦练内功，无论白昼还是黑夜，无论酷暑还是寒冬，手被切割枪磨破了，伤口刚好又要反复摩擦，最后磨出了厚厚的茧，大家也练就了一身硬功夫，总结出了“看、比、量”的“三字诀”。看料型，确定切割方式。和枪比，确定切割位置。由于切割枪长度为1.5米，而大部分料型的切割尺寸都要求在1.5米以内，所以第一枪的位置需要通过比较才能确定下来。精细量，确定精准定位。切割完第一枪后，少数料型需要精准定位，并通过专业量具测量后进行二次精修。

在“三字诀”的助力下，切割班自建班以来，从未发生过一起质量事故，每个料型的切割都完全符合业主的要求，产品合格率100%。

（杨　君）

31. 咱们的班组长

——记中冶宝钢第四分公司连铸作业区班组长苑红帅

班组是企业最小的生产单位，班组管理是企业管理的基础。班组长作为连接中层管理者与基层员工的桥梁，在企业组织架构中具有举足轻重的作用。建设优秀班组是提升企业管理效率的重要手段，不但要管物、管事，还要管人。在实际工作中，即使管理层的战略做得再好，如果没有班组长的有力支持和密切配合，没有一批得力的班组长组织开展工作，那么多好的部署也难以落实。所以，建设优秀的班组是提升企业管理水平的有效途径，培养一批优秀的班组长是建设优秀班组的重要保障。

苑红帅，中冶宝钢第四分公司连铸作业区班组长，自2015年9月赴湛江就职以来，他积极响应公司号召，带领班组员工搞班组建设、提升管理水平、增强检修能力。

自觉加强理论学习

为了不断提高自身的理论水平，凡是与生产工艺和技术革新相关的活动，苑红帅都会积极参加。他还利用业余时间学习焊工理论知识，让理论更好地为实践服务，现在的他已是一名业务能力过硬的焊接作业人员。在提升自己技能的同时，苑红帅还不忘带着班组员工共同进步，尤其是在作业任务较集中的时期，很多新进员工容易乱了阵脚，他就会对他们进行指导，并对他们在实际操作过程中出现的问题予以纠正，传授自己的经验。在苑红帅的带领下，该班组始终保持着不甘落后的工作状态，大家齐头并进，取得了诸多荣誉。该班组在2018年荣获第四分公司“优秀班组”称号、2020年荣获湛江钢铁“信得过班组”称号等，苑红帅个人也获得诸多荣誉。

▌努力干好本职工作

如今有着丰富经验的苑红帅，在多年以前初入职时，也是一个“小白”。他在基层从零开始，凭借着务实认真、吃苦耐劳的工作态度，给大家留下了深刻的印象。他以不服输、不认输的韧劲一步一个脚印，逐渐成长为一名值得信任的班组长。虽然身份已不同往日，但现在的他在工作中依然和当年一样，在忙完自己的工作后，还会像个充满干劲的新员工那样，马不停蹄地帮助他人，哪里需要哪里就有他。凭借着“自己做的保证放心”的不变承诺，苑红帅当仁不让地成为第四分公司大型项目结构焊接的排头兵，并不负众望，最终圆满完成全部任务。

▌注重班组管理提高效率

对于班组的管理，苑红帅会定期召开月度总结会，将工作中存在的问题摆在桌面上，大家一起想办法解决。会上就如何保持安全第一的生产理念、树立安全意识，如何提升个人的技能水平，如何促进班组和谐，如何为业主和公司的发展贡献力量等方面开展讨论。此外，他还会组织班组联合点检，向业主方提出可行的合理化建议，减少安全隐患，提高作业效率。对于作业程序和方法的改进，他采取实施结果评价制，以推动班组工作的步步深入。自组建以来，该班组先后圆满完成了业主委托的各项任务，实现了检修过程中无安全事故，得到了各方的一致好评。

默默奉献、吃苦耐劳、无怨无悔，这是苑红帅留给大家的印象，也是奋斗在基层一线的千千万万个优秀中冶人的真实写照，他们用实干聚沙成塔、滴水成海，共同铸就中冶美好的明天。

（伍 兴）

32. 稳若磐石　匠心护设备保顺行

——记中冶宝钢协力分公司渣处理一炼钢机械班组

中冶宝钢协力分公司渣处理一炼钢机械班组主要承担宝钢股份宝山基地一炼钢渣处理、落锤区域设备机械维护点检任务。自成立至今，该班组注重言传身教，传递发扬新时代工匠精神，认真做好班组安全管理工作，曾荣获宝钢股份2019年“优秀安全1000班组”称号。

安全第一，脚踏实地践“1000”

该班组认真开展岗位规程、危险源、核心要素等方面的知识培训，真正让班组成员对作业区的岗位规程、危险源、核心要素等安全要素了然于心。每周定期进行安全作业培训，通过对事故快报、安全简报、历史事故的集中学习，深入剖析事故发生的原因。同时，结合班组日常工作举一反三，针对所管辖区域项目的作业安全管理和安全防范工作进行总结分析，指出缺点、找出不足，在日后相关作业中整改落实。班组充分利用每次安全作业培训的契机，使员工不断提高安全意识，增强事故防范能力，真正做到规范操作，遵章守纪。

查改隐患，提升安全本质化

针对班组作业区域范围广的特点，班组长石丹将组员分为两组，渣处理区域由他本人负责，落锤区域由安全代表负责。该班组始终切实落实“安全第一、违章为零、隐患为零、事故为零”的工作要求，重点排查各区域生产设备在维护和检查过程中发现的安全隐患，并坚决予以消除。自2019年以来，该班组共排查设备安全隐患36项且均已得到及时处理，为渣处理安全保障工作打下了坚实的基础。

▍巧用班会，互通安全管理信息

该班组每天认真落实班前、班后会。班前，每人针对当天的设备点检和设备检修工作安排进行提前预测，指出可能影响安全的因素，并提出预防和应对措施。班中，严格落实既定的安全措施，认真履行设备维护及设备检修过程中的安全管理责任。班后，班组长、安全代表对当日巡查结果进行总结，及时指出每位班组成员存在的问题，做到及时整改、及时沟通，以稳步提高班组安全管理工作的质量。

▍改造升级，确保设备本质化安全

2019年底，一炼钢渣处理区域无人化行车改造项目正式启动，项目需要将原有的两台120吨行车全部更换成140吨行车。在新行车制造初期，该班组积极与制造方联系，就相关安全设施的设计进行了完善。在设备改造安装阶段，该班组每天跟踪施工进度，以确保安全栏杆安装、油管排布等工作不折不扣地实施。此外，该班组还根据现场实际情况加装了登机平台，为新行车的使用及后期维护提供了便利。通过该班组的不懈努力，两台140吨行车顺利投产运行。至今，设备未出现任何安全生产维护的异常，有效确保了渣处理生产的安全平稳运行。

该班组既是落实安全劳动保护工作的基础，也是推进现场安全劳动保护工作的重点。作为企业最基层的组织，班组也是企业安全管理工作的最终落脚点。只有抓好班组安全管理工作，努力建设“1000班组”，力保安全事故为零，才能真正实现企业的安全生产。

（伍　兴）

33. 活跃在高炉区域的冲锋队

——记中冶宝钢第三分公司饶邵斌班组

在中冶宝钢有一支敢于吃苦耐劳、勇往直前的一线作业团队，他们曾先后获得公司2016—2019年劳动竞赛“优秀参战班组”、2019年度“先进班组”等称号，他们就是中冶宝钢第三分公司饶邵斌班组。该班组主要从事宝钢股份宝山基地高炉区域的夜间保驾、低压煤气设备检修，以及其他区域等的支撑任务。

强化安全措施，积极转变思想

该班组利用业余时间学习违章案例，吸取事故教训，从思想上实现从“要我安全”到“我要安全”的转变。在日常检修中，该班组严格执行标准化作业，并结合现场作业情况分析班组在安全工作中存在的薄弱环节，制定整改措施，从而达到安全作业的目的，有效地控制各类事故的发生，把事故隐患消灭在萌芽状态。在班组长的带领下，该班组成立10多年来，从未发生过安全事故。

不断开拓思维，改进施工方法

该班组注重总结、勇于创新，经常对现场的一些施工方法、工艺改进等方面提出合理化建议，并取得了良好的效果。其中，高炉本体“一种直吹管大盖自动防脱落专用装置”的合理化建议，可有效避免直吹管在倒运或吊运的过程中，出现大盖掉落造成伤害的风险，做到了本质化安全；被成功应用于高炉直吹管法兰面紧固的“高炉区域直吹管安装专用斜铁压紧钳”成果，能实现直吹管上下法兰面紧固的快速到位，特别是在匝口较大的位置，效果非常明显，大幅提高了直吹管安装效率，可节约30%左右的人力成本，将施工时间缩短了2～3小时。

在2019年的宝钢股份“蓝天保卫战”年修项目中，该班组积极与业主进行沟通、强化协同配合、合理安排任务，并凭借多年风口更换作业的经验，使每个风口都顺利实现一次性安装到位，全程没有出现塌料状况，比计划节点提前12小时完成任务，向业主上交了一份满意的答卷！

积极防控疫情，两手抓、两不误

2020年是不平凡的一年，一场突如其来的新冠肺炎疫情席卷全国，中冶宝钢也高度重视疫情防控工作。身处生产一线的饶邵斌班组始终积极做好各项疫情防控工作。一方面，他们配合检修队对每天上下班人员进行早、中、晚三次体温测量、记录；确保作业人员上班期间全程佩戴口罩；每天列队交底严格实行站位间隔1米以上，并对现场使用的防护用品进行消毒登记。另一方面，每天安排专人在检修队门口执勤，对外来人员实行严格管控，原则上禁止入内，如果因工作需要必须进入则做好体温的测量、记录等。同时，班组主动建议对员工实行分批、间隔就餐，为防疫工作建言献策。

中冶宝钢第三分公司饶邵斌班组始终坚持“以人为本”的管理理念，以“安全第一，违章为零，质量至上”作为奋斗目标，班组员工团结友爱、互帮互助，凭借高超的检修技术和高度的责任心，为生产的安全顺行保驾护航！

（唐磊磊）

34. 为武钢C202班组注入强劲动力

——记中冶宝钢第一分公司冷轧作业区C202班组

班组是企业的细胞，是企业安全生产的前沿阵地，班组安全工作的好坏直接关系到企业的生存与发展。中冶宝钢第一分公司冷轧作业区C202班组是一个主动学习、稳扎稳打的班组。在班组长陈玉乐的带领下，该班组始终坚持将初心和使命落实于工作，践行至一言一行，在看似平凡的检修岗位上，创造着不平凡的价值。

团结友爱，协同发展

该班组主要承担轧机主控项目检修与机组重大抢修任务。在班组长陈玉乐的带领下，班组成员在平时的工作中，始终秉承着实事求是的工作作风和精益求精的工匠精神，开拓创新、勇于担当，广受业主好评。该班组注重在检修作业工器具改良创新上狠下功夫，努力提高检修作业效率，想方设法为公司和业主降本节能、提质增效。

该班组坚持“以人为本”，是一个温暖的团体，大家相互关心、相互帮助、亲如一家。班组长陈玉乐为提升班组凝聚力，从落实各项规章制度抓起，用制度规范岗位员工的言行。为完善交接班制度，他要求每天交班人与接班人共同在现场，面对面说清楚情况，能更有效地消除事故隐患，确保安全生产。此外，该班组还充分发扬团队合作精神，主动带领新进员工熟悉车间环境，了解设备状况，循序渐进地传授设备工作原理和业务技能。当其他班组遇到困难时，他们还会积极提供帮助，分析问题有理有据、不急不躁，受到兄弟班组的一致好评。

集思广益，热情服务

该班组以“效益优先”为原则，以“简单、高效、低成本，对标、突破、争一流”的工作作风，先后多次出色完成业主托付的系列定修、年修任务。2019年，该班组全体员工通过不懈努力，助力C202机组实现日均产量6500余吨、年产223万吨近五年来的最高纪录；C202机组速度达标率达94%，环比提升6个百分点；日作业率达89%，超额完成对标指标；轧机漏油量环比下降了55.7%，机组产能和利用率等各项关键数据均处于历史最高水平。

向下深扎，不断提升

为了带动班组共同进步，班组长陈玉乐以身作则，亲自进入轧机区域参与检修。在他的带领下，班组全员形成了不怕苦、不怕累的优良作风。在近两年半的时间里，该班组圆满完成了区域内酸轧、连退、涂渡、精整等重大检修与抢修700余次，提出合理化技术指导建议15条。尤其是在2019年C202机组的复产抢修中，该班组克服了时间紧、任务重、人员少的困难，在约定时间内出色地完成了任务，确保了机组的如期投产。在机组复产时期，该班组又遇到了不少难题，但大家迎难而上、集思广益，最终顺利攻关，各自的业务技能和操作水平也均得到了提升。

在武钢的这些年里，陈玉乐在制度建设、技能提升、安全管控、质量管理方面下苦功夫，带领班组出色完成业主托付的各项任务，C202班组也因此成为作业区的榜样。今后，他们将继续努力，加强班组管理、持续自我提升、时刻落实好各项安全管理措施，让中冶宝钢的品牌旗帜在武钢一线高高飘扬。

（揭 靓）

35. 甘当高炉用气的护航人

——记中冶宝钢协力分公司高炉空压站班组

在巍峨矗立的高炉旁，在绿树掩映中，藏着这么一支队伍，他们操作和监控着宝钢股份宝山基地炼铁厂高炉喷煤动力空压机，为4座高炉正常生产提供稳定、充足的压缩空气，他们就是高炉稳定顺行的护航人——中冶宝钢协力分公司高炉空压站班组。

轰鸣的空压机，为高炉出铁、泥炮生产、高炉煤枪以及各类气动设备的操作等提供充足、洁净、稳定的压缩空气。机组运行的稳定与否直接关系到高炉能否正常生产，一旦空压机“罢工”，就会引起高炉减风，甚至休风事故。高炉空压站班组就是监控空压机运行的“眼睛”，维护空压机运行、高炉稳定顺行的护航人。

该班组全体成员深知肩负责任的重大。自加入这个团队以来，班组成员始终团结一致、兢兢业业。这些年来，该班组成员以“保空压站平稳运行”为己任，精细操作、精心维护保养设备，连续18年有力保障了高炉正常生产，得到了宝钢股份宝山基地炼铁厂的高度肯定。

该班组常年争创优秀，曾荣获2005—2006年度上海市“文明班组”，上海市“五一巾帼奖”标杆班组、红旗班组等多项荣誉。“铁打的营盘流水的兵”，该班组经历了一批又一批老员工光荣退休，而后继者也传承了这份荣誉并发扬光大。目前，该班组员工平均年龄40余岁，仍一如既往地延续着前辈的优秀传统：保持整齐洁净的机房工作环境，把操作室当家来美化爱护，有效地做好机组精细化维护。

刘亮是该班组班组长，他个头不高、敦厚老实，平时话不多，却是班里贴心的“老大哥”，是作业长不可或缺的“好帮手”。刘亮自担任班组长以来，数年如一日，兢兢业业、一丝不苟、任劳任怨。对现场人员安全、生产、设备、作业等第一手资料熟稔于心的他，擅于通过合理安排及协调促进班组各项工作的提高。2020年，该班组出色地完成了1—9月高炉生产用气供气任务，没有发生高炉休风、减风事故。身为班组长的刘亮，始终以高标准严格要求自己，正确对待个人得失，不事张扬、爱岗敬业，做好各项工作。在刘亮的带领下，班组实现了生产业绩与文化建设的双丰收，荣获2008年协力分公司“先进集体”称号、2009年协力分公司“标杆班组”称号、2018年“特色班组”称号等。

工作上，刘亮以身作则，严格要求自己；生产中，刘亮身先士卒做表率，克服种种困难，发挥模范带头作用。2020年，恰逢高炉炉况不稳定，用气量骤增，刘亮能够想生产所想、急生产所急，舍小家顾全大局，主动加班、连班，带领班组成员精心操作，维护设备。班组中，他组织组员加强设备巡视点检，对故障隐患及时督促整改，确保了高炉的正常用气，得到了高炉分厂的好评。

作为班组的“老大哥”，刘亮了解班组每位员工的工作、家庭、健康状况等基本信息。平时，他一有空就和员工沟通、谈心，掌握员工的思想动态，及早干预、帮助教育、引导纠正。他以班前、班后会为平台，通过掌握班组人员出勤信息、精神状态、作业内容等，及时自查纠偏，使班前、班后会内容更加饱满。同时，刘亮改进了千篇一律的工作记录，实现班组准确交底。在班组微信群中，刘亮始终与班组成员保持实时互动，除了落实上级布置的重点工作外，还时刻提醒员工生产中的安全要点、作业维护中的操作要点等，同时更加直观地了解班组成员的工作和生活动态。他深知“打铁必须自身硬”。为了更好地带动班组成员进步，刘亮利用闲暇时间认真学习空压机相关知识，努力钻研新知识、新技术，不断提高自己的业务技能、管理水平，提高自身综合素质，努力将班组的各项管理工作带上一个新台阶。

只有员工用真情互动执行，班组长以真心融入班组，才能当好高炉稳定顺行的护航人，才能实现企业的长治久安和可持续发展。

（陈树民）

36. 创新创造价值 以实干笃定前行

——记中冶宝钢第三分公司轧运检修队运输部作业区赵连高班组

赵连高班组是中冶宝钢第三分公司轧运检修队运输部作业区的精英班组，主要负责宝钢股份宝山基地成品码头港机行车的机械常规检修及日常保驾，参加过原料码头与成品码头港机拆除、浦钢喷煤拆除、码头库行车改造、厚板堆场AB跨自动化行车改造等项目。该班组共有成员8名，工种涉及焊工、起重工、电工、钳工、行车工、叉车工。这支精干的队伍，多年来活跃在宝钢股份宝山基地设备检修前线，连续多次被评为宝钢股份设备部“信得过班组”及“竞赛优秀班组”。

赵连高班组在得到认可的同时，并没有停下探索的脚步，而是不断完善班组精细化管理，通过多种途径，达到增强员工素质、提高服务效率、提升客户满意度的目的，尤其是在检修成本控制、技能练兵、安全文化建设等方面开展创新，取得了不错的效果。

赵连高班组以“高质量、高水平、高效率”为管理目标，动员每一名组员发挥聪明才智，攻克技术难关。成品码头是宝钢股份成品件输送的喉舌，每天都有大量热卷、冷卷、板杯、宽厚板等成品件在这里完成交运。由于使用频次高，码头的很多吊梁、夹具都需要频繁保养、分解、探伤等，班组的作业负担很重。按照以往的经验，检修过程中需要行车和叉车的配合，有时还需要倒链配合拆除交叉作业，会给人员调配和安全管理带来诸多不利影响。为解决这一难题，赵连高班组与业主方共同探索，从提出设想到研制完成全程参与，成功研制出一套吊梁分解装备。该装备配有液压升降系统，能适应多种吊梁的摆放，还配有边钩液压升降装置。现场实践证明，吊梁分解装备的使用可大幅减少人员投入、提高检修效率，同时消除安全隐患，降低作业风险，得到了业主的肯定。

随着宝钢股份智慧制造产业的发展，赵连高班组的检修区域迅速扩大，随之而来的是一项全新的业务——智能化行车的检修，这给班组带来更多的机遇，同时也让班组管理面临全新的挑战。宝钢股份行车分布点多面广，大量行车需要后期整改，工作量与日俱增，如滩涂一期78号行车由于设计缺陷，大车东侧检修难度非常大，存在较大安全隐患，有些项目甚至无法施工，给班组造成不小的困扰。面对困难，赵连高没有退缩，多次组织现场论证，提出多个优化方案，最终在业主的支持下，通过在行车上增设检修平台打破了安全和技术瓶颈，给行车检修工作带来了极大的便利。

没有创新就没有进步，赵连高班组成员虽然学历不高，经验也不如资深的前辈丰富，但他们在实际工作中不断创新，汇聚集体智慧，大胆开展科技攻关，以最小的成本创造了最大的价值，为保证业主生产的稳定顺行而不懈努力。

（张　柳）

37. 飘扬在精炼区域的一面旗帜

——记中冶宝钢第四分公司转炉精炼作业区精炼日班

班组作为企业最基本的生产单位，是企业经济活动的细胞。班组管理工作直接反映了一个企业的管理水平。中冶宝钢第四分公司转炉精炼作业区精炼日班便是这样一个优秀班组，曾荣获2018年、2019年湛江钢铁“优秀班组”称号。

提升安全意识，强化安防措施

该班组的一天是在“安全第一、违章为零”的口号声中开始的。每天早晨安全交底时，班组长宋学远都会和班组成员分享安全日历中的违章案例，结合本作业区的实际情况举一反三。同时，该班组经常利用午休时间学习安防小知识。每一季度的危险源辨识活动、每年的消防安全演练，班组成员都会踊跃参加。安全知识的积累，让该班组从作业区危险源辨识到消防安全知识学习等各个方面的安全素养都得到了全方位、立体性提高，实现了从“要我安全”到“我要安全”的思想转变。此外，班组长常常鼓励班组成员积极参加安全知识竞赛，在2020年由浙江自立举办的安全知识竞赛个人赛中，班组成员李振文获得了第一名。

合理协调工作，提高作业效率

该班组主要负责13个上部槽、15个下部槽、10个热弯管耐材的解体与砌筑工作。面对3个RH（真空循环脱气精炼法）在线位不定时下线的真空槽，如何合理安排工作，调整上下部槽修筑顺序，提高作业效率，一直考验着班组的综合能力。宋学远在动员员工的同时，积极向作业长反馈情况，与业主协商达成了用新槽处理硅钢等易损耗耐材钢种的意向，并与四班沟通适当增加浸渍管喷补次数，以达到延长在线时间的目的，不仅可以节省耐材，还可以有效降低日班的作业强度。当遇到转炉炉修等支撑任务时，为了在人员紧缺的情况下完成本职工作，宋学远组织大家在进行支撑任务前，集中力量修补耗时较长的上部槽热弯管；在支撑任务时，利用少量人员完成下部槽挖修砌筑，保证了真空槽的对接数量，做到了支撑、履职两不误。

积极培养新人，提升作业水平

班组的发展离不开新生力量的加入，该班组根据师徒带教制度实行“一带一教”策略，从了解作业过程、辅助作业到自主作业，逐步提高新人的作业水平。在分配作业任务时，新员工会与优秀员工一起作业，在实践中查缺补漏，提升自己的作业水准。每月两次的岗位规范学习活动，该班组做到了理论与实践的深度结合。班组成员互帮互助、扬长补短，班组作业水平不断提升，获得了一个又一个的荣誉。班组成员杨显国更是荣获湛江钢铁2018年“最佳实践者”称号。

中冶宝钢第四分公司转炉精炼作业区精炼日班始终坚持“安全第一、

违章为零”的奋斗目标，班组成员互帮互助、攻坚克难，出色地完成了业主委托的各项任务，得到了业主的高度赞扬。今后，他们仍将继续努力，不断提升技能、安全生产、质量管理水平。

（李常河）

38. 我爱我的班组

——记中冶宝钢工业公司运转一车间轧一乙班

班组是企业的细胞，是企业的基石，是企业员工的小家。我是中冶宝钢工业公司运转一车间轧一乙班的一名库位工。在这个和谐融洽的“家庭”里，班组成员相互学习、相互帮助、相互促进，拥有和谐美好的氛围。我爱我的班组，更爱班组里的兄弟姐妹。

说起来你可能不知道，我的班组是工业公司一个特殊的班组，是当之无愧的“井冈山”班组。班组创建于2002年，是工业公司成立初期建立的第一批四个班组之一。我们班组成员每每谈及此事，内心都无比自豪，涌起无限的激情。班组中现有员工9人（男性6人、女性3人），都是操作行车的行家里手，其中，高级工4人、中级工2人、初级工3人。我们班组还曾荣获工业公司百日安全劳动竞赛“优胜班组”称号。

我们班组是最团结的班组。班组兄弟姐妹之间有亲情、友情和同事情。在和睦相处的氛围里，我们在工作上互相帮助，班组长朱建忠像大哥一样关心指导着我们，带着大家共同进步，帮助大家养成良好的互助习惯。

我们班组是最温暖的班组。班组成员之间经常互相来往，谁家有人生日、谁家有喜事、谁家有困难、谁家有孩子升学等，大家都会去帮忙。温暖融洽的氛围不仅带动了大家的工作积极性，还激发了团队热情，更是支撑班组和每个人不断进步与奋斗的强大动力。

我们班组是最能干的班组。班组承担着宝钢股份宝山基地冷轧厂2030单元中最繁忙的行车作业任务，每天的作业量平均在400卷以上，最高时可达到600卷。随着宝钢股份钢制品技术的开发，新产品的品种逐渐多样化，特殊品种的钢卷吊运质量直接影响着产品的合格率。对此，全体员工认真对待、精细作业、探索方法，完成了2020年全部产品安全吊运，未发生一起质量吊运异议，确保了产品流程在原料库环节的作业安全，并获得宝钢股份宝山基地制造部、冷轧厂的多次嘉奖和表扬。

我们班组是最爱学习的班组。班组成员通过积极学习消防、无人化、作业物流等各种知识，提升日常作业含金量和技能水平。大家经常利用休息时间自发参加各类培训，因为我们都明白学习不仅可以增长知识、提升技能、保障安全，更是成为学习型班组不可或缺的前提。

作为工业公司最早创建的班组之一，在班组成立的数十年间，我们对企业保持着高度的热情和忠诚。我们见证了工业公司的逐步壮大，见证了工业公司的转型发展，见证了工业公司综合实力的持续提升，见证了工业公司从单一的行车操作到“管用养修”专业化转变的历程。回顾一路走来付出的艰辛与汗水，我们感到无比骄傲和自豪。

展望未来，我们信心十足、斗志满满。我们会在班组长的带领下奋勇前行。我们相信，在全体员工的努力下，这个由班组“小家”汇聚而成的“大家庭”——中冶宝钢，将会发展得越来越好，迎来最美好的明天。

（龚彦新）

39. 我们的班长我们的班

——记中冶宝钢第四分公司皮景亮班组

班组是企业的基石，是基层培养人才的基地，班组建设工作的好坏直接关系到企业的生存和发展。中冶宝钢第四分公司皮景亮班组成立于2014年，是随着第四分公司一起成长与进步的班组。该班组隶属于电仪队仪表作业区，经过多年的发展，班组现有成员6人。承担湛江钢铁炼铁、炼钢、冷轧区域仪表设备的检修、计量、校验与维护任务以来，班组始终把人才培养中的“传帮带”精神作为班组发展进步的核心，为第四分公司培养了许多优秀的技术型人才。同时，班组不断在工作学习中提升能力，做大做强，为其他班组树立了优秀的榜样。

严于律己更严于律人，皮景亮就是这样一位师傅。皮景亮于2008年加入中冶宝钢这个大家庭，并一直在宝钢股份宝山基地工作。2014年，他果断前往湛江第四分公司支撑湛江钢铁业务。一切是新的开始，此时的他目标只有一个，就是像师傅教他那样，为公司培养优秀的基层仪表调试技术人才，为公司在湛江钢铁仪表调试检修业务打下坚实的基础。

从此，皮景亮开启了他的师徒带教生涯。他告诉徒弟，刚参加工作时，他也是什么都不懂，但是他没有放弃学习，积极参加公司组织的培训，通过自己的不懈努力，取得了电子皮带秤、测宽仪、电导率计、pH计、压力检查系统、二次检测系统、分析仪、张力仪等一系列仪表计量校验资格证书，并取得了电子高级证书。他还教育徒弟："万事开头难，只要肯下功夫，花时间钻研，没有什么可以成为你的绊脚石，但前提是你要勇敢地跨出第一步。"在耳濡目染下，徒弟也积极投入提升能力、展现价值的事业中。

仪表检修，不仅要参与现场的调校，还需要上传相应的校验记录至业主系统，经审核通过后才算完成。凭借多年的仪表调试、计量、校验经验，皮景亮的现场故障处理功底非常扎实，帮助业主解决了许多现场突发问题。例如，2020年3月17日，炼钢1号转炉文丘里电缆信号故障，作业区接到抢修通知后，立即派人前往支援，皮景亮总体负责。文丘里电缆承担煤气回收作业的供电，一炉煤气价值10万元，如果不能及时抢修成功，煤气就会以放散的形式处理掉，这将直接影响湛江钢铁的正常经营，并间接污染环境。然而经过多次更换抢修，仍无法解决文丘里流量信号波动大的问题。迫于形势，皮景亮在反复回想作业经过后，提出在电缆头部加装隔离器屏蔽干扰信号，但实践证明并无效果。于是，他联想到最后几次检测到的信号高度相似，推断是电缆本身存在问题。经过与业主协商，在临时更换了其他库区的双屏蔽电缆后，文丘里流量立即恢复了正常。此次故障处理得既及时又成功，给业主挽回了经济损失，同时有效地减少了污染排放，得到了业主的一致好评。

正是靠着班组长良好的带头作用与班组成员间的互信互助，该班组才屡次在湛江钢铁仪表调试检修项目和技能比武中取得不俗的成绩，得到了业主的认可与赞赏。

此外，皮景亮班组积极参与公司的技术与创新活动。2016年，该班组的“降低测温故障时间”获得了QC发布成果三等奖，实现了副枪导线更换时间由55%降低至30%，为业主创造直接经济效益达23.04万元。2018年，该班组发布了“雷达料位计工装工法”成果，大大缩短了雷达料位计校验时间。以球团为例，校验雷达料位计的效率提升，填补了目前湛江钢铁雷达料位计校验装置及方法的空白，赢得了业主的好评。同时，通过工装工法成果申请专利，不仅增强了企业的竞争力，也提高了班组的创新能力。作为班组长的皮景亮获得了多项荣誉：2014年宝钢股份仪表工比武单项第一名，2015—2016年度“优秀带教师傅”，湛江钢铁设备部2017年电工比赛常规电工项目第一名，中冶宝钢2019年领军人才，2019年宝钢股份检修单位技能比武第二名等。除此之外，皮景亮还不忘提升个人素养，利用业余时间成功取得了大专文凭。他的事迹和精神激励着组员不断创新与进取，为公司的发展贡献力量。

安全是生命的保障。皮景亮班组负责炼钢石灰、球团区域的电子皮带秤标定和维护。这是一个非常特殊的检修项目，一旦发生事故，伤残率就会很高，因此，作为班组长，他把安全看得比什么都重要。在每个月的安全月度会上，他会回顾各类事故发生的原因，总结经验教训，同时针对班组本月是否有违章行为进行通报学习与反思。班组人员的安全意识和反违章意识由此得到了有效提高。

“宝剑锋从磨砺出，梅花香自苦寒来。”皮景亮从踏入中冶宝钢的那一刻开始便贯彻这一信念，一步一个脚印，不断学习进步、精益求精、以身作则，带动整个班组为湛江钢铁的仪表设备保驾护航，多年来未发生一起事故，安全与质量均得到了业主的肯定与赞许。今后，皮景亮将继续带领班组圆满完成业主交付的各项任务，传承“严于律己更严于律人”的“传帮带”精神，为公司未来的发展培养更多的人才，创造更大的价值。

（陈家爽）

40. 凝聚青春力量　吹响品牌号角

——记中冶宝钢第三分公司冷轧设备检修队宝日运抢乙班

宝日运抢乙班是在中冶宝钢第三分公司冷轧设备检修队中负责宝日汽车板区域运抢一体化的大班组，其11名组员中有9名是“80后”。这支充满青春活力的大班组，曾荣获宝钢股份“信得过班组”“最温馨休息室”称号。苏路作为这个年轻的“80后”班组的班组长，带领着10名组员承担了宝日区域所有日修、保驾及设备点检维护业务，在出色完成定修、抢修、巡检任务之余，还积极参与设备改进，提出安全本质化建议。这支朝气蓬勃的年轻团队，齐心协力将青春的力量发挥得淋漓尽致，以积极乐观的心态应对每一天的挑战。

青春信念，越挫越勇，敢于冲锋陷阵

该班组中作为公司级专业领军人才的张文年，不管是各机组设备工艺原理深度，还是检修专业水平，都深得业主的认可和信赖。尤其是在承接机旁检化验和过跨小车业务后，张文年带领着大家穿梭在各个机组之间。他凭借着丰富的工作经验和过硬的业务能力，对U弯机的故障处理、冲圆片模具刀片改进、剪板机刀片角度倾斜技术改进等设备难题，寻找症结，积极改造与创新，取得了很好的效果，充分彰显了中冶宝钢领军人才的智慧与实力。

班组中的“80后”成员凭着过人的勇气，在遇到难以克服的设备故障时，与点检并肩作战，共同寻找症结，整理出故障手顺书，编入故障分析案例并形成培训教材。同时，对于各机组废边卷球机边丝故障频发的情况，他们立即成立攻关小组与责任点检共同探讨，对废边卷球机卡抓进行

改良，将原有“锥边棱角锋利型”改为“无锥头型”再到“锥边棱角圆弧型”，成功地解决了废边卷球机边丝故障。

青春力量，建立大数据平台，合力保生产

该班组根据每日设备运行状态，随时调整组员的作业计划，他们日复一日、年复一年，从早间7：30的交班到集中检查工作证件、整理工具包、分配工作任务，如今班组的日常工作时长已远高于一般工作时长。班组合理运用自身优势，建立大数据平台业务，通过统计分析各机组设备的运行状态，精确到每个设备发生的故障频率，查找故障症结，摸索解决故障的处理方法，不断分析、总结，形成设备故障趋势图，最终将设备故障自行处理率提升到95%以上。这支“80后”班组凭借自身智慧和吃苦耐劳的精神，充分发挥青春力量，稳扎稳打，合力保生产。

青春责任，完成时代赋予的使命

在业务上，该班组始终坚持走在技术创新工作的前沿，利用技术开发自主攻关等方式，对原有30吨液压拉马无法对机组转向辊轴承宽度过大进行拉拔的问题进行优化改良；对机旁球冲机行程中人工误操作和剪板机刀片剪切不同规格样品角度倾斜等项目实施程序进行优化改进；对能介区域含油涡凹气浮管路易堵塞情况进行工艺技术改造。其中，“降低冷轧厂C612机组开卷机检修作业风险”的自主管理（JK）成果发布，被宝钢股份评选为优秀课题，是中冶宝钢唯一的参赛成果。同时，撰写发明专利、核心期刊和技术开发项目《冷车区域设备检修关键技术研究与应用》和《钢铁冶金设备维修成套技术》（冷轧分册）通过中冶集团成果鉴定。

“海阔凭鱼跃，天高任鸟飞”，青春赋予一切生命的力量。中冶宝钢第三分公司冷轧设备检修队宝日运抢乙班脚踏实地、勇挑重担、肩负使命、敢想敢做，挥洒青春的热情点燃生命之火，不断开拓与创新。吹响冲锋的号角，用青年人的肩膀扛起责任，助力企业发展、共筑企业未来，他们是认真的！

（方立芹）

41. 我和我的班组

——记中冶宝钢第二分公司新员工盛金波和他的班组故事

2019年冬季，我离开母校，经过一段时间的实习，正式入职中冶宝钢，并从此与我的班组结下了不解之缘。

初入新城，我带着对新生活的憧憬与好奇，怀着满腔热情暗下决心：第一份工作一定要好好干，不给以后留遗憾。入职后不久，我加入了班组，也正式开启了自己的职业生涯。时光荏苒，我渐渐觉得班组就好比自己的另一个家，“家”里不仅有顶梁柱，还有很多如长辈一般的老师傅。他们带着我一起学习、一起进步、一起讨论工作生活中的大事小事，共同克服种种困难。通过与“家人”的朝夕相处，我越来越感受到这个大家庭的温暖以及“家人”对工作的热爱。

依稀记得有一回遇到了设备故障，班组长带领大家准备更换新设备，我试着抬了下新设备，十分沉重。我心想，这么重的设备怎么装到那么高的地方呢？此时，班组长已经在给师傅安排任务了，大家分头行动，先用电动起重工具将新设备吊起来，再齐心协力将它抬上机器安装，最后由班组长亲自为新设备输入参数。其间，大家分工明确，很快就完成了任务，全程没有一丝拖泥带水，第一时间让设备恢复了正常运转。事后，班组长还教了我们如何给新设备设置参数，并和我们一起讨论了此类突发事件的处理方法，总结不足之处和改进措施，让我对班组工作有了进一步的认识。

学习进步是我们班组永恒不变的主题，汲取新的知识、掌握新的规章制度、了解新的安全规定、巩固各种特情处置是我们的首要任务。为了让新人尽快掌握应对特情的处理方法，班组举办了一次“特情处理方案演习”，我有幸担任了“事故处理人”。第一次在众目睽睽下和班组长一起演习，我特别紧张。演习内容是触电事故的处理，班组长躺在地上扮演“触电者”，由我进行最基本的事故处理演示。我按照之前学习的内容操作，首先关闭总电源，其次模拟人工呼吸、心脏按压，最后以最快速度拨打应急电话……此次演习让我在学习中模拟、在模拟中巩固，通过一次简短的演习强化了“安全第一”的理念，让我明白了无论何时何地都要注意身边的危险源。我们班组定期组织的此类学习，不断激发我的学习热情，也让我感受到了自己所处的班组是个热爱学习的班组。作为这个“家”里的一员，我倍感骄傲，它潜移默化地激励着我，催我奋进。

不知不觉间，我入职已三年有余。在班组这个大家庭中，我也慢慢从一个什么都不懂的“小白”变成技术能手。工作中，我和班组的同事互相帮助；生活中，我们互相关照，其乐融融。我的班组时刻温暖着我，给予我奋斗的力量。我愿和自己热爱的班组共同进退，更期望我的班组有一个美好的明天和未来！

（盛金波）

42. 师徒同协力　严把质量关

——记中冶宝钢第三分公司技改项目部综合班组邓祥虎师徒

中冶宝钢第三分公司技改项目部综合班组主要负责宝钢股份宝山基地全厂的技改项目。在无水氨球罐及充装区域升级改造项目、冷轧厂C309彩涂机组炉子RTO（蓄热式氧化炉）改造项目、炼铁区域除尘器超低排放达标改造工程（标段2）等千万级大项目中，该班组留下了傲人的“战绩”。

2017年，新员工高扬扬加入了这个老牌班组，开始了他的焊接求学路。他的师傅邓祥虎是一名焊工高级技师，师徒二人也由此结下了一段不解之缘。在高扬扬眼中，师傅邓祥虎在处理现场“疑难杂症”时，总能抽丝剥茧、化繁为简；生活中的师傅待人实在、热情，而在工作中很“较真”。师傅邓祥虎有自己的施工原则：过硬的技术、认真负责的态度缺一不可。

为了让高扬扬在最短的时间内练就过硬的技术，邓祥虎不仅白天带着高扬扬跑现场，晚上督促他认真总结、消化、做好笔记，还抽空带着他进行焊接训练。高扬扬觉得每天的工作都很充实，焊接技术也一天比一天好。

随着工作的不断深入，高扬扬发现，只提升技能是远远不够的。2020年上半年，高扬扬随班组一同参与了宝钢股份冷轧厂C309彩涂机组炉子RTO改造项目。作为第三分公司首个在线改造工程样板工地项目，领导给予了高度重视。由于该项目焊接量大、焊接要求高，现场采取了高要求、严管理的模式，将特殊工种施工人员的信息对应生成二维码张贴在焊口部位，形成人对点的“质量终身负责制”。

该班组在对高空平台区域煤气管道进行更换时遇到了难题，“这里空间狭窄，行车过不来，就连吊车也很难施展开来，因此要求两根管道焊接时不能出现一点偏斜，否则对接时可能会出现严重问题”。面对眼前这个艰巨的任务，师徒二人并没有退缩，他们系紧安全带，蜷缩在距离地面20余米的狭小空间里，进行着“光影艺术”。焊接的管道很粗，师徒二人全程专注，此时的世界对他们而言，只有“吱吱吱”的电弧声。高扬扬在邓祥虎的指点下，焊接技术有了精进。每次焊接完后，邓祥虎都会让高扬扬反复检查每一个焊口，因为保证质量才是根本。终于，在他们的共同努力下，管道对接一次性顺利完成，无损检测拍片合格率达100%，师徒二人精益求精的表现得到了业主方的高度认可。

工作中严如师徒，生活中情同兄弟，虽然师徒二人偶尔会出现意见上的分歧，但并不影响他们的感情。从无话可谈到无话不谈，高扬扬的成长之路上有了师傅邓祥虎的陪伴，少走了许多弯路。从邓祥虎身上，高扬扬不仅学到了焊接技术，也被师傅务实的工作态度深深影响着，师傅常说的“就算技能再好也要有一颗负责任的心”，便是高扬扬的座右铭。

（冉　卓）

43. 以管理者“结对子”夯实现场基础安全管理

——记中冶宝钢工业公司运转二车间无缝作业区作业长刘培亮

为切实强化管理者对基层安全工作的指导和支撑，明确工作标准，压实工作责任，夯实现场基础安全管理，实现“降违章、遏事故”工作目标，公司开展了管理者“结对子”工作。中冶宝钢工业公司运转二车间无缝作业区作业长刘培亮积极贯彻落实相关要求，扎实开展管理者“结对子”工作。

▌讲安全、提素养，提升班组管理

刘培亮积极参加列队交接班，关注员工精神状态，了解班组整体精神面貌，观察班组长交接内容是否遵循指导书进行，宣讲当班重要危险源管控措施，通报典型案例以提高员工安全意识。作为作业长，他规范交接班列队要求，提升员工精神面貌。通过班组长交接，了解列队行走情况，查找班与班的差距并取长补短。他对列队较差的班组实时提出改进建议，并验证。针对结对考核较多的班组，及时与班组长沟通交流，帮助班组长分析问题出现的原因，交流心得传授经验，协助班组长提升班组管理水平和班组的凝聚力。

▌查作业、听建议，强化工作执行

宝钢股份98号文件和45号文件下发后，员工在班组会议上提出管坯库区的封顶高空作业，因管坯库料长短不一，检验工封顶上下库位时要借助棒材凸出的位置攀爬，落脚较困难，存在高处临边的安全隐患。封顶顶部高2.3米，属于高空作业，因为现场装备有限，所以无法使用安全带。对此，刘培亮组织作业区开展行为观察、现场调查和验证，并利用班组会充分讨论、集思广益，对这个存在几十年的问题进行了处理。通过调查现场作业，传达安全制度文件，听取员工安全建议，解决了作业区封顶作业登高方式、管坯台架拔料撬棒规格两个典型隐患。自管理者“结对子”工作开展以来，班组总违章率下降9.7个百分点，同类作业违章率下降8.1个百分点。

拉家常、聊心声，加强情感融合

刘培亮常常利用午休时间跟员工拉家常，融洽班组氛围，使员工能敞开心扉、积极主动地与他进行沟通。他关注员工在工作上遇到的难题、生活中出现的困难，通过谈心的方式了解班组员工心态变化，有针对性地帮助作业区员工解决困难。他帮助作业区女工解决了更衣室合用的问题，新的更衣室很快就落实并投入使用。

在新冠肺炎疫情影响下，各行各业就业压力大幅增加，大学生流失情况加剧。对此，刘培亮定期组织座谈交流，传达外部就业形势，促使员工转变思想，端正工作态度，成功挽留一名打算离职的大学生，有效缓解了一线人员的流失情况，保证了现场的安全生产。

开展管理者“结对子”活动，能推动管理者扎扎实实深入班组，增加了管理者与现场员工的羁绊，让管理者能倾听到基层的心声，更深入地了解和把握队伍的状态，使作业长更有效地融入现场、服务现场、贴近员工，使管理者与员工缔结出默契、情感，自上而下地实现整个队伍的稳定，实现长期安全、持续顺行的生产目标。

（冯全芳）

44. 勇攀高峰创佳绩　砥砺前行展英姿

——记中冶宝钢重机分公司特种车辆厂安装班

中冶宝钢重机分公司特种车辆厂安装班是专业制作冶炼大物流特种车辆的班组，现有成员14人。多年来，该班组制作的产品遍布各地、声誉尽人皆知，曾荣获全国“安康杯”竞赛优胜班组、上海市团队创建特色班组，并多次荣获中冶宝钢“先进班组”称号；班组创建的QC成果“提高380吨铁水车走行机构组装工效”荣获2018年度全国冶金建设行业一等奖。该班组的目标是向“五矿百强班组”的荣誉拼搏。

▌匠心独具，厚积薄发，勇攀高峰创佳绩

自“中冶重机”品牌创建以来，该班组共完成了500多台特种车辆的制作安装，包括35–110吨全系列抱罐车200余台、380吨铁水车18台、澳森钢铁200吨铁水车40台，出口韩国、刚果（金）等亚非国家21台。其中，380吨铁水车已成为行业旗舰车型，“中冶重机–江铜版”新型抱罐车实现国产化。

此外，作为一线员工，他们在生产过程中并不是蛮干，而是勇于探索，积极将多年总结的宝贵经验转化成提质增效的工作指南。集班组全员智慧之大成的“大吨位铰接式抱罐车制作工法”获省部级奖励，提出的30余条“五小”合理化建议均被采纳，由班组设计制作的“360度全尺寸可调节轴套工装”通过国家专利申请。

▌履职尽责，勇于奉献，砥砺前行展英姿

班组长苏峰旗带领班组创新的“流水线工作法”，以生产的“天天读”和“5+X”工作法为基础，结合“5+2”“白+黑”的奉献精神，在澳森钢铁200吨铁水车项目中开创了每周总装1台的历史神速。该班组围绕安全生产、环境保护、降本增效、质量提升建立管理对标意识，推进管理创新“以人为本、安全生产”理念，全方位检查和整改隐患，树立“零违章”和环保意识；始终坚守“质量敬畏与质量操守”，确保产品质量让用户满意，在石横特钢9台260吨铁水车项目中，首创史上要求最严的批量下线无一漏油的高质量装配实绩。该班组提倡“实践中出真知”，提升设计质量和装配效率，为公司提质增效做出贡献。

▌多措并举，攻坚克难，成绩卓著创品牌

面对新冠肺炎疫情带来的影响，该班组统一思想、共克时艰。班组长苏峰旗身先士卒，带领班组员工克服多重困难坚守在生产第一线。该班

组始终坚持每天严格执行测温、消毒等各项防疫规定动作，全方位无死角阻隔疫情影响，顺利实现了达产履约。2020年以来，该班组已圆满完成83台特种车辆的装配下线任务，包括出口欧洲的80吨铰接式抱罐车以及出口韩国的60吨铰接式抱罐车。在面临鲁中物流24台260吨铁水车和三宝钢铁6台130吨宽体新型铁水车的装配任务时，虽然任务繁重密集，但是班组员工齐心协力、拼搏奋进，挑战了有史以来的生产最高峰。对于业主遇到的困难，他们又承担起“钢铁医生”的职责奔走在各大钢厂，为业主排忧解难，执行各项维保任务。

班组长苏峰旗还是一名优秀的共产党员，在他的示范引领下，大家始终紧跟公司发展步伐，充分发挥班组战斗堡垒作用。他们秉承“产品+技术+服务”的工作理念，为“中冶重机”品牌影响力的提升、“冶金大物流装备制造”事业的蓬勃发展砥砺奋进，将“中冶重机”品牌擦得更亮，让市场延伸得更远。

（董　梅）

45. 怀匠心　践匠行　铸匠魂

——记中冶宝钢重机分公司特种车辆厂液电班班组长朱政华

初心在方寸，咫尺在匠心。真正的匠人能始终在喧嚣中坚定地保持一份内心的宁静，坚守一颗初心。

少年怀梦渐成才

穷人的孩子早当家。朱政华16岁就在汽车修理店当学徒，自己带米带油，也没有酬劳，凭借着过人的天赋和吃苦耐劳的作风，他3年便出师了。2007年，朱政华成了中冶宝钢重机分公司特种车辆厂一名员工，之前积累的相关工作经验让他很快脱颖而出，并逐步成长为骨干、班组长和“领军人才”。如今，年近40岁的他已是厂里的“元老级”员工了。一路相随，朱政华见证了“中冶重机”品牌的创立和发展。其中，由他参与完成的各类车型中已有近500台（套）成功下线，包括两大主流产品35–110吨全系列抱罐车200余台、80–380吨全系列铁水车90余台，380吨铁水车已累计制造18台，出口至菲律宾、韩国、印度、刚果（金）、塞尔维亚等多个国家的产品23台。二十载奋进不辍，他怀揣梦想，为“中国制造”奏响华丽的乐章。

在班组长朱政华的带领下，中冶宝钢重机分公司特种车辆厂液电班组荣获2016年度全国“安康杯”竞赛“优秀班组”称号、2013年度上海市团队创先“特色班组”称号、中国五矿2017—2018年度“百强班组”称号。朱政华也7次荣获重机分公司“双文明先进个人”称号。

匠心闪烁展风采

2018年5月30日，在CCTV–2《第一时间》栏目播出的一期《匠心英雄》节目中，专题介绍了朱政华在380吨铁水车项目中，带领团队攻坚克难、彰显出新时代工匠精神的事迹。

在首批9台车的制造过程中，朱政华先后攻克了回转轴承安装、转向拐臂定位、6轴线同步转向调直、发动机分动箱组装、支架定位焊接等装配难题，创立了生产上的“5+X”工作管理法；实现了完美履约及现场连续满负荷运行200多天无故障，为“中冶重机”品牌铁水运输车树立了良好的口碑；助力与山钢的再次携手续约，至今共有18台铁水车服务于山钢现场。

“你若盛开，蝴蝶自来。”随着“中冶重机”品牌铁水车的美誉不断，与韩国群山钢铁、大韩制钢，塞尔维亚紫金波尔等陆续签约，国内澳森钢铁、石横特钢、鲁中物流等批量铁水车订单纷至沓来，尤其是石横特钢项目，是迄今为止对验收要求最严苛的项目。面对挑战，朱政华带领的班组以精品智造及优质服务，获得业主方高度赞誉，再次登上铁水车制造技术和管理的高峰。

工匠精神传薪火

在观看了公司于2020年举办的“礼赞·中冶宝钢品牌人物线上直播朗

诵会”后，朱政华感慨道：“李伟伟、陈忠、彭军三位品牌人物都非常值得我在工作和生活中学习。疫情后全面复工复产让我有一份稳定的工作和收入，这要感谢强大的祖国、伟大的党。我要更加珍惜岗位、感恩生活，进一步提高技能，管好班组，带好徒弟，尽自己一份力。”

作为一个“兵头将尾”的班组长，朱政华以勤恳的工作态度、无私的奉献精神、强烈的责任担当、严细的管理作风，提升班组整体综合素质、技能水平和工作效率。他在百忙中自我加压、学习提升、潜心钻研，360度全尺寸轴套安装工装、380吨走形支撑专用工装、空滤包箍制作工装、旋转焊接平台等10余个极具智慧和创造力的工装陆续诞生了。其中，380吨走形支撑专用工装获得了上海市发明专利。工作中，朱政华一边穿梭在台车之间，一边“传帮带”，不厌其烦地帮助同事解决各种难题。他充分发扬工匠攻坚克难、永不服输的精神，手把手地培养了张武、向俊、王杨等一批技能优秀的接班人，使得液电班这个团队充满青春昂扬的动力。

对于新入职的大学生，朱政华更是以亲身经历谆谆教导和激励他们。谭婷是一名新入职的女大学生，也是朱政华的新徒弟。刚入职的谭婷由于缺乏实践经验，经常有一大堆问题要向他请教。当看到谭婷一页页认真记录、字迹工整的笔记时，朱政华不由得联想到自己年轻时那股勤学善问的钻劲，他不厌其烦地为谭婷答疑解惑，亲自带她熟悉整个车辆管路的安装流程，剖析每道工序的原理以及机械操作的要领。“刚认识朱班长时，感觉他是一个宽厚温和的人，可是工作起来就会非常严格。”谭婷打心底敬佩这位技能精准、作风严谨的班组长。

匠心永驻再攀峰

时代在不断发展，技术在更新换代，只有充分储备专业知识，才能做到危急时刻站得出来、关键时刻顶得上去、攻关时刻拿得出手。多年来，朱政华带着一颗匠心追求技术创新，在兼顾工作和家庭之余，不断提升个人技能素养。在2018年4月的公司“千人计划”领军人物选拔赛中，朱政华名列前茅，获得中冶宝钢“领军人物”称号。2019年4月，他自费参加汽修技师培训，在生产高峰期放弃仅有的每周1～2天休息时间去学习。有时候，为了参加培训，朱政华早上6点就得起床，路上还要乘2个多小时的地铁，晚上六七点才能到家。一年多的时间里，朱政华坚持不懈，排除了新冠肺炎疫情的干扰，在2020年10月取得了汽车修理技师证书，专业技术水平再次得到了提升。

制心一处，无事不成。时间撒在哪里，哪里就会开花结果。以梦为马、不负韶华，面对未来，展望公司5年发展规划及宏伟愿景，朱政华将用奋斗驱动成功，弦歌不辍、匠心铸魂，照亮自己、点燃团队！

（晁川园　董　梅）

46. 我的班长我的班

——记中冶宝钢第三分公司焦化队煤焦作业区机动一班

韶华易逝，分秒如烟。不知不觉间来到中冶宝钢第三分公司这个大家庭已有两年多了。其间，我感受到了自己的成长与收获，还有班组前辈给予我的关心与照顾。在这里，我不仅学到了知识与技术，还学到了做人的道理与担当。

我的班组是焦化队煤焦作业区机动一班，何忠友是我们的班组长。人如其名，班组长为人忠厚朴实，待人友善。他带着安徽汉子特有的豪爽和细腻，黝黑的脸庞上总是挂着纯朴的笑容，相处起来让人非常舒服。记得2020年8月刚到班组时，我对这里的一切都很陌生，是班组长带着我熟悉工作环境，带着我快速融入班组，让我的心慢慢安稳了下来。相处得越久越能感受到他是一个值得敬佩、朴实无华却又闪闪发光的人。

他是一班之长，更是业务骨干。工作中的他总是一丝不苟，能吃苦、肯劳动、敢拼搏，不断提升自己的检修专业知识与技术水平。由于现场工作情况比较恶劣，作业地点多暴露在煤灰粉尘与油污的环境下，短短几个小时的作业下来，大家的身上都满是粉尘油污，但是大家从没有一句抱怨。来到班组后，让我记忆最深刻的就是2020年宝钢股份宝山基地四烧结年修。当时，我们班组已经连续工作了一个多星期，检修工作也已临近尾声，就在这时，棘手的问题出现了，因为齿轮的磨损和混合机筒体的轻微变形，大小齿轮齿顶间隙始终无法调整到位。就在大家一筹莫展的时候，班组长接过组员手中的塞尺站上检修平台，指挥大家慢慢开动电机转动混合机筒体，然后通过手拉葫芦慢慢调整小齿轮位置。一次次细微的调试、一次次精准的判断，让大家悬着的心慢慢放了下来。正值10月中旬，已经略带寒意，但班组长一阵忙活下来，上衣早已被汗水浸湿了。功夫不负有心人，经过一次次测量与调试，大小齿轮齿顶间隙终于符合要求了。这时天已经黑了，望着班组长那布满煤灰的笑脸，我们心中不禁涌出敬意。

这就是我们的班组长，他既是良师，也是益友。初来乍到的我，对现场的每个角落都感到陌生与好奇，但是安全措施限制了我探索的脚步。此时，是班组长在保障安全的前提下带着我熟悉现场情况，将危险源、工艺流程与技术方面的知识倾囊相授，有问必答，耐心讲解。渐渐地，生活中的班组长和我处成了朋友。我们时常一起吃饭、聊天。我尤其喜欢班组长那哈哈大笑的样子，他的笑容就像穿透云雾的阳光，照进我的心里，轻轻的、暖暖的。

何忠友是我的班组长，一个平凡中彰显伟大的产业工人；机动一班是我的班组，一个团结在一起不断奋进的大家庭。愿在未来的日子里，我们能乘风破浪、不断前行，让平凡的日子也能熠熠生辉。

（冯鑫宇）

47. 我们是“铁道游击队”

——记中冶宝钢协力分公司普铁班组

高温酷暑我能挡，冰雪寒潮我能扛。在繁忙的铁路上，你每天都能看到一支“铁道游击队”——中冶宝钢协力分公司普铁班组，他们传承“周辉”精神，在平凡的岗位上散发出道道光芒。

不断提高觉悟

黄建是普铁班组的一名老员工、老班组长，在班组管理上，他本着"耐心、细心、热心"的原则，稳步抓好队伍管理。他会及时解答员工在工作中提出的各种疑问，统一思想，并将思想教育同管理工作紧密联系起来。通过倡导团队协作，树立先导理念，帮助大家拓宽了视野，提高了思想觉悟，增强了责任感，工作的主动性和积极性得到了提升，最终超额完成各项生产任务。对班组中自我要求不高、缺乏上进心的员工，他会通过结对帮教，从思想上、生活上给予关心，使之逐步认识到自己存在的不足，自发地做出改变，在后续工作中建立积极向上的心态，并成为班组的生产骨干。如今，大家工作起来充满干劲、斗志昂扬，整个班组面貌焕然一新、活力十足。

不断强化安全

王巍负责普铁班组调车作业的安全工作，从上岗第一天他就认识到安全是调车作业永恒不变的主题，安全责任重于泰山。王巍深知确保安全是铁路站职工职业道德规范的基本内容，也是义不容辞的责任。凭借着对岗位的深刻理解，王巍以一刻都不松懈的工作态度积极投身调车作业的安全工作。安全要靠人来保障，王巍从未停止过对技术知识以及相关规定的学习，特别是非正常应急处置能力的提高。工作中，他勇于钻研、善于总结，重点做好调车作业中的安全提醒、督促等方面的工作，确保安全联防跟踪到位。他始终把现场安全放在工作首位，以"技能精、工作勤、制度严、互相爱、善总结"的标准要求自己，不断提高组员和自身能力。

不断优化组织

普铁班组的主要工作就是及时解体与编组车列、取送货物作业、缩短车辆停留时间、加快车辆周转。其作业现场环境复杂，铁路线密如蛛网，还会受自然环境和气候条件的影响。当碰上雨、雾、雪、风暴等具有复杂性、广阔性和交叉性的恶劣天气时，调车工作将面临相当大的难度。如何保证安全生产无事故，保障列车运行畅通无晚点，是班组必须面对并解决的难题。思路成就出路。班组在“一条黄线把大门、火车当作汽车开、问路式调车”等成功经验的基础上，又推出了“运输联建”的方式，并明确落实了工作目标、责任人和相关职责。“运输联建”不求所属，但求联动，同时要做到“二抓”（抓攻坚、抓覆盖），确保“双达标”，推进“二拓展”；机车乘务员对作业中的调车人员进行监护、指导、提醒、协同，司机与调车员在作业中实施对讲应答、提示、确认、督促。随着设岗定职、承诺制、“指唱确认”等一系列形式多样、内容新颖的举措依次展开，调车员也获益匪浅，能力更上一层楼。

（刘裕丰）

48. 恪尽职守保生产　持之以恒护平安

——记中冶宝钢工业公司运转四车间硅钢点检作业区

中冶宝钢工业公司运转四车间硅钢点检作业区是一支维护宝钢股份宝山基地硅钢部各分厂行车日常运行的重要力量。该作业区自成立以来，殚精竭虑、锤炼技艺，逐渐在磨炼中总结出一套行之有效的维护硅钢行车的点检方法。

勤耕不辍，备战年修

该作业区在2020年硅钢部取向分厂大年修中，以精湛的技术顺利完成了分厂一、二期机组大年修期间行车的保驾护航任务，为大年修画上一个圆满的句号。早在年修开始前的一个月，该作业区便未雨绸缪，依据年修方案竭尽全力地做好准备，从对往年年修期间的“老大难”行车进行全面彻底的检查，到依照备件清单库存开始储备各种应急整修备件，大家如同上了发条一般，在强烈的责任心驱动下全力以赴。在整个年修期间，作业区每晚都安排一机一电全套点检员彻夜值班，保障年修期间行车的正常稳定运行。大家通过共同努力，先后完成了行车大车轨道检修、滑线更换以及行车车轮更换等预定检修项目，同时完成数次行车故障紧急抢修任务，确保了分厂每台参与年修的行车按时开展作业，圆满完成了保驾分厂生产安全顺行的重要使命。

精益求精，攻克难关

在日常工作中，点检员总会遇到自己在技术上的困惑和不解，这时，每周一次的副班就成了他们互相交流点检心得的重要机会。从点检设备时对隐患的解决到对各种消耗件损耗的判断，再到如何设置和完成点检系统的日常维护，甚至是对行车控制系统电路的深入研究，点检员都相互交流，大家在勤学好问的气氛中养成互相学习的好习惯。老点检员传授自己的心得，新人则虚心请教各种行车的“疑难杂症”。由于轧钢分厂热卷库行车投入历史久、运行时间长，新入职的电气点检员有时会面对独自无法解决的问题。对此，该作业区会集合电气班组的力量，帮助他们逐渐熟悉点检流程、处理故障，保障行车的正常运行和使用。

严谨细心，准备充足

在点检过程中，备件的采购和消耗十分常见，因此备件仓库的管理工作尤为重要。为了使备件仓库的存储更加整齐有规划，推动备件管理正规化、条理化，作业区的点检员每个月都会安排一天专门对仓库进行全覆盖、系统性的排查和整理，并形成了常态化工作。经过持续整理整顿，如今各库备件摆放整齐、物品各司其位、杂物全部妥善转移，备件储存仓库焕然一新。干净整洁的仓库为行车稳定运行打下了坚实的基础。

在作业区全体员工的共同努力下，现场生产的平安顺行得到了有效保障，也为公司的发展起到了积极的推进作用。在未来的日子里，中冶宝钢工业公司运转四车间硅钢点检作业区全体点检员将努力把工作做得更好，为设备的正常运行和公司的蓬勃发展贡献自己的力量。

（陈 飞）

49. 踏平坎坷成大道　风雨无阻向前进

——记中冶宝钢协力分公司厚板火切班组

2008年，中冶宝钢协力分公司厚板火切团队初创，40余位来自五湖四海的员工组成火切班组。多年来，大家摸索着不断成长、不断创新、不断进步，用智慧和汗水洒下一路光辉，现今这个班组已成为宝钢股份宝山基地厚板区域的中坚力量。在未来，他们也将不断超越自我，走上新的高度。

▌灵活多变保生产

2020年，霞浦蒸汽发生器用高温耐蚀高强钢板被列为宝钢股份年度第1号“使命类产品”研发项目。该板坯采用“电渣重熔”工艺，在一次轧制过程中，板坯边部出现双鼓缺陷，对当下切割工艺产生了极大挑战。中冶宝钢协力分公司厚板火切班组沉着应对，通过分析板坯现状，决定将板坯分段切割转变成四边切割。这种切割方式既可以弥补切割双鼓缺陷及切割时次生的割伤缺陷，又能保证切割后板坯呈标准的立体形状，对于帮助降低二次轧制难度、保证最终钢板形状具有非常重要的意义。为了确保霞浦蒸汽发生器用高温耐蚀高强钢板按时交货，该班组将作业进度视为重中之重。春节期间，适逢第一批钢板进行热处理后取样监造，该班组成员全身心扑在切割现场，配合业主和监造人员，对钢板进行严格的取样、切割操作，最终提前完成第一批钢板的取样、切割工序，为霞浦蒸汽发生器用高温耐蚀高强钢板的后续探伤、形合见证，创造了前提条件。

▌稳中求胜创新高

新冠肺炎疫情肆虐全球，对各行各业产生了一定影响。该班组逆流而上，以火切生产模式改进和绩效分配优化为着力点，狠抓队伍各项能力建设。一方面，以“分渠引水”的思路为指导，联系业主方改造设备，建立多种渠道，平衡不同区域“波峰”与“波谷”的备料差异，形成几条火切线路齐头并进的局面；另一方面，进一步优化绩效分配模式，构建积极的竞争生态，在内部营造出“你争我赶”的积极氛围。在全体成员的共同努力下，2020年火切产量实现逆势增长达到100万吨，同比上升了15.6%，在整个精整区域产量中占比达48%，创下历史最高水平。

协心勠力始向前

近年来，该班组所在区域一直将创建“金牛级作业区”作为最终目标。经过全员的不懈努力，区域基础管理工作也取得了长足进步。经过2017—2019年长达3年的积累，作业区先后被评为“铜牛”“银牛”后，终于在2020年顺利经过文审和飞检，被宝钢股份评为“金牛级作业区”。在该班组的成长历程中，每位队员都在用自己的创新实干书写华章。该班组中的切割工赵小龙长期苦练技术、不断创新，在他的推动下，班组实现了火切产量月增长高达50%，合同完成率达到99.5%以上，圆满完成了企业内现场改善课题项目并创造了可观的经济效益。赵小龙本人也被授予了“2020年度上海市劳动模范”称号。他表示：“未来还有更长的路要走，我和我的班组将以更加饱满的热情、更加积极的态度去面对，才不负这大好年华。”

（杜乐迪）

50.“花园料场”的守护者

——记中冶宝钢协力分公司煤输出日班

在宝钢股份宝山基地炼铁厂原料区域活跃着这样一个集体：中冶宝钢协力分公司煤输出日班。班组成员团结互助，整个班组朝气蓬勃，为宝钢电厂源源不断地输送动力煤、为高炉输送喷煤、为炼焦输送焦煤，他们肩负着保障整个宝钢股份宝山基地用煤的神圣职责。

“拉得出，打得响”是他们的口号。他们的作业地点数量多、区域广、分布散。可能只是处理一个简单的设备故障，他们就得走很远的路，但是他们没有怨言，每次第一时间赶到现场对故障分析处理，确保生产顺行，用实际行动诠释着“拉得出，打得响”的真谛。

这是一个乐观奋进的班组。本着爱岗敬业、求真务实的工作作风，无论是刮风下雨，还是严寒酷暑，班组都能保质保量地完成任务。工作上，他们急流勇进，越是艰难，越是团结，越是有斗志。在班组长金静华的带领下，该班组连续完成了原料区域环保设施煤筒仓试车和全门架技改试车。该班组会定期对新设备、新工艺进行学习讨论，群策群力、建言献策，保障预期目标的完成以及新设备的顺利投产。

这是一个和谐幸福的班组。他们在工作中积极进取，多次荣获“标杆班组”和“红旗班组”称号，两次获评宝钢股份炼铁厂超值贡献奖及“最温馨休息室”。工作之外的班组更像一个温暖的小家，大家虽然性格各不相同，但都打心底里热爱着这个班组，时刻保持着团结一心。随着班组建设工作的全面深入推进，通过全体成员的共同努力，班组如今更加团结一致了，心往一处想，劲往一处使，沟通更加畅通，彼此更加了解，相互之间多了一份理解与信任。在这种融洽的班组氛围中，他们工作的疲惫和烦恼都不复存在。困难时大家共解决，快乐时大家共分享。

在该班组建设过程中，班组成员都主动积极，不甘落后，自觉营造“比、学、赶、帮、超”的工作氛围，共同进步。工作之余，他们相互交流学习，班前、班后会上会对工作中出现的问题各抒己见，提出好的整改方法。在积极参与了“花园料场”建设、全门架堆取合一刮板机的维护排故后，班组还在不断地努力向前迈进，也成了区域内其他班组学习的榜样和标杆。

在这里，大家虽不是亲人但胜似亲人；在这里，人和人的关系不只是同事，更是好兄弟、好战友；在这里，即使在工作时也能感到快乐。大家都为自己是班组的一分子而感到自豪。

班组是企业的细胞，是企业管理的基础。员工通过班组走到了一起，大家在工作中一起打拼、共同进步，在生活中肝胆相照、其乐融融。班组每一位成员都深爱着自己的班组，而班组也温暖着每一位成员，给他们以奋斗的力量，伴随着他们共同成长，共建美好的未来！

（张　健）

51. 项目上的最美作业长

——记中冶宝钢宝武铝业项目部热轧中厚板作业区生产作业长孙允强

在中冶宝钢宝武铝业热轧车间活跃着一位作业长，员工都习惯称他为“孙作”，他就是中冶宝钢宝武铝业项目部热轧中厚板作业区生产作业长孙允强。

不远万里从上海来到河南三门峡的孙允强，工作上始终兢兢业业、诚诚恳恳、严于律己。在大家心中，他是一位工作经验丰富且特别有耐心、责任心和包容心的作业长。在“两新”人员刚进入车间练兵时，总会出现掌握不好跟车技巧、绕杆用时过长、情绪紧张导致测试结果不理想等情况，孙允强每次都会走到他们身边笑眯眯地和他们拉家常，以缓解他们的紧张情绪，然后再进行耐心指导。他总是苦口婆心地教育新员工：“‘打铁必须自身硬’，只有自己强大了，稳车稳好了，才能胜任各项工作。”

作业区曾有一个班组首次作业正好是在晚上，孙允强便主动在现场监督指导吊卸铝锭作业。在看到员工首次作业动作不规范时，他就亲自给员工做示范，并将自己多年来在实践中积累的小诀窍传授给大家，让员工能够很快提升作业水平。面对没有工作经验的新员工，他每次都到现场督导，常常深夜还在现场工作。他就是这样通过自己的一言一行感染着每一位员工，帮助他们更快地成长。

生活中，他和蔼可亲、平易近人；工作中，他是一位严厉的老师。他认真严谨、踏实能干，同时要求大家高标准地完成各项工作。他经常说，只有严格按照各项操作规程操作才能减少、避免各种事故的发生，才能做到不伤害自己、不伤害他人、不被他人伤害，也才能保护好他人不受伤害。

作为一名基层管理人员，他殚精竭虑、小心翼翼，既要全心全意地做好自己的本职工作，又要处理好员工工作中遇到的问题。在他的带领下，大家面对新投产区域表现出的工作积极性都特别高，工作技能也在不断提升。每当作业区有工作的时候，大家都会争先恐后地抢着干；在遇到问题或者学到好经验时，大家还会互相交流分享，共同进步、共同成长。大家都特别喜欢在这样的氛围中工作，老员工乐于分享经验和技巧；新员工孜孜不倦地学习，努力提升自己的专业知识和操作技能。

孙允强经常嘱咐大家，要干一行、爱一行，干一行、精一行，并以身作则、精神饱满地投入工作，无论多么辛苦都笑容可掬，以无私奉献、爱岗敬业、诚实守信、诲人不倦的精神影响着身边的每个人。

（胡艳红）

52. 齐心协力勇闯关　携手共进创佳绩

——记中冶宝钢协力分公司运五作业区丁班

在中冶宝钢协力分公司有一支“拼命三郎”队伍，自2017年承接宝钢股份宝山基地热轧在制品钢卷转库运输业务以来，从蹒跚学步到稳步迈进，再到健步如飞，每个向前的步伐、每次被刷新的生产数据中都浸润着他们的梦想和汗水，他们就是运五作业区丁班。平均年龄不到40岁的他们，在班组长的带领下，不忘初心、执着坚守、满怀梦想、笃志前行。

怀揣梦想，迎难而上

2017年，在宝钢股份宝山基地热轧在制品钢卷转库业务承接的同时，丁班受命成立，挑起重担。但在全新的车型、业务和模式面前，他们几乎是一张白纸，大家虽然感到前路一片迷茫，但是鼓足了勇气决定共同走下去。钢卷转库运输是宝钢股份运输系统的核心业务，是协力分公司拓展运输业务的重点项目。热轧区域在制品（钢卷）的转库倒运，具有运输量大、运输点多、运输车型新等特点。班组决定先从熟悉车辆开始，然而万事开头难，项目涉及的车辆多是配备了新型鹅颈的半挂车，这类车辆具有车身长、驾驶室和拖板之间需要鹅颈连接等特点，十分考验驾驶员的驾驶技术。在丁班，大家虽然都是百里挑一的技术能手，但面对这些全新的车型，不敢有丝毫懈怠，纷纷主动放弃休息时间，深入宝钢股份运输部班组跟车学习，就连有着多年驾龄的“老司机”也不例外。为了以最快的速度掌握操控技术，精进驾驶技能，他们在课后给自己“加餐”，通过反复练习、互相切磋，不断巩固所学。由于这些车辆都是经过自主改进的，在例保方面没有可借鉴的历史标准，丁班要攻克车辆例保这一关。于是，班组长率先代表班组跟随项目技术人员来到湛江观摩取经。为了在短短几天内尽可能全面透彻地掌握相关技术，班组长在湛江钢铁厂区四处奔走，了解料槽车废钢运输作业及维修保养方面的工艺技巧，学习驾驶员在快速装卸拖板及维修方面的操作经验。归来后的他立即将所看、所学倾囊相授，带领大家马不停蹄地消化、吸收、演练，为即将启动的新项目做充分的准备。

无私奉献，勇攀高峰

闯过了一道道难关，钢卷运输业务逐渐走上正轨，运输产量节节攀升。2020年春节，新冠肺炎疫情席卷而来，班组全体组员纷纷主动取消了探亲、休假计划，自觉待岗待命。受疫情影响，宝钢股份宝山基地一冷轧2030区域库存居高不下，造成现场运输车辆拥堵，待料时间延长，严重影响了作业效率。对此，该班组立即展开行动，查找问题、分析症结，主动联系、实施分流。由于处理及时有效，丁班的运输量环比非但未降还上升了10%，遥遥领先于其他班组，成为疫情防控期间生产一线的学习榜样。紧接着，一热轧2050区域检修期间生产组织、二热轧1580区域常态化作业点开启、三热轧1880区域产能提升、热轧厂挑战极限产能等，每个成功的生产组织案例、每个创新高的生产数据背后，都离不开丁班全员无私奉献、勇攀高峰和敬业、创新的精神。

怀揣着炽热的梦想，践行着不变的追求，中冶宝钢协力分公司运五作业区丁班打响了中冶宝钢冶金运营服务的运输品牌。未来，他们将继续立足岗位，携手共创美好明天。

（王　恺）

53. 于科技创新之时　见技术发展真章

——记中冶宝钢协力分公司炉窑RH班组

创新是企业发展壮大的不竭动力和生命源泉，也是企业永葆青春、持续进步的灵魂。中冶宝钢协力分公司自1989年起正式承接宝钢股份宝山基地真空循环脱气精炼法（RH）真空槽的耐材砌筑与维护作业项目。在宝钢股份品种钢冶炼比例日益增加的形势下，炉窑RH班组立足自主创新、强化技术服务，以新的砌筑工艺、新的维护方法和新的服务理念，提高了RH真空槽的使用寿命，满足了炼钢精炼需求，确保了炼钢生产顺行。

精益求精，打造最具核心竞争力班组

RH真空槽是宝钢股份宝山基地配套300吨转炉系统的特大型精炼设备。近年来，以精炼大硅钢为主的“高、精、尖”品种钢的冶炼，加剧了RH真空槽各组成部分耐材的侵蚀、熔损，导致真空槽合金口耐材熔损速率快、环流管熔损不均、浸渍管浇注料容易脱落、热弯管维护困难等问题凸显，真空槽砌筑与维护的作业量居高不下。对此，仅仅靠优化管理和组织、全力拼抢任务等措施，已无法满足当下精炼生产的需求。

1999年8月，炉窑RH班组成立，至今班组人数已达117人，其中，领军人才3人、技师5人、中高级工84人。该班组承担着宝钢股份宝山基地炼钢厂RH真空槽的耐材砌筑和热态维护任务。多年来，他们以精诚协作、精益求精的工作作风以及不断创新的拼搏精神获得了“上海市劳模集体”等诸多荣誉。

在管理上，该班组紧紧围绕创新主题集思广益，把“改进维护工艺，提高维护效率；发挥员工创造性，推进技术创新”作为总体思路，为工作

指导方向。2003—2021年，该班组本着“精益求精”的理念苦练内功，不断提升核心竞争力，利用自主管理，开展课题攻关。对影响真空槽各组成部分寿命的各种难题，一一进行现状调查、要因确认、对策实施和效果检查等一系列创新活动，历时18年，终于成功实施了真空槽内衬结构和维护工艺的改进。2011年，在全国工程建设质量管理小组代表会议上，该班组以“提高宝钢RH热弯管使用寿命”课题荣获全国工程建设优秀质量管理小组一等奖。经过多年的实践和锤炼，该班组在质量管理中逐步总结出一套完善的管理方法，为班组的管理创新奠定了坚实的理论与实践基础。

以质为道，提高砌筑质量与生产维护水平

RH精炼生产环节不仅关系到炼钢生产的顺利进行，还直接关系到钢水的质量，因此RH真空槽砌筑维护质量至关重要。为了有效保证产品质量，该班组创新工作方法：针对关键部位及工序，组织相关人员进行作业前的预想及作业过程回顾；对可能出现的质量问题或影响质量稳定性的薄弱环节开展质量策划，提出注意事项或预防措施，将质量控制重心前移，确保RH真空槽的砌筑维护质量。

为了防止错检、漏检，班组严格执行“三检制”，操作工完成作业项目后的自检、互检环节必须做到清清楚楚。在生产作业过程中，配置质量检查员负责作业的过程跟踪，纠正操作工错误的动作和不规范的行为，确保每个步骤和细节受控。同时，该班组每周都会针对产品开展质量分析活动，围绕真空槽砌筑维护过程中出现的问题及需要注意的潜在问题进行讨论分析，提出改进措施，提升班组预防问题、发现问题和解决问题的能力。

在整个质量管理过程中，该班组严格按照标准化作业要求实施全面质量管理，通过自主管理的形式开展班组质量管理、改进等各项工作，使班组成员对QC管理活动的要因论证、组织实施等程序有了更充分的认识，并能运用QC管理手段，进行现场工艺的改进和创新。

打造精品，打响冶金运营服务品牌

目前，在国内外炉外精炼领域，RH精炼已占据主导地位，该班组在真空槽内衬结构和维护工艺上的种种技术改进，也已在多家钢厂的RH装置上被成功推广应用。这些技术创新成果不仅打响了中冶宝钢冶金运营服务品牌，还为国内外钢厂RH真空槽维护项目提供了借鉴和帮助，具有很高的推广与应用价值，市场前景广阔。

面对新形势、新任务，中冶宝钢协力分公司炉窑RH班组取得了一些成果，但在技术创新上依然任重道远。未来，该班组将继续秉持初心，在自主创新上下功夫、在极致专业化上下苦功，不断提升核心竞争力，为中冶宝钢新一轮高质量发展做出更大的贡献。

（熊　超　刘锦荣）

54. 牛气冲天的“天车班”

——记中冶宝钢工业公司运转一车间第四作业区丁班

在中冶宝钢工业公司有一支“天车班”，班组共有15名员工，来自五湖四海的他们因梦想相聚在一起，这个班组就是运转一车间第四作业区丁班。这是一个和谐融洽的团队，曾先后多次荣获公司“先进班组”和“优秀班组”称号。

班组15名成员中有13名女工，平均年龄不到40岁。这是一支年轻的班组，大家始终保持着相互帮助、相互学习、共同进步的良好风气。“高高在上”的工作虽然比较特殊，但是这些“天车工”很接地气。在空中“飞来飞去”的他们，深知安全是工作的首要任务，丝毫不敢怠慢。全员上下齐心，严格执行标准化作业、规范性操作。因此，即使每天吊运量达数千次之多，班组也从未出现过一次安全类事故，数十年如一日，以实际行动践行了“平平安安上班，高高兴兴回家”的美好愿景。

每当有新成员加入班组时，班组长都会安排工作年限较长、行车技能水平较高的员工对新人进行帮教。手把手的耐心传授、不厌其烦的讲解使新员工学得很快，就连上岗证的考取也比计划时间提早很多。这样一来，新人也能尽早独立，并胜任作业区最繁忙的岗位。劳动竞赛期间，在班组的协助下，机组迎来了“开门红”，取得了产量连续3个月突破的好成绩，在保证标化的同时，确保了机组上料的准确性和物流的畅通无阻，得到了业主方的表扬和认可。

在宝钢股份开展的创建“金牛作业区”活动中，班组从管理规范化、安全本质化、环境整洁化、行为标准化4个方面开展现场日常基础管理工作，助力提升作业区管理水平。该班组所在作业区主要负责业主方3个单元3个分厂的行车设备吊运和库区管理任务，具有分厂多、区域大、设备多、人员多、人机交叉量大等特点，相应地，安全风险也有所增加。该班组严格按照作业区的各项部署，根据“金牛作业区”创建的内容落实工作。在整个创建过程中，该班组各项指标均位于作业区的前列。该班组员工还在创建过程中积极申报技能提升，共有6人申报了技能比武，其中，4人取得了中级工资质、2人取得了初级工资质。在年度评选期间，该班组全员无重大违章和安全事故发生，最终助力作业区取得了“金牛作业区”的荣誉称号。

在日常工作中，大家积极向上、认认真真、一丝不苟。由于班组的岗位设置为一岗一人，为了确保现场的稳定顺行，大家都自愿放弃调休，克服家中困难，保证班组的有序运转。生活中的他们更是亲如一家。2021年1月，在得知有同事生病住院后，大家都第一时间自发地前去看望和安慰。这是一个团结向上的班组、一个互帮互助的班组，所有人全心全意，不计得失，为的就是大家心中的班组之“家”。

（沈肖菊）

55. 吃苦耐劳负责任　平平凡凡也是真

——记中冶宝钢协力分公司分选乙班

在中冶宝钢钢渣返生产利用中心园区分选作业区有这样一个班组，他们没有耀眼的成绩，也没有丰硕的荣誉，他们承担着保障地渣分选产线良好运行的责任，在平凡的岗位上默默地奉献着，他们就是中冶宝钢协力分公司分选乙班。该班组现有员工10人，虽工作平凡但责任重大。

▌安全无小事，落实在行动

“安全无小事”，班组长沈彦华将这句话牢记在心，并落实于行。在每天的班前、班后会上，他都会不断强调“安全第一”，因为他深知安全的重要性。他时常带领班组成员总结回顾工作，自我反省是否存在侥幸、麻痹大意、图省事、经验主义等心理，是否存在差不多就行了、得过且过等执行不到位问题，引导班组成员时刻警惕不安全思想的严重危害，坚决消除安全懈怠、执行差不多等现象。安全，既是对自己负责，也是对家人负责、对企业负责。

▌环保我先行，真抓在细节

自钢渣返生产利用中心园区开展环境整治以来，该班组积极参与，始终保持着高昂的工作热情，每天早班前的第一件事，就是打扫产线卫生。任务看似简单，但要长期坚持下来不是一件容易的事情。对此，该班组众志成城、互帮互助，不仅能在开机前将产线卫生打扫好，还想办法做到了在生产过程中将停机区域的地面、栏杆打扫干净。在该班组这种“我要环保”的氛围感染下，员工的个人素质不断提高，连整个分选作业区的环保意识都得到了大幅提升。

▌创新生动力，实干见成效

创新是企业的生命力，不是单个团队或个人就能完成的使命，需要全员的参与。该班组员工虽在平凡的岗位上却不甘于平凡，他们深知即使是最简单的工作，也能发挥出意想不到的作用，创新无处不在。在地渣分选线筛分楼内，振动筛时常有积料洒落出来，久而久之就会堆积在设备角落，不但难以清扫，还会给设备带来隐患。对此，该班组田仁军、张家好突发奇想，利用空余时间自制了一把"迷你铁锹"，破解了这一难题。在该班组，类似这样的小创新还有很多，虽然算不上是技术发明，却很实用，解决了无数生产过程中的实际问题。该班组就是用这样点点滴滴的实际行动证明了小创新也能有大作用！

与其说这是一个班组，不如说他们更像是一个大家庭，团结向上、勇于担当，将安全、环保、创新融进了自己的行动。在中冶宝钢像这样看似平凡的班组还有很多，它们是企业不可或缺的细胞，它们在生产的最前沿发光发热，为企业高质量发展贡献力量。

（黄晋培）

56. 平凡岗位扛实责任　青春无悔绽放芳华

——记中冶宝钢工业公司运转二车间焊管作业区行车班班组长安玲玲

每项看似平凡的工作，都会对企业的生产运营起到一定的影响作用。中冶宝钢工业公司运转二车间焊管作业区行车班班组长安玲玲作为生产一线人员，在看似平凡的岗位上，从事着不平凡的工作。30余岁的她将"道虽通不行不至，事虽小不为不成"作为人生格言，在工作中时刻把握"严谨、细致、高效"的行为准则，为公司的发展贡献着青春无悔的芳华。

立足岗位勤学苦，履职尽责敬业功

2019年12月，由于表现突出和岗位需要，安玲玲担任行车班班组长。为了尽快进入角色开展工作，她主动放弃了许多休息时间，全面细致地学习各项业务知识。她时刻提醒自己要做好这项工作，必须全面掌握公司各项规章制度。除了钻研业务知识外，她还时常利用下班时间阅读学习一些管理类书籍。工作中遇到不明白的地方，她便积极地向领导和前辈请教，很快得到了领导和同事的一致好评。

在做好本职工作的同时，她还积极协助作业区的安全教育、宣传报道等工作，不怕烦琐，加班加点，以积极认真的态度、高度敬业的精神，有条不紊地做好每项工作，使各项工作管理达到标准化、规范化。在她的努力下，作业区各项基础工作迈上了一个新台阶，在作业区评比考核中取得了优异的成绩。

公司形象维护好，服务意识记心间

作为一名行车班班组长，安玲玲时刻牢记自己在工作中的一言一行、一举一动都代表了公司形象。2020年4月，业主方表示有一批瑕疵原料板需要外委加工，这些原料板要在正常的上料作业工序中先进行分选，再集中外发，给日常作业增添了不少工作量。为了顺利完成这次特殊的任务，树立公司的良好形象，她一边做大家的思想工作，一边借鉴劳动竞赛的方法，调动员工的积极性。经过近一个月的艰苦奋战，她带领班组终于圆满地完成了任务。

在日常工作中，安玲玲时刻不忘“让业主满意、业主无小事、业主的事就是我们的事”的服务理念。在一次由协作单位指挥的行车作业过程中，班组一名操作工发现违章情况立即停止作业，由于现场条件有限，双方未及时沟通，造成协作单位与业主产生了一些误解。安玲玲还来不及解释就被批评了一番，她强压心中的委屈，心平气和地做了解释，并让业主方和她一起到现场了解实际情况。真相大白后，业主方对安玲玲表达了歉意，并对班组的认真工作态度表示肯定。这次经历让安玲玲学会在以后的工作中如何避免误会、加强协同，更好地做好服务工作。

突破自我勇担当，争创佳绩求上进

无论是工作还是生活，安玲玲都肯动脑、爱钻研、勤奋好学，真正做到了“钻一行、精一行”，有着不逊于男儿的担当。业余时间里，她刻苦钻研理论知识，勤于练习提升实操能力，勇于突破自我。自担任行车班班组长以来，她首先为自己制定了工作目标及计划，将如何学懂专业知识、如何开展本职工作、如何为业主提供优质服务、如何在业务上攻坚克难等问题一一安排在了工作日程上，时刻督促自己端正工作态度，以百分之百的责任感和事业心把工作做扎实、搞明白，安心求上进、踏实谋发展。

为响应公司“管用养修、操检一体”的号召，安玲玲积极参与到行车设备的管理工作当中，努力提高行车操作工的日常点检水平和设备保养能力，使辖区内的设备完好率和使用率都维持在较高的水平上。同时，她还积极协调行车检修项目，尽量降低因行车检修给产线造成的影响，得到了上级领导的高度评价。

安玲玲为人实在、真诚、热情，有一颗像金子般高贵的心，她视大家如同亲人，她那积极向上、充满真善美的心灵感动了许多人，大家都喜欢和她共事。她积极参加公司举办的各项活动，是车间文艺晚会的主持人，她将组织的关怀带给员工，让团队关系更加融洽，使工作更好地开展、更有起色、更出成绩。安玲玲兼任着车间的女工委员，积极开展“五必访”工作，到有困难的女工家中家访，为女工带去了组织的温暖。

不悔梦归处，只恨太匆匆。在安玲玲看来，青春太过匆匆，时不我待，必须在平凡的岗位上守住一份职责，让短暂的青春因敬业而更加闪光。新时代、新征程、新挑战，安玲玲将继续坚守岗位、锐意进取、攻坚克难，带领大家共同为公司做出更多的贡献。

（刘修文）

57. 高炉喷煤区域的“王牌”守护者

——记中冶宝钢第三分公司高炉设备检修队高炉检修区域班组长薛瑞

在宝钢股份宝山基地高炉喷煤区域有着这样一位员工，他不怕脏、不怕苦，任何事情总是冲在最前面，为了工作，他可以不分昼夜、日夜兼程；为了安全，他可以不知疲倦地学习相关标准；为了增效，他可以忘我地对着检修设备思考。他就是薛瑞，中冶宝钢第三分公司高炉设备检修队高炉检修区域班组长。他带领的班组主要负责三号、四号高炉喷煤常规检修及定修、大修项目。该班组对喷煤区域检修有着自己独特的施工方法和经验，磨煤机磨辊更换是他们的“王牌”项目，得到业主的一致认可。

注重安全管理

作为班组的第一责任人，薛瑞十分重视班组的安全管理工作，实施了一系列行之有效的举措。他带领的班组安全管理工作首先从规章制度抓起，组织员工认真学习上级传达的安全生产方针、事故通报和各项规章制度。不断加大检查力度，对检修、生产中存在的隐患及时整改，并通过一系列安全管控措施确保生产的安全、稳定、顺行。该班组安全工作始终坚持“标准化、规范化、简单化、可操作化”的理念。强化基础管理，杜绝违章、消除违章。与此同时，该班组充分调动全员参与安全管理的积极性，发挥班组员工之间互督互查、相互提醒的作风，营造“人人讲安全，人人管安全”的安全氛围，让班组成员在和谐愉悦的环境下相互监督，共同推动安全工作，以实际行动践行“幸福你我他，安全靠大家”。

善于开拓思维

薛瑞善于总结、专于学习、勇于创新，对于现场的一些施工方法、工艺改进等方面提出了一系列合理化建议，并取得了良好的效果。

在喷煤系统中，磨煤机是主要设备之一，其制粉量的多少对高炉的喷煤量起到至关重要的作用。若制粉量不能满足高炉用煤需求，则会直接影响高炉原料变料，甚至引发休风。由于磨煤机磨辊的更换难度较大、检修时间较长，时常会造成喷煤量达不到高炉炼铁用煤需求。以往磨煤机磨辊更换时的起吊作业几乎完全依靠人工手拉葫芦进行，费时费力，薛瑞根据经验及现场实际提出了“喷煤磨煤机磨辊更换装置改进”合理化建议，能减轻劳动负荷、缩短检修时间，使磨煤机尽早投入生产。此方法操作方便，业主方曾笑称“磨煤机磨辊更换现在对我们来说，就是小菜一碟”。

经过日积月累，薛瑞对喷煤主控项目有了自己的想法，他提出的一种“高炉磨煤机耳轴拆除装置”合理化建议，使耳轴拆除时长由原来的每个

3小时缩短到每个45分钟，节省了大量时间，既快捷又方便。

多年来，薛瑞扎根在高炉喷煤区域取得的成绩有目共睹。今后，他将继续发挥全员的主观能动性，提高安全意识，集思广益、开动脑筋、科学管理，紧紧抓住安全生产这一主线，为把班组打造成中冶宝钢的最安全班组不断努力！

（唐磊磊）

58. 强队伍　守匠心　铸利剑　打造高技能创新班组

——记中冶宝钢第七分公司阳春项目部一烧班组

中冶宝钢第七分公司阳春项目部一烧班组现有员工16人，承担着新钢铁炼铁厂一烧结设备的维检工作。多年来，班组圆满完成各项指标，并在单项技改项目、技术开发项目中勇担重任，充分发扬“工匠之技”、传承“工匠精神”，是一支有理想守信念、懂技术会创新、敢担当讲奉献的高质量检修队伍。

强队伍，安全为先学习不辍

该班组结合设备环境工作特点，制定了详细的安全防范措施，要求新员工在指定师傅的带领下认真学习，坚决履行标准化作业，从入职开始就养成“安全第一”的观念。该班组始终坚持“以人为本，以现场为阵地，以管理为重点”，引导员工从思想上、行为上提高防患意识。

2021年，为顺应不断提高的产量及设备稳定性的要求，班组把稳定队伍和强化业务能力作为首要工作来抓。开展岗位技能培训，通过以老带新的方式，逐步形成有技能、有担当的员工队伍。

以创建安全型、学习型班组为起点，不断提升员工安全思想及作业区综合管理水平。开展好每日安全交底、安全教育培训等活动，倡导员工参加各种技能培训。2020年9月，在业主方举办的技能比武大赛中，班组有2名员工从1900余人的参赛者中脱颖而出，均取得了三等奖的好成绩，并被业主授予“岗位技术能手”称号。

▌守匠心，执行为本严抓标准化作业

该班组认真执行岗位操作规范，加强现场质量管理，夯实标准化工作基础，不仅要求检修人员保质量、提速度，还对设备的检修工艺提出了更高要求。稳步推进设备点巡检工作，并从源头上设防控制，逐一整改闭环工作，为设备、生产稳定运行打下良好基础。

该班组始终提供最优质的服务，赢得了业主的好评和认可。

▌铸利剑，创新为核技术开发提质增效

该班组积极探索科技成果转化，为有效解决生产检修工作中突出的难题和瓶颈问题提供有力的技术支撑。2020年，该班组集思广益，研制出了一种液力耦合器更换装置，经过不断调试改进后，在烧结定修过程中得到有效应用。该装置移动方便，能将检修时间从2～4小时减少至0.5小时，作业人数由4人减至2人，大幅提高作业效率，降低劳动负荷，提高施工质量，消除可能发生的安全隐患。

2021年，该班组再次发扬技术优势和敢于开拓创新的精神，提出开发一种环冷机台车整体更换装置，该装置能大大缩短作业时间，节省人力、提高劳动效率。

他们是一线产业工人，没有豪言壮语、没有激昂陈词，一身油污、满脸汗水，在风雨中、在星辰下，用双手和责任为保障设备稳定和生产顺行默默地付出。

（罗方艳）

59. 我们身边的“五有”班组

——记中冶宝钢协力分公司炼铁协力车间设备破碎点检班组

立足岗位、务实创新，努力创一流班组是中冶宝钢协力分公司炼铁协

力车间设备破碎点检班组全体成员对自己的要求。这是一支充满活力与激情的队伍，是宝钢股份宝山基地炼铁厂原料分厂榜上有名的“五有”（学习有追求、创新有动力、安全有保障、效益有佳绩、和谐有亲情）班组。

该班组主要负责宝钢股份宝山基地炼铁厂原料破碎系统设备点检、运维工作，重点对破碎机、振动筛除尘、电气室内设备进行点检运维。自项目承运以来，该班组努力提升点检技能，积极参与自主管理活动，通过精准维护使设备始终保持良好的运行状态，有效地保障了生产的稳定顺行。

学习有追求

该班组提倡终身学习的理念，鼓励学习工作化、工作学习化，有效运用“传帮带”快速普及各项操作技能，并积极参加更高一级的技能考核；坚持参加点检技能培训、劳动竞赛、技术比武、实战演练等活动，学习掌握多项技能。该班组目前有技师1人、中级工3人、高级工4人。

创新有动力

该班组鼓励组员创新思维，持续开展合理化建议活动。2020年以来，该班组提出的合理化建议大部分被采纳并得到有效推广。例如，针对振动筛筛下槽频繁发生塌方压料问题，在振动筛筛下槽安装自动振打器，有效降低积料塌方故障率，保证生产顺行的同时降低了设备维修成本；为规避设备运转过程中内部磨损及振动导致的下游胶带机被落下的异物撕裂影响生产，在关键处安装金属检测装置，对检测到的异物立即清理，有效规避了皮带撕裂情况的发生。

安全有保障

该班组将安全管理视作所有工作的重中之重，全员积极参与危险源辨识与风险评价活动。班前5分钟讲话内容全面，危险源辨控充分到位；对各种事故案例深入学习探讨，深刻总结，警钟长鸣；积极参与隐患排查工作；根据现场实际状况和环境，充分利用周围现有条件做出适当改造，有效解决日常设备巡检和维修发现的安全隐患。

效益有佳绩

该班组常怀忧患意识，对现场设备设施勤于养护，保障其处于最佳使用状态；休息室坚持做到人走灯灭，正确合理使用每份材料，并切实做好耗材的可回收再利用工作，使耗材单位产值实现最大化；开展合理化建议、金点子活动，以节能降耗、提高效益为持久目标，如原料破碎区域原有照明开关大多采用三相四线制，24小时运转损坏率较高，该班组大胆进行线路改造，增设了时间控制器，既提高了开关的使用寿命，又减少了维修费用。

和谐有亲情

该班组注重运用有效合理的沟通提升管理质量。通过每周一次的班组谈心活动，及时了解班组成员在生活、家庭、工作等方面的情况，营造相互信任、相互支持、相互配合的氛围，成为彼此工作上的搭档、生活中的益友，从而使班组既有严细的制度化管理，又有人性化的浓浓情谊，形成爱岗敬业、互助互爱的班组文化。

“五有”班组既是肯定，也是鞭策。在未来，他们将继续朝着更高的目标努力工作、发愤图强。

（杨亚妮）

60. 只争朝夕　不负韶华

——记中冶宝钢第五分公司兴澄项目部中板作业区轧机班

在中冶宝钢第五分公司有一支“架海金梁”队伍，这就是兴澄项目部中板作业区轧机班。该班组在2010年承接江阴兴澄特钢热轧线检修运维业务时正式成立。该班组对热轧线的核心设备可逆式四辊轧机切实担负起了重要责任；同时，作为公司进驻兴澄特钢的首个“革命根据地”，它点燃了“中冶精神”的星星之火，为中冶宝钢第五分公司完成从上海到周边城市转移的布局、打响“特钢检修”品牌，开辟了新道路。该班组曾多次荣获公司“先进班组”和劳动竞赛“优秀班组”称号。

该班组共有成员7人，其中，高级焊工3人、压力容器焊工1人，平均年龄33岁。该班组对安全、技术质量、工器具制定岗位责任制，强化基础管理，做到事事有人管、人人有事做，是分工明确、各司其职的骨干优秀班组。自成立以来，该班组参与并实施多次技改单项工程及年修项目。在班组长的带领下，全体组员敢打硬仗、打胜仗，每个组员都紧密合作、敢于担当，获得公司领导及业主的高度认可。

在科技创新方面，2014年，该班组自主研发轧机压下拆除工装，在业界得到有效推广；2016年，该班组实施轧机小流量高压除磷攻关项目，获得业主高度认可；2016—2017年，该班组参与厚度控制装置（AGC更换装置）技术研发项目，并将技术成果广泛运用到中厚板AGC更换项目中，较之前可以节省60%的人力、物力，获得国家授权的发明专利；2014—2019年，该班组参与中厚板轧机关键设备检修技术与应用的科技成果研发，顺利通过中冶集团科技成果鉴定，被评为国内领先水平，且该成果可以运用到各类中厚板轧机的设备检修中，不仅可以提高劳动效率，降低施工成本，而且能最大限度地满足安全施工要求。

在技改工程方面，2020年年修期间，该班组不仅完成轧机年修主控项目，还参与实施卷取炉大修技改单项工程。此次卷取炉技改是兴澄项目部第一次自主承接的炉窑工程，从前期调研到后期施工，该班组所有人紧密团结在一起，分析数据，设计图纸，编制方案，克服种种困难，提前两天圆满完成，获得业主的赞誉及嘉奖。

该班组认真贯彻关于创建文明安全先进班组活动的部署和要求，全面落实“安全第一，预防为主，综合治理”的安全工作方针，树立“违章就是犯罪”的安全理念，通过开展岗位培训、风险辨识、隐患排查、应急演练等活动，培养班组内员工良好的安全行为习惯，确保检修任务安全顺利实施。该班组实行安全互联互保制度，以文字形式明确互联互保对象，采取“一对一制”措施，要求班组内所有成员不仅要做到自己安全，也要保证他人安全，在工作中互相提醒、监督，保证对方安全作业，不发生违章作业行为，履行互保职责，推动安全责任落实到班组每位成员身上。

该班组作为第五分公司检修市场的骨干优秀班组，虽然在以往的工作中取得了一定的成绩，但他们会以高昂的热情以及旺盛的斗志向更高的目标攀登，为中冶宝钢高质量发展贡献力量。

（蔡　磊）

61. 我的班组　我的骄傲

——记中冶宝钢第三分公司冷轧设备检修队宝日作业区班组长陈西安

陈西安班组是中冶宝钢第三分公司冷轧设备检修队宝日作业区的精英班组，主要负责宝钢股份日铁汽车板有限公司热镀锌、连退、能介等区域的常规检修及技改改善项目，涉及业务范围广、专业性强、检修设备分散。该班组共有成员7名，都是资深的“电气专家”，能够身兼数职，完成各种类型的作业，是多年来活跃在宝钢股份设备检修前线的一支精干的队伍，并助力所在作业区连续两年获得宝钢股份“金牛作业区”荣誉称号。

刚入职时，我带着满腔热情和对新工作的憧憬来到班组，师从班组长陈西安，正式开启了我的职业生涯。多年来，我跟随师傅从热镀锌机组的入口钻到出口，从地坑的夹缝爬到合金化塔的最高处，仰望着蓝天白云下的绿色钢厂，心中的骄傲与自豪油然而生。

随着在班组的日子越来越久，班组对我来说已是另一个家，大家带着我一起学习、进步、研究，完成了无数个小任务、小目标。在他们身上，我感受到了朴实、真诚与和蔼可亲。在师傅身上，我感受到了一个班组长对工作、业主和组员的尽心尽责，面对现场多种多样的设备疑难杂症，他总能合理安排人员，以最快的速度处理问题。

锌锅感应加热器被广泛应用于热镀锌机组，是整条机组的核心设备，控制着带钢表面镀锌的含量和整体质量，其最大优势就是直接加热工件。由于该设备冷却系统长期受高温加热的影响，皮管易老化开裂，感应加热器易被击穿，出现漏水现象。在接到此类抢修任务时，陈西安总是第一个到达现场，配合业主、作业长、点检及时制定现场抢修方案，妥善安排班组人员分工协作。排水过程中突然压力减小，大部分水管脱落，在更换过程中，大家发现作业空间狭小，普通工具根本无法使用。对此，陈西安反复思考，通常情况下会拆除感应加热器本体，但这样拆除和回装会花费大量时间。陈西安另辟蹊径，制作了开口式的套筒扳手，从而解决了这一难题，得到了业主方的认可。

作为班组长的陈西安，不但专业技术知识扎实，还能写一手漂亮的毛笔字，是公司书法协会会员之一。每天晚饭过后，他都要在家写1小时的毛笔字，从隶书、楷书到行书等都是他钻研和练习的重点。他还积极参加公司举办的各类活动。春节期间，陈西安带领大家写对联、“福”字，制作“春”字吊坠、日历等，将春节气氛拉满。陈西安的书法作品也被推选到上海市总工会参加建党百年书画作品的评选。

日复一日、年复一年，中冶宝钢第三分公司冷轧设备检修队宝日作业区班组在陈西安的带领下，始终坚持着“安全第一，违章为零”的责任目标，大家在工作中互帮互助、攻坚克难，出色地完成了业主委托的各项任务。今后，该班组成员会更加努力地学习，不断提升专业技术水平，和班组共绘美好的未来。

（梁　帅　方立芹）

62. 敬业当先锋　一线作业长的知与行

——记中冶宝钢协力分公司机械维修中心钢管宝日作业区作业长施卫华

施卫华，中冶宝钢协力分公司机械维修中心钢管宝日作业区作业长。他认真贯彻党的基本路线方针政策，积极主动认真地学习专业知识，始终秉持“团结务实、创新高效”的做事原则，出色地完成上级交给的各项工作任务，带领所在作业区大力推进基础管理水平提升，使其在2020年荣获“银牛作业区”称号。

开拓进取，刻苦学习

一步一个脚印、一天一个变化，是施卫华的做事态度。施卫华认真贯彻落实和深入实践习近平新时代中国特色社会主义思想：在技能提升上，他认真钻研各项操作技能，先后取得了推土机、叉车、行车、指吊等操作证，是现场货真价实的多能工；在业务能力上，他勤于钻研、勇于求教，不断提高机械修理能力，并取得了修理高级技师证书。同时，他积极分享自己掌握的知识，并于2016年成为一名“修理行业”工种的授课教师，继续自己的分享。

履职尽责，勇于面对

“任务面前不摇手、靠前指挥不用手、遇到难题不缩手、精心服务不失手、带好队伍不松手”，是施卫华一贯的工作态度。2019—2020年，施卫华直面挑战，先后承接钢管管养及宝日作业区作业长的职务。在这两个完全不同的生产系统中，施卫华没有向困难低头，每天穿梭在两个区域的各条生产线上，熟悉现场的生产环境、工艺工序及检查作业安全和作业质量，并落实各项生产安排，积极主动对接业主，圆满完成各项作业任务。

甘于奉献，忘我工作

“蜡烛燃烧自己，奉献光明；员工燃烧自己，奉献企业”，是施卫华严谨的工作理念。在接管钢管管养及宝日作业区后，他每天坚持早上7点到岗，参加各个班组的班前会，率先垂范提升作业人员的工作积极性。他常利用午休时间融入员工，与大家一起探讨在日常工作中遇到的困难和问题，解决了宝日区域各机组送样作业时间不稳定、镀锌分厂508机组加锌点作业场地狭小、精整机组小尾卷装车等一系列难题，在安全本质化和作业环境改善等方面取得了较好的成效。

勇于挑战，突破自我

挑战，是对我们学习成果的考验；挑战，是对我们信念意志的锻炼；挑战，是对我们直面人生的宣言，更是对施卫华敬业精神的诠释。2014

年，施卫华参与了装载机失压保护装置项目，并取得了项目专利成果。2020年，面对新承接的宝钢股份无人框架车检修工作，施卫华主动与业主对接，找来无人框架车结构图纸，通过现场勘察了解无人化框架车系统的具体结构，并结合专业知识编纂了无人框架车的检修岗位规程，为作业提供指导。

能做到的绝不推诿，遇到困难绝不回避。施卫华就是这样一名扎根在一线的作业长，在平凡的岗位上做着不平凡的事。

（顾逸峰）

63. 全员行动　创造铁水预处理中的“沙漠绿洲”

——记中冶宝钢协力分公司二铁水作业区

中冶宝钢协力分公司二铁水作业区成立于2006年5月，全员始终秉承初心、不畏艰难，团结奋进、砥砺前行，优质高效地完成了硅钢、精品钢铁水预处理生产任务。2016年，作业区通过宝钢股份评审，成为中冶宝钢首批“金牛作业区”且保持至今；2018年，作业区获评“上海市工人先锋号”；2022年，作业区获得宝钢股份宝山基地“四化示范区”光荣称号。为助力宝钢股份创A类企业建设工作推进，深化落实宝钢股份“三治四化”要求，协力分公司铁水预处理区域践行绿色发展理念，对“四化”（洁化、绿化、美化、文化）标准要求持之以恒，坚持将铁水预处理区域变成“沙漠绿洲”。

克服困难坚持做

宝钢股份炼钢厂二炼钢铁水预处理是高炉连接转炉/电炉的中间枢纽工序，主要作业项目是完成混铁车铁水扒渣、脱硫、倒渣、加废钢等任务。自项目承接初始，区域员工就面对蒙着厚厚灰尘的厂房、铁粉堆成山的平台、披着层层灰垢和油垢的设备，然而大家并没有被恶劣的环境及困难吓倒。协力分公司铁水预处理区域发动员工通过一把扫帚、一把铁锹、一个钢丝球、一块布简单、高效的方法，坚持每天做、每班做、时时做、人人做等行动，日复一日地坚持，改变了铁水预处理尘土飞扬、烟雾弥漫、四处杂乱的原有景象。员工对设备细心的维护和精细的操作，克服了生产中遇到的制约预处理生产节奏的重重困难，将优质的铁水源源不断地送至转炉、电炉，为冶炼创造了良好的条件。通过这样日复一日的工作，设备故障少了，生产顺行了，员工也主动了，大家的归属感更加强烈，员工的精神气也同步提升。

提高要求主动做

随着环境的日益改善，新的要求不断提出，新的挑战也相继而来。“设备见本色”是一项新的起点，也是一项新的挑战，大家从细节做起。区域员工自己动手，利用钢丝球擦、小工具铲，各班员工为最小网格化责任范围的“设备见本色”出谋划策、各显身手，掀起了现场设备的“洗脸”活动。活动初期，员工对最后的成果并没有抱太大的希望，但是大家用实际行动证明了有志者事竟成，老旧的设备同样可以恢复本来面貌。

规范标准努力做

现场环境改善了、标准提高了，铁水预处理区域发动员工规范现场定置化行为。现场栏杆列队成一线，物料摆放有形、有牌、有账，员工通过班与班相互督促、岗与岗对标找差距，日常巡视找得到问题、看得到不足、落实得到位，员工通过顺手扶一扶、弯腰擦一下、蹲下捡一捡等日常养成的良好习惯，打造了绿色的铁水预处理。在大家坚持不懈的努力下，二铁水作业区现场的环境得到了改善，大家不再有以前的抱怨，而是主动地向前，在宝钢创A的道路上贡献自身的力量。

2022年，宝钢股份首次推出“四化示范区”评审，作业区经过宝钢股份安保部、运改部、人力资源部、设备部、能环部、企划部等六个部门为期3个月的飞检，凭借员工日常素养、现场环境整洁、物品定置化、设备见本色及最小网格化责任制等措施的有效推行，通过层层评审，从众多申报单位中脱颖而出，最终获评宝钢股份宝山基地首批“四化示范区”称号。

中冶宝钢协力分公司二铁水作业区员工深知“逆水行舟，不进则退”的道理，将继续秉承初心，急流勇进，创造新成绩。

（陆东方）

64. 实干笃行　能力超群的炭材班组

——记中冶宝钢第三分公司焦化设备检修队炭材作业区胥青川班组

在中冶宝钢有这样一个班组，平日里默默无闻地服务生产一线，关键时刻化身为排头兵，攻坚克难保生产。这就是中冶宝钢第三分公司焦化设备检修队炭材作业区胥青川班组——一支由班组长胥青川带领的高素质综合型队伍。

2021年5月31日，第三分公司收到了一封来自宝武炭材煤精厂的表扬信。信中表扬了胥青川班组为煤精厂三期电捕焦油器抢修施工做出的贡献。这是该班组又一次高效完成抢修任务的见证。

在接到抢修指令后，班组长胥青川随即组织人员赶赴现场。经过初步判断，电捕焦油器内部需更换电极丝270余根、内部框架需修复、高压绝缘子筒体需清扫以及防爆膜需更换等，工作量很大。施工中面临的高危工序多，涉及受限空间作业、煤气作业、高空作业，存在施工场地受限等问题。班组迎难而上，严格按照业主要求协调安排、勇担重任，全身心投入抢修。该班组严格按照施工安全措施与技术步骤施工，层层落实安全、环环紧扣质量，全力以赴做好各项工作。作为项目负责人，班组长胥青川每天带领班组驻守现场，根据现场的实际情况，与生产点检人员及时联系沟通，快速解决作业中出现的问题，大力发扬“一不等、二不靠”的服务理念，安全、高效、优质地完成了抢修任务。

2021年4月5日，煤精分厂一期排送机因突发故障而停机。煤气排送机主要用于输送焦炉产生的煤气，由固定的机壳和壳内高速旋转的转子组成，在工作时它以超过每分钟5000转的转速抽送来自焦炉的煤气。一直以来，该设备对检修装配的精度要求很高，高速径向跳动量在0.04毫米以内，是煤精厂的核心设备之一。班组长胥青川在了解情况后，立即组织班组中经验丰富的高级技师到现场抢修。

在将该排送机解体后发现，后端滑动轴承和轴颈接触面、推力盘及其双侧的平面滑动轴承磨损十分严重，已经超出正常使用范围。技术人员积极与业主沟通、协商，根据实际情况对磨损严重的轴颈进行外围加工及修复处理，并进行了动平衡校验。抢修过程中，该班组注重对关键部位、部件的测量、清洗和调整，特别是对高低速侧联轴器的校正、径向与轴向滑动轴承间隙的调整更是精益求精。为了保证安装精度，抢修人员甚至为了消除0.01毫米的偏差不辞辛劳地反复调整直至达到规定值。经过该班组的不懈努力，排送机抢修工作经过16小时不间断作业圆满完成。

中冶宝钢第三分公司焦化设备检修队炭材作业区胥青川班组穿梭在宝武炭材区域检修一线，以严谨的工作作风、过硬的专业技术、一流的服务质量，在宝武炭材区域树立了良好的口碑。他们用自己的实干，彰显着当代产业工人的精神面貌和责任担当。

（冯鑫宇）

65. 在平凡中练就不平凡　在简单中练就不简单

——记中冶宝钢协力分公司渣处理车间一处理作业区切割乙班

中冶宝钢协力分公司渣处理车间一处理作业区切割乙班是一个看似平凡普通的班组，人数不多，成员共6人。他们虽没有惊天的伟业，有的只是始终如一的默默无闻与奉献，却在平凡、简单的岗位上练就了不平凡和不简单。

该班组主要有行车工和切割工两大工种：行车工主要负责物料吊运和大块物料破碎工作，切割工主要负责将大块物料切割成符合尺寸要求的合格料。

安全第一是班组的座右铭

该班组虽队伍小，但涉及的高风险作业多，如行车破碎物料飞溅、大块物料吊运、煤气切割都是风险较高的作业项目。为此，班组长李金宝总是在交底时不厌其烦地叮嘱：破碎作业前要确认好周围环境再落球；煤气切割作业前要确认好设备的安全装置是否完好；吊装作业要选择好钢丝绳，保持安全距离，严格遵守“十不吊”的要求。作为一名老班组长，李金宝深知安全的重要性，在日常班中巡视时，会及时纠正大家的不规范行为，班后做好举一反三工作。从日常抓起，不断提升班组人员的安全意识和安全技能。煤气区域作业必须熟练掌握煤气泄漏应急处置技能。因此，他会定时组织大家开展煤气泄漏应急处置演练，针对演练中存在的应急器材使用技能不足，开展空气呼吸器的使用技能培训，通过耐心细致的讲解提高大家的技能水平。

吃苦耐劳是班组的工作作风

众所周知，切割工种可谓作业环境最艰苦的工种之一。由于切割作业产生的粉尘较多，为了环保需要，切割工需要在近乎全封闭的烟罩内进行切割作业。为了防止切割时的红渣飞溅造成伤害，他们还需要穿着厚厚的阻燃服，汗流浃背是常态。即便是这样，班组全体人员还是充分发扬了吃苦耐劳的精神，克服重重困难，保持了切割产量的稳定高产。

提高作业技能，促进物流平衡是班组的工作目标

现场物流就像星罗棋布的血管一样需要时刻保持畅通，而切割是渣处理最后也是唯一一道工序，大块渣钢要全部在该区域被处理，作业效率一旦下降，就会导致整个车间的物流失衡。李金宝深知提升班组整体技能的重要性。他喜欢钻研，曾带领班组克服大块渣钢夹层渣如何快速吹扫问题，不论来料如何复杂，都能确保稳定的切割效率、物料的快速周转和物流平衡。不仅如此，李金宝还是一名切割能手。破碎球浇铸成形后会呈现类似蝌蚪的形状，需要将另一头的“尾巴”切割掉，做成完整的球形。大

部分人切割后，表面要么不平，要么不圆，导致破碎球使用效率降低。而李金宝切割的破碎球不但表面相对光滑，球形弧度也比较高，因此破碎区域几乎所有破碎球都出自他的手。

就这样，中冶宝钢协力分公司渣处理车间一处理作业区切割乙班成立以来克服了一个又一个困难，团结、积极、向上，在平凡简单的岗位上铸造了不平凡、不简单的业绩。

（吴体旺）

66. 快　准　稳的“女空军”

——记中冶宝钢协力分公司工业炉窑车间电炉精整行车丁班

中冶宝钢协力分公司工业炉窑车间电炉精整行车丁班是一个“不断进取、安全操作、团结互助、高效作业”的优秀班组，主要负责宝钢股份宝山基地电炉钢包区域的钢包吊运、连铸区域的铸坯吊运、发货等生产工序，每个人至少要熟练3种行车的操作，“快、准、稳”高效完成每日千余支铸坯的吊运任务，在平凡的岗位上展现巾帼风采。

该班组负责操作的行车有5～100吨，日常作业多，生产任务繁重，有时还需配合检修完成设备的修理整顿，一人一车远不能满足日常生产的需求，这就要求班组的每个人掌握多项技能，熟悉多种行车的操作要领，以应对日常生产任务中的困难和挑战。为此，班组长鼓励员工要全方位提高自身素质，不断求实进取、挑战自我、敢于争先，实现自身价值。班组实行轮流换车，积累实操经验，在工作之余互相交流学习、传授经验，提高操作技能。如今，在面对生产任务加大，特别是在生产检修任务同时来临时，人员短缺问题都能迎刃而解，为生产平稳运行发挥重要的作用。

该班组有着良好的安全氛围，为确保安全事故“零目标”的实现，员工轮流上台讲解安全日历，同时经常开展安全自主学习，通过学习近期和历史事故案例，不断吸取经验教训，举一反三，在潜移默化中逐步提高员工安全意识。从交接班开始，“安全第一，违章为零”是每日的安全口号，对每台行车进行认真点检是每天作业的开始，每处细节都是她们关注的重点，点检本上每个对勾都是安全作业的保障。班组通过严格执行安全标准化作业、长久有效的安全手段，有效控制和降低了安全作业风险，避免了安全操作事故。

该班组也是一个团结互助的和谐团队。从新员工入班开始，就有老师傅手把手教学，通过言传身教、现场实操、学习验证、每月小结、考前复习，确保最终的教学成果真实可靠，让每个加入的员工都可以在考核时顺利通过考试，拿到心慕已久的上岗证，走上自己的工作之路。同时，日常作业中，班组人员经常互帮互助、相互提醒，在有困难时就会有人出手相助，让每个人都能感受到“家”的温暖。

高效作业是该班组的优良传统。班组日常生产任务中有千余支铸坯需要吊运，而每次最多吊运9支，如何更高效地进行吊运作业一直是班组的研究重点。每日计划下达后，该班组内部会进行讨论，划分个人的作业任务，进行科学有效吊运排摸，同时在共同区域进行互助式吊运减少时间浪费，并且能将待处理的铸坯“快、准、稳”地从一排铸坯中挑出，最终实现在有限的时间完成更多的作业量。

从细节入手，用实绩说话。中冶宝钢协力分公司工业炉窑车间电炉精整行车丁班将会继续加强团结协作，争取技术更硬、能力更强、综合素质全面升级，以更好的精神面貌迎接新的挑战，在平凡的岗位上展现巾帼风采。

（王　强）

67. 工程机械管理的基层实践者

——记中冶宝钢协力分公司渣处理车间一炼钢机械管理作业区作业长戴朝晖

中冶宝钢协力分公司渣处理车间一炼钢机械管理作业区主要负责一炼钢区域工程机械日常点检等相关业务，管辖机械车型多达十几种，是工程机械重要管理部门，其作业长戴朝晖主要负责基层工程机械管理工作。他做事认真严谨、踏实勤奋，带领团队以“维护现场工程机械，满足生产需求”为前提，围绕现场创新管理、大胆尝试、不断改进，提升工程机械运行状况，为生产顺利运行保驾护航。

▌注重管理，积极营造良好的管理氛围

第一，为更好地开展工程机械管理工作，避免点检单一管理形式造成对其他区域业务不熟、顶岗能力弱、备件查找难等弊端，作业长戴朝晖以区域和车型特点分配责任点检，并通过区域结对管理、值班轮换管理的模式，使每个点检都能接触到各类车型，管理能力得以均衡，也促进形成了互帮互助的氛围。第二，日常工作中，他紧抓点检职责，通过维修确认、故障追责、台账管理、备件库存等多方面工作督促点检的长效管理，以提高点检质量和业务能力。他还经常与员工进行机械故障分析，通过“头脑风暴”对现场症结进行讨论和拟定攻关课题，不仅交流了经验，也增强了对机械故障状况的理解，员工也在交流互动中累积经验知识，形成良好的学习氛围。第三，他注重与生产方、修理方的横向沟通。工作中遇到问题不推诿，面对问题主动向内看，积极改进不足，主动与生产方、修理方沟通，共同营造一个良性的工作环境。

▌注重解决问题，改进工程机械状况

现场各类机械车型种类繁多，作业项目也不统一，面对负荷高、环境恶劣的机械工况，机械的适用性往往会暴露出不足。但戴朝晖总是能在现场敏锐地发现问题、攻克问题，带领团队解决现场的症结难题。特别是，面对数十年未能解决的35吨渣罐车轮边漏油问题，他坚持带队攻关，不断尝试、改进，在一次次失败中吸取经验再出发，最终在大家的共同努力下，历时两年成功解决这一难题。就这样，他以服务现场为宗旨，以改善机械性能为目标，以每年十余项技术实效改进为推力，致力于减少机械故障，延长机械寿命，降低机械成本，提高机械性能，满足生产需求。

▌注重锻炼队伍，为青年点检培养创造条件

为帮助青年点检人员快速成长，戴朝晖紧紧围绕现场症结改进工作，通过降本增效、QC、“五小”等活动的开展，多方面提升年轻点检的技能水平。在他的带领指导下，团队于2020年完成“降低ZY65履带式装载机进口支重轮消耗”和“延长破碎锤镐钎寿命”的降本增效项目，成效超出预期。在开展的“五小”活动中，他指导点检针对一炼钢35吨罐车锁销气缸多年来一直需要人工撬拔方式完成锁销定位的情况展开攻关，通过多次测绘、反复设计，合理压缩空间，定制加大型锁销气缸，杜绝人工助力模式，解决了多年以来的顽症。2020年6月，其团队发布的“提高35T罐车尾灯使用寿命”QC成果获得中国冶金建设协会二等奖。同年8月，作业区新进了一名大学生，戴朝晖作为师傅给徒弟制定了“提高ZY65履带式装载机空滤使用寿命”课题，带着他深入现场，从原理开始讲解，到现场进行拆解实践，手把手地教他应用QC工具，并推荐他参加协力分公司的QC发布会，最终取得了第二名的好成绩，也为他的人生首秀画上了浓厚的一笔。在戴朝晖的带领下，点检逐渐提高了解决问题的意识和分析能力，技能素质得到了提高，“帮、学、赶、超”学习氛围浓厚，积极报名参加公司领军人才考评。2023年，作业区共有4人获评公司领军人才。

作为一名党员，戴朝晖始终保持初心，在自己的岗位上发挥所长，带领团队为现场解决一个又一个问题，是现场工程机械管理的优秀带头人和实践者。

（王咏梅）

68. 行车无人化改造的精兵劲旅

——记中冶宝钢工业公司检修队轧制作业区热轧2050机电班组

在宝钢股份宝山基地热轧厂2050区域长期驻守着一支队伍，他们就是中冶宝钢工业公司检修队轧制作业区热轧2050机电班组，负责行车检修及技改业务。目前，班组共有成员15名，是一支新老分布均衡且实力强劲的

大型班组，尤其是在行车无人化改造项目工程中的表现可谓可圈可点。该班组曾获得工业公司2019年“大干一百天再创新业绩”主题劳动竞赛先进班组、2020年“百日安全劳动竞赛”优胜班组荣誉，其电气骨干熊伟是中冶宝钢的领军人才。

在热轧1880无人化技改工程中，该班组从零开始，消化图纸，认真熟悉原理图、接线表、材料表等资料，对不清楚的地方及时向别人请教，并多次实地了解行车电气梁、移动电缆、联动台等相关部位的情况，确认停机位置及场地。同时，班组及时制订施工计划，并提前准备好所需工装器具及材料备件。在施工过程中，班组更是严把安全关，每天认真落实安全和技术交底的各项措施要求，严格遵守业主和公司的各项管理规定。班组不断改进和创新工艺，先后通过开展隐患排查和“五小”活动，自制了专用的大梁内控制屏倒运滑板小车和安装辅助支架，及时消除安全隐患，突破影响施工进度的瓶颈，大大提升了技改效率和安全系数。

该班组十分重视对新人的培养，在电工数量不足的情况下，带动机械人员配合作业，让大家得到更多的锻炼和提升。该班组成员在共同努力下，相互默契配合，发扬争先带头作用，不怕吃苦、不怕困难，迎难而上，齐心协力地完成首台行车无人化技改任务，并及时对施工中发现的问题和不足之处进行总结与改进，特别是对电气技术的应用、人员间相互配合调试工作等方面进行优化。

在每月的系列定修中，该班组总是提前策划做好检修准备工作，包括板坯库液压夹钳的维护、行车电器的清扫紧固、更换车轮等重要备件等，确保行车本质化安全和设备功能状态稳定。班组长石明富待人友善、乐于助人，与大家和睦相处，精细班组的基础管理工作，引导大家在定制化管理方面养成良好的使用习惯，确保工装能得到有效管控和规范使用。“兵马未动，粮草先行”，他会定期对电动工器具进行清理维护，尤其在梅雨季节及定修、年修之前，带领大家认真做好绝缘、接地、清灰、紧固等工作，有效提升现场作业的效率。他还发动班组积极开展安全隐患排查活动，相继提出多条合理化建议，不断提升本质安全。

（赵代高　陈俊杰）

69. 打铁必须自身硬　无须扬鞭自奋蹄

——记中冶宝钢第三分公司冷轧设备检修队唐成班组

宝钢股份的取向电工钢产能及产量规模已居全球钢企首位，在这傲人的成绩背后，离不开中冶宝钢第三分公司冷轧设备检修队唐成班组的辛勤耕耘。这是一支充满活力与热情的队伍，也是宝钢股份宝山基地硅钢部榜上有名的“信得过班组”。

该班组主要负责宝钢股份宝山基地硅钢部常规检修及专项工作，共有成员6名，班组长成熟稳重、经验丰富，骨干任劳任怨、技术过硬，是一个年富力强的团队。他们团结一致，注重技能水平的提升；他们互相扶持、荣辱共进，知行合一，共同进步。在高强度的检修任务面前，他们齐心协力克服种种困难，出色地完成各项工作，有效保障了现场生产的稳定运行。

攻坚克难，砥砺前行

2021年5月，硅钢部取向三期年修期间，该班组承接了4号SACL（无取向硅钢）加热炉炉辊更换、卷取机解体项目，涉及炉辊更换数量多，卷取机回装精度要求高、技术难度大。接到项目后，班组长唐成积极与点检生产沟通，在多次赴现场勘查、了解施工内容和要点后，他组织班组全体人员召开了专题会议，理项目、明要求、定节点，制定每日施工目标及任务。

在卷取机回装大盘齿轮的啮合调试过程中，该班组发现大盘旋转导致轮齿出现吃力不均匀、内侧偏重的问题。为此，唐成迅速组织大家商讨制定解决方案，最终通过调整偏心套的办法解决了问题。经过四天三夜的不懈努力，该班组以高超的技术、严谨的工作态度顺利完成年修任务，且一次性试车成功，得到业主的高度认可。

改革创新，坚定前行

在班组基础管理工作中，唐成经常组织班组成员围绕改善创新主题开展“头脑风暴”，让大家思考检修工作中的问题并针对个别难点集思广益，充分发挥班组成员的主观创造性。有时候，唐成会结合自己多年的经验启发大家，甚至促成一些实用装置的诞生，大大提高了制作精度，提升了劳动效率。此外，该班组还将这些装置推广开来，与区域内其他的兄弟班组共享成果与做法。

没有创新就没有进步，别看该班组成员大大咧咧，干起活来却细致得很，调整制作精度时能精确到0.01毫米，虽然常常一身油污，但是设备维护擦拭得干干净净，标准化作业井井有条。

多年来，中冶宝钢第三分公司冷轧设备检修队唐成班组始终秉承“打铁必须自身硬，无须扬鞭自奋蹄”的信念苦练内功，以认真、勤奋的工作态度，在自己平凡的岗位上书写着华丽的篇章。

（梁　帅）

70. 栉风沐雨　少年可期

——记中冶宝钢第四分公司轧钢队2030作业区一班班组长肖驰龙

肖驰龙，一个“90后”精神小伙儿，于2017年3月加入中冶宝钢第四分公司。本着认真、仔细、踏实、积极、主动的工作态度，他从一名普通的一线员工成长为轧钢队2030作业区一班班组长。他凭借丰富的现场经验，总能第一时间发现各类隐患，得到了业主的一致认可和表扬。

▌经验丰富，消除现场安全隐患

在湛钢冷轧厂2030单元连退（D112）机组入口活套区域，肖驰龙与往常一样在现场忙着定修前的准备工作。现场正在吊运备件，他突然听到活套区域有响声，根据多年的经验，肖驰龙判断这是异常响声，便发动大家跟踪排查，确定异常声响为带钢经过活套转向辊时发出的。经过仔细观察，他发现带钢焊钢处有明显缝隙，便当即通知冷轧厂生产方和设备方，为业主方避免了经济损失，否则该炉内一旦发生断带现象就会造成一场超过36小时的抢修。

默默无闻，为安全生产奉献青春

每逢现场休息，肖驰龙总会积极地跟设备方、生产方一起了解机组上的设备，正是这些平日里的积累以及认真、仔细、踏实、积极、主动的工作态度，让他获得业主方的高度评价。该班组组员也常说，“他在现场忙起来，常常忘记吃饭”，“一般找他，休息室是找不到的，肯定在D112机组那边”……

不断学习，提高综合素质

在繁忙的工作之余，为了满足企业转型发展的需要，肖驰龙努力学习专业知识，并与工作实际相结合。此外，他还努力提升自己的学习文化知识水平，攻读更高的学历。他这种积极进取的精神不仅感染了身边的组员，而且使班组努力学习文化知识的氛围更加浓厚。

“长江后浪推前浪”，广大“90后”已是当下社会发展的主力军，也是中冶宝钢事业蓬勃发展的重要基石。正是有像肖驰龙这样默默付出，向着更高层次目标不懈追求、勇攀高峰的年轻“中冶战士”，才使中冶宝钢成为行业的标杆。

青春无悔风雨兼程，栉风沐雨少年可期！

（李　芳）

71. 钢铁物流平衡关键枢纽的守护者

——记中冶宝钢协力分公司铸钢协力车间二铁水作业区甲班

铁水预处理作业是高炉炼铁的后道工序，也是转炉炼钢的前道工序。铁水中有害杂质的脱除直接影响转炉炼钢的质量，是炼钢生产的重要环节及主要工序之一。在这个关乎钢铁物流平衡的关键枢纽——铁水预处理生产线上，有一个冲劲十足、团结奋进的团队，他们就是中冶宝钢协力分公司铸钢协力车间二铁水作业区甲班。

该班组成员来自祖国的四面八方，虽然地域不同，文化程度也各有差异，但是他们有着共同的梦想和奋斗精神。他们立足岗位，创造和刷新过铁水处理量及大硅钢铁水月处理量的历史纪录。2011年，该班组获得中冶宝钢“红旗班组”荣誉；2013年，该班组被评为中冶宝钢“标杆班组”；2019年，该班组被宝钢股份评选为“现场环境改善最佳践行班组”。

一个学习氛围浓厚的班组

铁水预处理工序是宝钢股份从日本川岛制铁厂引进的斜插式喷吹工艺工序。面对全自动化的先进操作工艺，该班组除参加实训外，还自发组织利用班前、班后等业余时间，反复学习规程要点、操作重点，有计划、有目标地开展学习实践，坚持以老带新、以熟练工帮生疏工，营造资源共享的氛围。善于学习是团队强大的根源，是团队建设的有力保证，是提高团队整体能力的关键。正所谓，“苦心人，天不负，卧薪尝胆，三千越甲可吞吴”。

一个具有创新氛围的团队

该班组员工主动多读书、多钻研，以提高操作水平，研究最合理、最省时高效的工作方法，也养成了好问、多问的良好习惯。他们会对现场作业的岗位规程主动“找碴儿”，会对作业中出现的问题及存在的隐患踊跃地反馈。2020年以来，该班组共提出安全合理化建议97条，QC成果发布3篇，其中，有2条安全合理化建议分别获得2020年宝钢股份炼钢厂一等奖、二等奖，为作业区的基础管理水平提升打下了坚实的基础。同时，该班组利用自主培训平台相互交流提问、辩论摸索最合适的操作方法，最终形成科学完整的作业规程。

一个敢于挑战困难的班组

虽然工作环境温度高、粉尘大，但该班组并没有退缩，而是不断想办法、找对策，以提升基础管理水平。他们以厂为家，用心工作，坚持班班清扫厂房的每个角落，坚持班班擦洗门窗玻璃、操作台面，坚持现场物物定置化、事事有人管。他们坚信细节决定成败，通过这种细致的工作方法，让铁水预处理区域焕然一新。面对重重困难，班组敢于有目标、有追求地去挑战，日复一日，作业环境得到改善，也得到了业主的高度评价，并赞称作业区为“沙漠中的绿洲”。

▌一个氛围融洽、互帮互助的团队

团结就是力量，只有拥有凝聚力、向心力才能发挥团队的强大力量和作用。在日常工作中，由于大家的性格、习惯存在差异，相处时难免会有磕磕绊绊，虽然大家来自五湖四海，但遇事能互相体谅，对事不对人。“惟宽可以容人，惟厚可以载物”，就是这种具有凝聚力的氛围将大家融在了一起。

只有一个个基础细胞相互结合，才能组成强大的系统，中冶宝钢协力分公司铸钢协力车间二铁水作业区甲班就是公司最基础的细胞，他们脚踏实地的作风、团结奋进的工作精神，吹响了“我的班组我做主”的先锋号角，将优质的铁水源源不断地输送到转炉炼钢，为宝钢股份的优质冶炼保驾护航。

（刘 旭）

72. 冲锋在前　刻苦攻坚　绽放检修风采

——记中冶宝钢第四分公司炼钢队环保作业区一班

在中冶宝钢第四分公司炼钢队环保作业区，负责钢渣滚筒维护检修的一班班组，在多个高强度、高负荷检修项目中刷新极限速度，将不可能变成可能，被称为“冲锋班组”。

该班组日常主要承担滚筒及其配套设备的检修工作，班组长唐玉龙在工作中勇于创新。在他的带领下，该班组始终秉承求真务实的工作作风和精益求精的工匠精神，并深受业主方的认可。在检修作业工装工法的改良创新上，他们用心钻研，努力提高作业效率，想方设法降低劳动强度和负荷，为公司和业主降本增效。该班组多次获得公司“优秀班组”“先进班组”“立功班组”等荣誉称号，是中冶宝钢在检修一线一面鲜艳的旗帜。

该班组员工不忘在业余时间提升自我，通过查阅大量相关资料和图纸，改良创新多个专用工器具，大幅提高现场的检修作业效率。其中，“移动检修平台改造”“滚筒溜槽更换的吊装工法改进”“滚筒篦条结构改进”等工装工法的创新成果，荣获中冶宝钢第四分公司年度QC成果奖提名。这些荣誉的取得，都来源于班组努力创新、认真钻研、追求突破的精神。

在球团年修项目中，湛江钢铁炼铁厂球团单元的立式强混机已使用多年，业主要求对立式强混机进行检修，更换大齿圈及小齿轮。这是该班组第一次接触此类任务，摆在他们面前的难题是如何确定更换的备件与原尺寸一致。为了打破僵局，该班组以最快的速度对设备图纸进行消化了解，分析设备结构，梳理技术要点。在与技术部门进行多次沟通确认后，该班组开始动工。在设备停机前，他们将所用的工器具及备件全部整理到位，做好前期准备工作；停机后，按照既定施工计划和工序，有条不紊地拆除大齿圈和小齿轮。该班组秉持“七分准备三分干”的高效检修思路，整个项目比预期计划提前一天完工，并一次性送电调试成功。该项目的承接是第四分公司在宝钢股份球团区域实现的首个突破，赢得了业主的赞扬。

冲锋在前，刻苦攻坚，在该班组多次被外派支援其他区域期间，班组员工始终无怨无悔、任劳任怨，相继完成了更换链板机、滚筒溜槽、篦条和棒磨机衬板等高强度任务，保障了责任区域全面受控。今后中冶宝钢第四分公司炼钢队环保作业区一班将继续凭借过硬的业务能力和顽强的拼搏精神，为设备检修工作保驾护航，从而全面推动企业高质量发展，将中冶宝钢打造成为“国内第一、国际一流”的冶金运营服务“国家队”，让中冶宝钢的品牌更加闪亮。

（陈豪威）

73. 站得住　信得过　打得赢

——记中冶宝钢第五分公司太钢项目部炼钢作业区连铸班组

班组是企业发展的根基，是企业安全生产、高质量发展的关键细胞。中冶宝钢第五分公司太钢项目部炼钢作业区连铸班组正是中冶宝钢发展千千万万个“细胞”中的一个。该班组由于表现突出、成绩优异，荣获业主方2020年度“信得过班组”称号。

近年来，该班组扎实开展安全活动、“五小”活动和标准化建设活动，当好开疆拓土的“生力军”，多措并举，实现跨越式发展。炼钢作业区作业长温自强作为班组管理“结对子”责任人，立足“一岗双责”，全程参与跟进，扛起责任担当，带领该班组突破壁垒，细致入微地把控施工现场，把该班组建设成了项目部的标杆班组。

▌安全与质量责任并重

该班组负责炼钢一厂不锈线连铸机在线检修及扇形段离线装配任务。2018年8月，炼钢一厂不锈线中修期间，该班组施工作业现场负责人赵开余发现二冷更换车东北角钢丝绳有断股且情况严重，他随即叫停作业人员，联系业主方组织人员对钢丝绳进行更换，及时将重大安全隐患扼杀在萌芽状态，业主方为此召开专题会议，号召全厂参检人员学习并通报公司表扬。

2020年9月，炼钢一厂不锈线定检作业中，负责连铸机摆动框架油缸更换作业项目的员工穆志鹏，在安装新油缸时发现活塞杆密封圈被挤出损坏，遂立即联系业主方更换备件，避免了一起质量事故，确保按照原计划完成检修任务交付生产，赢得了业主方的高度赞扬，并荣获业主方“信得过班组”称号。

▌知用其长育人才

优秀年轻的技能人才是强企兴企的新锐力量和未来发展的中坚力量，

只有全面知其长，努力做到用其长，才能不断激发他们的潜能，发挥他们的效能。

太钢项目部运用多层次、多维度、多方位的考评机制发现人才、培养人才，不断开拓识人、选才渠道，根据骨干人才的综合素质、技能水平安排最合适的专业岗位，充分调动员工的主观能动性、创造性，最大限度激发他们的事业心、责任感，建设出一支“站得住、信得过、打得赢”的威武之师。

连铸班组是创新用人机制的“试验田”，以“不能让综合素质高的人吃亏、不能让干事的人吃亏、不能让老实人吃亏”为导向，加速连铸班组新鲜血液的注入。该班组大力开展内部技术培训，推进班组的高质量迭代发展。

天道酬勤，砥砺前行。中冶宝钢第五分公司太钢项目部炼钢作业区连铸班组代表着中冶宝钢无数基层班组，他们用青春与汗水谱写中冶人的奋斗之歌，以认真勤奋的工作精神在最基层的岗位上书写着华丽的人生篇章。

（黄小非）

74. 坚守在炼钢一线的标杆班组

——记中冶宝钢协力分公司工业炉窑车间一中间包丙班

“一群人一条心、一起拼一定赢”是中冶宝钢协力分公司工业炉窑车间一中间包丙班班组精神的集中体现。他们在高温、高强度作业环境中恪尽职守、团结互助、任劳任怨、迎难而上，为宝钢股份智慧炼钢保驾护航。该班组连续多年被评为“标杆班组”“上海市红旗班组”，所在作业区也被评为“金牛作业区”“上海市工人先锋号”等。

优秀的团队离不开有担当的带头人，该班班组长武永强是班组核心人物，负责中间包装包、涂层、解体作业的安全质量管控，确保中间包在线周转顺畅。他带领班组积极进取、开拓创新，在施工工艺和技术上集思广益、群策群力，在节能降耗、降本增效方面持续不懈地努力。针对中间包渣线熔损、在线浇铸炉数受限等难题，该班组开展自主管理活动，通过在中间包注流部渣线部位加装抗钢水侵蚀堰板，确保中间包在线高连浇质量受控，连浇炉数由之前的月平均5炉提高至月平均6.44炉，单个中间包创下最高连浇炉数12炉的历史纪录，为宝钢股份产能稳产、高产提供了可靠保障。

该班组员工始终秉承着实事求是的工作作风和精益求精的工作态度，深受业主肯定。2018年，宽厚板设备改造完毕，开启了机器人智慧炼钢的时代。面对高端工艺设备，该班组全体员工刻苦钻研，努力实现技术服务对接，通过跟踪分析，发现连铸机器人夹持器安装长水口时无法套到位导致异常下线是夹持器变形所致。对此，该班组设计制作了夹持器专用测量工具，能将变形的夹持器检测出来，大大降低了夹持器异常下线率，获得了宝钢股份炼钢厂授予的“信得过班组”荣誉称号。

该班组成员心往一处想、劲往一处使，发扬“比、学、赶、帮”精神，技术上老员工帮新员工，体力上新员工帮老员工，形成互帮互助、尊老爱幼的良好氛围。该班组注重培养一岗多能，员工个个都是多面手，班组队伍实现了效率减员。该班组持续不懈地朝着打造学习型、智慧型班组的方向努力，利用班前、班后会，抽查岗位核心要素、岗位规程，对照岗位规程“找碴儿”，让员工明确安全要点、强化安全意识。该班组定期开展危险预知活动和危险源辨识活动，及时查找身边安全隐患，通过网络平台组织全员学习安全生产知识，提高安全防护意识，做到学以致用。2020年，在“消除事故隐患、筑牢安全防线”炼钢安全知识竞赛中，该班组获得团体第二名的好成绩。在基础管理推进上，该班组是作业区的一面旗帜。该班组不畏艰难、奋勇当先，制订环境整治计划，做到责任到人，环境卫生长期保持整洁、优美。该班组还敢“啃硬骨头”，面对拆包机老化、积灰较多、清理难度大的问题，该班组利用定修间歇，对积灰进行全面彻底的清理并刷了新油漆，让这一大型设备面貌焕然一新。

班组是企业的细胞，优秀的企业更需要传承红色基因，中冶宝钢协力分公司工业炉窑车间一中间包丙班将坚持党员带头、组员跟进，在企业发展的新征程上不断贡献光与热。

（汪本勇）

75. 砥砺前行　一分耕耘一分收获

——记中冶宝钢宝武铝业项目部热轧中厚板作业区行车乙班

中冶宝钢承接宝武铝业业务后不久，项目部在班组建设、安全生产、技能提升等方面的工作成效显著，涌现出一批成长迅速的新星班组。其中，热轧中厚板作业区行车乙班就是一个标杆。这个班组共13人，经过大家的共同努力、齐心合作，在确保安全生产的基础上圆满完成了各项任务，并多次得到业主的称赞。

“班和万事兴”，只有营造一个团结和谐的气氛，才能使班组充满生机与活力，充分发挥每一位成员的工作积极性、创造性。该班组一贯注重良好班风的养成，利用休息日组织爬山、聚餐、打球等活动，在身心得到放松的同时，增进了解、加深友谊。全班逐渐团结默契，亲如兄弟姐妹，工作起来心往一处想、劲往一处使，做到互相提醒、互相学习、互相帮衬，优质高效地完成各项任务。

班组是企业的细胞，是企业安全生产的前沿阵地。长期以来，该班组始终把安全生产视为工作的核心，从细节入手、从点滴做起。班前会上，从交通安全到厂区行走安全，再到作业中的岗位安全，树立“零违章”理念。对当日工作安排，结合岗位情况举一反三，辨识岗位危险源，排除隐患。同时，传达重要会议精神及近期典型事故，深刻反思、吸取教训，坚持团队与协作相结合，分工明确、职责到人。班后会上，总结当班作业中的问题及不足，人人都以控制差错为切入点，从细节、点滴做起，使班组在不断完善与学习中成长。

在不断学习中，随着各项技能的提升与成熟，该班组也迎来了宝武铝业热轧爬坡达产高峰期。针对加热炉、热轧轧机、精密锯三条主要机组，他们首先定岗行车技能好、安全意识强的员工，以保证机组安全顺利生产，遵循多劳多得的绩效分配方法，给予重要员工绩效分嘉奖，调动员工的作业积极性，以更好地激励其他员工提高自己的专业技能。在高温条件下可以轮换作业，针对离休息室远的高温机组区域，合理安排员工防暑降温，确保员工有良好的精神状态，在作业现场放置保温箱，储存冷饮等防暑降温物资，让员工在酷热的环境中感受到一丝清凉，更加自觉地把工作干好，不断成长、与时俱进。

在班组人员共同努力下，中冶宝钢宝武铝业项目部热轧中厚板作业区行车乙班得到了业主的一致好评，并且成为标杆班组。他们表示，对照优秀的班组，他们还有一定的距离，在今后的工作中，他们会不骄不躁，发现问题、纠正问题，不断学习、不断提升，争取更好的成绩。

（张娟红）

76. 我们眼中的最美班组

——记中冶宝钢协力分公司制酸日班

他们没有惊天动地的丰功伟绩，也没有可歌可泣的壮举事迹，他们扎根在宝钢股份宝山基地炼铁厂制酸区域，在平凡的岗位上勤勤恳恳、任劳任怨，日复一日、年复一年，做出了不平凡的成绩。他们就是最美班组——中冶宝钢协力分公司制酸日班。

他们勤勤恳恳、克难奋进，使宝钢股份炼铁厂三烧结制酸系统平稳度过“1对2”高负荷运行阶段，保证了炼铁厂烧结分厂生产的有序进行。三烧结制酸系统自2016年10月投产运行至2020年10月20日已逾4年，在其首次停机年修之际，工作量大、检修时间长，且作业人员无任何检修经验，尤其是制酸三塔的内壁修复项目为首次作业重点管控项目，安全风险系数高、时间紧。因此，为了统筹策划好年修项目，前期的策划准备工作尤为重要。该班组员工组建技术团队攻坚技术难题，对活性参数进行调整和优化，不断收集数据、模拟试验、对标数据，集思广益，通过查阅制酸三塔的图纸，针对塔内的规整填料、塔内件、塔壁的修复方案，积极与专家沟通学习并确认修复方案。同时，还要考虑到塔内的硫酸灼烫风险，作业人员若防护不当，则进入塔内易触碰到浓度高达98%的硫酸，存在极大的安全隐患。

如何做好安全防护成为工作的重中之重，只有确保全身被包覆，不留任何死角才能避免接触到硫酸造成灼烫伤害。班组长张书童通过借鉴经验，得知杜邦C级轻型防化服可以有效地阻挡、防护硫酸喷溅，便立即将需求信息上报。30套轻型防化服被应用在本次填料清理作业过程中，完全规避了这一隐患，也大大降低了制酸三塔内壁修复项目的安全风险。由于制酸三塔修复作业全部属于生产自力项目，为确保作业质量受控，该班组开展“头脑风暴”，对制酸三塔内部结构进行培训。制酸三塔勾缝处理的质量管控是这次修复项目的另一个重点。为了确保年修结束后的开机稳定，该班组梳理调配人员专项负责这三个塔，“承包模式”也是将质量管理贯彻到每个人，为制酸三塔内壁修复项目的顺利完成打下了坚实的基础，确保了年修能够顺利完成。

班组就像企业的细胞，只有每个细胞都激情澎湃，才能让企业充满生机。中冶宝钢协力分公司制酸日班就是这样一个始终充满干劲和斗志的班组，兢兢业业，从平常的“8保16”到年修的通宵达旦，他们始终发挥身为“细胞”的作用，苦练技术、认真运维，有效保障设备的正常运转，用实干精神书写属于自己的精彩篇章，赢得业主的喝彩。

（仇　超　陈萃嫔）

77. 排忧解难的一线精英队伍

——记中冶宝钢宝武铝业项目部热轧中厚板作业区

“越不可越之山，则登其巅；渡不可渡之河，则达彼岸。”在中冶宝钢宝武铝业项目部有一个作业区，坚持“困难在一线解决”的宗旨，凭借团队力量全力推进作业区建设，倡导员工提升专业技能，打造精干高效的队伍。他们就是中冶宝钢宝武铝业项目部热轧中厚板作业区。

该作业区承担着宝武铝业热轧中厚板整个车间行车的操作，负责配合车间内各机组的上料、下料、成品的驳运，加热炉区域的生产操作业务，以及成品库的库位管理工作。该作业区虽然成立时间短，但在生产作业中，他们主动担当作为、抓住机遇，勠力同心、攻克难关，已在宝武铝业项目部高质量、高效率、保安全的建设中走在前列。

2020年6月，是该作业区成立的日子，当时成员仅有15人，经过短短一个暑期的努力，全员顺利拿到了上岗证。待寒冬到来时，该作业区的人数也扩展到了20余人，所有人克服严寒，积极学习，提升专业技能，掌握理论知识，为完成现场生产任务打下了坚实的基础。

2021年一开春，该作业区便迎来了宝武铝业的第一块中厚板成功轧制的业绩，行车工操作夹钳平稳安全地吊下了系着大红花的第一块铝板，该作业区也得到了业主的首肯和赞誉。

有了第一次铝板吊运的成功，接下来就是第一卷铝卷的生产吊运。当时，该作业区还没有自己吊铝卷的C形钩，作业长和冷轧车间沟通借来C形钩提前进行了铝卷的首次作业。除了日常安全交底和首次作业专项培训外，该作业区还把吊运操作规程制成PPT，供大家回放学习。在大家的努力下，该作业区又一次出色地完成了C形钩吊卷以及后来的电动夹钳吊卷作业。

2021年7月，宝武铝业启动全面增产增量，该作业区随机应变，培训多人多岗多技能，多个真空吸盘吊铝板和单个吸盘配合包装作业，库位库区6S管理。其间，项目部又承接了热轧加热炉操作项目，该作业区也快速响应，开展员工上岗培训，全力以赴，使员工做到了无须业主配合就能独立胜任操作岗位。目前，直发板材包装、直发卷包装作业已趋于成熟，物流也在不断完善进步。

自项目承接以来，该作业区得到了业主的一致赞扬，并喜获两封表扬信，分别对该作业区配合暴雨抢险以及美化车间环境予以感谢。该作业区第一时间配合业主关闭门窗、排查漏雨点、抢移成品，保证所有成品“零损失”，冒雨监护厂房虹吸管道泄漏6小时以及负责辊底炉机组排水，确保辊底炉机组未因进水停机造成重大损失。同时，积极配合整理车间、美化地坪以及机组多个库区的成品、物料、备件的6S管理工作推进。

中冶宝钢宝武铝业项目部热轧中厚板作业区用主动作为、勇担使命、攻坚克难、勇于奉献的精神，全力保障热轧中厚板车间的生产顺行。走进该作业区办公室，是两张写着“困难在一线解决”“奉献宝铝”的全员照片以及墙上“相信团队的力量，我们一直在前进”的标语。规范的标识、整洁的办公室、团结奋进的中冶宝钢人，他们为企业高质量发展贡献着自己的力量。

（张娟红）

78. 管理规范固化于制　行为标准强化于行

——记中冶宝钢工业公司运转二车间焊管作业区

中冶宝钢工业公司运转二车间焊管作业区，主要负责宝钢股份宝山基地焊管厂区域的“管用养修”业务。该作业区严格以“四化”标准和标杆班组的要求示范引领生产。

近年来，该作业区认真贯彻中冶宝钢基础管理提升的要求，强化基层基础管理工作，坚持做到在安全本质上内化于心，在管理规范上固化于制，在环境整洁上优化于貌，在行为标准上强化于行，通过上下齐心、共同推进，有效促进了该作业区管理水平的提高。现在，该作业区基础管理工作、现场“三室”整体环境以及卫生情况都有了改善和提高。

多措并举为安全生产保驾护航

为切实筑牢安全生产根基，提升该作业区安全生产整体水平，促进公司安全生产平稳顺行，该作业区自2021年4月以来开展“强基固本除隐患，科学防范保发展”工作，以及以“生命至上，安全第一”为主题的安全生产演讲活动，进一步增强了员工的安全生产意识，完善了安全生产责任制度，为作业区全年的安全生产工作夯实了基础。同时，在生产过程中，该作业区严防“知行脱节”，坚决遏制较大事故，常态化、制度化地开展安全工作。坚持从现场抓起，全面细化“严管”，切实将安全生产规章制度落实到位，使安全风险得到有效管控，为现场生产提供安全的运行环境。

不怕辛劳为业主排忧解难

工作中，该作业区常常遇到一些紧急任务，全体员工抱着“要做就做最好”的理念，精益求精、日夜拼搏。有一次，该作业区接到业主紧急请求，有一批出口孟加拉国的涂层管在码头装船时没有一次到位，需要二次吊装，请求为这批涂层管预先加装O形吊带，便于二次起吊。该作业区迅速组织骨干人员召开专题会议，调查分析现场，逐一排查作业危险源和风险点，制定具体的作业方案。该作业区员工冒着高温酷暑，克服重重困难，经过近20小时的不间断作业，按时按量、优质高效地完成了工作任务，受到业主的一致好评。

提升基础管理，创最满意办公室

2021年以来，该作业区持续提升基础管理水平，以开展“创牛”工作为抓手，每周坚持同步检查、同步整改、同步提升。在“最美办公室”创建期间，该作业区充分发挥团队精神和力量，集思广益将办公区域打造得独具特色。在大家的共同努力下，该作业区获得了宝钢股份钢管条钢事业部焊管厂颁发的“2021年最美办公室”流动红旗。相关领导还为作业区第一次飞检合格签名。今后，该作业区将继续用实际行动夯实基础管理，做好接受更高规格检验的准备。

纪录由我创造，历史由我书写。中冶宝钢工业公司运转二车间焊管作业区全体员工以时不我待、只争朝夕的干劲树立了良好的企业口碑与形象。近年来，该作业区先后获得公司“双文明建设先进集体”“标准化示范作业区”等称号。今后，该作业区全体员工将继续发挥自身优势，砥砺前行，为公司的美好明天努力奋斗！

（刘修文）

79. 平凡岗位彰显巾帼风采

——记中冶宝钢工业公司运转四车间宝日作业区轧钢丁班班组长向春燕

向春燕，四川资阳人，2015年加入中冶宝钢，现任中冶宝钢工业公司运转四车间宝日作业区轧钢丁班班组长。她从一名普通的行车操作工做起，逐渐成长为一名基层管理者，勤勤恳恳、任劳任怨。多年来，她用自己的一言一行诠释着什么叫作爱岗敬业。她为人豪爽大方，健谈干练，与班组人员相处融洽。在她的带领下，班组和谐团结，充满凝聚力。由于她在班组中年龄最小，同事都亲切地喊她“小妹”。

“巾帼何曾让须眉，不爱红妆爱武装。”作为一名基层管理者，她常说“我感觉自己的肩上沉甸甸的”。她以高度的责任感和使命感，以自己的实际行动诠释着爱岗敬业，将班组长“兵头将尾”的纽带作用发挥得淋漓尽致。从点滴做起、从小事做起，她勤勉尽责，撸起袖子加油干，充分展现出“女工能顶半边天”的风采。

“干一行、爱一行、精一行、钻一行”，她在平凡的岗位上展现着非凡。她忘我工作、无私奉献，每天接班的第一件事就是点检行车。在15分钟内，包括电机、减速箱、钢丝绳、车轮、轨道、制动器、抱闸、联轴器等在内，只要眼睛能看到、手能摸到的，她都麻利、仔细地检查一遍，确认没有问题再进行动态点检试车，一切正常后再正式作业。她在空中行走，与钢卷为伴，穿梭在现场的每个角落。在宝日轧后库、原料库上空，扎着马尾，目光专注的她双手紧握操作手柄，正在认真、熟练地驾驶着吊车，把刚刚从步进梁生产出来的钢卷有序地吊运至目标区域。顺着狭窄而陡峭的铁梯，向春燕每班都要往返攀爬四十几米的连退高跨，然后敏捷地钻进驾驶室，千百次重复打开、关闭、起升、下降、前进、后退、旋转等特定动作。虽然环境很艰苦，她却总是干劲十足，积极配合现场生产，出色地完成各项吊装任务。

2021年春节期间，因受新冠肺炎疫情影响，向春燕选择就地过节。“非必要不出行”的倡议得到了全班员工的认可和支持，她带领大家再次用实际行动诠释了奉献精神。不出行不给国家添负担，不离沪不为企业增压力，她在平凡的岗位上默默付出，以过硬的工作作风、良好的职业素质、认真负责的工作态度向国家、向社会、向企业递交了一份优异的答卷。

平凡中见非凡、平凡中见精神、平凡中见伟大，向春燕虽没有轰轰烈烈、惊天动地的英雄事迹，但是她甘于奉献，以端正、扎实的工作态度，真挚朴实的工作情感，以及诚实谦虚的为人处世风格，展现一位普通基层员工的职业情怀和对企业与国家的无限热爱。

（孙自闽）

80. 小小齿轮　大大追求

——记中冶宝钢第三分公司炼铁检修队王志刚班组

2021年，中冶宝武钢铁产能近1.67吨，宝钢股份更是重中之重。如此庞大的钢铁巨兽的成长，离不开每片齿轮的紧密啮合、不休运转。中冶宝钢第三分公司炼铁检修队王志刚班组就是这样一片充满活力与热情、基础扎实且任劳任怨的“齿轮”，在检修工作中不断成长，发光发热。

该班组共有成员4人，主要负责宝钢炼铁厂皮带机常规机械检修及各厂部定修、年修机械项目支撑工作。在身为焊工技师的班组长王志刚的带领下，班组全体成员专注提升队伍检修能力，成为专业的焊工检修团队。他们齐心协力克服种种困难，出色地完成各项工作任务，有效保障了现场生产的稳定运行。

不惧艰难，勇往直前

从烧结、高炉定修到冷轧定修，再到化工厂雨污分流改造项目，该班组与中冶环工共同完成除尘灰系统拆除及油罐腐蚀整治项目。哪怕再忙再累，该班组总能在检修高负荷情况下，以“高效率、保安全”为前提，完成各项检修任务。

该班组重视施工质量要求，积极出谋划策，争分夺秒保生产。2021年

6月24日，面对四烧结区域定修0–404BC减速机更换项目，在施工时间紧、任务量大的情况下，该班组以保证施工质量为前提，同时追求施工效率，缩短施工时间，采用电磁感应加热器工装取代传统水焊把烘烤，对齿接手、抱闸轮进行加热，节省了人力，提高了施工安全性并缩短了大量施工时间，使该项目高质高效完成，并协助其他班组完成定修施工项目。在检修任务量大、时间紧的困难面前，他们不仅保证了施工质量、提高了施工效率，更是提升了班组施工的质量意识、大局意识。

追求细节，精益求精

该班组不仅在检修工作中追求项目内容高质高效完成，对作业中发现的隐患更是始终保持敏锐的观察力。

2021年8月26日，在承接的宝钢股份炼铁厂原料分厂“PX301BC滚筒轴承检查”检修项目中，该班组完成项目检修内容的同时敏锐地发现，PX301BC增面滚筒轴承座螺栓松动，其中一根开裂。PX301BC是高炉直送系统中的一台皮带机设备，如若出现故障将影响并延误烧结分厂及高炉分厂矿石烧结生产。该班组及时联系点检员，更换了相应型号的螺栓并检查了滚筒轴承座另一端的螺栓，避免了设备隐患造成的生产延误事故。由于他们在检修作业过程中的认真负责，避免了P系统及烧结机的非计划停机，获得宝钢炼铁厂原料分厂给予的表扬信。

中冶宝钢第三分公司炼铁检修队王志刚班组在检修工作中创造价值，不断成长，他们作为一片小小的“齿轮”，日复一日地贡献着自己的力量。

（程振元）

81. 高效服务显实力　协同合作齐攻坚

——记中冶宝钢第七分公司炼钢锅炉项目部能环作业区

中冶宝钢第七分公司与韶钢能源环保部长期积极协作、攻坚克难，尤其是炼钢锅炉项目部能环作业区为韶钢提供优质、高效的服务，也因此获得韶钢能源环保部授予的“高效服务显实力、协同合作齐攻坚”锦旗。

该作业区主要承揽韶钢能源环保部新一电站（包括但不限于二电站、CDO、BSP LSP、能源介质管网、球罐区等）区域的锅炉、承压设备、压力管道等日常焊接维修任务，以及检修后相关配合工作。

该作业区接到六号烧结BSP二号锅炉、原焦化二号发电机以及二电站四号锅炉年修任务，共包含30个小项，涉及日修项目30余个。该作业区高度重视此次任务，急业主之所急，第一时间组织相关人员赶往现场勘察，与业主沟通协调，确认检修相关细节，在3天内累计投入4个承压班组，不分昼夜地完成了大制氧氧气管道抢修。其间，该作业区管理人员深入一线，全程跟踪，及时沟通协调，合理部署人力，不断与班组长确认施工进度的同时，确保施工质量、安全、标化等工作的落实。班组长则带头冲锋，不断调动组员的积极性。由于氧气管道检修对技术要求高，该作业区选派了技术水平最高的4位高压焊工作业。首先，在切割氧气管道后第一时间清理管道内部的残留物并进行封口，防止杂物污染。其次，在组对焊接前用脱脂剂去油脂，并反复与业主确认管道内无杂质剩余。此次抢修管道涉及全方位焊接，在经历了长时间不间断的焊接作业后，焊工身上穿的防护服布满了大大小小的窟窿。最后，经过3天不间断的连续抢修，所有焊缝无损检测合格。

中冶宝钢第七分公司始终秉持“让业主满意、业主无小事、业主的事就是我们自己的事”的服务理念，以“认真负责、严谨严细、雷厉风行、令行禁止”的工作作风，不断优化和提升技能，不断改进和精化管理，坚持以匠心服务业主，赢得韶钢的信赖与肯定。

（张振宇）

82. 奋战在特钢炉窑检修一线的集体

——记中冶宝钢第五分公司综合队炉窑作业区谭辉祥班组

中冶宝钢第五分公司综合队炉窑作业区谭辉祥班组成立于2021年

3月，主要承担宝武特冶锻造厂、特冶厂所有工业炉的检修任务。该班组由当初的3人发展到如今的7人，始终团结协作、不屈不挠，凭借着永不言败的信念，在这块热土上挥洒着辛勤的汗水。

2021年7月，第五分公司收到来自宝武特冶锻造厂的一封感谢信，对谭辉祥班组在承建12号加热炉技改项目、16号加热炉维修工程检修项目过程中，克服工期紧、场地紧张、任务繁重等诸多困难，安全、高效、优质地圆满完成施工任务给予了高度评价，称他们是“综合实力最强的班组”。

“火车跑得快，全靠车头带。”用这句话来形容班组长谭辉祥再合适不过了。他认为，新形势下的班组管理，要将传统经验和科学管理相结合，不仅要负责好班组的工作分配，兼顾作业过程中的质量、安全以及节点的管控，确保每次检修项目都能保质保量完成，还要将班组管理进一步量化、规范化、制度化和精细化。但是现场有现场的特点，因此工作思路的创新是解决科学管理这一问题的必要举措。良好的工作思路是搞好班组建设的基础。思路清晰，能促使班组有一个明确的工作目标。

班组在实践中不断磨砺，通过强化各项基础管理、推进标准化作业、提高现代化作业水平、拓展服务，已成长壮大为一支作风扎实、技术过硬、素质全面、勇于拼搏、敢于打硬仗的检修队伍。在锻造厂10号退火炉台车整形项目中，台车因长期使用已严重变形，但每个构件尺寸不一，需要精准测量，整形前还需要清理台车面上所有的浇筑料，工作难度较大。该班组在谭辉祥的带领下，攻坚克难、突破创新，原计划3天的工作仅用1天就完成了，受到业主的好评。

班组是一个友爱的集体、一个温暖的家。班组要发展，就必须及时准确地把握员工的思想动态，最大化地保护员工的利益，保障员工的安全和服务工作，采取建立健全内部安全考评和奖惩机制、加大安全投入及过程管控、改善员工现场休息室条件等措施。针对青年员工的培养，该班组通过开展座谈会、班前班后会、形势任务教育等方式正确教育和引导，多维度接触和沟通，了解员工心声，把准脉搏，构建好青年员工和公司之间沟通的桥梁，帮助他们解决一些实际问题。同时，适时开展一些与青年员工价值取向相契合的活动，如练兵比武、实操训练、劳动竞赛等，激发青年员工争创一流的干劲，增强班组的凝聚力，让班组更加充满生机和活力。

“长江后浪推前浪”，尽管面临许多新的考验，中冶宝钢第五分公司综合队炉窑作业区谭辉祥班组还是会继续直面挑战、锐意进取，加强管理、优化队伍，为业主提供更优质的服务，为企业争取更好的信誉，在平凡中谱写不平凡的篇章！

（程时加）

83. 一锹一铲保环境　同心协力创佳绩

——记中冶宝钢第四分公司生产运营车间炼钢辅助作业区

中冶宝钢第四分公司生产运营车间炼钢辅助作业区承担着湛钢行车清扫、料仓捅堵、楼层清扫、皮带清理等任务，员工大部分为女性。

该作业区建立之初，作业长王万成扬长避短，凭借着过硬的生产管理经验带领作业区出色地完成了各项任务。经过四年的磨砺，该作业区已经蜕变为一支能吃苦、敢打硬仗，更能攻坚克难的优秀团队，获得了业主的高度认可，并收到了湛江钢铁炼钢厂“雷厉风行优质服务，携手共建绿色炼钢”的锦旗。作业长王万成获得了2020年第四分公司“优秀个人”荣誉称号。

湛江地处亚热带地区，一年有2/3的时间平均气温超过30摄氏度，而该作业区所在的转炉区域，又有大量辐射热以及粉尘，作业条件恶劣。为有效改善作业环境，该作业区集思广益，结合6～8楼温度高、粉尘比较细的特点，提出合理化建议并被业主采纳，配置了一套真空吸尘设备，有效减少了沉积的粉尘量，提高了作业效率。

转炉冶炼过程中产生的高温冶炼熔渣落在设备上会影响生产，堆积在转炉高处也极易伤人。因此，炉修拆炉前必须先清渣。炉修清渣时间紧急、任务重、要求高、危险系数高，如何安全有效地完成清渣任务就成了该作业区面临的难题。凭借在炉修清渣方面的成熟技术，该作业区通过危险源辨识抓住核心要素形成岗位规范，并将其简化，以更好地落实到现场操作上。安全方面也进行了多项优化，例如，在氮封口高处的临边安装直梯，增加生命绳挂点，这样员工清理氮口穿戴安全带，挂点牢靠，上下有梯子，提高了作业安全性。在该作业区员工同心协力下，炉修清渣任务由原来的37小时缩短到22小时，大大节约了炉修时间，提高了炼钢厂的生产效率，为湛江钢铁增创了效益。

该作业区全体员工齐心协力、攻坚克难，出色完成了各项任务，其中，炼钢厂公普单元运送的石灰到转炉八楼半时突发漏料，该作业区积极发挥全员不怕脏、不怕苦的精神，完成漏料的清理，确保了转炉正常生产。

湛江钢铁作为倡导绿色环保先行者，通过超低排放的验收对其未来发展具有重大战略意义，而炼钢厂是重点区域。该作业区深知超低排放的重要性和紧迫性，作业长主动联系炼钢厂和能环的主要负责人，详细了解超低排放的要求和标准，进一步明确超低排放作业内容。随后，该作业区立即组织全员宣贯，编制作业方案，明确施工节点，落实作业任务。时间紧、任务重，经过详细考察后，该作业区初步制定了作业方案，在车间的大力支持下，把任务量细化到每一楼层，落实责任人完成节点，做到日清日毕。该作业区还定期组织推进会议，及时解决清理过程中的问题，进一步提高作业效率。经过半年的艰辛付出，最终顺利通过了国家超低排项目专家的评审。

路虽远行将至，事虽难做将成。中冶宝钢第四分公司生产运营车间炼钢辅助作业区凭借着铁锹铁铲、布袋推车，出色地完成了一项项作业任务，无不证明这是一支负责的、敢打敢干的优秀团队。今后，这支队伍也必将不负众望，奋勇前行！

（王万成）

84. 齐心协力创佳绩　全力做好现场保障

——记中冶宝钢协力分公司运输部运一作业区二班

班组是一个企业的细胞，是企业安全生产的前沿阵地，班组安全工作的好坏直接关系到企业的生存和发展。中冶宝钢协力分公司运输部运一作业区二班现有员工22人，平均年龄50岁。该班组始终坚持质量、安全、现场、培训四结合的管理体系，齐心协力做好现场保障工作。

该班组负责厂区货物吊装、打包现场拆包检测、水车堆场和路面洒水降尘保驾工作。由于该班组车型较多，作业点分布较广，作业任务要求不同，在班组长胡建川的带领下，该班组充分发挥自身优势，以老带新，提高班组整体员工素质。

遵章守纪，确保安全

几年来，该班组不折不扣地将上级管理部门的各项管控要求落到实处，持续贯彻宝钢股份“违章就是犯罪”的理念，坚决遏制违章，做好对现场的安全管控，人人做到“守土有责、守土担责、守土尽责”。驾驶员在现场及时做好安全交底、红白绳圈围和支腿垫枕安全规范，随身携带证件齐全有效，严格按本岗位规程和厂区各项安全规定作业，做到从我做起、从细节入手，树立“零违章”理念，坚持团结与协作相结合，分工明确、责任到人。

团结协作，敢打硬仗

该班组在班组长胡建川的带领下，发挥每个组员的主观能动性，提出各项合理化建议，消除现场安全隐患。该班组组员进行多工种培训，哪里缺人都能顶上，如前期水车驾驶员因探亲和人员生病等造成现场作业人手紧张，但现场环保要求较高不能缺岗，其他吊机、拆包机驾驶员都能积极顶上，解决了人手紧张难题。而吊机驾驶员在多次面临临时性或者定修、年修配合任务时，凭着对工作的热情和爱岗敬业的精神，兢兢业业完成安全月高炉定修配合作业，受到其他车间的一致好评，树立了“一支敢打硬仗的队伍”的良好形象。

不怕吃苦，爱岗敬业

什么是不怕吃苦，什么是爱岗敬业，在该班组员工身上得到了充分体现。每天面对单调、重复、枯燥的工作，大家不言苦、不言累、不言脏，凭着对工作的热爱，干一行、爱一行，认真学习公司生产安全相关制度，不断提高工作技能，认真做好出车前例保检查，确保车辆安全装置和吊机吊索具安全有效，做好车辆“见本色”工作。

近几年，该班组工作内容发生了一些变化，如水车每日7点前就要做好现场洒水降尘保障工作，并且现场环保要求越来越严格，也对水车驾驶员提出了更高的要求；拆包机驾驶员克服诸多困难，24小时随时待命；吊机驾驶员克服了现场作业环境复杂、光线不良、人力资源不足、作业时间较长等不利条件，全力配合检修作业。该班组员工没有一个人因个人原因影响过生产，都最大限度地为现场保驾护航。

中冶宝钢协力分公司运输部运一作业区二班始终坚持“安全第一、预防结合、落实责任、共筑安康”的方针，深入落实科学发展观、牢固树立安全发展理念，强化现场管控，深化隐患排查治理，标准化作业，全力保障现场生产，为业主提供最优的服务。

（施　勇）

85. 战斗力强悍的“尖刀班组”

——记中冶宝钢第六分公司冷轧检修中心镀锌班组

在中冶宝钢第六分公司活跃着一个年轻而富有战斗力的班组，无论任务多么繁重，无论工作多么复杂，冬去春来、严寒酷暑，都能看到他们年轻而忙碌的身影。这就是冷轧检修中心镀锌班组，一个勇于挑战、能打硬仗的“尖刀班组”。

技术精湛、积极创新

山钢冷轧厂镀锌产线由德国西马克公司负责技术集成，整体装备处于国内领先水平。镀锌班组肩负着镀锌产线设备维保任务，班组成员不仅要有相关专业的丰富经验，更要具备任劳任怨、敢于创新的使命感和责任感。该班组从镀锌机组设备安装时期进驻施工现场，在安装过程中协助解决现场多处不利于设备运行和检修施工的问题。在完成镀锌炉鼻子首次更换项目中，由于锌锅设计有缺陷，锌锅锅盖在更换过程中不能起到很好的防护作用，作业前还需要临时铺设钢板和石棉布进行防护，更换周期大大延长，班组长刘海亮带领班组成员群策群力，多次组织研讨实践，弥补锌锅锅盖设计缺陷，完善作业方案，在确保安全的前提下，有效提高了作业效率，使镀锌炉鼻子更换的工期由5天缩短至3天，更换效率提高了67%，为生产争取了宝贵的时间。

特别能吃苦、特别能战斗

班组长刘海亮带领班组成员攻坚克难，年年按时或提前完成所有检修任务，检修交验合格率最高。该班组多次在点巡检过程中发现设备隐患，并提出有效应对措施，避免了设备事故发生，多次收到业主方的表扬信。在镀锌机组炉区进行通氮气气密性实验前夕，炉区辐射管安装进度缓慢，在实验前3天还剩137根未安装。该班组在接到协助安装任务后，班组长刘海亮带领组员通过对现场环境进行详细分析，设计出专用于辐射管膨胀节安装的平台，大大提高了工作效率，确保了镀锌机组气密施工的节点顺利进行，并获得公司当年“五小”成果。2018年8月，镀锌煤气主管道改造任务施工，恰逢镀锌机组检修，在任务重、压力大、人员不足的情况下，该班组顶住压力，班组员工超负荷运作，圆满完成整个施工项目，受到业主方高度赞誉。荣誉是靠干得来的，只有辛勤耕耘，才有丰收的喜悦。在全体组员的共同努力下，该班组全年无轻伤以上安全事故、无质量异议和质量事故。班组长刘海亮被山钢冷轧部评为2018年度“安全生产先进个人”，为公司赢得了信誉和荣誉，并在第六分公司2020年第四季度劳动竞赛中被评为“优秀员工”，他带领的班组先后荣获第六分公司2019年度、2020年度劳动竞赛“优秀班组”称号。

面对荣誉和奖励，中冶宝钢第六分公司冷轧检修中心镀锌班组所有成员不敢有丝毫懈怠，继续发扬员工勤奋工作、吃苦耐劳、爱岗敬业的精神，努力成为一流的产业工人。新时代要有新作为，新使命呼唤新担当，该班组将继续发扬勇于攻坚的拼搏精神，继续以求真务实、苦干实干的高尚情操，积极提高工作效率，齐心协力、攻坚克难，为实现公司高质量发展做出更大的贡献。

（杨洪超）

86. 笃行致远钢铁心　砥砺前行铸风华

——记中冶宝钢重庆分公司敬小平班组

在重庆钢铁这片热土上，有一群在冶金运营一线默默奉献的中冶宝钢人，他们用激情和汗水挥洒着青春。

中冶宝钢重庆分公司敬小平班组是驻扎在重庆钢铁焦化区域负责项目施工的技改班组。班组共有成员6人，是一群来自五湖四海的筑梦人，敬小平就是他们的班组长。面对高强度的工作和恶劣的作业环境，他们齐心协力、攻坚克难，总能出色地完成各项任务，保障现场生产顺利；面对分公司高速发展的快节奏，他们众志成城，努力提升技能水平，紧跟企业高质量发展步伐。这个普通的班组，在重庆钢铁谱写着属于他们平凡而伟大的赞歌。

在重庆钢铁3号干熄焦年修项目中，该班组主要承接锅炉及其附属系统的升级改造任务，这是年修的重难点项目。敬小平在接到任务后，多次勘察施工现场，积极与业主协调沟通施工方案，了解施工内容和要点，召开专题会议，明确施工任务，制定施工节点。在锅炉管焊接施工时，首先要安装焊接管束600余道口并且焊缝需要全部进行无损检测合格，其次进行锅炉整体试压。施工现场空间狭小、任务繁重，为了在工期内顺利完成任务，该班组反复讨论焊接要点，严格执行施工计划，班组成员常驻检修现场，24小时待命。班组成员全天弯着腰、弓着背，15天的同甘共苦，600道焊缝检查合格率高达96%，锅炉整体试压一次通过。该班组以过硬的技术圆满完成任务，为重庆钢铁3号干熄焦年修顺利完成打下坚实的基础，赢得了业主的高度赞扬。

重庆钢铁炼铁厂3号烧结电除尘区长期接触腐蚀介质，外壁被严重腐蚀，如果不及时处理就会对现场环境造成极大影响。整治需进行包板施工2000余平方米，焊接焊缝约850米，并采用二氧化碳气体保护焊进行焊接。该班组接到任务后，随即深入现场实地勘察确认施工量，做好施工准备。为保障项目安全进行，敬小平针对作业环境提前进行安全交底培训，提高员工安全意识。施工期间，他将任务定量分解到每位班组成员，按施工量奖励，使成员焊接施工积极性得到了大幅提高，在实现工期可控的同时，提前完成施工任务。敬小平采取严格的质量管理“三检制度”：首先，员工自检并用记号笔标记；其次，班组长进行焊缝全覆盖检查；最后，由质量员进行焊缝抽检，确保每个焊缝质量都符合项目要求。

在班组长敬小平的带领下，经过近2个月的努力，重庆钢铁炼铁厂3号烧结电除尘区防腐任务圆满完成，有效减少了腐蚀对环境的污染，为重庆钢铁打造“美丽重钢，山水重钢”贡献了力量。

（文智勇）

87. 在平凡的岗位上发光

——记中冶宝钢协力分公司硅钢管养日班

他们像一面旗帜，凭借精湛的技术和忘我的精神攻坚克难，化腐朽为神奇；他们在工程机械前奋战不息。他们就是中冶宝钢协力分公司硅钢管养日班，他们用踏实、质朴的工匠精神在岗位上散发光芒。

单丝不成线，独木不成林

班组成员陆叶彬曾经是一名普通的工程机械驾驶员、车辆修理工，现在一马当先担任起了硅钢管养作业区的点检。工作勤奋、踏实是他的标签。作为区域的点检员，他从不卖弄自己的专业知识，时常和操作员交流，听取别人的建议，从而不断改进自己的工作。他总说“操作工对自己驾驶设备的认知是设备状况的第一手信息”，不漏检每一台设备，不放过每一个疑点也是他一直坚持的工作理念。

每天早上7点半，大家都能看到他在工程机械边忙碌的身影。正是因为他的精密点检管理，硅钢管养作业区设备的故障率由原来的6.9%降到了3.2%，设备的完好率也达到96%以上。闲暇时间，他积极学习工程机械修理和点检知识，主动学习各种技能提升课程，并先后完成多项技术革新。

陆叶彬凭借对工作的执着追求和敬业精神，以实际行动在平凡的工作岗位上创造了不平凡的业绩，展示了新时代工人的勃勃生机和崭新风貌。

▍风雨同舟，并肩同行

班组成员徐赟已默默工作10多年，他始终坚持一个信念：“脚踏实地克困难，斗志昂扬勇向前。”工作强度大、人员紧凑，是硅钢区域的常态。在日常工作中，往往一项卸料、驳卷任务还没有完成，第二项、第三项工作就接踵而至。徐赟总能全盘考虑现场作业节奏，及时和生产方做好沟通。为较好应对临时任务，他经常利用自己的休息时间带头干、抢着干，顺利保证各项工作任务百分之百高效完成。

新冠肺炎疫情防控期间，班组人员紧张，他主动向作业区请命，积极配合作业区做好人员临时调配，放弃了和家人在一起的时间。他说要与班组“风雨同舟，并肩同行”，并获得了家人的理解和支持。

有一种精神是奉献，有一种责任是拼搏，有一种执着是敬业，有一种承诺是永远，他把使命刻在心里，以坚韧的毅力，为生产顺利进行做出了自己最大的努力。他的这种坚持感染了身边很多青年员工，得到了同事的一致赞扬。

▍坚守初心，勇担使命

“干一行、爱一行、专一行、精一行”是班组电工韩仁强常挂在嘴边的话。参加工作以来，韩仁强一直从事工程机械维修工作，他用自己的实际行动诉说着对工作的热爱。为了刻苦钻研修理技术，提高业务水平，他在平时总是多听、多想、多问、多干。“听”，仔细倾听故障异响；“想”，动脑筋思索故障原因；“问”，虚心向老师傅和同事请教；“干”，工作抢着干、带头干。他深知“打铁必须自身硬，修车更要技艺精”。

韩仁强一丝不苟、精益求精的工作态度影响着整个班组，特别是对进厂没多久的青年员工，他亲自做好“传帮带”工作，热心带徒，真诚授艺。尽管班组现在只有9名员工，却完成了整个作业区域内160余台工程机械设备的维修、保养及24小时保驾工作。

韩仁强做人诚实守信，做事扎扎实实，学艺精益求精，他用实际行动坚守初心、勇担使命，没有豪言壮语，没有丰功伟业，有的只是一如既往，不计得失。

平凡岗位上绽放青春

班组成员石理是工程机械牵引车驾驶员，常年奋战在硅钢管养作业区工程机械生产第一线。自硅钢管养作业区组建以来，他就加入硅钢工程机械操作这个大家庭，用自己的青春韶华伴随着硅钢工程机械创造了一次次驳卷量新高。他用兢兢业业、雷厉风行的工作作风，诠释着一名工程机械操作工的爱岗敬业精神。

班组大部分是50多岁的老师傅，在每次分配驳卷任务时，石理总是一马当先。工作中，他这种不怕苦、不怕累的精神发挥了模范带头作用，他以开朗的性格、认真负责的态度给大家留下了深刻的印象。石理总是说：“你们可别小看我们这几台短小精悍的牵引车，它们就是一条移动的机组，穿梭在硅钢的各条生产线之间。”

虽是平凡的岗位、平凡的人，但矢志不渝的精神让石理如此不平凡，他能付出自己的热情与执着，以自己的点点滴滴在平凡的岗位上彰显不平凡的楷模风采。

（徐　赟）

88. 众行合力攻坚战　高效服务树品牌

——记中冶宝钢工业公司运转二车间无缝作业区

中冶宝钢工业公司运转二车间无缝作业区负责无缝钢管厂的轧管区域、精整区域、工具区域、加厚区域、管体区域、能环区城六大生产区域共32台行车，作业区现有人员91人，其中，行车工67人、火焰切工16人、检验工4人、传递工4人。作业区区域广、岗位多，管理难度大。

在管理上，该作业区以安全为首要，强练员工操作技能，持续提升员工综合素质，在现场标准化作业、生产配合、定修年修配合上多次获得业主方书面表扬与嘉奖。

重视安全教育，强化技能培训

该作业区坚持以教育为主，通过组织全员学习安全教育材料、班前安全交底班后总结讲话、5W分析等形式提高员工安全意识，通过视频教育和日常教育让员工切实理解安全工作的重要性和重要意义。按照年初培训工作计划，该作业区积极开展技能培训工作，以新员工培训，跨区域培训，重点帮、重点带为形式，抽调精整、管体、加厚员工在满足现场生产前提下进行区域轮换培训，培养出区域全能工16人，班组长取得“双证”率达80%，增强了团队的作战能力，优化了作业区的人力资源配置。

强化经营策略，提升设备管理技能

根据2021年公司“安全是基石，经营是龙头”精神，该作业区积极主动与业主多次沟通协调，顺利承接无缝钢管厂主车线61号行车操作。经过近1年的作业，业主对61号行车操作给予了高度评价并给予员工个人技能嘉奖2次。

该作业区通过提升员工的操作技能和加强设备状态的日常管控，将轧管01区地面设备故障率降低49个百分点，并通过现场行为观察对现场提出

2项安全类作业方式和使用工具的改革，进一步确保现场安全。

展现技能水平，细化操作要求，勇于改进创新

2021年10月20日，无缝钢管厂主轧线机组实施192小时大定修。此次定修时间紧、任务重、作业量大，需24小时不停作业，涉及行车配合项目46项、二级高危项目38项。在吊运作业中，“两长”在现场全程监护和指挥协调，重点项目地面设专人监护，班组长带头干、作业长亲自抓，车间管理者24小时带班值守，做到了吊运作业的稳、准、快、安全、合理。在该作业区全体员工的努力下，大定修提前2小时一次性试车成功。

在年修期间，该作业区还通过全员的现场合理化建议，对轧管01区81辆行车吊料头斗开口方向进行转向，更新倾倒方式方法，得到了业主的认可。目前，该作业区已在业主的协助下制造了新型料头斗2只。

2021年11月，钢管条钢事业部无缝钢管厂给予无缝作业区突出业绩嘉奖，这是对该作业区全体员工在高负荷、高标准作业环境下始终保持高昂的工作热情、稳如泰山的安全意识，以及一丝不苟的工作态度的充分肯定。中冶宝钢工业公司运转二车间无缝作业区在服务业主过程中展露的高素质、高效率、高水平、高质量服务，为树立公司品牌形象打下了坚实的基础。

（刘培亮）

89. 平凡点滴凝班心　团结协作保顺行

——记中冶宝钢第四分公司曹云辉班组

曹云辉班组，中冶宝钢第四分公司2020年度“信得过标兵班组”，主要负责湛钢炼钢厂1号150吨、180吨，2号160吨，3号150吨、500吨行车，及连铸、板坯区域各中位行车的维护与检修，另承接本区域所有电动葫芦的维检工作。该班组共7名员工，其中，工龄在3年以上员工5名，工种涉及焊工、钳工、起重工，是一个整体实力较强的检修班组。

班组是连接公司与员工的桥梁和纽带，是体现公司发展活力的神经末梢，抓好班组建设，搞好基础管理，关系到员工队伍稳定，关系到安全生产、优质服务，更关系到公司的未来发展。日常工作中，该班组完善各种规章制度并加强学习落实，如班前会、班后会、案例教育、事故演练、标准化作业、班组台账、劳防用品穿戴等各项工作，同时狠抓安全，树立“我不违章，我的区域不违章，违章就是犯罪”的理念，将违章消除在萌芽状态，为检修安全顺行提供保障。

针对承检设备，该班组员工充分发挥“设备医生”作用，自主学习设备工作原理，从细处着手，掌握检修流程与方法，同时加强承检设备重要部位的润滑保养，使设备故障率大幅降低。为积极响应湛钢“智多星”评选活动要求，该班组鼓励员工积极自主地消除设备隐患，保障检修安全，提升检修效率，攻关技术难点。该班组还提交了“降低行车板钩更换作业风险，提升检修作业效率”的提案并通过设备部审批。

为贯彻落实设备部提出的“定修工期缩短10%，定修周期延长10%”的挑战目标，该班组集思广益，按照“干什么学什么、缺什么补什么”的原则，协同作业区制作了简易行车设备模型工装。该工装的目的在于让员工掌握龙门架吊钩总成及行车钢丝绳更换、行车钢丝绳平衡调整方法，培训主要从龙门架钢丝绳割除、钢丝绳旋向放置、引绳正确穿滑轮到人员之间怎么配合、引绳与新钢丝怎么连接、钢丝绳如何正确换引、新钢丝绳倒把绳安全固定安装、新龙门架牛腿安装要点、卷筒钢丝绳床板螺栓紧固要求、新龙门架起升安全要点、龙门架钢丝绳平衡测量以及计算方法等施工全流程进行讲解及操作。经过多次讲解与模拟操作，在之后承接同类项目时，该班组整体配合默契，施工进度显著提高，为实现快速提升检修队伍能力，完成业务覆盖区域的挑战目标树立了榜样。

该班组人员稳定，技能水平不断提高，除了与班组管理规范及多种形式的学习有关外，也离不开“人和”与坚持平等原则的管理方式。作为班组“领头羊”，班组长曹云辉也是班组里的老大哥，班组的和谐氛围与凝聚力是他关注的重点。在曹云辉的影响下，班组就像一个小家庭，组员之间相互理解、相互协作、相互关心、相互包容，彼此既是同事更是朋友，氛围和谐，关系融洽，工作时心往一处想、劲往一处使，工作之余有说有笑，处处充满温馨与和谐。在这样的氛围下，该班组出色地完成了本区域各项检修任务，还支撑转炉超低排改造、1～4号炉炉修、3次连铸机年修、过滤器改造、球团5号磨矿料仓锥体整体更换、耐磨管弯头及衬板更换、冷轧出口活套辊子更换等众多项目，获公司与业主方的一致好评。

“九层之台，起于累土。”优秀的班组并不是一朝一夕养成的，而学习培训便是班组建设的基础。作为企业生产经营最前沿的基本单位，班组需要培养和发扬终身学习的风气，不断充电，吸收新知识，创新思路，提高组员的综合素质，才能在激烈的市场竞争中立于不败之地。未来，中冶宝钢第四分公司曹云辉班组将继续不负“信得过班组”称号，发挥班组源头作用，不断优化企业细胞，促进公司蓬勃发展。

（刘奉英）

90. 奋战在检修一线的“特种兵”

——记中冶宝钢协力分公司渣处理检修六班

素养升华的检修“特种兵”

现在的中冶宝钢协力分公司渣处理检修六班共有成员8人，原是一支围着宝钢废钢中心堆场干活，小打小闹的私人“雇佣军”，直到2018年才被“整编”到中冶宝钢协力分公司。合并之初，他们对正规的企业管理模式并不理解，常把安全管理当成束缚、把质量要求当作吹毛求疵、把环保措施当成多此一举。

在作业长陈智贤多年的言传身教下，现在的中冶宝钢协力分公司渣处理检修六班从反感到接受，再到自觉遵守，已完全融入中冶宝钢的企业文化，尽管蜕变过程是艰难甚至痛苦的，但蜕变的结果是完美的。他们不再单纯地认为干活就是挣钱，而是关注企业发展，注重自身职业规划；他们早已把“要我安全”转变为“我要安全”的主动意识；并融入日常作业；他们追求质量、环保、创新、效能，争创公司“六型”班组……走近他们，焕然一新的精神面貌、管控有序的检修现场、整齐划一的工具柜、整洁干净的休息室，处处透露着他们完美蜕变、整体素养升华后的检修“特种兵”新形象。

战斗力升级的检修“特种兵”

“整编”前，在该班组中，虽说钳工、电工、电焊工、起重指挥工都有，单拎出来干活，个个都是一把好手，但很难拧成一股绳，班组团队力量很是欠缺。

“整编”后，经过多年的班组建设，班组战斗力明显增强：组员一专多能，走复合技能成才之路，技能提升显著；班组团队意识与协作能力升级，遇到问题班组成员齐上阵，拧成一股绳，合成一股劲；检维一体（点检与维修一体）能力升级。提及“整编”后的该班组，业主交口称赞，不仅是因为这个班特别能吃苦，能够做到加班夜战、随叫随到、任劳任怨、24小时为业主设备保驾护航，更重要的是他们能做到“人到故障就消除”，尤其是电气故障。

善打硬仗的检修“特种兵”

现在的中冶宝钢协力分公司渣处理检修六班之所以称得上检修“特种兵”，是因为他们善打硬仗、攻坚克难，时常为业主排忧解难，打响了“中冶检修”的品牌。针对宝钢废钢供应中心剪切机年修项目，他们用筹划长达半年、施工仅用24天的“特种反差”，向业主诠释了什么是检修“铁军”的风范——24天的年修工期让停机时间做到了最短。而他们长达半年的筹划，则让施工方案、人力物力的组织筹备做到了最佳。年修中的一系列“特种数字”，向业主展现了什么是让人放心安心的检修队伍：1部年修总方案、2套重难点专项方案、三大类现场处置方案、6项应急响应预案、25条大修施工危险源及其控制措施；年修中诸如“0.6毫米≤刀片间隙≤1毫米滑座间隙≤3毫米，1毫米≤夯实器间隙≤4毫米”这样的技术参数要求很多，几乎渗透在每道安装工序中，对这种技术参数上的特殊要求，他们总是迎难而上，进行再测量、再除锈、再填焊、再打磨、再矫正，直到满足安装要求为止。最后的试机一次通过，也向业主展示了他们的“特种能力”！

（尹德明）

91. 一年又一年　特种设备的守护者

——记中冶宝钢工业公司检修队运保作业区

中冶宝钢工业公司检修队运保作业区成立于2017年4月，承担着宝钢股份宝山基地热轧厂、冷轧厂、钢管条钢事业部、硅钢部、厚板厂等区域共计600多台行车的运行维护任务，是行车“管用养修”一体化发展不可或缺的一部分，是保障设备24小时功能精度的守护者。

守护设备平稳运转

又是一年，当别人正在合家欢乐过春节时，对在钢厂倒班的员工来说，保障生产顺行，平平安安上班才是行车运保人员的心声，是他们对舍小家、顾大家的精神诠释。平淡是真、平静是情、平坦是路、平缓是心、平安是福。他们不畏酷暑、不畏严寒、不畏孤寂，时刻守护着设备的稳健运转，确保生产任务顺行。熬夜已是他们的代言词，开关跳电、运行机构不动作、限位不灵活、排查故障、跟踪设备异常……经常能看到他们跑动在设备各个角落、部位的身影，尤其是在寒冷的深夜，他们裹着厚厚的棉衣，爬上爬下地处理行车现场故障问题，这些已是他们习以为常的工作。

行车运保人员分布点多、面广，在厂内根据需求设置了3个作业休息点，便于员工快速高效到达故障现场。厂区行车大部分属于生产类行车，日常吊运繁忙，是联结各工序的纽带，行车设备功能的稳定是业主生产经营的保证。行车运保人员任劳任怨，认真对待任务，做好现场抢修的配合工作，在消除设备故障的同时减少专职点检的夜间出动，提高工作效率。

党员发挥模范作用

在新冠肺炎疫情防控的特殊时期，该作业区一位有着30多年党龄的老党员、老员工袁惠良，常常以典型案例教育班组年轻人，发挥“传帮带”作用，使班组年轻人业务技能稳步提升。他时刻学习党的理论知识，发挥党员在群众中的模范带头作用，不忘初心、牢记使命，主动关心帮助有困难的同事，主动负责对休息室周围公共区域的消毒工作，获得周边群众的一致点赞。

在年修、定修及技改施工高峰，检修作业区满负荷施工的情况下，该作业区又是一支突击小分队，党员带头冲锋在前。在线材原料库智能化改造工程、热轧1880单元打通技改工程中，运保人员彰显来之能战的技能，积极应对施工满负荷对人力资源的考验，安全顺利地完成了各类任务。该作业区的党员胸前闪闪发光的党徽在现场各处闪耀，积极把先锋模范作用落到实处。

培训提升综合技能

热轧区域板坯夹钳由于设备的特殊性，尤其是2050单元的液压夹钳故障相对频繁，运保人员与设备专职点检经常开展培训交流，提升液压专业技能，共同探讨设备故障现象及解决办法，形成故障手顺书，目的就是快速查到故障点，恢复设备正常使用。

热轧、冷轧等区域陆续投入使用的无人化行车，对运保人员的综合技能提出更高的要求，对异常情况下响应的速度要求也较高，运保作业区举办了专项培训，邀请专职点检及厂家技术人员对故障代码、处理的手顺书、备件的使用等进行指导，减少专职点检的进场时间，保障无人化区域的安全顺行，也充分展现出行车专业化的品牌效应。

一年又一年，当除夕之夜合家欢乐时，中冶宝钢工业公司检修队运保作业区的行车运行维护人员仍在24小时保驾现场特种设备的安全，维护现场生产平安顺行，他们真是一群可爱的人！

（陈俊杰）

92. 基础管理跨前一步 树立标杆成为示范

——记中冶宝钢工业公司运转三车间三热轧作业区

三热轧作业区是中冶宝钢工业公司运转三车间下属作业区，目前承接宝钢股份宝山基地热轧1580单元、1880单元行车设备的管用养修业务。专业队伍加上日常扎实的基础管理工作，使该作业区多次受到业主的表扬与肯定。

2021年11月8日，该作业区基础管理工作获得业主高度评价，被宝钢股份宝山基地热轧厂挂牌授予“定置化摆放示范点”称号，这对该作业区基础管理工作的推进是极大的鼓舞，两块鲜红的铭牌彰显着全体员工的汗水与努力。

该作业区作为服务于宝钢股份宝山基地的中冶宝钢基层单位，已经连续4年被评选为“金牛作业区”。在日常管理工作中，该作业区始终贯彻工业公司“三服务”管理理念，并强调发现问题后“跨前一步”，主动想方设法解决问题。该作业区全体员工在提升基础管理工作的同时，积极完成各项任务。

结合宝钢股份宝山基地热轧厂现场基础管理推进工作，该作业区在环境整治过程中积极响应、克服困难，对责任区域内备件点环境卫生进行彻底治理，使其焕然一新，打造出崭新、亮丽的风景线。该作业区负责多个备件存放点，由于各备件点油污与灰尘的混合加上遗留的卫生死角，给环境治理工作带来一定难度。为了彻底解决备件点积累的环境问题，该作业区自筹油漆和工具，组织员工利用工作之余，对所有备件点的栏杆、台阶重新涂刷，各班组分工明确、配合默契。该作业区在提高团队协作能力的同时，激发员工的工作热情，持续保持好的劳动成果，不留死角，定期自主对责任区域内环境卫生开展治理活动。该作业区全员参与打造和维护现场环境，保持干净、整洁的工作场所，被宝钢股份宝山基地热轧厂树立为标杆单位。

任何管理思想的贯彻、管理方法和管理手段的采用，都要求有良好的基础管理工作做支撑。在激烈的竞争背景下，扎实的基础管理工作尤为重要。该作业区长期坚持现场基础管理工作，认真教育全员，鼓励全员参与，提高现场一线员工的自我约束能力，共同全方位提升现场基础管理工作水平。通过不断强化基础管理，三热轧作业区从简单、基本做起，一步一个脚印、一步一个台阶，统筹兼顾各方面因素，为展现优秀的企业文化而努力。

业主的高度评价与认可也极大地鼓舞了该作业区全体员工，促进该作业区从严、从细，高标准开展基础管理工作，做到检查有内容、结果有反馈、整改有措施，不留死角和盲区，有效改善现场工作环境，提升该作业区日常管理水平。

今后，中冶宝钢工业公司运转三车间三热轧作业区将戒骄戒躁，持续弥补管理不足，在夯实管理基础的同时，让管理水平“百尺竿头，更进一步”，树立优秀的协力品牌形象。

（陈银根）

93. 多能型“小”班组　释放“大”能量

——记中冶宝钢第三分公司冷轧设备检修队宝日电仪作业区韩玉虎班组

古人云：“人心齐，泰山移。”“团结共进，众志成城”是中冶宝钢第三分公司冷轧设备检修队宝日电仪作业区韩玉虎班组的座右铭。该班组是中冶宝钢第三分公司冷轧设备检修队宝日电仪作业区的精英班组。“麻雀虽小，五脏俱全。”该班组虽然只有6人，但他们个个身兼数职，有技师、高级工、焊工、起重工、架子工等，都是资深的电气专业人士。该班组主要负责宝日汽车板热镀锌、连退、精整、能介等区域的常规检修及专项项目，业务范围广、专业性强，是一个既有实力又有内涵的检修班组。

作为班组长，韩玉虎对待新人有耐心、有恒心、有重心。2019年，小伙子安浩胜进入该班组，韩玉虎将他作为重点培养对象，日日带他穿梭在机组电气室盘柜、端子箱、编码器、电缆沟夹缝里，将一页页书本上的重点标记变成了实实在在的箱体和接头，从电气设备的结构、国产与进口设备的工作原理、线路结构和故障排除方法，到专业知识的应用，不断地探索、挖掘、开拓。这让安浩胜真正体会到了“实践出真理”的内涵。经过两年多的磨砺，安浩胜掌握了继电接触器控制电路、电气元件的连接与调试、信号的输出和输入等专业项目，能独立完成各项工作任务。

酸罐被广泛运用于酸再生机组，磁盘吊是其重要设备之一，通过电磁力吸附大量铁片运送到酸罐中，维持酸罐中酸的浓度。但由于酸再生机组环境恶劣、腐蚀性强，磁盘吊的电缆出现破皮、断裂的现象较为频繁，一般需要两三个月更换一次。

2021年3月，该班组又接到抢修任务。韩玉虎第一个到达施工现场，配合点检、作业长制定详细的施工方案，做好人员配置、工机具准备、安全措施的落实等。作业过程中，韩玉虎指出，对接断裂的电缆，使用普通的接法并不牢固可靠，他利用自身经验采用了“8”字环接法，正反交叉将线缠好，这样每段弯曲状态相反，其内部产生的弹力相互制衡。“8”字环接法避免了长时间同一方向的扭曲对线材的伤害，大大提升了电缆对接的牢固性。由于磁盘吊所处空间狭小，试车时会发生轻微的晃动，使其电缆碰撞墙体，加之其他原因也易使其碰撞与本不光滑的墙体产生摩擦，这些是电缆断裂的主要原因。对此，韩玉虎考虑到每次电磁吊抢修都会消耗大量的人力、物力，他另辟蹊径，给电缆制作了一个钢丝防护网，减少电缆与墙体的摩擦碰撞，从根本上解决了难题，现在电磁吊依然使用正常。

这是一个集智慧型和专业型于一体的班组，其活跃在宝日汽车板的各条线区域，班组成员用智慧和双手解决了一个又一个难题，为宝日汽车板生产稳定贡献着自己的最大能量。

（安浩胜）

94. 创建“两型”班组员工　我们在行动

——记中冶宝钢第四分公司物流成品大队码头一班

为积极贯彻落实湛江钢铁及公司安全管理精神，深入打造“两型”员工队伍的建设，创建安全型、学习型班组，中冶宝钢第四分公司物流成品大队码头一班紧跟车间、作业区管理步伐，在班组建设方面开动脑筋、不断创新。

▌提升安全意识，落实安全责任

该班组始终坚持“以人为本，安全第一”的安全生产理念，从实际出发，先后开展以业务为抓手的行为观察的安全能力分析与测评、“每日安全员”轮值、安全隐患随手拍、安全合理化建议及定期危险源辨识等活动，为现场设备安全检修创造了良好的安全作业环境，营造了良好的安全氛围。同时，该班组定期开展行为观察活动，以观察员工作业行为的规范性、安全性及标准化落实情况，形成作业工序安全标准输出，规范员工作业行为，杜绝、减少习惯性违章，并充分利用班前会组织典型事故案例、安全日历的学习，结合岗位特点吸取事故教训，举一反三，在实践中摸索安全标准，提升安全技能水平；在理论学习中提升安全思想及安全素养。

该班组充分实现一切从自身出发学安全、管安全、讲安全、查安全的目标，大大增强了员工的安全责任心，真正做到“天天讲安全，人人想安全”，确保岗位全员安全生产责任的有效落实。该班组在2021年度发现优秀设备安全隐患24处，消除本岗位危险源12处，提出产成品库8台行车大车增加安全作业平台，消除二级高危所涉及检修作业项目56项等10条优秀合理化建议，并受到业主高度赞扬。

▌激活学习细胞，争创知识型员工

面对员工技能、文化水平参差不齐等问题，结合培训资源及实际，班组内部积极倡导“善于学习，勤于学习，团队学习”的学习理念，根据业务需要及员工弱项短板，制订有针对性的培训计划，理论联系实际，定期和不定期开展业务理论、技术知识的学习与交流，督促员工全过程自主学习，在学习过程中充分肯定和尊重员工的学习热情、学习成果和劳动创造，形成了工作学习化、学习工作化，以学习推动工作、以工作促进学习的局面。通过开展自主学习，班组在2021年度先后取得技能等级高级证书3人、中级证书4人、初级证书1人。

员工技能水平的提升，也为现场设备故障疑难杂症等的解决打下了坚实的基础。该班组自成立自主管理活动小组起，从现场调查、课题选择、目标设定、方案实施到成果发布，先后开展了“优化岸桥起升钢丝绳更换工艺”“卸船机梨形头浇筑工艺自动加热装置改进”等自主管理活动，缩短检修停机总时长约12小时，提高了设备检修效率，同时消除了人员作业过程中存在的安全风险。在班组内部形成了比学习、比能力，互学互进、以老带新的良好学习氛围，构建学习型班组的目标初见成效，成为其余班组效仿学习的标杆与榜样。与此同时，班组在2019—2021年度连续3年被湛江钢铁评选为“信得过班组”。

“九层之台，起于累土。”全面加强班组建设与创新，夯实班组基础管理，达标“两型”员工，是班组每个基层员工的使命与责任。中冶宝钢第四分公司物流成品大队码头一班全体人员将齐心协力、创新进取，不断提升自我，努力成为一个安全意识强、员工素质高的团结协作班组。

（陈贵平）

95. 直面疫情　挑战极限　力保原料进厂

——记中冶宝钢协力分公司原料码头区域甲班

2022年3月11日，根据宝钢股份运输部关于成立码头辅助作业专班管理要求，为防范新冠肺炎疫情传播风险，原料码头区域实施驻厂封控管理，执行二班二运转5天为一个周期，轮换上班。对此，中冶宝钢协力分公司原料码头区域甲班主动请战，加入专班团队，并连续上5天夜班。自3月21日起，为适应疫情防控新要求，原料码头区域将封控周期调整为14天，实行二班二运转，每班作业24小时。该班组积极响应宝钢股份运输部原料进厂中心部署，克服人员紧张、生产节奏快、码头清仓作业强度高、长期疲劳作战等重重困难，力保原料进厂顺畅。

细致入微，齐心协力

在疫情防控严峻形势和封闭管理困难面前，该班组作业长李清和金移东不顾自身家庭困难，在尽最大努力安排好家里事务后，通过电话、微信等途径和员工沟通交流，发动团队员工积极响应宝钢股份运输部工作部署，说服员工克服家庭、驻厂生活、专班封闭管理等困难，解释专班封闭管理的重要意义，让员工明白专班既是不得已的选择，又是疫情面前的最好选择：既保护了自己，又保护了家人。驻厂前期，他们每天都和员工打上数十个电话，与员工推心置腹地交流，耐心做好解释和安抚工作，让团队握成一个强有力的拳头。每当疫情防控有最新要求时，该班组都是第一时间响应、第一时间落实，做到上下统一，步调一致，不折不扣完成各项交办的工作任务。

以身作则，奋勇争先

该班组作业长李清有遗传性心梗，2021年底实施了心脏搭桥手术，但他手术后没有多住院休息一天，仍坚守在生产一线。针对专班封闭管理，他带头做好疫情防控各项工作，从工作生活场所消杀，到关心员工思想动态，乃至严格生产组织安排，他都想在前、干在前，积极疏导员工情绪和压力，解决员工身体、家庭等一系列后顾之忧，合理安排作业，缓解作业疲劳。他通过坚持按时吃药，始终坚守在现场，在团队人手紧张的情况下，不顾自身仍处于健康恢复阶段，合理组织安排清舱等重点作业并积极参与开靠船等力所能及的工作，极力分担团队工作，出色地完成了防疫保供的艰巨任务。该班组另一位作业长金移东的妻子大病开刀时间不久，仍需要人照料，在取得妻子的理解支持后，他选择与班组的兄弟一起站在专班一线。三期班长苏建强90多岁的老父亲同他一道生活，日常需要他的照顾，但他叮嘱好家人代为照料后，便快速到岗。在该班组管理人员带动下，团队员工都选择了承担专班这份沉甸甸的责任，选择做一个“响当当的码头人”。他们中部分人员有基础病，每天需要定期服用药物；部分人员在发生腿脚抽筋、肠胃不适、头脑发胀等情况后，稍事休息再接着干。

▌挑战极限，全力保供

团队上下拧成一股绳，不怕苦、不怕累，不分昼夜坚守在码头保供一线。该班组人员少，封控前期21人，后来经补员至24人（正常情况28人保产）。因疫情防控最小化单元格限制，主副码头和三期人员不能拉动，面对靠船带缆、下仓清料等繁重业务，员工克服人员紧缺、疲劳作战等困难，依靠团队作战，硬是把“粗糙活”干出“技术范”；对于停靠外轮和新船舶的缆绳粗、距离远、落水时缆绳拉不动等情况，大家凭着干劲、巧劲、拼劲，一次次用心、用力拉，齐心协力保证靠船作业完成。

杨晓春是该班组主码头推扒机组长，他每天除了关心班组兄弟之外，还想着怎样快速清仓。由于主副码头只有平时一半的推扒机司机，空舱劳动强度非常大。2022年4月3日，连续24小时工作期间，他不顾疲劳连续作战，眼睛涩了揉一揉，腰腿酸了伸一伸，打起精神坚持干，来回穿梭各个船舶和上下舱20多次。他连夜清空了5个舱，打破了1个司机空3个舱的纪录。待到下班时，他人都站不稳、眼都睁不开了，回到房间倒头就睡。

苏建强是三期推扒机组长，他带领班组成员每天都能出色地完成作业任务。2022年4月24日，为了防范强对流天气，他白天担任侧滑车司机，完成清理积料、疏通水沟等重任；晚上带领2名司机，第一时间带头空舱，在近6小时内连续清空了11个舱，本人更是亲自清空了4个舱，平了1个舱。

中冶宝钢协力分公司原料码头区域甲班是防疫保产战役中的一个缩影，在抗疫保供的路上默默坚守、负重前行，他们相信坚持就是胜利！

（杜志刚）

96. 岁月不居　奋斗不止　砥砺前行的电气人

——记中冶宝钢第七分公司阳春项目部电气班

中冶宝钢第七分公司阳春项目部电气班负责烧结及原料区域所有电气设备的维护及保养工作。电气设备点多面广，作为电气检修人的他们，每天奔走在各个角落，检查着大大小小的电气设备，认真倾听每台电机的声音，用心记录下每个细节，发现问题及时处理。班组员工秉持着“心中有担当，肩上扛责任，行动细落实”的工作作风，出色地完成了各项工作任务。

强化安全意识，严格落实安全要求

该班班组长根据每项工作的难易程度，合理安排施工负责人，并通过微信群提前一晚将每项工作任务布置到位。次日早上8点，准时召开班前会，向每位工作负责人交代清楚工作任务，以及作业实施过程中面临的危险源、环境因素安全注意事项，确保作业前工作安排到位，各项注意事项交代到位。该班组在认真贯彻落实公司有关安全文件精神的同时，按时开展班组安全活动学习安全条例、规章制度与事故报告，提高班组全体人员安全意识、安全技能和安全理论水平。

在日常检修过程中，该班组做到严肃而认真地执行三方挂牌、停电、验电作业程序，并指定专人进行停送电监护。在作业过程中，严格执行岗位操作规程与标准化作业。作业项目检修完毕后，按标准规范履行送电程序，进行摘牌、送电作业。强化现场作业过程的安全控制，消除隐患，提高安全作业环境水平，营造“懂安全、会安全、能安全”的安全工作氛围。

开拓进取，真抓实干，成绩硕果累累

该班组员工每天带着检修工具穿梭在电机与装置之间，及时对检修区域内的低压电机、电箱及其他相关电气设备设施进行检查及清灰。尽管现

场作业的油污、灰尘较大，施工中要经常面对灰尘肆意飞扬、油污沾满身的情况，但这丝毫不影响他们的工作积极性。不管此刻是在怎样的环境中作业，他们都能全程专注，用切实的行动诠释了电气人的责任与担当。

2021年，该班组在保证完成繁重的日常检修任务的同时，还完成了6个维工项目电气方面的施工任务。在水渣吊车改造项目铺设移动电缆过程中，该班组认真核对设备编号，做好拆接线记录；在控制室和控制柜安装过程中，该班组严格控制工期和质量，注重细节管理和过程控制。在1号斗轮堆取料机大修过程中，面对繁重的工作任务、复杂的现场环境，该班组有条不紊地进行控制柜、移动电缆、控制室操作台更换。在施工过程中，又增加了几百米的滑触线更换任务，该班组员工依然克服困难，如期完工。在翻车机大修过程中，针对扇形阀控制箱制作安装、滑线及控制室所有电缆更换，他们履职尽责、攻坚克难，严谨地完成了各项工作。该班组在烧结及原料大修同步检修过程中，共计承担了150多项检修任务。在人力有限的情况下，该班组员工团结一心、砥砺奋进、加班加点、突破自我。面对检修中体力和耐力的考验，该班组员工迎难而上、踏实肯干，用负责任的态度，高质量完成每项检修任务。

学习不辍，强化班组建设

长期以来，该班组结合内部员工电气维修工作现状，坚持每天“忙时少学，闲时多学，学以致用”的学习方式。在忙碌的工作之余，由作业长及班组技术骨干进行专题教学，学习内容主要有电力安全知识、电工基础知识、二次回路原理和图纸等，使员工从基础理论入手，打下了实践操作的坚实基础，不断激励员工提升自身专业理论知识和工作素养，使班组自主学习氛围越来越浓。2021年，在阳春新钢铁组织开展的技能竞赛中，该班组4人进入决赛，他们在对电气设备及工具的使用方面，根据提供的电气图纸及设备规范硬件接线、分析电路功能、查找并排除设备控制回路故障等，展现出了扎实的专业功底、高超的技术水平、丰富的现场经验。班组员工杨政年在该次竞赛中脱颖而出，荣获新钢铁电工技能竞赛二等奖和“新钢铁岗位技能能手”称号，为公司赢得了荣誉。

2021年，中冶宝钢第七分公司阳春项目部电气班组始终保持着良好的团队凝聚力及积极向上的精神面貌，在项目部发挥着模范表率作用，被公司评选为“先进集体”。丰富了奋斗的时刻，坚定了前行的脚步，该班组将以此殊荣为动力，将青春热情化为对工作的赤诚热爱；岁月不居、奋斗不止，该班组将继续用他们的激情和汗水，倾情书写发展新篇章。

（罗方艳）

97. 中冶宝钢手清班组的“金刚战志”

——记中冶宝钢协力分公司二炼钢手清作业区甲班

没有化蛹成蝶的决战意志，怎能激发金蝉出壳的“金刚战志”！

中冶宝钢协力分公司二炼钢手清作业区甲班班组长刘昌勇带领班组全体人员，积极履行抗疫战“疫”的疏导职责和主动力挑起保产续产的任务重担。他们在换位思考中锻造实力，在抗疫保产的战线上冲锋在前。

一是防疫严肃对待。班组长刘昌勇时刻心悬在胸，每天不仅及时传达公司日紧一日的防疫通知和各项要求，而且更加细致地向队员解说条文考核的实用性和缘由，积极详细询问和解决每位队员的需求与难处，在两点一线的住宿区和作业区，时刻把队员“有反馈当速解决，有落实多加监督”的防疫互动意识，进行思想压实和行动巩固。

在一次公司考核问责的考试中，该班组由于长时间的持续作业，普遍处于疲劳状态，答题效率与准确率较难保证，一题答错需全部重答，一时间大家都不知道该如何解决这个问题。为此，多位员工十分诚恳地向班组长刘昌勇请教。在了解了大家的详细情况后，刘昌勇对考核问责条款进行了概括总结、速记优化。经过实践，效果显著，大家不仅对考核内容清晰，而且扫码做题十分流畅。在这一细节上，刘昌勇急员工所急，快速解放了大家的头脑，让大家轻装投入实战，精致思路实属难得。

二是保产顽强进行。该班组坚决执行公司关于关键岗位进厂封闭管理的指令，班组长刘昌勇积极督导当班全员每天进行4次环境消杀、日续多轮核酸检测、保障现场安全生产。在切割和铸坯管理板块，操作师傅积极完成生产计划的各项环节任务，随时沟通与互动，目光所及一片大干快干、热火朝天的忙碌景象；在行吊和手清烧坯板块，行吊操作员和现场手清师傅密切配合、高效互动，完成一块块质量过硬的机清板坯和切割板坯，并快速进入后道工序。这是防疫保产期间他们的高光时刻，这段特殊的时光里蕴藏着他们万众一心凝结的丰硕产能。

一位位坚守在各自岗位的当班师傅累了，便间断休息起来，也能想想随后操作能否再快一些。在脚入箱篷和身离座椅喝一碗茶水的转瞬宁静中，他们的心中终于压抑不住，翻腾起对家人无限的思念和牵挂。虽然厂内吃住有保障，厂外的家人却无法得到充分的生活保障。纵然手握万斤之力，腿也无法向亲人的方向迈出一步，泪眸闪过，映入眼帘的是使命，因为他们是中冶宝钢人，宝钢时刻需要他们。

随着上海新冠肺炎疫情形势逐步趋于平稳，中冶宝钢复工复产工作全面推进，中冶宝钢协力分公司二炼钢手清作业区甲班全体将继续保持高昂的工作斗志，率先高效地实现防疫自律化，共同并肩奋战在抗疫生产的最前沿，为实现疫情阻击战的全面胜利贡献中冶宝钢力量。

（李道胤）

98. 争做焦化技改领域的领航员

——记中冶宝钢第四分公司焦化队作业长伍启伦

伍启伦，1998年参加工作，2015年加入中冶宝钢第四分公司，属于2015年湛江钢铁投产后第一批驻湛的中冶宝钢人，是一名拥有多年冶金行业检修工作经验的作业长。他先后荣获第四分公司2017年度“十大优秀作业长”和2020年“优秀作业长”称号。2020年5月1日，焦化队成立了第一支负责常规检修区域维工技改项目的施工团队，定名为“综合作业区”，伍启伦被任命为作业长。这支由焦化队各作业区精挑细选的20名精兵强将组成的队伍，在伍启伦的带领下，创新发展，成功由检修出身的队伍转型为一支做施工、设备安装的高技术、高质量团队，成为焦化队第一支跨行业转型成功的团队，并在不少领域攻坚克难，掌握了多项高新技术，打造了焦化队第一支为维工技改而生的高素质、高质量“专家组”。

▍计日程功，雷厉风行

办事利索不拖沓。2021年12月1日，作业长伍启伦带领综合作业区开始湛江钢铁外排水综合利用二期项目的深度处理车间房顶钢结构安装施工。在工期短、综合作业区部分人员被抽调回去参与原料区烧结年修的情况下，他带领8名员工仅用一星期就完成了车间房顶钢结构铺设，并于12月20日继续参与外排水项目深度处理车间主体管道铺设。项目计划于2022年2月完成外排水处理车间所有管道试水。为保证工程进度，2022年大年初三（2月3日），他就带领队伍回到了现场，于2月14日成功完成通水试车，为4月1日外排水完成首次对废水的分离、提纯、低压纳滤与高压纳滤等复杂流程后，结晶产出工业盐氯化钠工序验证的“一盐”节点打下了坚实的基础。

▍劈波斩浪，冲云破雾

不惧困难，勇于尝试。2021年焦化废水全流程无组织排放改造项目中U-PVC管道焊接的热风焊技术，对于检修队来说是一个新领域。为摆脱现场技术困境，伍启伦与厂家沟通并上网查询学习，着眼于现场，经过不断尝试、寻找焊接最佳温度压力等数据，仅用了一天就成功掌握了U-PVC管道焊接技术，并紧急开展作业区员工实际操作培训，亲自教授作业区员工焊接办法，带领队伍先后掌握了U-PVC、PPR、PPH材质焊接技术。无独有偶，在焦化废水排放改造项目中，伍启伦带领综合作业区攻坚玻璃钢管道的对接技术，用胶水加固化剂、催化剂、环氧树脂，通过不同比例在不同温度中调和制成涂料，在对接口涂一层涂料，包一层玻璃纤维布。就这样重复铺上15层玻璃纤维布，完成了直径1500毫米玻璃钢管道的对接。整个项目玻璃钢管道从100毫米到1500毫米大小不等，安装总长度达1800米。在伍启伦的带领下，他们用时75天完成管道铺设，后期试水无一处漏点，受到业主的高度评价。

▌履职尽责，安全至上

作为一支创新型队伍的管理者，伍启伦从未停止对员工的安全教育。安全是一切工作的重要前提。虽然他带领的员工都是以往各作业区的精兵老将，经验丰富，但不乏一些不良习惯。作为一支维工技改队伍，常常接触一些未知技术领域，伍启伦便常对作业区员工在现场开展安全隐患辨识培训并组织员工学习，对现场看到的违章行为进行批评教育，守住“安全”这条红线，做到“我不违章、我的区域不违章”。

朝乾夕惕、学无止境。作为经验丰富的作业长，伍启伦不断学习新技术与知识，不断革新自我。他常常对自己的员工说：“学到的技能永远是自己的，它将提升并伴你一生。”锐意进取，大胆创新，伍启伦用自己的热忱与激情，为公司打造“国内第一、国际一流”冶金运营服务“国家队”贡献力量。

（林树森）

99. 凝心聚力　打造优秀班组

——记中冶宝钢第四分公司生产运营车间手清丁班

中冶宝钢第四分公司生产运营车间手清丁班是一支常年奋战在宝钢湛江钢铁炼钢生产一线的团队，“朝气蓬勃，甘于奉献”是他们的工作宗旨。该班组认真贯彻落实公司各项管理规范，不畏困难、敢打敢拼，持续提升“安为先，优并重”，为企业的安全生产工作创造了一个又一个骄人的业绩。

该班组承担着宝钢湛江钢铁炼钢连铸板坯人工清理切割任务，现场作业环境恶劣且复杂。2021年度，该班组始终保持安全生产无事故，做到了“安全第一、事故为零、违章为零、隐患为零”，有力地保障了生产安全顺行。

以“理”治“安”

该班组注重职能管理同步提升，通过持续加强安全形势宣传教育，严抓组织落实，始终把安全工作摆在首位，并达成了全员参与班组安全管理的共识。通过强化意识与责任教育，使安全工作稳扎稳打、平稳有序推进。另外，该班组严格落实安全日管控制度、严抓违章记分，真正做到安全工作日常化、规范化和制度化，安全管理实效大幅提升。

班组长巩海龙针对现场作业的特点，制订区域安全巡视检查计划，覆盖班组作业区域的所有岗位和作业点，确保班组成员了解并掌握每个岗位的安全注意事项；用“以老带新”的方式加强对员工现场安全防护及规范操作的监督；利用班组副班学习时间，组织员工学习交通、消防、环保等安全知识，并对日常工作和检查中存在的问题进行原因分析，使员工了解并掌握相关知识和原理，提高员工安全认知和事故防范能力；对员工的不安全行为进行不定期的抽查，加大对现场反习惯性违章的监察力度，及时纠正并规范员工的不安全操作行为。在做好现场安全教育的基础上，使员工从思想意识上杜绝违章及不安全行为，开展全员隐患排查整改活动，对存在重大隐患而无法立即解决的，及时向上级汇报，同时做好临时安全管控措施，有效消除现场安全隐患。

该班组通过不断加大监管力度，理顺关系、明确责任，做到事事有人管、人人有专责，充分发挥每个员工应有的作用。班组长巩海龙以身作则，树立正风，勇于担当，切实履行自身职责，这是该班组安全管理的制胜法宝。

以“心”护“工”

员工的个人情绪与思想动态跟现场安全生产息息相关，对此，班组长巩海龙围绕“关心”二字努力营造温馨和谐的管理氛围，并充分调动员工参与安全管理的积极性与创造力。

及时了解和掌握现场员工的思想状态，已成为该班组日常管理的重要一环。班组长巩海龙深入作业岗位与员工一对一交流，制定了“生活上关心，营造互帮互助的氛围；思想上关心，营造心情舒畅的氛围；技术上关心，营造钻研技术的氛围；工作上关心，营造人才脱颖而出的氛围”等一系列管理措施，帮助员工解决工作和生活中的困难，同班组成员打成一片，得到员工的信任和拥护。

班组长对新进人员的培养十分看重，在处理班组事务并进行生产作业的同时，担负着对新进员工的带教工作，做到培养人才和安全生产两副担子一肩挑。

班组长巩海龙总是细致耐心，手把手地将多年从事精整的实践经验毫无保留地传授给徒弟，放手让徒弟操作实习。真心必然获得回报，徒弟也很快掌握了基本的操作要领，并迅速成长为能独当一面的合格手清工。

以“严”抓“质”

“不给业主添麻烦，不给公司找麻烦”是班组长巩海龙常挂嘴边的一句话。在质量管理上，随着品种、质量、成本等管理要求不断提高，很多规程、标准、处理方法、应变对策都要重新学习。对此，巩海龙认真负责地组织班组成员学习，为员工答疑解惑，不留疑惑，并时时处处以高标准严格要求。

该班组自始至终执行严细管理，“严”讲的是严格，“细”讲的是精细。对一些作业规定和标准，班组员工并不是只停留在熟知上，而是体现在具体作业中，提高作业质量。坚持每班组织召开安全“诸葛会”，落实各项安全检查、事故隐患整改工作，筑牢班组安全生产的基石。

根据工作流程细化工作，提出分工合作化、流程轨道化、记录表格化，做到系统高效、轨迹清晰可溯，既提高了工作效率，也确保了作业安全。该班组认真严谨的工作态度和优异的工作成绩多次受到第四分公司及湛江钢铁炼钢厂领导的肯定，真正做到了“安为先，优并重”，为基层安全生产工作作出了表率。

（巩海龙）

100. 抗疫保产一线的最美钢花

——记中冶宝钢一线女作业长张珏

中国女性自古以来以内敛、温柔的形象示人，但在最关键的时刻，她们往往为家庭、为事业、为国家挺身而出，以柔克刚，逢强愈强。在钢厂里，有这样一位出彩的女员工，她与冶金运营服务业共奋进，活跃在新冠肺炎疫情防控的第一线、冶金运营服务链的最前沿……在平凡的岗位上，她刚柔并济，用使命和担当、智慧和创造、敬业和奉献展现女性自尊自信、爱岗敬业、执着进取的风采，助力冶金运营服务高质量发展。她便是中冶宝钢为数不多的一线女作业长——张珏。

为全力保障钢厂生产连续稳定，自2022年3月底上海封闭管控以来，张珏就带领团队的39名骨干员工驻守宝钢厂区以满负荷状态24小时封闭生产。她不惧挑战、迎难而上，与时间赛跑，勇挑重担，用钢铁般的意志抗疫保产80个日夜，守护在保障钢厂产业链安全、供应链稳定的最前沿，用实干诠释着对企业的无限忠诚和对本职工作朴素深沉的热爱。

从驻厂开始，一本工作日记、一支笔、一部手机和防护“四件套”成了张珏的全部装备，她时刻与生产方、机组调度保持密切联系，组织人力资源、排定生产计划。厂里工作忙不过来的时候，张珏更是参与其中，运用牵引车、叉车等工程机械完成钢卷倒驳、材料备件叉运等生产任务。硅钢作为宝山股份宝山基地最大的成品生产基地，封闭生产节奏很快，各机组产能不断提高，每天的钢卷成品量都在攀升，从生产钢卷驳运数量的提前跟踪确认、驳运过程的指挥和驳运质量跟踪，到成品卷数量的确认、叉运质量的保证、流向的跟踪，再到资材药剂叉运的全过程跟踪，都留下了张珏奔波忙碌的身影。她和她的团队彼此加油鼓劲、不分昼夜抢抓生产，有力保障了宝钢股份宝山基地硅钢区域各条机组的生产物流通畅。

有很多人问张珏：“一个女作业长带领39名员工驻厂封闭生产，你的家人不牵挂吗？”那一刻，张珏沉默了。在母亲节这个特殊的日子，她以笔寄情，向母亲真情告白："我生性倔强，这次疫情让我有了更深的思考。想对您说的话千言万语，却道不尽我对您和父亲的思念；想陪您做的事太多太多，也尝不够您为我准备的美味佳肴。如今，我和同事坚守岗位，我们彼此加油鼓劲，我们不分昼夜抢抓生产。我们深知，防疫保产的胜利一定属于我们。等阴霾散去，所有美好回归，我想做的第一件事就是回到家给您一个大大的拥抱。生产还在继续，我先去工作了。您和父亲保重身体，祝您二老安康快乐！"言语间无不流露出张珏炽热的敬业情怀和同心战"疫"的坚定信念。

张珏有着20多年的从业经历，先后承担过炼钢工程机械操作班组长、点检员等岗位，现在担任中冶宝钢硅钢区域管用养修的作业长，获得过上海宝钢冶金建设有限公司叉车技能大比武第一名、宝钢股份运输部叉车技能大比武第二名，还参与了宝钢股份炼钢"管用养修"一体化整合、宝钢股份轧制系统管用养修一体化相关整合业务，6次荣获中冶宝钢"巾帼奖先进个人"称号。张珏说，回望这些年的工作经历，从一名现场的工程机械操作工到班组长，再到作业长岗位，有过悲伤、有过彷徨、有过失败，经历过挫折，也享受过成功的喜悦。从幼稚到成熟，印象最深的几件事是2007年、2008年的叉车技能比武，2013年炼钢"管用养修"一体化整合，2019年"管用养修"一体化业务，2022年上海突如其来的新冠肺炎疫情。从"菜鸟"到"大虾"，过往种种都历历在目，像在时光长河里拾掇一些美丽的石头，一晃就是20多年。

2019年以来，张珏飞速成长，带领硅钢管养作业区的兄弟姐妹一起为硅钢各条机组线的保产保驾护航。她一方面安排生产，另一方面确保安全，而设备也要强劲地跟上。面对现场出现的"疑难杂症"，她无所畏惧，总是带头干、抢着干，每天都穿梭在叉车、牵引车、吸尘车的滚动作业模式下，以及现场各条机组线的生产状态下。她管理的作业区不但要负责自己作业区"管用养修"项目，还要承担整个轧制项目的设备检修工作。同事总是这样说："张珏负责的'战线'横向从宝钢股份宝山基地9号门到1号门，纵向从34号门到7号门，无论走到哪里，都可以看到她工作的身影。"

这些只是张珏在全天候、全流程、全产业链、全生命周期冶金运营服务链上的一些缩影。在平凡而又重要的岗位上，在最美的年华里，张珏用严谨的工作态度坚守岗位，展现新时期女工风采；用行动和信念谱写属于自己的奋斗之歌，助力冶金运营服务业高质量发展。

（王芸芸）

101. 精益求精创品牌　技术革新谋发展

——记中冶宝钢第四分公司炼铁队硫化作业区

中冶宝钢第四分公司炼铁队硫化作业区，是一支负责湛江钢铁以及湛江港码头皮带硫化业务的专业化队伍。该作业区自成立以来一直秉承着精益求精的原则，认真完成每个皮带接头任务，将作业区承接的皮带硫化业务创建成标杆项目，得到业主的高度评价。在发展过程中，该作业区积极探索新工艺、新方法，创造性地提出了钢丝带翻身工艺。

筚路蓝缕，艰难创业

2015年1月4日，作为中冶宝钢进驻湛江钢铁的“先遣队”，该作业区在作业长的带领下来到祖国南疆的东海岛上，开始作业区队伍的筹建工作。面对筹建初期员工技能水平不高、工器具配备不到位等实际困难，该作业区以湛江钢铁建设初期冶建单位皮带硫化项目为切入点，吸收新鲜血液，逐步壮大队伍，实践中以老带新，提高队伍专业水平，以开发新工艺、制作专用工器具为抓手，降低劳动负荷。入湛初期，该作业区先后经历了200余项原料二标皮带胶接任务保质量抢节点的考验，以及超强台风“彩虹”的洗礼。台风过后，在恢复生产过程中，该作业区积极克服现场检修电源不畅、雨天道路泥泞、夜间连续作业等困难，及时打通了高炉以及烧结上料系统，为高炉的顺利恢复生产做出了杰出贡献。作为湛江钢铁投产前建设大军的一分子，该作业区经历了风雨，也见到了彩虹，实现了与湛江钢铁的共同成长。

精益求精，打造品牌

作为湛江钢铁区域内唯一的皮带硫化队伍，该作业区并没有因为专业上的不可替代而“躺平”，而是数年如一日地以高标准、严要求对待每一次皮带接头硫化作业。他们在日积月累的作业过程中，逐渐打响了第四分公司皮带硫化的品牌，在湛江区域打出响当当的名号，让皮带硫化成为公司的招牌服务产品。

皮带硫化品牌的打造，除了体现在日复一日对待施工的精益求精上，也体现在遇到主作业线抢修等紧急施工任务时的“召之能战，战之能胜”的精神上。该作业区在碰到紧急抢修时，敢为人先，敢于完成其他人无法完成的任务。2017年4月19日，烧结单元SP102BC皮带撕裂造成主线设备烧结机停产。面对这种紧急情况，该作业区创造性地使用了分段热补加冷补的施工工艺，较之全程热补或者皮带更换的施工方法，抢修时间大大缩短，为业主减少了损失。该作业区以认真负责、快速响应的检修作风赢得了业主的高度评价。

技术革新，实现双赢

在钢铁厂内，长距离钢丝绳输送带的物料费用在皮带总体费用中长期占据较大比例，因此，如何进一步压缩其物料费用一直是业主降本增效工作的重点。了解到这一情况后，该作业区组建攻关团队，在借鉴通过皮带翻身节省帆布输送带物料费用经验的基础上，创造性地通过切断皮带重新连接的方法，提前消除钢丝绳皮带翻身产生的扭力，使皮带在翻身过程中能平直通过滚筒，避免皮带折叠导致发生打滑或撕裂等现象，并于2019年4月11日成功完成湛江钢铁原料单元L601R皮带翻身作业。L601R皮带机使用3年后达到了使用寿命终点，在经过翻身后又继续使用了2年，皮带的使用寿命延长了2/3，且更换L601R的皮带需要5天左右时间，而皮带翻身则仅需要1天，也在一定程度上降低了硫化作业人员的劳动负荷，开创了与业主双赢的局面。

再接再厉，勇攀高峰

湛江钢铁原料单元滚筒设备在经过数年运转后，部分滚筒的包胶磨损严重，需要处理。常规的处理办法就是对滚筒进行更换，但由于湛江钢铁区域正在完成创A企业达标，现场转运站都是全封闭状态，滚筒更换倒运困难，甚至需要对设备设施进行破坏性处理。为了应对这一问题，该作业区着手解决滚筒在线包胶的课题。2019年5月，湛江钢铁厂原料单元L110BC改向滚筒在经过投产4年多的使用后，滚筒表面橡胶磨损，已见铁芯体，需要进行滚筒更换。由于L110BC改向滚筒位置空间狭窄封闭，无法直接拆除滚筒吊出，还需要拆除液力耦合器、减速机、制动器以及电缆桥架等设备，工作量大，且耗时长。为了减少人员投入以及停机时间，该作业区采取了线上进行冷硫化包胶修复技术的处理方法，从而避免了设备和滚筒的拆装过程以及线下滚筒包胶产生的窝工，并协助业主节省了滚筒更换过程中轴承备件的费用，也节省了施工方滚筒倒运的时间以及起重设备的机械台班费用。截至目前，滚筒使用效果良好，未出现质量问题，为作业区以及第四分公司在皮带硫化业务以外又创造了一块品牌。

回首中冶宝钢第四分公司炼铁队硫化作业区成立以来的历程，他们一步一个脚印，从襁褓中的牙牙学语到蹒跚学步再到如今的根深叶茂，跟随着公司发展的步伐，成长到今天的兵强马壮。在后续工作中，该作业区将继往开来、不断开拓进取，塑造行业领先品牌，成为优秀的服务供应商，百尺竿头，更进一步；在服务好业主的基础上加快技术革新的步伐，做时代发展的弄潮儿，成为公司检修业务的中坚力量，为企业的发展添砖加瓦。

（单荣宗）

102. 同心协力　团结一致　打造专业班组

——记中冶宝钢第七分公司能环作业区何裕班组

何裕班组是中冶宝钢第七分公司能环作业区的承压班组之一，共有成员5人。其日常负责韶钢二电站锅炉区域承压类设备的维保工作，以及韶钢厂内能源介质管网及附属设备、设施的日常检修等工作。多年来，该班组一直勤勤恳恳，以精湛的技术、认真踏实的态度默默坚守在岗位上，解决一项又一项赶时赶工的设备隐患消缺，为业主解决了诸多难题，得到业主高度赞扬。

该班组是能环作业区综合实力最强的班组。无论工作效率，还是平时组员的劳动积极性，都在各个班组中表现突出。在工作中，他们能积极克服畏难、厌战、自满情绪，并及时调整好心态，保持拼搏的干劲，发扬敬业的精神，为提升公司核心竞争力而努力。

该班组高度重视安全意识和现场标准化作业，总是在空闲时间自发组织班组会议，通过对公司质量管理体系、程序文件、相关规范和标准的学习，不断提高自身专业技术水平和知识储备，从而更好地贯彻落实公司相关管理要求，提高工作效率。同时，各个组员在彼此的交流学习中，通过互相学习、取长补短，取得不少收获。

2021年12月，该班组保质保量完成余能BSP2号余热锅炉的检修。在检修开始前，该班组提前与业主查看现场，辨识危险源，做好安全交底和项目交底等工作，随后召开班组会议，分配各自的任务。一人办理开工委托手续，按制度三方提前停电挂牌。涉及有限空间作业、高处作业及动火作业的提前制定方案，办理审批手续，落实安全防范措施。在办理开工手续的同时，大家主动做好警戒围栏，把所需工具和材料有序摆放在现场。现场工器具摆放整齐划一，按标准化定置，待所有人签字交底确认，下达动火令后，即刻开工。该班组充分认识到本次年修的时间紧、任务重，于是承担下BSP2号余热锅炉年修的所有项目，以减少其他班组的工作量并为业主争取早日投产的时间。班组每天从早上7点到达现场便一直干到晚上11点，中午在现场吃饭后顾不上休息就继续投入工作。虽然又脏又苦的工作让他们个个灰头土脸，但是他们依旧士气高昂，享受攻克难关的过程及胜利的喜悦。经过4天的艰苦奋战，该班组安全顺利地完成全部检修项目，锅炉上水打压合格并顺利投产。业主看到该班组在检修过程中的标准化作业，忍不住赞扬中冶宝钢不愧是专业的检修队伍。

该班组员工之间既是同事又是朋友，在生活中也有许多共同的爱好，他们或结伴前往山水间游玩，或在闹市中小酌几杯，或在平静的湖面垂杆而钓，即使他们最大年龄差有20岁，也依然可以相谈甚欢。

班组是企业的细胞，是企业生产经营活动中的基础环节。只有每个班组都充满生机和活力，企业才有更旺盛的生命力，才能更好、更快地发展。

（韦　琦）

103. 做一名信得过的班组长

——记中冶宝钢第六分公司首钢京唐项目部电气作业区电气一班班组长任朋

任朋目前担任中冶宝钢第六分公司首钢京唐项目部电气作业区电气一班班组长，主要负责1700镀锌、1700罩退、1420酸轧区域的现场设备维护、定期检修、故障的应急处理和技术改造等工作。

任朋通过协调和技术沟通为产线的稳定运行、设备功能精度做出了很大的贡献。在带头更换1700镀锌热张辊电机时，由于工装不合适，他便通过不断摸索研发了一套专业更换热张辊的工装，大幅提高了工作效率，减少了人工消耗，并带领班组荣获第六分公司2021年度“信得过班组”称号。

任朋在平时的巡检过程中，发现设备问题会及时联系点检，与点检确认后进行消缺，多次避免了事故的发生，得到业主的认可和一致好评，并获得首钢京唐公司2021年度“先进协作职工”荣誉称号。

抓班组安全

身为班组长，任朋承担的压力一点儿都不小，每天进行安全技术交底，对员工精神状态进行把控，详细讲述当天施工项目的危险源及应对措施、检修作业中的质量管控重点，分配每个人当天的施工任务。在施工现场，他严抓安全问题，坚持“安全问题决不放过”原则，对施工区域内停电挂牌、安全措施落实、开工手续填写及工机具进行详细检查。

促技术改造

任朋带头对1700镀锌、1700罩退进行了多次技术改造，累计改造1700镀锌设备节能环保185千瓦电机14台、85千瓦电机20台，大大提升了产品质量，提高了设备使用率。

因1700镀锌电解整流母排硬质防护不到位，如果厂房漏水滴落至母排，就有起火爆炸的危险。任朋通过仔细观察、研究，与业主进行沟通，自制绝缘材质防护罩，从根本上消除了事故隐患。

保施工质量

质量是企业的生命，是企业的效益，是企业发展的动力，质量靠全体员工保证，这是任朋对员工检修结果质量的要求，每项任务的完成他都要亲自把关。电气一班自成立以来未出现过一次质量事故，为项目部今后的长期发展夯实了质量基础。

面对新的大形势，任朋积极学习公司下发的岗位职责规定，领会思想，力争做到“强化设备保顺行、故障处理夺分秒、服务用户想周全、安全生产记心间”。他熟知本岗位维护设备的性能及运行环境，对故障处理及时准确。他急用户所急、想用户所想，不断强化设备改造，提高设备稳定性及技术性能，满足用户需要。他积极学习新技术、新知识，不断提高自身技术素质，适应市场需求。

任朋就是这么一个肯干、实干，愿为企业无私奉献的人。从他的身上，我们看到了中冶员工在困难面前不怕苦、不怕累的精神，以及任劳任怨、恪尽职守的品行。他用行动带动了身边人，使整个团队具有凝聚力、创造力和实干精神。

（曲冰晶）

104. 钢铁玫瑰霸气摘两冠　奋斗的青春最美丽

——记中冶宝钢第七分公司物流中心库丙班班组长杨琪

奋斗是青春最亮丽的底色，行动是青年最有效的磨砺，有责任、有担当，青春才会闪烁。2022年7月9日，中冶宝钢第七分公司物流中心库丙班杨琪一天勇夺两项大奖：中冶宝钢隐患查改方案发布活动一等奖和第七分公司行车操作技能第一名。

杨琪是中冶宝钢第七分公司物流中心库丙班班组长。入职以来，雷厉风行的她以行车操作岗位为舞台，始终用高标准严格要求自己，刻苦钻研技术。线上普法、安全知识竞赛、劳动竞赛、技能竞赛、隐患排查、“三岗”活动、课题发布演讲比赛、员工上台讲规程竞赛比拼、视频制作剪辑等活动都有她的身影。她不仅是行车操作技能的“领头雁”，更是隐患查改的“排头兵”，还被评为“巾帼标兵”，多次受到表彰。她扎实奉献的工作作风影响和带动了广大员工，多次获得“优秀员工”“优秀班长”“点检达人”等荣誉称号。

没有一流的心性，就没有一流的技术。杨琪行车操作技术精湛，能操作行车把乒乓球精准粘贴在矿泉水瓶上，能操作行车将笔放入啤酒瓶。2022年7月，第七分公司最大规模的技能竞赛开赛，8场比赛共530余名行车工参加，杨琪沉着冷静，实现反超摘得冠军。这一切都来自她废寝忘食、尽心竭力地练习行车操作技能，正是这样日复一日的努力练就了她堪称一流的操作技能。她向大家展示了干一行、爱一行，精进不休、自我增值的工匠精神。当谈到对工作的这份热爱时，她说：“每当我带出一名徒弟就会有成就感，也越来越喜欢这个职业。”杨琪展现的匠人精神内涵远不止于此，她在平凡的岗位上有一颗不平凡的心，用心对待每项工作，冲锋在前、勇当先锋，身上始终体现着担当的精神。她说：“每天学一点，每天进步一点，是对自己最好的交代，多学习、多干活就是积累经验的开始。”

工作中，她围绕班组安全建设内容，认真做好现场人员调配与优化，检查操作标准化作业、查找安全隐患、维护区域环境卫生是她的首要工作。班组人员中有新手经常出现操作不到位影响发货节奏的情况。她制作的岗位操作流程PPT以及操作规程视频简单易懂，鼓励、帮助新员工提升技能，业主管理人员也频频点赞并借鉴她的做法。她利用下班时间与同事画位置线，定位参照系统，给大车、小车位置定位，帮助新员工精准操作，防止碰撞。只要来了新员工，她就会带着她们来到现场的每个画线点，并告诉新员工："你要看好吊钩的行进方向，到了这个画线位置，手柄就要提前回零位……"在她的讲解和现场辅导下，新员工慢慢理解了吊运方法，操作水平提升得很快。

行车装卸火车有效率不高的难点。火车装卸吊运场合多采用磁盘吊车完成吊装作业，由于线圈的质量要求非常高，吊运过程中必须轻起轻放，稍有不慎就会擦伤钢材。对此，杨琪有自己的一套办法，只要有火车装卸的吊运任务，她就会采用一人操作、一人监护的作业模式保障安全及产品质量。她在班中生产时也旁站监护，保证行车配合装卸火车安全，碰到线圈包装异常时，及时提醒发货人员检查质量，跟踪行车操作手法。她还形象地教育员工："在操作中要把线圈当成豆腐和鸡蛋一样去吊运。"她和全体员工严格执行"起落吊停顿、轻吊轻放、每一吊确认到位"的操作要领。只要付出就会有回报。她一马当先带动全线员工开展"三比"（比担当、比贡献、比实绩）行动，翻开火车装车记录表，她们班的发货率总是遥遥领先。

杨琪也是岗位"找碴儿"能手，每月的隐患排查数量位列班组第一。她将岗位隐患排查和整改工作搬到现场，多次为行车运行排除了安全隐患，提高了设备安全本质化水平。她还将所有问题汇总建立数据库，详细地记载了时间、问题、措施，及时组织消缺处理后进行定期跟踪检查，确保行车安全有保障。在作业区青年创新工作中，杨琪获得"点检达人"称号。

时光不老，青春正好。杨琪认为，人生没有"躺赢"，梦想贵在坚持，面对艰难险阻，不做局外人，要争做开拓创新的"生力军"，只要把自己的事做到极致，一专多能，提升效率，在哪里都会发光。

（张彩霞）

105. 质量意识在心中　检修质量在手中

——记中冶宝钢第四分公司轧钢队2030作业区二班镀锌班组

中冶宝钢第四分公司轧钢队2030作业区二班镀锌班组主要承担湛江钢铁冷轧厂2030单元D108热镀锌机组的机械设备维修作业。在班组长陈华文的带领下，该班组团结一致、务实创新，以“一切事故为零”的安全责任为目标，圆满完成各项检修任务。该班组在2017年荣获“先进班组”称号，2018年获得“信得过班组”称号并一直保持到2021年，在2022年更是获得了“信得过标兵班组”称号，赢得了业主的一致好评。

安全第一，增强安全意识

该班组从岗位责任制度出发，明确安全职责，形成班组中的安全责任网络。在日常工作中，该班组认真贯彻“安全第一，预防为主，综合治理”的方针，认真搞好安全知识培训，学习公司的各项规章制度，要求员工能够熟练背诵并能运用到实际作业当中。班组成员积极参加各项安全活动，用典型事故案例训导全员按章作业、按规办事、规范操作，对每项作业都要做到提前预知、预防，在制定切实可行的方案后方可实施，使员工在学习中进步，在进步中提高，从而使安全工作得到有效提升。通过各种安全教育，使员工真正明确“安全为了谁”以及从“要我安全”到“我要安全”的重要意义。

注重质量，提高综合能力

为了更好地适应现场检修工作的需要，努力提高大家的技能水平，让大家掌握检修知识，熟练操作，辨识危险源，做好相对应的措施，熟悉机组设备，该班组常态化组织成员进行技能培训。例如，辊子组装，对中仪、测量器具、空气呼吸器等现场常用的工器具使用的培训。通过培训学习提高员工的思想意识，对个人存在的问题进行深刻反思，不断学习新知识，掌握新技能。该班组中的新员工也时常向经验丰富的老师傅虚心请教，并学以致用，利用空余时间翻看一些专业书籍，查看一些技术资料，以提高自己的专业能力。

改革创新，提升检修效率

创新是企业先进性的表现，班组是企业的细胞，是企业决策的执行者，只有不断创新创效，抓班组、抓源头，激活班组这个企业的"细胞"，才能使企业的机体充满旺盛的活力。该班组在日常检修中敢于创新，集思广益，自制工装，改进工序。湛钢冷轧厂水淬槽挤干辊更换的次数多，平均每个月要更换2～3次，该班组发现问题主要出在挤干辊的吊装上。因场地狭小吊装不便，吊进新辊时需要将周围栏杆拆除（二级高危作业），且挤干辊无专用吊具，只能依靠手拉葫芦依次挂设倒链将挤干辊慢慢倒出，安全风险较大，人员投入多，劳动负荷大，吊装难度大，检修工期长。鉴于这种情况，若出现突发性抢修，长时间的检修将影响机组的生产运行。为提高水淬槽挤干辊更换效率，班组长陈华文在机组定修前利用空余时间与点检现场论证，采用水淬槽挤干辊更换专用方案，制作新工装，使整个更换过程更规范、更标准、更安全，作业时间大幅缩短，提高了工作效率。

中冶宝钢第四分公司轧钢队2030作业区二班镀锌班组全体成员将继续发扬能吃苦、能战斗的精神，力争让各项工作跨上一个新台阶。

（卜景锐）

106. 做产品质量的守护者

——记中冶宝钢重机分公司设备制造厂质检班

每个人都有属于自己的舞台，也有属于自己闪耀的时刻，而每年9月的质量月则属于日日守候与穿梭在作业现场的质检员。

中冶宝钢重机分公司设备制造厂质检班共有6位质检员——王晓飞、

王海文、陆青、徐剑钢、李进、蔡凌键。他们始终坚守在一线，守护着“中冶重机”的荣光所在。设备制造厂作为重机分公司的一个重要组成部分，主要负责各类特种设备的生产制作。目前，设备制造厂的主要业务包括各类铝槽、渣包、滚筒等的制作，而每台产品都是经由各位质检员亲手送出工业园大门的。

不断成长的质检班组长

作为质检员，王晓飞了解厂内各类产品的检查要点以及各项工艺的制作难点。作为班组长，王晓飞除了对所有厂内产品均烂熟于心外，还有整体意识与大局观念——统筹管理各种项目质检人员的分配，总控产品的主要制作质量。“首届中国五矿职工岗位创新十大成果奖”“上海市优秀发明银奖”等诸多荣誉见证了他多年来的成长。

渣罐质检的“执牛耳者”

自重机分公司生产焊接渣罐起，王海文便开始从事相关的质检工作。多年的渣罐工作经验令王海文了解各种不同类型渣罐的所有制作要点。从常规到特殊、从小型到超大型，王海文只要对渣罐图纸细细查阅一番，便可知生产中可能出现的问题与需要重点把控的节点。这是10年渣罐质检经验给他的实力与底气。

滚筒装配的“大总管”

滚筒的制作工艺极为复杂，涉及上千个零件的装配工艺，面对如此浩瀚纷繁的制作流程，若无一往无前的勇气与决心怎敢轻易接手？陆青为了滚筒项目曾连续一个多月在业主场地上指导拼装要点、教授使用方法，夜里撰写总结报告，在温暖柔和的灯光之下青丝染灰。

现场作业的“多面手”

徐剑钢曾负责各类探伤工作，后又转至项目质检，如今穿行于渣罐、铝槽、滚筒之间。虽然业务冗杂，他却游刃有余。徐剑钢给人印象最深的场景是，他时常系着安全带准备登高检查作业，熟练地将安全带穿上，系紧带、扣，挂上金属钩锁。

探伤与涂装的“掌门人”

李进从徐剑钢手中接过了探伤的交接棒，同时擎起了探伤与油漆涂装的大旗。他每日都在表格上记录道道焊缝的探伤结果，又安排大部分产品的最后一道工序——油漆。如今，李进又开始接触整个项目的质检工作，不断提升自己。

薪火传承的“后浪”

蔡凌键刚进重机分公司设备制造厂担当质检员时由王海文带教。在王海文口中，蔡凌键是一个勤奋好学的孩子，一腔热忱让他快速熟悉了厂里的业务。从王海文到蔡凌键，是重机分公司设备制造厂一代代之间的传承，传承着质检员的责任。

车间里的环境并不好，冬日的寒风自门缝窗吹入，皲裂了质检员粗糙干燥的手掌；夏日的高温伴着焊接的火光共升，濡湿了质检员身上蔚蓝色的工作服；还有时不时星星炸裂的火花与扬起的浓浓尘埃，烫伤了质检员脖子上裸露的皮肤，蒙黑了质检员脸上深深的皱纹。正所谓：“前方纵是千重险，难灭灯火印眼前。海上偶卷风波来，蹙踏浪花犹起帆。尺笔勾画留浅痕，巨龙将腾出重山。为质不改渐霜鬓，身衣向天取同蓝。”

（傅泽航）

107. 能扛重任　能打硬仗　是我们的奋斗底色

——记中冶宝钢第七分公司阳春项目部硫化班

2022年，对于中冶宝钢第七分公司阳春项目部硫化班来说，困难与挑战并存，机遇与收获共享。该班组不仅在新冠肺炎疫情期间两次远赴娄底，高质量完成了华菱集团涟钢6号、7号高炉主皮带更换项目，还挑战自我，在60小时内连续作战，出色地完成了韶钢及新钢铁9条皮带更换任务。

树硫化品牌口碑，赢得业主青睐

2019年，第七分公司阳春项目部在华菱涟钢高炉皮带更换作业中给业主方留下了高质量、高效率的良好形象，为后续承接涟钢高炉主皮带更换业务奠定了坚实的基础。2022年3月，涟钢6号高炉主皮带经过长时间的“带病”运行及受到各种因素的影响，接头位置产生了长约200毫米的纵向裂纹。为了保证涟钢6号高炉正常生产，更换任务刻不容缓。而涟钢炼铁厂各级领导将此重要项目指定给了第七分公司阳春项目部实施。同年4月17日，涟钢6号高炉皮带更换完成后，最后一批人员回到阳春。4月19日，再次接到涟钢7号高炉皮带抢修任务。涟钢7号高炉主皮带意外造成皮带撕裂需要紧急更换，而涟钢炼铁厂领导一致要求继续由第七分公司阳春项目部施工，才能保障皮带接头质量。他们没有将这一紧迫的抢修任务交给自有检修队伍，而是通过华菱集团内部协调，强烈要求第七分公司阳春项目部对7号高炉主皮带进行抢修更换。这支硫化队伍尽管才经历了长途跋涉，疲累状态仍在恢复中，但是在接到上级任务后，他们还是一边收拾行囊清点、准备所需工器具，一边做好防疫物资准备及核酸检测材料，在完成当天阳春新钢铁皮带的更换任务后，于晚上11点连夜赶赴娄底。

齐心协力克难题，高质高效树精品

该班组施工人员抵达现场后，每个人都清楚自身代表的是中冶宝钢的形象，他们以最快的速度熟悉现场环境，适应异地温差，勠力同心、一鼓作气，全情投入紧张的工作。因主皮带更换现场环境比较复杂，皮带配重位置较高，预留的长度不足，配重提升高度有限；皮带更换作业与传动机组检修作业存在交叉作业；皮带机尾部空间不足，需占用皮带机后方的公路叠放皮带备件。他们根据现场情况考虑，提前拆除靠近传动房皮带廊道的第一跨顶棚，对该段公路进行封闭，现场制作安装3个专用导向辊工装，使皮带沿专用托辊支架方向顺利地进入皮带机，减小牵引力和摩擦力，并把2卷新皮带倒运至指定皮带机尾部公路上的位置先行接头硫化，为后续停机时新旧皮带更换打好基础、做充分保障。

天公不作美，6号、7号皮带更换过程都是在淅淅沥沥的小雨中进行的。但是员工高涨的热情足以抵御一切风雨，“刚毅坚卓、迎难而上”向来是该班组的作业精神。在做好雨天现场作业的各项安全防护措施后，员工各就各位开始有序施工，停电挂牌、配重拉起、吊机就位、皮带放带更换、钢丝剥皮、皮带驳接、硫化平台搭建、皮带硫化等工序有条不紊地开展。

由于皮带较长，采用“以旧带新”的方式进行作业。整个施工过程中，所有员工严格执行标准、规范和设计图纸要求及业主出具的等效设计图。胶带接头的直线度直接关系到接头后胶带的使用状况，是保证胶带正常使用的基础条件。该班组员工凭借多年的经验和技术积累，根据接头技术参数精准确定出中心线，然后快速依次量出各线位置。该班组成员井然有序地剥开每一根钢丝绳，细致地将钢丝绳排列整齐。在硫化升温和冷却过程中，班组长密切注意水压板压力和温度显示，克服通宵达旦带来的身体疲劳，严控硫化质量。其他人员默契配合，克服种种困难，拉导链、拉皮带、打卡子……在繁重的体力劳动下，大家毫不退缩，齐心协力抢抓时间。

7号高炉主皮带抢修更是一场争分夺秒的大战。压力越大，干劲就越大。为了在最短时间内完成皮带修复，所有人员投入了紧张的抢修工作，高涨的工作激情让员工忘却了体力上的疲乏，通宵的灯光照射出他们坚定的眼神。此次抢修，考验的不仅是员工的责任担当，更有他们平时练就的过硬技能。他们跟效率较劲、与时间赛跑。经过连夜作战，试车运转正常，为这场深夜的“鏖战”画上了圆满的句号。该班组员工娴熟的技能水平和雷厉风行的工作作风受到涟钢业主方的高度认可。

能挑重任打硬仗，永葆奋斗底色

近年来，该班组在韶钢、湛江钢铁很是“吃香”，时常受邀增援。

无论是在湛江钢铁球团厂定修硫化任务中，还是在韶钢高炉皮带更换任务中，他们都将外出增援任务当作自己主维保区的任务一样对待，克服一切困难，在安全、质量、工期方面紧跟业主方要求，齐心协力完成业主方交代的任务。

2022年8月29日，该班组与检修人员通力配合，经过30小时的通宵作战，出色地完成了韶钢8号高炉主皮带更换任务。31日，他们带着满身的疲惫返回阳春，来不及休息调整，一烧结因设备故障，提前停机进行20小时定修。在这个时间段，该班组需完成8条皮带的更换任务，最短的1条皮带需要4小时完成更换，最长的1条皮带需要10小时完成更换，平均下来每条皮带的更换时间只有短短的6小时。该班组通过细致编排8条皮带同步更换时间网络图、细化施工节点、制作简易工装等举措全力组织施工。每道工序分工明确、责任到人，每步工作细致到位，现场气氛热烈，大家干得热火朝天、汗流浃背。尽管已经身心疲惫，但他们用一腔热血和敢于挑战自我的精神，加班加点，全力以赴，在24小时内高效完成了8条皮带的更换任务。

从韶钢到新钢铁，60小时内跨越400多千米完成9条皮带的更换，是需要极大的毅力才能克服身体的疲累完成的挑战，而这离不开该班组敢打硬仗的优良作风，更少不了该班组日常练就的真本领、锤炼的硬技术。

中冶宝钢第七分公司阳春项目部硫化班经过多年的磨砺与发展，已成长为一支管理精干、专业多元、业务过硬的精英队伍。今后，他们将继续以昂扬向上的朝气、专业精湛的技能、锐意进取的干劲，谱写出更加精彩的篇章。

（罗方艳）

108. 千锤百炼显本色　爱岗敬业强担当

——记中冶宝钢重庆分公司高炉二作业区作业长张伟

没有生而强大，也没有生而完美。生而为人，只有经过坚持不懈打造锤炼的行程、风雨冰霜的洗礼、披荆斩棘的汗水，在庄严岁月的见证下，完成一次次破茧成蝶的蜕变，臻至生命极致的完美，见我本色。一如在高炉炉顶从主皮带机头倾泻而下的矿石，经过千锤百炼，消除杂质、去芜存菁，锻实形体，见其本色，成为这大千世界的顶天立柱、血脉筋骨。

高炉前，作业长张伟正在喟叹重庆钢铁这三年翻天覆地的变化。从挥手作别上海，来到烟雨朦胧的双喜之都，扎根在长江南畔，到如今，张伟已为重庆钢铁炼铁厂高炉工序保驾护航近三年。在高炉这一区域扎根深耕两年多以来，作为作业长的张伟利用自己的管理方式和施工经验在保证安全的前提下，参与大大小小高炉定修28次、临时休风抢修34次，同时参与高炉工序各项单项技改工程等施工任务，如水渣大修、炉前除尘能力提升、三高炉扩容改造项目等。他以自己出色的技术水平与领导能力带领各班组圆满完成了各项施工任务，在保障高炉稳定生产的同时，积极配合重钢厂的各项工作，组织参与双基整改工作，致力于协同重钢打造山水重钢、美丽重钢。高炉二作业区也因此深受业主重钢的信赖与认可，获得2022年度重庆钢铁“协力之星”荣誉。

高炉，是一个危险源多、作业环境较为恶劣的区域，要保障员工的安全，首先要熟悉设备、了解工艺、熟知危险源、落实安全措施等，才能掌握设备的状态，了解检修时存在哪些安全隐患，以及应该采取的有效防范措施。作为一名作业长，张伟根据各个班组的特点、技术水平和实际工作能力，立足各种项目情况合理地安排人员，并且在每次定修、大修、抢修安排好各项工作后，都以身作则、身体力行，挥大锤、开叉车。管道中躬下的身体，湿了干、干了又湿的蓝色工装，钢铁般的身躯，坚毅的眼神，张伟一直是兄弟的定海针。

不断提升、不断淬炼是张伟坚定的信念。炉前吹管负责长期输送高达1300摄氏度左右的热风，维修频率较高，每次都需要拆除更换大量的吹管。为提升高炉吹管更换的施工效率，张伟根据重钢高炉现场环境以及实地施工经验不断总结，提出工装改进：将安装复杂的上下卡紧式改进为嵌套悬挂式，一方面减轻了装置整体重量，另一方面做到拆装便携。措施控制：安装螺栓紧固前，对垫片安装位置进行复测，满足标准后再进行紧固，对过程中垫片发生偏移的情况进行控制。通过一系列有效措施使吹管检修效率提高20%。

张伟求真务实，注重人才培养。在短短两年多的时间里，高炉二作业区已为重钢其他区域输出骨干成员——班组长4名。施工前，他认真检查各班组的安全交底工作、作业手续、工器具完好情况，落实各项安全措施。在施工过程中，他全过程跟踪施工项目，按照标准作业，确保每次检修工作安全、质量和进度受控。一次定修通宵的现场，一位工友由衷赞叹道："老张真是有使不完的力气，用不完的精力，像钢铁一般，太敬业了！"而他只是转头一笑，单手叉着腰，打着电话："在哪儿了？兄弟们的夜宵还没到吗？"

也许，每位兄弟能在看似平凡的工作中有所成长，才是他欣慰的；也许，每位兄弟每月收入能稳定并有所增长，才是他乐意的；也许，每项任务都能出色完成获得领导、业主的认可，才是他期望的。但是，一次恰逢下班时从他口中说出的只是："希望兄弟们能高高兴兴地来上班，平平安安地下班到家，这才是我最放松开心的。"

（文世林）

109. 十年磨一剑　守护"兴澄蓝"

——记中冶宝钢第五分公司兴澄项目部厚板作业区作业长程永发

世上大多数桂冠是荆棘编织而成的，唯有十年磨剑，才得出鞘露锋芒。程永发，现任中冶宝钢第五分公司兴澄项目部厚板作业区作业长，自2011年担任该岗位至今，荣获3次"先进个人"、3次"优秀员工"，带领厚板作业区荣获4次"先进集体"，被业主方兴澄特钢特板事业部授予"安全标兵"称号。

不厚其栋，不能任重

红坯在辊道轰鸣，轧机在耳边咆哮，中冶宝钢第五分公司兴澄项目部就位于这嘈杂声中。兴澄项目部服务于江阴兴澄特种钢铁有限公司，该公司于2010年投产，运维检修业务范围涉及加热炉、轧机、矫直机、剪刀机、冷床等轧线关键设备。程永发作为第一批进驻兴澄特钢检修的领路人，在新区域检修施工不成熟的初期，每天坚守现场，以厂为家，对照图纸参透每道检修工艺。“积土为山，积水为海。”10余年间，程永发参与组织兴澄特钢厚板分厂年修11次、大小抢修60余次、定修300余次。

厚板分厂主要生产中厚型钢板，轧线设备零备件重量多以数十吨计，检修过程涉及很多大件重物吊运。十年如一日耕耘在兴澄沃土上，使程永发积累了丰富的轧机设备检修和大件设备吊装经验。2016年大年初一，厚板分厂磨辊间，由于生产方操作失误，待修磨轧机工作辊倾倒并嵌入墙体，工作辊重达90吨，而吊运偏差会导致厂房墙体及邻近设备受到二次伤害，危险性高，没有人敢轻易指挥起吊。程永发临危受命，勇挑重担，凭借过硬的起重技术圆满完成了任务。他说：“大件吊装要有120%的把握才敢起钩，100%都不行！”

结茧的蚕看不到茧的外面，想象力要脱离传统思维的五花大绑。程永发不断学习进步，尤其管理能力不断提升。“我不会讲大道理，管理上让我怎么做，我就怎么要求，就是这么简单！”一语道出了他对管理的朴素理解，也体现了他高度的责任心和高效的执行力。程永发观察敏锐，善于创新，勇于迎接挑战。在可逆式四辊轧机机架辊更换项目及精轧机AGC油缸更换项目中，程永发提出设计工装的最初想法，并画出了简易图纸，为工装设计及完善打下了基础。工装的设计为项目部带来的降本效率达到80%，并极大地降低了原有施工工艺带来的安全操作风险。在枯燥单调的检修工作中，勇气的锐利加上经验的坚实，使程永发成了兴澄项目部不可或缺的顶梁柱。

▌踔厉奋发，笃行不怠

兴澄特钢的轧线设备上刷着一层特殊的蓝色油漆，在3000多个日日夜夜里，程永发像无所不能的战士，与故障斗争、与时间赛跑，守护着这片“兴澄蓝”。选择检修行业就是选择了一份责任，在岗期间60余次的大小抢修，不论昼夜，第一个奔赴现场的总是他。在10多次厚板分厂年修当中，程永发吃住在厂，施工协调，人员整备，随时关注现场突发情况。行车上、轧机内、基坑里，接近30个小班组的安全、质量、进度，都压在他来回穿梭的身影上。程永发是检修现场责任代表的一面旗帜，别人听起来刺耳的设备运转噪声，对程永发而言，却是对他工作肯定的答复。

▌相遇暨阳，亦师亦友

上下同欲者胜，风雨同舟者兴。一线岗位出来的程永发，骨子里自带幽默乐观，操着四川口音、善于打趣的他被厚板作业区员工亲切地称作“发哥”。在繁重的检修工作中，有他在，大家总能感觉到轻松。在作业区管理上，他有自己独到的见解。程永发说：“管理不是把自己置身事外，而是把自己融进去。我的管理在该紧的时候会紧，在该松的时候会松，把该做的事情做好，别的我不会多说。”兴澄项目部厚板作业区人员流动性大，程永发对新进员工、转岗员工的技术水平尤为关注。一直以来，他寓教于乐，对于一些接受知识慢的员工，程永发会重点帮扶，倾囊相授。作为厚板作业区的“技术大拿”，他在教授检修工艺时会手脚比画，将复杂的东西通俗地讲出来，比看晦涩难懂的图纸更加形象生动。给人以星火者，必怀火炬。在他的心中不仅有对检修行业浓烈的感情，更有对行业发展深深的寄托。

一如程永发，亦如冶金运营服务千千万基层工作者。山高不阻其志，涧深不断其行，流年不改其意，风霜不掩其情。十年磨剑，纵使前路荆棘遍野，亦将坦然无惧，仗剑前行！

（路大伟）

110. 赤铁巾帼英雄　情系行车“管用养修”

——记中冶宝钢第七分公司行车“管用养修”操作作业长刘娟

女子本弱，担当则刚。在这个激扬巾帼志、立业建新功的新时代，每位女性都是一朵独具特色的花，都能绽放出属于自己的精彩，让我们一起聆听“赤铁巾帼英雄”——中冶宝钢第七分公司行车“管用养修”操作作业长刘娟超越梦想的故事。

▌牢记重托，不辱使命

2022年1月1日，第七分公司在韶钢正式实施行车“管用养修”一体化总包业务。截至目前，该业务稳步运行并取得阶段性成果。刘娟作为韶钢区域第一位行车“管用养修”女作业长，肩上的担子不轻。她深知，在没有硝烟的战场上，只有凭借“披上盔甲，不辨雌雄”的毅力，不断超越自我，才能为中冶宝钢、为韶钢创造更大的价值。早在2021年，刘娟就从行车操作业务的角度起草可行性运行方案，到炼铁厂各区域实地勘察后多次深夜修改，细化“管用养修”项目梳理，有针对性地对特种设备管理有关规定进行了细化。记录行车用车频次，做好人车配比，提前做好操作岗位规程研修等工作，一系列超前的基础工作也为公司2022年顺利承接“四位一体”业务打下了坚实的基础。韶钢行车“管用养修”发展历程上深深地烙下了她的脚印，她的青春年华融入了韶钢高质量发展建设的洪流，她是当之无愧的巾帼英雄。

▌顽强坚韧，默默奉献

每一步跨越、每一份硕果，都凝结了刘娟的辛勤与付出、坚守与奉献。自2022年炼铁区域行车“管用养修”一体化业务总包以来，刘娟与团队不断探索创新，以“强化内部管理，维护安全稳定”为总体目标，向内挖潜，通过梳理和完善班组各项管理制度细化指标、责任到人，抓班建、勤改善，提升班组管理水平。她每月针对现场做专项改善主题项目，要求全员行动。2022年上半年，刘娟所在炼铁作业区指标完成情况在车间排名第一，不管是业主满意度还是人员稳定率等，设备管理八大主要指标都成效明显，助推行车“管用养修”一体化总包业务取得阶段性成果，让人们真正感受到“妇女能顶半边天”这句话的意义。同年，刘娟再次荣获中冶宝钢“巾帼先进个人奖”、车间年度“优秀作业长”称号。

对比赶超，匠心筑梦

2022年，自炼铁厂“赤铁英雄，超越梦想”劳动竞赛拉开帷幕以来，刘娟带领作业区的“女兵”奋楫勇进，跑出“加速度”。炼铁厂3座高炉持续高产稳产和提煤降焦以来，高炉用煤质量和数量需求大幅提升，六煤线喷煤低库存预警。刘娟经过多方沟通，组织全员努力紧急抢卸局车，在10月9日组织卸煤99卡，共5批次，每批次对卸位高达23卡，且均在规定停留时间内完成目标，达标率100%。相比同期实现质的飞跃，此成果来之不易。10月9日，六煤线局车集中进场待卸104卡，同时炉东因焦化皮带检修，行车需分担人员去现场上焦卸焦，工作节奏非常紧凑，人员紧张，同时面临着严峻的新冠肺炎疫情形势。刘娟带领作业区“女兵”直面挑战、听令而行，安排落实各项疫情防控措施，梳理好A类、B类保产人员名单，随时候命进厂入驻。同时，做好启动12小时两班运转方案配合韶钢生产的准备，行车在完成保产的同时，保量完成卸车任务，团队克服种种困难创下卸煤高峰，抗疫保产工作更是得到业主高度表扬及感谢。在韶关6月特大暴雨中，刘娟带领“女兵”破浪逆行，排洪泄涝、抢救生产物资，被多个韶钢媒体平台报道。她也因此举起了炼铁厂“赤铁英雄”的旗帜，成为第一位“赤铁巾帼英雄”。

团结同事，凝心聚力

为了提升团队的凝聚力，刘娟关爱员工，做好基层服务工作。中秋节，她与炼铁厂工会对作业区2名困难职工开展节日慰问活动；对2名职工家属开展“六一”慰问活动；组织作业区63名女员工参加2022年度女工体检；组织63名女职工开展“女性防范电信网络诈骗犯罪宣传教育活动”座谈会；开展现场送温暖、送清凉慰问，以及送爱心早餐等各项工作，全心全意服务好员工；帮助1名女同事成功申报“金秋助学”……她与大家一起参加环境改善活动，与大家一起汗流浃背，被同事称为“花木兰”。

不负当下，争当“划桨者”，不做“躺平派”，是刘娟工作态度的真实写照。她用勤恳务实的工作作风诠释爱岗敬业，用吃苦耐劳的工作态度演绎自己的芳华人生。用她的话说就是：“全力以赴，不问终点。”

（张彩霞）

攀登不
峰无限

第二章 品牌建设

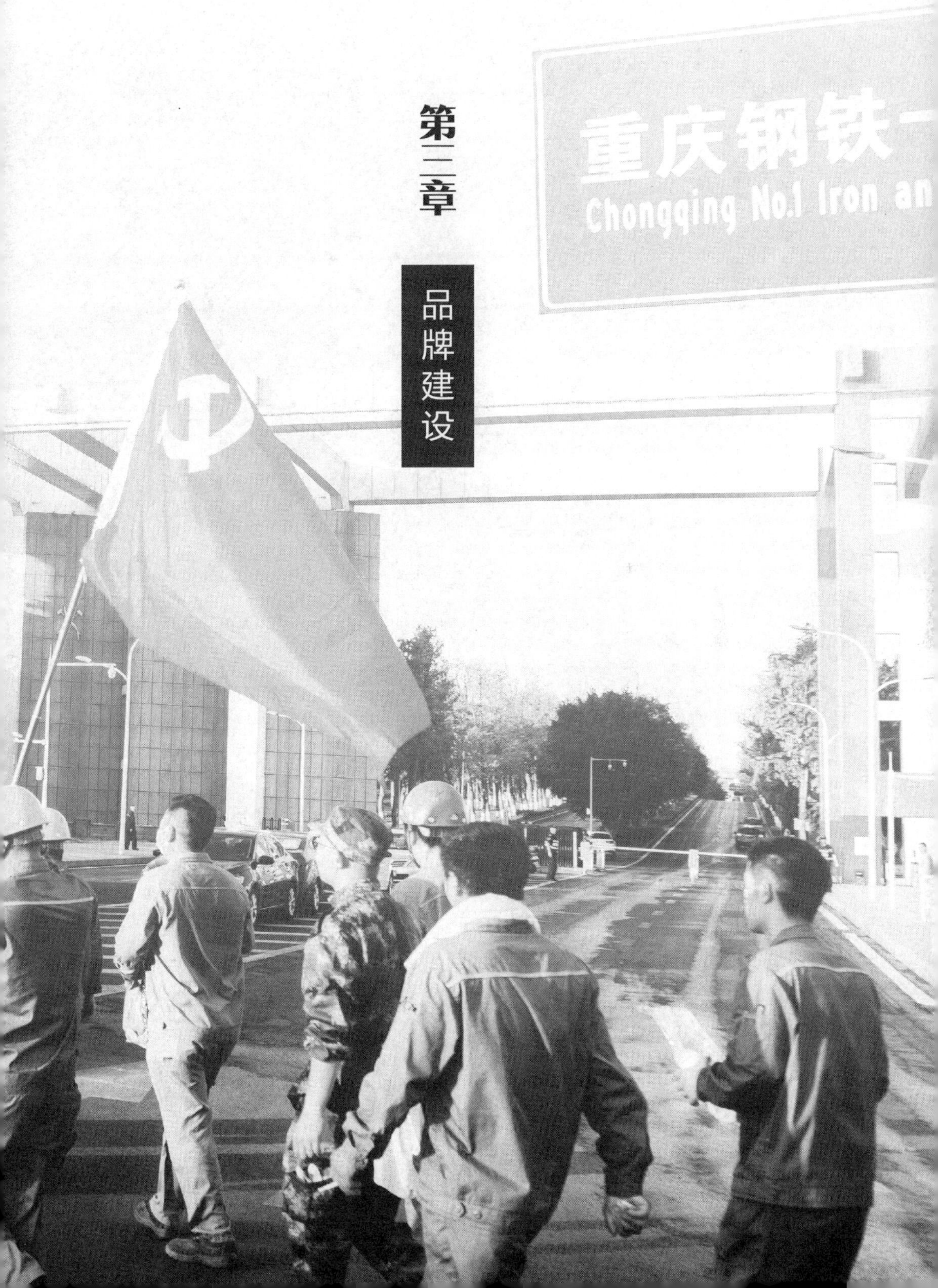

1. 践行初心使命　推动高质量发展

近年来，中冶宝钢聚焦主业，稳健发展，已成为中冶集团冶金建设“国家队”中不可或缺、不可替代、不可复制的重要成员。

▌持续攻坚克难，高质量抓好改革发展

中冶宝钢牢牢把握国有企业改革发展方向，在发展战略的指引下，抓紧顶层设计，明确奋斗目标，打造“检修协力”核心产业，统筹推进“技改工程、装备制造及新型材料、钢渣综合利用”等相关产业协调发展，以“1+3”产业赋予中冶宝钢高质量发展新的内涵。

中冶宝钢坚持市场导向，精心布局冶金运营服务市场。在做大做强国内市场的同时，积极开拓海外市场，相继把高水平的技术服务和成套装备输出到海外多个国家和地区。实现了产业发展的“四大延伸”、产业模式的“三个转变”，“七大区域市场”逐渐成熟、定型。

中冶宝钢积极推行变革，通过精简机构、流程再造提高管理效率。2019年初，中冶宝钢深度整合资源，强化区域协同，搭建了地域分工明确、专业优势互补、信息资源共享、内部拉动支撑的产业构架，助推“1+3”产业高质量一体化发展。

中冶宝钢不断加强治理体系和治理能力建设，注重防范化解各种风险，加强技术研发，创建国家高新技术企业；践行“省一分钱比赚一分钱容易”的理念，把精细化管理贯穿各项工作始终。

全面从严治党，高质量推进党的建设

中冶宝钢党委把党对国有企业的全面领导落实到生产经营管理全过程，融入公司各治理环节，落实管党治党责任，提升党建科学化水平。

各级党组织扎实开展“不忘初心、牢记使命”主题教育，促进党建工作与中心工作深度融合。坚持党管干部、党管人才原则，实施技能人才培养计划，建强“三支队伍”，为企业发展提供有力支撑。

注重凝心聚力，高质量发展企业文化

中冶宝钢坚持文化引领，以庆祝中华人民共和国成立70周年为契机，开展企业开放日活动，讲好国企故事，塑造公司形象，形成了一批优质的无形资产，提升了中冶宝钢品牌的社会认知度、知名度和美誉度。

高举红旗，领跑在前。中冶宝钢党委深入贯彻落实习近平新时代中国特色社会主义思想，坚定发展信心、保持战略定力、凝聚发展动力，一步一个脚印地推动生产经营、党的建设、企业文化等朝着更高质量、更有效率、更加科学、更可持续的方向发展，团结带领全体员工朝着打造“国内第一、国际一流”冶金运营服务商的宏伟愿景奋勇向前。

（付佳伟）

2. 树牢安全发展理念　维护员工生命安全

习近平总书记对安全生产做出的重要指示强调，各级党委和政府务必把安全生产摆到重要位置，树牢安全发展理念，坚持人民至上、生命至上，绝不能只重发展不顾安全，更不能将其视作无关痛痒的事，搞形式主义、官僚主义。

员工是推动企业发展的根本力量和决定性因素，企业的内生动力、创造活力以及核心竞争力归根结底来源于员工，企业的安全生产关系员工的生命健康，更是须臾不可放松、丝毫不可懈怠。中冶宝钢始终秉持安全发展理念，全心全意依靠员工办企业，始终把员工的生命安全和身体健康摆在首位，正确处理安全与发展的关系，强化底线思维，增强忧患意识，时刻防范安全生产和职业健康领域重大风险。

在企业统筹推进常态化疫情防控和生产经营的关键阶段，中冶宝钢以安全生产月为契机，将安全生产专项整治三年行动和安全大检查作为抓手，健全安全管理体系，全面提升企业治理能力，以实际行动深入学习贯彻落实习近平总书记关于安全生产的重要论述。广泛宣传安全生产法律法规、标准规范和安全生产技能，普及安全知识，增强安全意识，提高员工自我保护能力。探索实施日常安全教育培训的有效方式，深入开展安全知识视频竞赛、线上安全知识答题、安全知识讲座，牢固安全理念。提高员工安全知识水平，开展各项安全检查，督查贯彻落实、基础管理、隐患治理、分包协作单位、员工教育、整改效果，监管作业过程安全。提高员工作业环境安全系数，健全突发事件应急响应机制，强化预案管理，织密防护网、筑牢隔离墙，认真开展防汛防台、防暑降温、中毒救援、火灾消防等演练活动。授员工以渔，提高员工应急处置知识和应急救援能力。

安全高于一切，责任重于泰山。各单位切实落实中冶宝钢安全专题会议精神，做到认识到位、理解到位、行动到位，把安全工作贯穿生产经营全过程。各级党组织充分发挥战斗堡垒作用，凝聚起党员和群众的力量，聚焦重点领域、重点环节、重点对象和高危项目，攻坚克难。改进工作方法，注重正确引导，狠抓工作落实，扎实开展管理者“结对子”工作，全力改善安全工作绩效，切实做到“降违章、遏事故”。

只有内外兼修、双管齐下，安全发展理念方可树牢夯实，维护员工生命安全和身体健康措施方可落地见效，从而实现企业的长治久安和高质量发展，让员工共享企业发展的丰硕成果。

（王芸芸）

3. 时刻发挥关键作用

新冠肺炎疫情发生以来，中冶宝钢把全体员工的生命安全和身体健康放在第一位，把疫情防控工作作为当时最重要的工作来抓，全体动员、全面部署、快速反应，为战“疫”提供了根本政治保证。目前，中冶宝钢主要服务国内外大型钢铁企业，2020年春节期间1.5万多名员工坚持奋斗在各大钢铁企业的生产一线，为生产提供了全方位冶金运营保证。

2020年1月22日，中冶宝钢建立日报制度；1月23日，中冶宝钢发布《关于切实做好新型冠状病毒感染的肺炎疫情防控工作的紧急通知》；1月27日，中冶宝钢召开疫情防控工作紧急视频会议；1月29日，中冶宝钢发布《关于进一步做好新型冠状病毒肺炎疫情防控工作的通知》；1月30日，中冶宝钢召开党委扩大专题会；1月31日，中冶宝钢召开视频会议对疫情防控工作做出部署；2月1日，中冶宝钢领导带队对下属各单位贯彻执行情况进行检查；2月3日，上海市卫健委首席监督员莅临中冶宝钢指导疫情防控工作；2月4日，中冶宝钢发布《关于进一步做好疫情防控工作的通知》；2月6日，中冶宝钢召开复工准备及疫情防控视频会议；2月11日，中冶宝钢领导深入月浦员工单宿，检查各单位隔离观察点建设情况；2月18日，宝山区委、区政府多位领导到中冶宝钢开展疫情防控和复工复产交流座谈会；每日雷打不动的疫情防控视频早会……这一连串动作既是一种宣示，更是一种担当。

疫情防控、保障生产经营关键时期，“弹好钢琴”的确不容易。中冶宝钢增强“四个意识”、坚定“四个自信”、做到“两个维护”，坚持党的领导。各级领导干部既有责任担当之勇又有科学防控之智，既有统筹兼顾之谋又有组织实施之能，坚决贯彻一手抓抗击疫情、一手抓生产经营，两手都要抓、两手都要硬，坚决夺取疫情防控和高发展双胜利，关键时刻发挥关键作用，践行初心使命。

未来，让我们只争朝夕，用汗水浇灌希望，用勤劳实现梦想。

（刘　棣）

4. 保持“在状态” 抓好防疫生产“两不误”

自新冠肺炎疫情暴发以来，中冶宝钢党委认真贯彻落实党中央决策，部署中国五矿和中冶集团工作精神，把职工群众的生命健康放在首位，狠抓防疫、生产“两不误”。公司多次召开专题会议，对疫情防控和生产经营工作全面动员、系统部署，迅速形成了联防联控的良好局面，有力保障了国家钢铁设备良好、生产有序，进一步坚定了我们打赢疫情防控阻击战、生产经营攻坚战的信心。

2020年2月26日，习近平总书记在中共中央政治局常务委员会会议上强调，越是在这个时候，越要加强正确引导，推动各方面切实把思想和行动统一到党中央决策部署上来，加强疫情防控这根弦不能松，经济社会发展各项工作要抓紧。

疫情期间，中冶宝钢防疫措施有效落实，2万多名员工平安在岗，各生产线、各项目复工复产，各生产单元满负荷运转，主要指标和作业量持续攀升，重要经营活动有序开展……一手抓疫情防控、一手抓生产经营，在最吃劲的关键阶段，公司各级领导班子和全体干部员工尤其保持头脑清醒“在状态”，既不因严峻的防疫形势而惊慌失措、焦虑不安，也不满足现有工作成效心存侥幸、麻痹大意，更不顾此失彼、厌战松懈、贻误战机、荒废工作，对坚持发展第一要务，履行企业主责，抓好公司主业，不心存“等一等、放一放”的松劲心态。

大疫面前，公司各级党组织和广大党员干部，特别是领导干部提高政治站位，始终保持昂扬斗志，以骨子里的信念、忠诚和激情澎湃的热血干事创业，以精神“在状态”、工作“在状态”、作风“在状态”、责任“在状态”，沉下心来，扑下身子抓落实，于非常之时，行非常之责，尽非常之力，站好自己的岗，守好自己的门，管好自己的人，做好自己的事。

未来，各单位要确保生产经营安全，领导干部要以身作则，靠前指挥，发挥“头雁效应”，大力弘扬“一天也不耽误，一天也不懈怠”的精神，团结带领全体员工只争朝夕、不负韶华，为实现中冶宝钢高质量发展，建设“国内第一、国际一流”冶金运营服务商努力奋斗。

（刘　棣）

5. 与时间赛跑　向管理要效益

抢时间补损失等不得、慢不得。迈进激情绽放新时代的春天，中冶宝钢迎来发展的重要历史性窗口期。公司全体干部职工重整行装再出发，以奋斗和作为激荡高质量发展的澎湃春潮，奋力谱写中冶宝钢高质量发展新篇章。

习近平总书记多次强调要实现中央企业提质增效。经过多年的高质量发展，中冶宝钢保持了稳中向上、持续攀升的良好发展态势，新签合同额节节攀升、收入增长不断加快、利润总额屡创新高、“两金”压降成绩显著、资产结构持续优化。从重视数量转向提升质量，从规模扩张转向结构升级，既有退有进，更有所为有所不为。当前，中冶宝钢正处于全面建成“国内第一、国际一流”冶金运营服务“国家队”的关键期、攻坚期。于外，面临“前有标兵、后有追兵”的竞争环境；于内，尚未摆脱“成长的烦恼”。因此，我们必须清醒认知、找准问题、精准发力，与时间赛跑，向管理要效益。

既要埋头拉车，更要抬头看路。面对突破50亿元大关营业收入、主要服务国内外26家大型钢铁企业、21万余名员工的发展规模，数字背后是坚持什么样的发展理念问题，也是关乎中冶宝钢长远发展的大问题。从大局上、系统上、根本上、源头上审视存在的问题，重新拨正前进的方向，或调整已走不准的时钟，让方向正确、成本下降、效益提升，让方式方法高效起来。以高质量发展理念为指挥棒，千方百计进、千方百计立、千方百计升，把战略重点转到拼质量、拼效益、拼结构上。从大处着眼，避免各自埋头拉车、原地打转，更要从小处着手，把力气花在刀刃上，让各自的力量活起来、动起来且强起来。

新时代，新任务。提高发展质量和效益并非易事，下定决心坚持不懈，必能啃下这块硬骨头。

（刘　棣）

6. 企业发展千万条　安全生产第一条

新冠肺炎疫情发生以来，中冶宝钢认真贯彻落实党和政府、集团关于疫情防控和安全管理工作要求，并严格按照中国五矿《关于做好疫情期间复工复产安全生产工作的通知》，众志成城抗疫情，齐心协力抓安全。积极推进安全检查、复工教育培训、案例学习、疫情物资协调分配等工作，在做好疫情防控工作的同时，加强各项安全管理工作。

习近平总书记强调："人命关天，发展决不能以牺牲人的生命为代价。这必须作为一条不可逾越的红线。"安全生产关乎员工生命安全，事关企业高质量发展大局，只有时刻绷紧安全这根弦，不断强化责任落实、筑牢制度堤坝、织密防护网络，才能防患于未然，守护好生命财产安全。企业就像一台精密的仪器，任何一颗没有拧紧的螺丝钉，都可能引发系统性问题，可谓"牵一发而动全身"。唯有以铁的决心、铁的手段、铁的纪律，抓好安全生产工作，才能为企业高质量发展保驾护航。

安全生产必须警钟长鸣、常抓不懈，容不得丝毫放松。不断推动全体员工的安全理念转变，要激发全体员工的参与热情，形成共建共享、人人参与的安全文化。从责任感、职业道德、法律法规和亲情等方面进行教育，增强工作责任心，正确认识自身的价值。员工要认识到安全不仅是企业的需要，更是自己的需要。通过思想和意识教育，树立良好的工作态度，做到自觉遵守各项安全规章制度；通过宣传教育，调动员工参与安全管理的积极性，改变员工的安全理念，从"要我安全"到"我要安全"；通过教育培训，让每一位员工的脑子都绷紧安全这根弦，居安思危，警钟长鸣。只有人人都把自己当成安全的关口，才能把安全的网络编织得更密一些，把安全生产的基石筑得更牢一些。

在严峻的安全生产形势和激烈的市场竞争环境下，中冶宝钢将始终牢固树立安全发展理念，将责任扛在肩上，为安全生产架设“防火墙”，确保公司长期、稳定、健康、高质量地发展。

（亢倩肖）

7. 高质量发展理念是实现稳中求进的法宝

相比2019年，2020年我国经济下行压力更大，市场环境更加复杂。“稳”是2020年中心工作的基本原则。稳中求进、进中提质，中冶宝钢在狠抓疫情防控的同时，按下高质量发展的“快进键”，工作精准施策，不落空锤。化危为机考验管理者的魄力、担当、勇气和智慧，考验企业的管理能力和责任意识。

在形势严峻复杂的情况下，公司认真学习贯彻习近平新时代中国特色社会主义思想和党的十九大精神，增强“四个意识”、坚定“四个自信”、做到“两个维护”，坚持两手抓，实现双胜利，紧盯重点任务和关键指标，真抓实干，决不能有“缓一缓、等一等”的观望思想或“一起上、一窝蜂”的功利心态，要强基础、利长远，抓实、抓细、抓落地，为公司高质量发展添砖加瓦。

着力推动公司高质量发展，着力增强发展动力活力。这几年，公司跨越式发展的历程证明，“1+3”产业发展的定位具有科学性、前瞻性、准确性，既是一条正确的道路，也是一条“合身”的道路。中冶宝钢要做好强党建、谋发展、促改革、闯市场、铸队伍、防风险等各项工作，就必须坚定不移贯彻高质量发展理念，把提高经营质量发展理念作为中心工作的灵魂与根本要求，准确把握高质量发展理念的整体性、全局性，要集中注意力抓好发展质量、产业升级、市场营销、科技创新、项目管理、管理提升、人才建设、党建工作8项工作。越是爬坡过坎的时候，越需要高质量发展理念的指导；越是滚石上山的关口，越离不开高质量发展理念的引领。

莫道春风归来晚，浮云过后艳阳天。让我们上下同心、迎难而上，中冶宝钢必定行稳致远，驶向更加开阔的未来，迎来更加美好的发展前景。

（刘　棣）

8. 一以贯之推动全面从严治党向纵深发展

全面从严治党是党的十八大以来党中央做出的重大战略部署。习近平总书记在十九届中央纪委四次全会上的重要讲话中强调，坚决查处各种风险背后的腐败问题，加大国有企业反腐力度，加强国家资源、国有资产管理。中冶集团2020年党风廉政建设和反腐败工作会议提出，要抓好四项专项工作，下大力解决靠企吃企问题。中冶宝钢2020年党风廉政建设和反腐败工作会议上就一以贯之全面从严治党，加快推进公司改革发展各项工作任务做出工作部署。各级党组织和广大党员干部必须增强责任意识，用实际行动推动全面从严治党向纵深发展。

推动全面从严治党向纵深发展，要坚持高标准、严要求，准确把握全面从严治党的丰富内涵和基本要求，切实使“全面从严”体现到企业治理的目标导向、内容构成、实践操作、绩效评价等全过程、各方面，要以习近平总书记重要讲话精神为根本遵循，以政治建设为统领，坚持思想教育从严、组织体系从严、作风纪律从严、制度执行从严，切实把党中央决策部署和上级工作要求落到实处。

推动全面从严治党向纵深发展，要坚持补短板、强弱项。党的十九大以来，中冶宝钢各级党组织严格贯彻落实新时代党的建设总要求，真抓实干稳中求进，切实担负起全面从严治党的重要使命，统筹推进企业改革发展和党的建设，实现“双促进、双提升”，但基层单位发展不平衡、工作力度不均衡的问题依然存在，需要持续改进提高。各级党组织要以刀刃向内，勇于自我革命的自觉，对准工作中存在的突出问题对症下药、精准发力，以钉钉子精神抓好问题整改，持续提升企业治理能力和治理水平。

推动全面从严治党向纵深发展，要坚持讲方法、重实效，围绕中心服务大局，继续推进党建工作与生产经营深度融合。在总结实践经验、深化企业改革中，推动全面从严治党向纵深发展；在找准结合点和切入点、发挥党组织战斗堡垒作用和党员先锋模范作用中，推动全面从严治党向纵深发展；在加强制度建设、完善企业治理体系中，推动全面从严治党向纵深发展；在压实党建责任，一体推进“不敢腐、不能腐、不想腐”中，推动全面从严治党向纵深发展。不断开创中冶宝钢改革发展和党的建设新局面。

全面从严治党不可能一蹴而就，必须实打实地抓、脚踏实地地干，循序渐进，持之以恒。各级党组织要以时不我待、只争朝夕的精神投入工作，打基础、解难题、创新路，以全面从严治党新成效保障中冶宝钢高质量发展。

（付佳伟）

9. 提高政治站位　压实安全责任

新冠肺炎疫情期间，中冶宝钢在慎终如始加强疫情防控的同时，生产经营工作有序推开。在特殊时期，公司安委会暨环保工作会议总结2022年初安全生产工作，安排部署该年度重点工作，既敲响了安全生产警钟，又为2022年安全生产工作指明了方向、明确了重点。在科学谋划新一轮高质量发展规划的关键时期，突如其来的新冠肺炎疫情给实现全年生产经营高质量发展目标任务带来困难和挑战，越是在抗击疫情的关键时刻，安全生产工作越不能放松。公司时刻绷紧安全生产这根弦，同时发扬战“疫”精神，将经验做法固化为长效机制，坚决维护企业安全稳定大局。

习近平总书记反复强调“必须建立健全安全生产责任体系”，明确要求“各级党委和政府要坚决落实安全生产责任制，切实做到党政同责、一岗双责、失职追责”，对广大党政干部提出了更高标准和更严要求。因此，公司坚持树立“抓安全就是抓发展、抓安全就是抓稳定”的理念，提高政治站位，深学笃用习近平总书记的重要论述，把做好安全生产作为检验增强“四个意识”、坚定“四个自信”、做到“两个维护”的重要标尺，牢固树立安全发展理念，坚持守土有责、守土负责、守土尽责，确保防控有力、生产有序、安全可控。

思想是行动的先导。接连发生的安全事故看似具有突发性、意外性、复杂性的特点，实则萌生于日常做不到“万无一失”，关键时刻就难免“一失万无”。要想念好安全生产“紧箍咒”，必须时时处处体现“严”字、要对员工“不想违章、不敢违章、不能违章”形成强大震慑，就要做到哪里有风险、矛盾和困难，就到哪里去，就把劲使在哪里，以钉钉子精神一件一件地解决好。

“环环相扣，脉脉相通。”安全生产一头连着员工的生命健康，另一头连着企业的发展稳定，成为推动高质量发展的重要保障，只有起点，没有终点。

（刘　棣）

10. 保持生产经营持续向好的发展势头

新冠肺炎疫情期间，中冶宝钢高质量发展的步伐没有因为疫情放缓，而是速度与效益互促互进，步伐稳、势头好。

有力的“开场”不仅是按照2020年初公司年度工作会议安排，稳中求进、继往开来，奋力开创高质量发展新局面的结果，也是贯彻落实习近平总书记强调的“在加强疫情防控的同时，努力保持生产生活平稳有序”重要指示精神和落实上级关于有序做好恢复生产保障供应工作决策部署的结果，充分体现了中冶宝钢以实际行动践行“两个维护”，诠释对党的忠诚。

习近平总书记强调，“改革推进到今天，比认识更重要的是决心，比方法更关键的是担当”。中冶宝钢的党员干部在聚焦主业上下功夫，大力推进业务、资产组织和管理结构的整合融合，形成核心主业向非钢领域延伸的重大突破，在发展面前敢于创新、迎难而上、冲锋在前，实现率先争先、干成干好的新作为。

“举一纲而万目张。”中冶宝钢虽然不在疫情防控第一线，但是在保障国家钢铁设备上做贡献，在生产井然、工作正常中体现使命担当，将信任转化为责任、将压力转化为动力，为党分忧、为国尽责。

“走出去、走进去、走上去”，将“把方向、管大局、保落实”落到实处，确保各项工作扎实推进。

“上下同欲者胜。”2020年第一季度，中冶宝钢2.1万名员工保持清醒的头脑和奋发向上的工作激情，全身心投入、全天候奋战在国内外26家大型钢厂的生产第一线，有力保障了国内外众多大型钢厂的设备稳定和生产顺行。这就是全力以赴，以开局就要决战、起步就要冲刺的状态，以舍我其谁的干劲、滚石上山的韧劲、攻城拔寨的拼劲，干在实处、干在要处，拉满弓、绷紧弦、铆足劲、拼“季季红”，向着“国内第一、国际一流”冶金运营服务“国家队”目标奋勇迈进，让“干起来”“忙起来”成为春天最美好的旋律。

成绩来之不易，固然欣喜，但中冶宝钢必须清醒地认识到公司高质量发展任务依然艰巨。要做到“两手抓、两手硬、两不误”，推动形成心往一处想、智往一处谋、劲往一处使的生动局面，铆足干劲向前冲、撸起袖子加油干。凭着中冶宝钢“永争第一”的精气神，确保全年各项工作“满堂红”。

（刘　棣）

11. 主动拥抱变革　提升智慧运营服务水平

“以鸡蛋从内部打破的新思维，实现改革的破茧而出。”中冶宝钢2020年工作会议指出，要抢抓宝武智慧制造机遇，培育与之相适应的冶金运营服务新优势，提升钢铁智慧服务应具备的“安全、优质、高效”品质，持续提高自身的核心竞争力。

众所周知，受新冠肺炎疫情的影响，很多钢铁冶金企业为了避免过多的人员聚集，采取了停产、减产、延迟复工的措施。而作为中国钢铁行业的领军企业——宝钢股份受疫情的影响相对较小，这主要得益于宝钢股份发挥深耕多年的智慧制造优势，在疫情暴发的特殊时期，通过智慧制造的手段，有效实现了疫情防控和生产顺行的平衡。这必将加快宝武集团内其他钢铁制造企业以及国内其他优秀钢铁企业推进智慧制造的决心和步伐。公司作为冶金运营服务企业，必须打造独有的核心竞争力，实现智慧服务的升级，才能为企业的发展创造更多的机遇。

加强人才培养是提升智慧运营服务水平的关键。无论是宝武集团智慧制造提出的“四个一律”中的“运维一律远程”，还是持续推进的设备管理体系改革“管用养修”一体化、行车无人化运维等，都对公司的智慧运营服务人才提出了前所未有的要求。要满足新时期智慧运营服务的需求，必须加快培养智慧运营服务领域人才队伍，掌握智慧制造前沿技术和装备，尤其在无人化和智能化设备运维人才培养等方面重点发力，着力培养适应未来发展需求的应用型、复合型、创新型人才。

加强科技创新是提升智慧运营服务水平的重点。随着中国宝武智慧制造的加速推进，“One Mill”理念逐渐清晰，“四个一律”目标路径更加明确。中冶宝钢要紧跟中国宝武智慧制造发展步伐，重点针对无人化行车、重载车辆无人驾驶技术、无人化智慧料场、环保型钢渣处理工艺等进行研发，打造具有中冶宝钢特色的智慧运营服务项目，提高企业技术实力。通过智慧制造技术创新，促进管理创新、模式创新，凝聚竞争优势，提高企业核心竞争能力。

继续奋斗，未来可期。中冶宝钢将牢牢把握智慧制造发展的重大历史机遇，挣脱传统束缚，主动拥抱变革，引领冶金智慧运营服务发展新潮流，为实现“国内第一、国际一流”冶金运营服务商的目标砥砺前行！

（桂早样）

12. 淬炼领导干部处理突发事件的能力

突如其来的新冠肺炎疫情无疑是为中冶宝钢组织的一场“应急演练”。中冶宝钢党委带领全体干部职工保持“在状态”，抓好防疫生产

“两不误”，取得了阶段性的胜利。现在公司工作重心从疫情防控重新回归到正常生产经营的轨道上，无论是办公区还是生产现场，都恢复了昔日的紧张忙碌。在这场大考中，中冶宝钢党委向上级党委及2万余名员工交出了一份满意的答卷，而这背后凭借的是领导干部不断淬炼的处理突发事件的能力。

处理突发事件的能力是坚定的政治力。坚定对党的政治忠诚，是习近平总书记对党员领导干部最首要、最核心、最基本的要求；牢固增强“四个意识”、坚定“四个自信”、做到“两个维护”，是新时代每一位党员领导干部应该具备的最重要的政治品德。领导干部与公司党委保持高度一致，坚决拥护公司党委的各项决策，是领导干部处理突发事件的坚实基础和重要保障。

处理突发事件的能力是科学的决策力。目标的实现始于科学决策，是成事的起点、落实的源头。新冠肺炎疫情发生后，中冶宝钢党委立即召开紧急会议冷静分析、沉着应对、科学决策，根据公司实际情况，系统全面地部署了疫情防控和复工复产工作，为疫情的有效控制和生产的顺行提供了有力的指导与正确的方向。

处理突发事件的能力是强大的组织力。党的力量来自组织，领导干部不但要有强大的“单兵作战”能力，更要有强大的“组织力”。中冶宝钢服务国内外26家大型钢铁企业，分布在30余个地市，各级领导干部多年在资源配置、生产组织、信息传递中练就了强大的组织能力，在此次防疫物资的采购、调配、供应，以及应对大量员工因疫情无法复工的劳动组织中，发挥了至为关键的作用。

处理突发事件的能力是高效的执行力。执行力说到底是抓落实的能力，是让各项工作彻底“落实”而不是“落空”的第一生产力。新冠肺炎疫情发生以来，公司上下一盘棋，各级领导干部主动投身到疫情防控中，调动全体员工快速响应，真正把公司党委定下来的事情抓好抓实，是这次疫情有效防控的坚实保障。

回顾过去的十几年，中冶宝钢在困难中坚强成长，经历了全球经济危机的严峻挑战，承受了劳动法律法规调整带来的巨大影响；完成了百年一遇的台风后被严重损毁设备恢复的艰巨任务；化解了甲方产业结构调整期间数千名职工分流安置的突出矛盾。场场都是必须打赢的硬仗、大仗，桩桩都是等不起、慢不得的紧任务、硬任务，各级领导干部处理突发事件的能力不断得到淬炼和升华。

习近平总书记对新时代党员干部提出的要求是“领导干部不仅要有担当的宽肩膀，还得有成事的真本领”。未来的路还很长，公司全体领导干部要一如既往地不断积累和沉淀，练就宽肩膀、淬炼真本领。这一路上不时会有风浪，相信我们定能披荆斩棘、所向披靡！

（郭文明）

13. 拒绝违章　做生命安全的守护者

新冠肺炎疫情过后，企业复工复产步伐加快，而安全工作面临多种因素叠加的困难和压力，面对严峻的安全形势，中冶宝钢注重“降违章、遏事故”，集公司全体员工合力，采取有力措施扭转安全被动局面。

中冶宝钢党委强调生命至上，人的生命只有一次，要本着对员工家属负责的态度管安全，宁可听查违章时候的骂声，也不要听事故后的哭声。在保障安全生产的前提下推进企业高质量发展。安全这根弦必须牢牢绷紧，人人都要拒绝违章，做生命安全的守护者。

安全无小事，人命大于天。习近平总书记多次强调“以人为本，安全发展”。党的十九大以来，我国新时代社会主要矛盾已转化为人民日益增长的美好生活需要和不平衡不充分的发展之间的矛盾。这就更加需要我们以人的幸福、安全、健康为根本，担当安全责任，守护生命安全。

守护好员工的生命安全，不仅是一份工作，更是一份责任、一份重于泰山的责任，这份责任不仅承载着每个员工的生命，深深影响着每个员工家庭的幸福，也关系着公司的业务拓展。然而，总有一些人心存侥幸，对违章行为习以为常，图方便、图省事、安全意识淡薄，无视自己和他人的安全，违章作业、违章指挥、冒险蛮干，导致一场场悲剧发生。

著名的“海因里希法则”告诉我们，每一件重大事故背后必有29件轻度事故，还有300个潜在隐患。一次违章不一定发生事故，若是习惯性违章，发生安全事故就是必然了。可能因为一次瞬间的违章作业，事故就乘虚而入，悲剧的发生让人悔之已晚，特别是当面对身边同事血的教训，感受到白发人送黑发人的凄惨场面，听到亡者至亲撕心裂肺的哭声时，你还敢冒着生命危险，冒着家庭破碎的风险违章作业吗？要知道你的生命不仅仅属于自己，更属于父母、爱人、子女，这是生命的责任、安全的责任。

“安全第一，防治结合，落实责任，共筑安康”是中冶宝钢的安全管理方针，也是保障员工身心健康的法宝。规范与安全共存，违章与事故相连，通过一次次事故的教训，只有时刻保持清醒头脑拒绝违章，做生命安全的守护者，我们才能享受美好生活，公司才能发展壮大，真正实现美好愿景。

（亢倩肖）

14. 兵马未动　粮草先行　以兵法思想坚守战“疫”后防线

兵法云：“兵马未动，粮草先行。”

新冠肺炎疫情发生以来，中冶宝钢党委高度重视，认真落实党和政府、集团关于疫情防控工作要求，把疫情防控作为头等大事来抓。公司领导靠前指挥、亲自部署，迅速做出决策，从公司战略思维和全局观念出发、统一指挥、统一协调、统一调度。

“打疫情防控阻击战，实际上也是打后勤保障战。”习近平总书记指挥调度强大的现代化后勤，为坚决打赢疫情防控阻击战提供了有力保障。

在战“疫”后勤保障防线上，中冶宝钢党委“一盘棋”统筹协作、联防联控，公司把防控力量向基层下沉，守住出租房屋、办公、食堂、住宿、生活等一线区域后勤保障防线。

习近平总书记强调：“把社区这道防线守住，就能有效切断疫情扩散蔓延的渠道。基层党组织和党员一定要以此为工作目标，把落实工作做实做细。”

月浦单宿作为公司在上海最大的后勤保障基地，居住和工作着近3000人，属于一个小型社区。遵守习近平总书记要求，中冶宝钢党委以疫情防控工作成效检验和拓展“不忘初心、牢记使命”主题教育成果，积极发挥基层党组织战斗堡垒作用和党员先锋模范作用，把单宿物业、门卫和员工所在基层单位发动起来，共同构筑起疫情防控的单宿社区防线。人员进出凭证、佩戴口罩、加大门岗执勤力度，单宿内设置返沪隔离区等一系列联防联控措施，使单宿人员进出管控、信息登记和信息跟踪传递工作有条不紊地开展。

有形的屏障虽将人们隔开，但换来了更多无形的关怀。

习近平总书记指出：“越是发生疫情，越要注意做好保障和改善民生工作。”

“民以食为天”，中冶宝钢党委切实关心员工食品卫生安全，做好食品安全保障工作。第一时间编制了《员工食堂冠状性病毒管控措施》供各单位参照执行。随后，制定多项管理措施规范疫情期间人员就餐行为，进入食堂戴口罩、测体温、排队间隔1.5米，将“吃出高考范”的堂食改为盒饭就餐……多措并举，避免人员聚集，少许的不便换来大家的安心。

办公区域的后勤管理上，公司严格执行佩戴口罩、办公场所消毒、体温检测、外部人员来访登记、规范就餐等要求。在上班第一天即按照《空调通风系统使用要求》安排专业人员对中央空调进行清洗消毒270余处，随后每日对门厅、楼道、卫生间等公共区域2次擦拭消毒，对电梯每日不少于4次消毒，消毒工作做到不留死角、不留盲区。公共区域消毒了，大家心里就更踏实了。

唯其艰难，才更显勇毅；唯其笃行，才弥足珍贵。

疫情期间，中冶宝钢秉持初心，坚守战“疫”后勤防线，为公司全年任务圆满完成守住后防。

（高　伦）

15. 全面推进公司高质量发展要守住安全生产底线

习近平总书记强调，树牢安全发展理念，加强安全生产监管，切实维护人民群众生命财产安全。从召开安全生产专题会到主要领导带队调研检查，从强化基础管理到加大技术、装备投入，从补齐自身短板到加强协作单位管理，中冶宝钢聚焦现场管理难点，打出“降违章、遏事故”组合拳，打好安全生产“主动仗”，用实际行动维护员工生命安全和身体健康，坚决把全国安全生产电视电话会议和五矿集团安全生产专题会议精神落到实处。

当新冠肺炎疫情防控进入常态化时，正值公司各项生产任务高峰期。因此，更要抓好安全生产，分区分类加强管理，强化主体责任落实。2020年5月17日，中冶宝钢召开专题会，对安全工作做出“再部署、再检查、再落实”，具有极强的针对性、警示性、指导性。

祸患积于忽微，安全失于大意。安全事故看似突发、意外，实则多缘于疏忽、麻痹。教训深刻，必须引以为戒。特别是，在企业生产经营遭受疫情影响之后，为减小影响、降低损失，基层单位容易出现“重生产、轻安全”的急迫心态。疏忽大意从来都是安全生产的大忌，要警钟长鸣。

思想上“绷紧弦”，工作中“拉满弓”。行动上，要坚持问题导向，聚焦重点领域，深入排查各区域、各环节危险源和安全隐患，把解决问题、推动主体责任落实作为安全生产大检查和整治的关键，压实责任，狠抓整改落实，确保见实效；制度上，要加强基础管理，把安全生产融入日常性、基础性工作；作风上，要把安全生产工作作为“一把手”工程，领导干部亲自抓、亲自管；评价上，要以降低违章数和事故数、改善安全绩效作为衡量安全管理工作的标尺，在安全生产管理一线考验和锻炼干部，通过严格的检查考核，倒逼管理提升和责任落实。

安全高于一切，责任重于泰山。当前，公司正处于改革发展稳定的关键时期，安全生产责任重大。各级党组织和领导班子要以扎实有效的措施助推安全生产治理体系及治理能力持续提升，为公司实现高质量发展营造稳定的安全生产环境。

（王芸芸）

16. 思想破冰　行动突围　确保管理者“结对子”落地见效

习近平总书记反复强调崇尚实干、狠抓落实，指出要有真抓的实劲、敢抓的狠劲、善抓的巧劲、常抓的韧劲，抓铁有痕、踏石留印抓落实。为切实强化管理者对基层安全工作的指导和支撑，实现“降违章、遏事故”工作目标，中冶宝钢将管理者“结对子”工作列为重要的管理举措，夯实现场基础安全管理。

只有思想上率先破冰，才能行动上顺利突围，推动管理者“结对子”工作落地生根也是如此。提升班组能力、快速传达要求、融入一线班组，首先思想上必须认识到位，要求上必须理解到位，才能在行动上立足本职实际冲锋在前做到位，融入日常、抓住经常。唯有如此，才能以锲而不舍、驰而不息的韧劲，稳扎稳打、善作善成的恒心，不断推动管理者“结对子”取得实效。

管理者“结对子”落地见效的关键在于“一周一讲、两周一查、一月一会、一季一评”十六字的“紧、细、实”落实上。思想上，绷紧弦，强化责任落实；行动上，按照“层级管理、落实责任、连带考核”推进，明确谁来结、与谁结、怎么结；细节上，做到有计划、有内容，在融入和深入上下功夫；制度上，从“过程评价、违章连带、事故问责”三个方面对管理者“结对子”进行考核。让安全教育、意识强化真正入脑入心，做到“人人都是安全员”。

不拒细壤、不拒细流，才能驭之前行。具体要做到“四个结合”：一是将安全生产工作与党建联系点相结合，分区分类管理强化主体责任落实；二是将管理者“结对子”活动与“党旗飘扬、党徽闪光”行动相结合，凝聚强大合力，实现党建与中心工作同频共振；三是将中冶宝钢品牌与管理者“结对子”相结合，有力彰显“国内第一、国际一流”冶金运营服务商担当，用踏实作为擦亮中冶宝钢品牌；四是将贯彻落实上级精神和学习使用《中冶宝钢》报相结合，面向班组、通向一线，及时、充分展示公司先进典型，引导广大员工牢固树立安全意识，营造“人人都是安全员”的浓厚氛围。

安全生产责任重大，要以“黄沙百战穿金甲，不破楼兰终不还”的魄力推进管理者“结对子”工作落地见效，为公司实现高质量、高技术发展营造稳定的安全生产环境。

（王芸芸）

17. 管理者“结对子”的生命在于从严从细抓落实

崇尚实干、狠抓落实，是习近平总书记反复强调的。如果不沉下心来抓落实，再好的目标、再好的蓝图，也只是镜中花、水中月。中冶宝钢《管理者结对子工作实施细则》详细回答了谁来结、与谁结和怎么结等问题。

首先，各单位主要领导要亲自抓，要自觉从全局高度谋划推进管理者“结对子”工作，做到亲力亲为、抓实工作、善始善终、善作善成。其次，要扑下身子、狠抓落实。主要负责领导是抓落实的关键，要把管理者“结对子”工作当作重要工作来抓。亲自抓、带头干，勇于挑重担、啃“硬骨头”，亲自部署、亲自把关、亲自督查。最后，任务到人、考核到位，将管理者“结对子”工作纳入现场管理人员岗位职责并固化，制定管理者结对子班组、责任人清单，定期对管理者“结对子”过程推进情况进行综合分析和评价，在精准结对上出实招、在落地生根上见实效。

各级管理人员要始终把“真落实”作为推进管理者“结对子”工作的重点，根据“一周一讲、两周一查、一月一会、一季一评”四项基本标准，一项一项抓落实，以多种形式督促检查，指导和帮助各级管理人员落实责任；将四项基本标准和“金牛作业区”创建、“信得过班组”评比、员工思想动态等班组管理落实结合起来，将分类指导、典型引导和全面提高结合起来；做班组管理的有心人，可以上门家访、致员工家属的一封信形式促进员工思想稳定、队伍稳定；以点带线、由线到面，以管理者“结对子”为抓手贯穿始终，找准班组切实存在的各类问题，通过示范指导和指正纠偏全面提升班组管理能力和水平。

抓落实的过程，是一个积小胜为大胜、积跬步至千里的过程。一线是一切工作的落脚点，对于管理者“结对子”工作有没有落实，落实得好不好，一线员工最有实际感受。管理者“结对子”结得好，员工就肯交心、肯用心、肯拥护；结得不好，员工就会有反对。因此，各级管理人员既要坚持深入基层、融入基层，掌握第一手资料，善于总结经验，也要善于发现问题和化解矛盾，以利于深化各项管理措施的落实。

“为者常成，行者常至。”只要中冶宝钢两万多人和衷共济，心往一处想、劲往一处使，就能结出感情、结出友谊，实现“降违章、遏事故”工作目标。

（王芸芸）

18. 以严实作风推进管理者“结对子”常态化 制度化

管理者“结对子”工作在各单位有序展开后，管理者与一线员工的联系更紧密、更直接，遇到的矛盾和问题更具体、更复杂，整改落实、努力提升的任务也更艰巨和更繁重。在这样的形势面前，各级领导干部更要提高认识，以严实的作风推进管理者“结对子”常态化、制度化。

行之以渐、持之以恒，积小胜为大胜。各单位应当清醒地认识到安全管理工作的长期性和复杂性，摒弃焦躁、敷衍心理，按照“基本标准”一步一个脚印，驰而不息狠抓落实。管理者要准确把握在“结对子”工作中扮演的角色和担负的使命，加强对基层班组的服务指导，一步一个台阶，锲而不舍地协助班组提升管理水平。

从易到难、由表及里，积跬步至千里。管理者“结对子”活动要“降违章、遏事故”，起到抓一带多的作用。但在狠抓安全的同时，也不能忽视

“a”自选项，日常管理、队伍建设、技能提升需秉持源于安全但不限于安全的原则。随着管理者“结对子”的深入、融入，为班组量身打造提升之梯，全面增强员工的安全意识、综合能力，提升班组的活力、竞争力、执行力。

“尽小者大，慎微者著”，评估评价促固化。管理者“结对子”工作需要立足实际，定期按照基础管理、过程管控、违章控制三个维度对各单位管理者“结对子”情况进行综合分析和评价，对存在的不足予以改正，对好的做法予以固化，稳扎稳打、坚定不移地推进管理者“结对子”向纵深发展。

只要我们以“咬定青山不放松”的韧劲，切切实实抓落实、稳扎稳打抓坚持，就能实实在在赢得一线员工的认可，夯实现场的管理基础，取得管理者“结对子”工作实效。

（王芸芸）

19. 坚持不懈推动党建工作迈上新台阶

2020年6月29日，中冶宝钢党委召开的纪念建党99周年暨“创先争优”表彰大会明确提出，做好下一阶段党建工作总体要求、目标任务和重要部署，为一体推进公司改革发展和党的建设指明了方向。

2020年是国家全面建成小康社会和“十三五”规划的收官之年，也是中冶宝钢开启新一轮发展“承上启下”的关键之年。面对新冠肺炎疫情影响，公司党建工作任务更加艰巨、时间更加紧迫。各级党组织和广大党员干部都要认真学习贯彻会议精神，进一步增强责任感、使命感，以钉钉子精神推动公司党建工作迈上新台阶。

以党的政治建设为统领，践行“两个维护”要坚定自觉。各级党组织要始终把“两个维护”作为首要任务，把思想教育、检视剖析、整改落实结合起来，教育引导党员干部锤炼忠诚、干净、担当的政治品格，提高防范化解各类风险的能力，切实把“两个维护”落实到坚决贯彻党中央各项决策部署和推动公司改革发展的实际行动中，体现在工作成效上。

坚持高标准严要求，全面提升党建工作质量。国有企业是中国特色社会主义的重要物质基础和政治基础，担负着“六个力量”的历史使命。

推进党的建设必须标准更高、要求更严。加强理论武装要向深度、广度拓展，发挥好党委领导作用、党员干部示范带头作用、基层党支部战斗堡垒作用和党员先锋模范作用，实打实地开展“党旗飘扬、党徽闪光”行动，抓好“四个一批”创建，引导各级党组织和全体党员职工在疫情防控、生产经营、安全管控等重点工作中，将“不忘初心、牢记使命”落在实处，走在前列，创先争优。

强化责任担当，推动党建工作各项任务落地见效。加强和改进党的建设必须扭住责任制这个“牛鼻子”，落实全面从严治党主体责任、狠抓问题整改、强化制度执行、开展监督检查，从基本制度、日常规范、闭环管理抓起，确保各项要求落到实处，建设过硬的党务干部队伍，增加履职培训强度，加大述职评议力度，使党务工作成为既成就事业，又培养人才的舞台。

重任在肩，不懈则成。各级党组织和广大党员要把思想和行动统一到会议精神上来，落实到公司全年各项工作任务中去，开足马力谋发展，伏下身子攻难题，全面提高党的建设质量，推动党建工作融入生产经营，发挥更强的领导作用。

（刘　棣）

20. 弘扬中冶宝钢品牌人物精神　汇聚高质量发展力量

2020年6月29日，一场“礼赞·中冶宝钢品牌人物线上直播诵读会”成了全体员工的热点话题，吸引了四面八方的观众在线观看，观看量达7000人次以上。除了在线“热”播外，还在于中冶宝钢品牌经营得“好”，是打造中国中冶品牌体系中不可或缺、不可替代和不可复制的一块金字招牌，壮大中冶宝钢品牌方阵成为汇聚人气、扩大市场的关键所在。

自“不忘初心、牢记使命”主题教育开展以来，中冶宝钢党委牢牢把握习近平总书记明确提出的主题教育“守初心、担使命，找差距、抓落实”这条主线，深学细研厘清思路，知行合一推动企业高质量发展。自2020年起，中冶宝钢利用3年时间逐步建立健全与公司战略相匹配、相呼应的品牌制度建设，推动主题教育取得实实在在的成效，创造经得起时间检验的成绩。

一代人有一代人的使命。新时代中冶宝钢品牌人物给了我们怎样的启迪？盘点这些品牌人物，他们身上有一个共同点，就是永葆忠诚之心。只有永葆忠诚之心，才能永立敬业之志；只有常怀团结之情，才能不断进取。“人间万事出艰辛。越是美好的未来，越需要我们付出艰苦的努力。”“忠诚、敬业、团结、进取”品牌人物精神始终是不变的秘籍，是中冶宝钢宝贵的精神财富。品牌人物为我们树立了标杆和准尺，我们要在思想上、行动上“比学赶超”，努力成为新时代中冶宝钢品牌人物。

学习品牌人物的忠诚精神。“功成不必在我，功成必定有我。”全国劳动模范彭军像一颗螺丝钉，被安排在哪个工作岗位就钉在哪里，一件事情接着一件事情办、一年接着一年干。新冠肺炎疫情暴发后，他冲锋在前、战斗在前、奉献在前，主动请缨奋战在员工隔离宿舍第一线，不顾寒风、无惧风雪，“舍小家为大家”，一丝不苟，慎终如初不松劲，让品牌人物精神在疫情防控这个特殊的战场上得到深刻诠释。

学习品牌人物的敬业精神。“以身作则，躬体力行。”两次出征南极、中国五矿优秀共产党员陆忠，在自然条件极其严酷的环境下与低温天气、大风雪和高强度紫外线做斗争，与时间赛跑，每日工作长达12小时以上，他们这种“特别能吃苦，特别能战斗”的敬业精神受到中国南极科考队领导的高度赞扬，为企业赢得了荣耀与光辉。

学习品牌人物的团结精神。“能用众力，则无敌于天下矣。”首批长三角地区劳动模范创新工作室带头人、全国劳动模范李伟伟凝聚技术骨干5年间应用70余条合理化建议，创效700多万元，引领工作室钻研马迹山洪智能港口管理集成平台，秉承技能报国的夙愿，在奋进中华民族伟大复兴中国梦的征程上不断升华，不负奋进新时代。

学习品牌人物的进取精神。“踏平坎坷成大道，斗罢艰险又出发。”

能否踏实在乎心，心诚则实、心浮则飘，实则进、飘则退。彭军、陆忠、李伟伟三位品牌人物没有因获得赞美与荣誉而“松口气，歇歇脚”，或“刀枪入库，马放南山”，他们不舍一时之功、不为一时之誉、不计一事之成，无论身处何地、何种岗位，都敬终如始，绵绵用力，争取再创佳绩、再立新功。

打造“国内第一、国际一流”冶金运营服务商的中冶宝钢要以品牌人物精神立身，培育更多、更优秀的中冶宝钢品牌，为企业高质量发展添能蓄势，推动高质量发展的新引擎高速运转。

（刘　棣）

21. 以严格考评督促党建工作责任落实

全面从严治党重在责任担当。习近平总书记指出，“管党治党根子在党委，关键靠担当”“最根本的是各级领导干部要把管党治党的责任扛起来”。实践证明，推进全面从严治党，必须牢牢扭住党建工作责任制这个“牛鼻子”。

两级公司党委要认真落实“中央企业党建巩固深化年”要求，立足抓党建促发展，着眼全面提升党建工作质量，健全党建工作责任制考核评价体系，组织实施好年度党建考评工作。落实基层党委、党总支向公司党委报告年度党建工作，党组织主要负责人向公司党委做党建工作述职，督导各级党组织切实抓好本单位党建工作。

坚持服务生产经营不偏离。把党中央决策部署与本单位具体工作结合起来，坚持问题导向和目标导向相统一，领导干部要增强适应新时代发展要求的本领能力，围绕推进公司改革发展和党的建设这一课题，找准党建工作与业务工作深度融合切入点，既抓顶层设计，又抓具体落实；既做好过程控制，又关注工作结果。引导各级党组织发挥攻坚克难战斗堡垒作用，党员干部立足岗位，充分发挥先锋模范作用。

健全党建工作责任制考评机制。切实抓好《党委（党组）落实全面从严治党主体责任规定》的学习贯彻，推动全面从严治党部署到位、督促到位、考核到位。各级党组织要履行好从严治党主体责任，党组书记要履行好抓党建的第一责任，坚持党建与业务工作同部署、同检查、同考核，以对公司事业高度负责的精神担当尽责。把本单位党建、党风廉政建设、意识形态工作三大责任制作为履职尽责的核心内容，进一步健全党建工作责任的督查、考核、问责机制，层层压实各级党组织和党组织负责人的责任。落实好《党委（党组）书记抓基层党建工作述职评议考核办法（试行）》有关要求，开展党委（党组）书记抓基层党建工作述职评议考核工作，健全“述评考用”有效贯通的工作机制。

强化考核结果应用。考而不用等于零。用好党建工作考核评价结果，关键是要与薪酬绩效、评先推优、干部选任等相结合，建立健全奖惩结合的激励约束机制，有效调动基层党组织抓党建工作的积极性和主动性，从而增强公司上下“抓好党建是最大的政绩”的共识，强化各级党组织创先争优的意识，提升基层组织的创造力、凝聚力和战斗力，为公司改革发展提供坚强的保障。

（方　刚）

22. 持之以恒深化正风肃纪　巩固拓展作风建设成效

党员领导干部作风建设关系我党能否守住立党初心、实现执政使命。在十九届中央纪委四次全会上，习近平总书记再次强调深化作风建设，“要坚决贯彻中央八项规定精神，保持定力、寸步不让，防止老问题复燃、新问题萌发、小问题坐大”。公司党委将“持之以恒深化正风肃纪，巩固拓展作风建设成效”纳入2020年党风廉政建设和反腐败工作任务，强调从严落实八项规定精神，持之以恒纠正“四风”。两级公司党委、纪委要自觉提高政治站位，进一步加强作风建设，筑牢“防线”，划清“红线”，严守“底线”，督促广大党员领导干部以优良作风推动公司“1+3”产业做强做优。

抓实宣传教育，筑牢思想防线

要进一步巩固拓展党的群众路线教育实践活动、“三严三实”专题教育、“两学一做”学习教育和“不忘初心、牢记使命”主题教育成果，利用党委中心组学习、基层党支部“三会一课”等方式，通过持续抓好党风廉政建设宣传月活动、参观廉政教育基地、举办专题辅导讲座等形式，健全党员领导干部常态化教育机制，牢固树立党员干部的纪律意识和规矩意识，并将其转化为思想自觉和行动自觉。要积极拓展创新教育模式，注重发挥网络媒体的教育作用，在公司内网、微信公众号、工作群发布廉洁提醒微信、违纪违法典型案例等内容，以通俗易懂的文字影像和广大党员喜闻乐见的形式，多形式、多角度地开展纪律教育，广泛深入宣传党纪党规及相关法律法规知识，做到警钟长鸣，防微杜渐。同时，大力弘扬新风正气，引导党员、干部修身律己、廉洁齐家。

加强制度建设，划清用权红线

持续深入改进作风，既不能依靠个人，也不能依靠运动或活动，根本出路在于制度。各级党组织要充分发挥制度建设在作风建设中的基础性作用，对办文办会、履职待遇、业务支出、公务用车、办公用房等做出详细规定，推动构建系统完备、科学规范、运行有效的制度体系，形成靠制度管权、管事、管人的长效机制。相关业务部门要强化对制度执行情况的监督，特别是加强对党员领导干部遵守制度情况的监督检查，强化刚性约束，严防“破窗效应”，督促各级党组织和相关部门持续抓好中央八项规定精神配套制度的制定和执行情况“回头看”，推动作风建设工作制度落实、落细、落到位。各级纪检组织要针对监督检查、执纪审查中发现的共性问题，提出纪律检查建议，督促整改落实，补齐管理短板。

精准监督执纪，严守法纪底线

要紧盯重要节点，对重大节日期间公款吃喝、公车私用等不正之风，采取随机抽查、明察暗访、突击检查等方式，对重点部位、重点场所、重点区域开展监督检查。要坚守重要节点，紧盯薄弱环节，严查享乐、奢靡问题，防范和查处公款吃喝、办公用房超标、收受电子红包、违规乘坐交通工具、私车公养等隐形变异问题，加大通报曝光力度。紧盯重点领域，针对疫情防控、安全生产等与职工群众切身利益息息相关的领域中存在的不作为、乱作为、慢作为、假作为等突出问题，组织开展专项监督，坚决纠正空泛表态、应景造势、敷衍塞责、出工不出力等突出表现。同时，坚持“零容忍”的态度，严格执纪问责，对违反中央八项规定精神和“四风”问题，精准运用监督执纪“四种形态”，快查快处、严查严处，并对整改情况跟踪问效。

作风建设永远在路上，绝不能有“松口气，歇歇脚”的想法，必须寸步不让地巩固拓展作风建设成效，锲而不舍、驰而不息，把作风建设不断引向深入，营造干事创业的良好环境，为推动公司高质量发展提供坚强的作风保障。

（黄　旦）

23. 党建工作与国有企业法人治理结构的有机融合

习近平总书记在全国国有企业党的建设工作会议上指出，要构建中国特色现代国有企业制度，把党的领导融入公司治理各环节，把企业党组织内嵌到公司治理结构中，明确和落实党组织在公司法人治理结构中的法定地位，为国有企业发展指明了方向。

明确和落实党组织在国有企业法人治理结构中的法定地位，要坚持从制度、机制、程序三个环节入手。在制度层面，将党建写入公司章程。明确党组织在国有企业法人治理结构中的法定地位，为坚持党的领导、发挥党组织在国有企业法人治理结构中的重要作用提供制度保障。在机制层面，全面推行党委书记、董事长“一肩挑”，董事长、总经理原则上分设，党员总经理兼任党委副书记。党委班子成员与董事会、监事会、经理层实现双向进入、交叉任职，建立完善的领导体系，把党的领导融入企业法人治理结构中。在程序层面，党组织研究讨论重大决策事项为前置程序。规范决策程序，企业凡是“三重一大”事项做决策前，都必须先由党委会进行前置研究讨论，充分体现党组织的意图，彰显党组织的核心地位。

国有企业党组织发挥领导核心和政治核心作用，归结到一点，就是把方向、管大局、保落实。因此，要明确党组织在决策、执行、监督各环节的权责和工作方式，使党组织发挥作用组织化、制度化、具体化。要从完善工作细则、厘清权责边界、做好有机衔接入手，推动党的领导与国有企业治理运行有机融合，形成各司其职、各负其责、协调运转、有效制衡的公司治理机制，从内部合力上推动党组织领导核心作用的发挥。将党的领导融入国有企业法人治理运行体系，做到党建工作与国有企业改革发展的融合衔接，构建起以党组织为核心的现代国有企业法人治理运行体系。

坚持党的领导、加强党的建设，是我国国有企业的光荣传统，是国有企业的“根”和“魂”，也是我国国有企业的独特优势。国有企业只有坚持党的领导，才能融入大局、找准定位、顺应大势，把握正确的发展方向，真正把国有企业做强做优做大。

（桑　睿）

24. 做好年轻干部培养工作需要精准

新时代干部教育培训工作必须有新气象、新作为。当前，随着公司转型发展，“80后”干部已经崭露头角，“85后”乃至“90后”年轻干部的培养选拔不容忽视。必须进一步加强年轻干部理想信念培养、党性修养锻炼、本领素质提升、意志品质砥砺，着力培养一大批优秀年轻干部。年轻干部队伍整体比例不是越大越好，或是越小越好的简单关系，而是要整体符合企业转型发展需求，因此要统筹需求侧与供给侧关系，解决好选多少人的问题，精准做好年轻干部的培养工作。

做好年轻干部的培养工作，要明确目标计划。通盘考虑、精准测算，综合研究确定年轻干部培养选拔计划和工作目标，明确年轻干部发现培养工作的路线图、任务书、时间表，既要考虑当前班子建设中年轻干部的缺口，排出一批近期可进班子的人选，更要着眼长远，放眼未来10年、15年，乃至更长时间，加强长远规划和培养，发现和储备年轻干部。

做好年轻干部的培养工作要坚持源头储备。坚持拓宽视野、广开渠道，通过选拔、交流以及人才引进等多种方式，不断充实年轻干部储备库。不以一次选拔定终身，对实践检验不符合条件的后备干部人选及时进行调整，对表现突出、符合条件的后备干部人选及时纳入其中，确保后备干部队伍始终保持一定规模、相当水平。

做好年轻干部的培养工作，要打开选人视野。坚持集中调研和日常了解相结合，探索建立持续发现、分批调研、动态管理的长效机制，及时发现和掌握优秀年轻干部人选。把相形见绌的调整出去，将优秀的充实进来，保证后备力量素质高、结构优、数量足。要建立管思想、管工作、管作风、管纪律的从严管理体系，坚持抓早、抓小、抓苗头，发现问题及时提醒、函询和诫勉，坚持严管和厚爱结合、激励和约束并重，加强对年轻干部的关心关怀。

（刘铮智雄）

25. 牢固树立安全发展理念　保障员工生命安全和身体健康

习近平总书记强调，生命重于泰山。中冶宝钢牢固树立安全发展理念，始终把员工的生命安全和身体健康摆在首位，以管理者“结对子”活动为抓手、以密切联系员工为生命线，践行“人民至上、生命至上”的真挚情怀。

生命至上，行之所至。管理者“结对子”工作是管理重心下移，找准班组存在短板，解决员工安全意识淡薄、安全要求层层递减、安全执行力不高等问题，夯实安全管理基础的重要举措。自管理者“结对子”活动开展以来，中冶宝钢各单元思想破冰、行动突围，各级管理者冲锋在前、抓在经常、融入日常，不断推动管理者“结对子”落地生根生长，不断加强现场基础管理，并取得一定成效。中冶宝钢召开管理者“结对子”专题交流会，加强管理者“结对子”工作优秀做法的借鉴和交流，提升管理者“结对子”工作的纵向深度、横向广度，解决班组难题、提升队伍能力，遏制安全事故，打造安全生产作业环境。

人民至上，情之所系。中冶宝钢始终把密切联系一线员工作为生命线，结合生产经营工作，积极发挥党联系员工的桥梁和纽带作用，在员工思想上引导、工作上爱护、生活上关爱，切实提升员工的获得感、幸福感、安全感，为企业的高质量发展和员工的成长提供不竭动力。“战高温、送清凉”慰问活动是中冶宝钢的传统活动，是把关怀送到一线员工心坎上、鼓舞一线员工工作热情的暖心行动之一。每当酷暑季节，公司党委领导都会分组深入生产作业现场，为广大一线员工送去清凉和关爱，极大地鼓舞了士气、凝聚了人心。

安全是企业稳定发展的基石，员工是推动企业发展的根本力量和决定性因素，企业的安全生产关系着员工的生命健康安全，两者相辅相成，须臾不可放松、丝毫不可懈怠。中冶宝钢将始终牢固树立安全发展理念，全心全意依靠员工办企业，始终把员工的生命安全和身体健康摆在首位；秉持人民至上理念，不忘初心使命，竭诚服务员工；内外兼修，双管齐下，让员工充分共享企业发展的丰硕成果。

（王芸芸）

26. 让“光盘行动”成为习惯

粮食事关国运民生。习近平总书记对制止餐饮浪费行为做出重要指示，强调要加强立法，强化监管，采取有效措施，建立长效机制，坚决制止餐饮浪费行为，要进一步加强宣传教育，切实培养节约习惯，在全社会营造浪费可耻、节约为荣的氛围。

因此，尽管我国粮食生产连年丰收，但是我们依然“一粥一饭，当思来之不易；半丝半缕，恒念物力维艰”，对粮食安全始终要有危机意识。

“光盘行动”要求党员干部率先垂范当表率。“要求别人做的，自己先做到”，在贯彻执行中央八项规定中，习近平总书记率先垂范、亲力亲为、说到做到。中冶宝钢党员领导干部也要持续带头、持之以恒，从自己做起、从本单位做起，倡导健康文明的生活方式，让吃尽盘中餐的“光盘行动”成为习惯，积极营造厉行节约的良好氛围。

“光盘行动”要求全体员工共同参与。集体是力量的源泉，每个人浪费一点点，聚沙成塔就是巨大的损失；每个人节约一点点，集腋成裘就是巨大的财富。中冶宝钢全员自觉践行“光盘行动”，以浪费为耻、以节约为荣，持续将“光盘理念”内化于心、外化于行，珍惜一粥一饭。

滴水成河，粒米成箩。中冶宝钢人将同心协力，用实际行动参与节约粮食活动，做勤俭节约风尚的传播者、实践者和示范者。

（王芸芸）

27. 树立央企品牌质量典范

品牌是增强市场竞争力的加速器，质量是缔造企业品牌的压舱石。大力提升发展质量和效益，要坚持质量第一、推动质量变革、增强质量优势、建设质量强国、实现高质量发展、树立质量标杆、推动品牌建设，着力提高产品知名度、美誉度，全方位树立质量诚信的良好社会形象，扩大市场占有率。

以质为本，用制度和方针引领方向

质量管理不能纸上谈兵，要依托体系管理，在质量管理体系中明确各层级对产品质量的职责分工，落实产品质量管理责任，并强化质量监督管理，确保实体质量受控，结合实际情况制定“质量责任制管理办法”，防范质量职责不清晰、质量责任不落实、质量管理监督履职不到位导致的质量管控风险。贯彻执行法律法规、制度、合同规定的质量要求及业主相关质量管理规定，落实“质量至上、科学严谨、优质服务、顾客满意”的质量方针。在产品实现过程中，依法办事，强化质量管理，保证产品质量。

量化于行，以专业和匠心践行责任

“不积跬步，无以至千里；不积细流，无以成江海。”任何一个品牌质量的成长，都不是一蹴而就的，而是需要苦心孤诣、滴水穿石，要全员、全方位、全过程进行质量管理。根据“谁作业，谁负责质量”的原则，全体员工必须在各自岗位上对实现质量目标负责，每个下游环节员工都是上游环节的质量监督员，发现质量问题要及时反馈给上游，杜绝不合格产品从自己手中流入下一个生产环节。实行全员质量管理责任制，将质量控制在一定的标准上，对质量管理制定纵横交错的多层次立体式质检制度（班组自检、工序互检、现场巡检、专项质检），并通过第三方认证资格检查做到全方位覆盖。质量管理如同医生看病，治标不能忘固本，从工艺方案设计到原料采购，从第一道工序到竣工验收，制定详细的、可控制的管理标准，切实做到每个环节全过程质量管理。聚沙成塔、集腋成裘，持续建设、维护、更新质量管理模式，保持品牌质量生命力，最终铸就一个强大的品牌。

中冶宝钢将树立央企品牌质量典范，用质量提升竞争力，靠品牌增加影响力，培育中冶宝钢质量品牌，打造“国内第一、国际一流”冶金运营服务商金字招牌，彰显央企担当。

（郝刘超）

28. 共建、共治、共筑、共享发展之基　发展新局面

坚持党的领导，加强党的建设，是我国国有企业的光荣传统，是我国国有企业的“根”和“魂”，是我国国有企业的独特优势。新形势下，党组织共建不但助力双方党组织优势互补、共建共享，更可激发企业活力，是党建工作进一步融入中心、进入管理、推动企业发展的重要实践课题。

强化领导，落实责任

2016年以来，中冶宝钢与宝钢股份双方以共建为纽带，聚焦安全管

理，从顶层设计做起，加强各层面的横向协同，同策划、同推进、同改进、同提升，进一步发挥双方党委的政治核心作用、党支部战斗堡垒作用和党员先锋模范作用，促进双方党的建设和安全管理绩效持续向好。

围绕主题，突出重点

2016年以来，中冶宝钢与宝钢股份双方聚焦现场安全生产难题，所属26家单位和职能部门的146个党组织共计3000多名党员全面对接，发布战书、互签协议。在共同履行安全职责的同时将共建工作延伸到体系建设、基础管理、队伍建设等各领域，提高企业治理水平，改善运营绩效，增进双方友谊。

围绕项目，共筑防线

2016年以来，中冶宝钢与宝钢股份双方从“安全本质化、管理规范化、环境整洁化、行为标准化”四个维度深化标准化作业内涵，依靠现场网格化、管理者“结对子”等手段，固化共建工作亮点，将“联合巡检”“联合培训”“联合诊断”等好的做法固化和推广，将安全管理的经验持续推进和落实，促进双方党的建设和安全生产共同提高，实现联建各方优势互补、共同提升，共促和谐的良好局面。

“不忘初心，携手共进克时艰。”中冶宝钢始终筑牢“讲安全就是讲政治，抓安全就是抓发展，保安全就是保稳定，创安全就是创效益”的思想基础，坚持服务生产经营不偏离，形成安全生产齐抓共管的工作合力，推进党组织共建向纵深发展，最终实现共享安全生产成果，共享美好生活。

（王芸芸）

29. 立足岗位、实干担当　诠释爱国情怀

“你是中国人吗？你爱中国吗？你愿意中国好吗？”这是习近平总书记曾经提到的“爱国三问”。他强调：“这既是历史之问，也是时代之

问、未来之问。我们就要把这个事情做好。”

2020年伊始，突如其来的新冠肺炎疫情给人民群众的生命安全和身体健康带来了严重威胁，对经济社会发展产生了前所未有的冲击。2019年农历腊月二十九，中冶宝钢发出做好疫情防控工作的紧急“动员令”，吹响阻击疫情的“集结号”，统筹做好疫情防控和安全生产工作，做到“两手抓、两手硬”。1.5万人坚守工作岗位，为国内外27家钢铁企业保驾护航。深度挖掘内部资源，全力以赴确保人员“不断档”、施工“不断粮”、组织“不掉线”，展示国有企业的爱国情怀。在各行各业默默付出的每个人，都在用坚守岗位给出自己对于“爱国三问”的回答。爱国主义是民族精神最坚实的内核，立足岗位、实干担当是爱国情怀最生动的注脚。

勤勉工作，是对工作的最基本要求，更是精神核心。心有所信，方能行远。无论是一线员工，还是各级管理者，唯有不懈坚持、扎根现场，始终保持进取之心、常怀敬畏之心，才能获得成功。成于实干，胸怀大局。疫情是考验个人大局信念是否坚定、日常基础工作是否扎实的试金石。如今，国内居民生活稳定，疫情控制成效显著，离不开背后每一位劳动者的无私奉献。此次考验再次无可争辩地证明了中国共产党是我们的“家长”，是我们无可替代的“主心骨”。心中有了坚定可靠的“主心骨”，就有了工作中的无比热情，有了为国家、为企业真正用心工作的坚定信念。作为一名普通员工，在抗疫时期，在平凡的岗位上，用心体现实干家的责任与担当，用螺丝钉精神扎实为企业高质量发展贡献力量，珍惜岗位、干事成事，全身心投入、不断进取，坚持“天天好好干”。

爱国情怀从来不是一句空洞的口号，而是实实在在的立足岗位实干担当。只有坚定爱国主义理想信念，将小我融入大我，与时代同步伐、与祖国同命运、与人民同奋斗，才能更好地诠释爱国情怀。

（张治华）

30. 争做新时代敢干事、善干事、干成事的实干家

中国五矿总经理、党组副书记、董事国文清在其文章《国有企业领导

干部要做新时代的实干家》中，从三个方面阐述了国有企业领导干部应该具备的素质，指明了集团企业领导干部管理工作的方向，强调要争做新时代敢干事、善干事、干成事的实干家。

领导干部要忠诚、干净、有担当。忠诚始终是第一位的。国有企业领导干部对党忠诚，要增强“四个意识”、坚定“四个自信”、做到“两个维护”，严守党的政治纪律和政治规矩，始终在政治立场、政治方向、政治原则、政治道路上同党中央保持高度一致。国有企业领导干部要经常对照党章、党规、党纪，检视自己的理想信念和思想言行，永葆政治本色。在选人用人方面必须把好政治关，强调德才兼备、以德为先，最重要的是政治品德要过硬。2020年，突如其来的新冠肺炎疫情，给中冶宝钢带来前所未有的挑战，公司广大党员干部在疫情面前经受住了考验，领导干部主动放弃春节休假，管理人员提前返岗，一手抓疫情、一手抓生产，保障了员工生命安全和身体健康，确保了各项生产经营任务顺畅有序进行。

领导干部要坚持知行合一、真抓实干，做实干家。“空谈误国，实干兴邦。”企业也是一样，要学懂弄通，将落脚点做实。领导干部面对困难要敢于挺身而出，面对失误要敢于承担责任，面对歪风邪气要敢于坚决斗争。领导干部成长无捷径可走，只有经风雨、见世面，才能壮筋骨、长才干。领导干部要做攻坚克难的实干家，在摸爬滚打中增长才干，在层层历练中积累经验。2020年7月28日，中冶宝钢党委书记、董事长高武久在主持公司人力资源专题会上强调，机关干部选拔要注重基层工作经验，所有干部的选拔都要注重外地工作经历，将领导干部任用中的“实干”进一步具体化。

不忘初心，方得始终。领导干部要把党的初心、党的使命铭刻于心；要真心对员工负责，热心为员工服务，诚心接受员工监督；要放下架子、伏下身子，接地气，真正发现员工面临的问题，把员工的意见反映上来，不断增强广大员工的获得感、幸福感、安全感。将员工利益放第一位，切实为员工解决实实在在的问题。公司也要不断改进干部作风，杜绝形式主义、官僚主义，把员工满不满意作为衡量领导干部工作的重要参考。

中冶宝钢作为中冶集团内部唯一以生产运营服务为主业的单位，始终坚持“聚焦主业、做强一业，相关多元、科学补充”的发展定位，锤炼实干作风，建立一支信念坚定、公道正派、求真务实，有激情创业的追求力、风清气正的正气力、追求卓越的执行力的干部队伍，以领导干部的“一马当先”带领全体员工“万马奔腾”，开创企业转型升级、高质量发展的新局面。

（陈　龙）

31. 全力打造“用心服务、进无止境”品牌理念

习近平总书记强调，要“推动中国制造向中国创造转变，中国速度向中国质量转变，中国产品向中国品牌转变”。自2017年起，我国将每年的5月10日设立为“中国品牌日”，目的是让人们进一步认识到品牌建设是引领经济高质量发展，促进全要素生产率提高的重要驱动力量。

品牌是企业综合实力的体现，品牌竞争也是更高层次的竞争，越是优秀的企业，越重视企业的品牌形象。品牌是企业宝贵的无形资产，树立了好的品牌就为企业赢得了市场。以冶金运营服务为核心主业的中冶宝钢，不断提升冶金运营全产业链一体化运营服务能力，全力打造“用心服务、进无止境”的品牌理念，为宝武集团等国内外27家大型钢铁企业提供全流程、全天候、全产业链、全生命周期的冶金运营服务，建设有力度、有深度、有温度的“美好中冶宝钢”，成为中国中冶品牌体系中不可或缺、不可替代和不可复制的一块金字招牌，展现了“国内第一、国际一流”冶金运营服务商的文化魅力与品牌自信。

“金字招牌”不是靠几句口号喊出来的，也不是凭空设计出来的。舞台搭得再好，戏还得自己唱。中冶宝钢每一名员工都将积极作为，有所担当，“始终坚持实字当头，干字为先。今天好好干、明天好好干、天天好好干，时刻做到思想向上、精神向上、行动向上，做新时代敢干事、善干事、干成事的实干家”。既要做细、做精、做强，不断提升品牌的内在价值，又要把创新当作“牛鼻子”来抓，进一步释放创新动力。

如果将一个企业的发展比作如火如荼的世界杯，那么上半场看的是高速度发展，下半场拼的就是高质量发展，而高质量是企业发展的根本要义。要从“有没有”到“好不好”，真抓实干，稳扎稳打，推动速度向质量转变、业务向品牌转变，用实干擦亮品牌。只有这样，品牌才会让企业如虎添翼，在高质量发展之路上行稳致远。

（高光奕）

32. 安全大检查要真查、真改、真落实

中冶宝钢安全大检查启动会指出，要大力弘扬“人民至上、生命至上”的理念，扎实开展安全大检查工作，做到全覆盖、无死角、零盲区，消除安全隐患，确保生产安全。全面开展安全大检查是公司应对严峻安全形势的重要工作举措，一定要真查、真改、真落实，筑牢安全防线，防范事故发生。

安全检查要真查

事故源于隐患，隐患不除则事故不止。任何小的隐患，都可能对员工造成伤害；任何小的疏忽，都可能导致事故发生。安全大检查就是要对现场安全隐患进行地毯式、穿透式检查，不搞形式主义、不走过场，更不能弄虚作假、做虚功。要通过认认真真的检查将现场隐患排查出来、整改消缺，将事故隐患消灭在萌芽状态。

安全隐患要真改

能不能查出隐患体现的是管理者的工作能力，有没有及时整改反映的是管理者的工作态度，查出隐患不整改比查不出隐患的危险性更大。安全大检查的目的就是要查出隐患、消除隐患，因此，对现场查处的隐患能立即整改的要立即整改，不能立即整改的要明确时间节点和责任人限期整改，扎扎实实地把隐患整改到位，确保安全大检查取得实实在在的成效，

真正提升现场本质安全。

▌安全工作要真落实

安全才能生产，生产必须安全。安全工作来不得半点马虎，容不得丝毫懈怠。要健全安全管控体系，做到安全管控纵向到底、横向到边，杜绝管理真空；要认真开展管理者“结对子”工作，帮助基层班组提高安全管理水平；要认真开展安全教育培训，提高员工安全意识和安全技能；要严格落实安全考核评价，切实落实各级管理者安全责任；要通过安全大检查推动各项安全管理制度和要求有效落地，督促各项安全管理工作切实执行，坚决防范各类安全事故发生。

安全是企业稳定发展的基础，没有稳定的安全，就没有稳定的发展。公司各级要通过扎实开展安全大检查工作和排查现场安全工作，排查现场安全隐患，堵塞安全管理漏洞，提高安全管理成效，为公司高质量发展营造安全稳定的环境。

（雷长华）

33. 建设“美好中冶” 争做新时代实干家

“空谈误国，实干兴邦。”习近平总书记明确指出：“全面建成小康社会要靠实干，基本实现现代化要靠实干，实现中华民族伟大复兴要靠实干。”中国五矿总经理、党组副书记、董事国文清在《国有企业领导干部要做新时代的实干家》一文中以“忠诚、担当、实干”三个关键词清晰地指明了建设美好中冶的根本路径，指引中冶集团全体领导干部和各级管理人员，在新时代要拿出“踏石有印，抓铁留痕”的坚定决心，传承红色基因，践行蓝色畅想，实现金色愿望。

甘为孺子牛，以实干作风争取企业高质量发展。全体领导干部和各级管理人员要具备“孺子牛”忠心耿耿的精神。因为，只有通过努力实干，才能换来企业高质量发展。习近平总书记在企业家座谈会上科学分析国内外形势，要求“弘扬企业家精神”，鼓励企业家带领企业战胜当前的困难，走向更辉煌的未来，为国有企业在新时代构建新发展格局、建设现代化经济体系、推动高质量发展指明了方向。

实干勇担当，以善作善成的决心努力奋进新时代。国文清在《国有企业领导干部要做新时代的实干家》一文中强调，国有企业领导干部肩负着实干兴邦、实干兴企的崇高使命和历史重任，并旗帜鲜明地指出领导干部要始终坚持“实”字当头、“干”字为先，做新时代敢干事、善干事、干成事的实干家。中冶宝钢认真贯彻党中央和集团决策部署，迎难而上、勇挑重担，推动各项工作迈上新台阶，彰显中冶宝钢的实干与担当。

“争当实干家”，应该成为各级领导干部的座右铭。领导干部要杜绝形式主义、官僚主义，套牢责任、身体力行，以身作则、敢抓敢管，以“一马当先率万马奔腾”的气势，为实现公司各项工作目标共同奋斗。领导干部要熟悉和掌握辖区内的工作情况，善于发现和解决突出问题，不当“甩手掌柜”、不当“工作调度”、不做“转手买卖”，要做主动作为、主动担当的实干家。要屏蔽好高骛远，矫正眼高手低，以求真务实的作风、躬亲力行的状态、驾驭风险的本领干事创业。要处理好推动发展和解决问题的关系，在攻坚克难中直面问题和矛盾，在推进公司改革发展中担当尽责。

（方　刚）

34. 实干是体现各级干部工作作风的关键

党的伟大工程、伟大事业，为千万党员指明了方向，国有企业更是实现中华民族伟大复兴中国梦的重要支柱和力量。中国五矿、中冶集团作为国有大型央企，担当起了世界第一冶金建设“国家队”的重任，肩负起了矿业兴国、护国报国的使命担当。要将管理者的作用发挥出来，起到党员的先锋模范作用，就是要靠撸起袖子加油干、脚踏实地的工作作风。只有坚决反对形式主义、官僚主义，认真、踏实、拼搏，焕发出意气风发、锐意进取的工作面貌，才能带领身边员工共同开展一场伟大斗争，实现中华民族伟大复兴的中国梦。

实干首先要实，即知实情，勇于面对问题和矛盾，勇于揭露短板和不足，不回避问题、不兜圈子，这样才能找到工作的目标、前进的方向。要敢于拿起“批评与自我批评”的武器，敢于直面工作中的矛盾和问题。走进基层、走进员工，听取工作的不足和缺点，认真分析工作的得与失，拿出“壮士断腕”的决心和勇气。

实干的核心是“干”，只有通过“干”才能使各项工作和要求落地，才能接地气，避免工作和计划成为“空中楼阁”。要发扬“一天也不耽误、一天也不懈怠”的精神，摆脱“等、靠、要”的松散思想，拿出“闯、冒、试”的工作劲头，拼出敢为人先的作风，带领和团结身边员工讲责任、讲正气、讲奉献，形成“一马当先、万马奔腾”的良好工作局面，充分展现中冶宝钢作为国有企业在国家发展大潮中顶梁柱的作用和担当。

初心不改，使命必达。站在新的历史起点，面对行业改革变革的新机遇，各级干部要树立“功成不必在我”的意识境界、“建功必定有我”的责任担当，立足岗位，敢于创新，大胆实践，为中冶宝钢适应变革，实现高质量发展，冲当先锋。

（刘国斌）

35. 以实干精神书写新时代绚丽篇章

中国五矿总经理、党组副书记、董事国文清的署名文章《国有企业领导干部要做新时代的实干家》在中冶宝钢引起热烈反响。为进一步通过学习增强实干精神、修炼实干作风、提升工作成效，中冶宝钢精心组织各级管理人员深入学习，并结合岗位职责交流心得体会。

以学促干增强实干精神

国有企业是中国特色社会主义的重要物质基础和政治基础。作为国有企业的党员领导干部，首先要提高政治站位，增强“四个意识”、坚定“四个自信”、做到“两个维护”；其次要结合板块业态、管理重点和难点，精心组织确定检查重点、落实责任细化工作标准，主动担当靠前指挥，确保员工生命安全和现场生产顺行，为实现“国内第一、国际一流”冶金运营服务“国家队”宏伟目标贡献力量，立足岗位锤炼实干作风。

▌理论指导提升工作成效

以“大讲堂”“小班课”“提升课”等形式讲授专业技能知识，提升设计师、技术人员、一线作业人员的技能；“敲黑板、划重点”，让新入职员工快速实现角色转换，了解公司核心主业，为技术革新、新品研发注入活力。特邀专业讲师为直管领导、销售系统、党务系统开展系统培训，提升各系统人员的履职能力、实干精神以及工作成效。

▌知行合一主动担当作为

无论是打造“国内第一、国际一流”冶金运营服务“国家队”，还是成就人生梦想，都需要不断增强时不我待的紧迫感和危机感，不断提高适应新时代发展要求的能力水平，向着既定目标砥砺前行。把每个工作岗位当作树立责任担当的阵地，立足本职岗位、做好本职工作，把对祖国的热爱、对企业的忠诚、对岗位的负责，体现在每一滴奋斗的汗水里，以实干担当书写时代的绚丽篇章。

（郑　峰）

36. 保持战略定力不动摇　实现冶金运营服务再拔尖、再拔高、再创业

战略定力，是指在错综复杂的形势下，为实现战略意图和战略目标具有的自信、意志和毅力，也是习近平总书记反复强调的，“实现我们确立的奋斗目标，我们既要有‘乱云飞渡仍从容’的战略定力，又要有‘不到

长城非好汉’的进取精神”。一个企业只有保持战略定力不动摇，才能不断披荆斩棘、砥砺奋进。

▌保持战略定力不动摇，就要把握大局，排除干扰，集中精力办好自己的事情

中冶宝钢坚持党的全面领导不动摇，跟党走、不懈怠，朝着打造“国内第一、国际一流”冶金运营服务商的发展愿景，干部带领团队奋进，激情工作，奋发有为。

伴随宝钢湛江钢铁建设，中冶宝钢积极响应“二次创业”的号召，怀揣钢铁报国梦，开启逐梦创业新征程。中冶宝钢发扬立足湛江钢铁核心市场，充分发挥首钢京唐、广州JFE、湛江港、广西盛隆四地支撑作用，开辟广西防城港钢铁市场。党员干部冲锋在前，实现疫情防控和复工复产“两手抓、两不误”。全体员工心往一处想、劲往一处使，乘势而上、攻坚克难，取得逆势攀升的可喜成绩，不断巩固稳健发展的良好局面。

▌保持和增强战略定力，就要结合实际发展需要，理性分析，稳妥有序地推进改革

在面对国家“制造强国”战略和中国宝武全面推进智慧制造、打造高效安全智慧钢厂的时代背景下，中冶宝钢围绕行业形势变化、业主要求变化，持续深化改革创新。

中冶宝钢探索简单、高效、低成本、高质量的商业模式，推进总包计价模式变革，推行“智慧检修”，加快企业转型升级；成功进驻首钢京唐、广西钢铁等大型钢企，市场拓展由中国宝武内向外延伸；承接湛江港集团检修业务，业务由钢铁领域向非钢铁领域拓展；打造国内一流的工业包装材料生产集配基地，服务向产业链上下游升级。

在长期坚持走高技术高质量发展的道路上，只有保持战略定力，增强发展自信，才能在“乱花渐欲迷人眼”时保持沉着冷静，在“千磨万击”和“东西南北风”中“咬定青山不放松”，坚定不移地建设“美好中冶”。

（曹春法）

37. 劳动光荣　实干伟大

社会主义是干出来的，新时代是奋斗出来的。习近平总书记曾高度评价工人阶级与广大劳动群众在中国特色社会主义伟大事业中的重要地位和作用，充分肯定了全国劳动模范和先进工作者的卓越贡献和崇高精神。

新时代是一个讲奋斗、讲担当的时代，是一个呼唤实干、呼唤劳动模范的时代。新时代，我国工人阶级和广大劳动群众在实现中华民族伟大复兴中国梦伟大进程中拼搏奋斗、争创一流、勇攀高峰，为决胜全面建成小康社会、决战脱贫攻坚发挥了主力军作用。全面建设社会主义现代化国家，必须紧紧依靠工人阶级和广大劳动群众，凝聚起众志成城的强大力量。新时代是中冶宝钢人“一天也不耽误、一天也不懈怠”的征程，是冶金运营服务因中冶宝钢而不同的征程，是向“国内第一、国际一流”冶金运营服务商迈进的征程。

在新征程上，中冶宝钢人发扬爱岗敬业、甘于奉献、精益求精的劳动模范精神、劳动精神、工匠精神，建设“三支队伍”过程中涌现出全国劳动模范李伟伟、彭军等一大批先进，在中冶宝钢高质量高技术发展的征程中，树立光荣榜样；发挥示范带头作用，开拓了以湛江钢铁、武汉钢铁、重庆钢铁、山东钢铁、梅山钢铁等为核心的七大区域市场，核心主业覆盖国内外28家钢铁企业，打造出全天候、全产业链、全流程、全生命周期的冶金运营服务能力，积极推动冶金运营服务“提质换挡”，向“医生”“管家”“专家”转型，掀开中冶宝钢核心主业再拔尖、再拔高、再创业的新篇章，担起引领冶金运营服务向更高水平发展的国有企业责任，践行社会主义核心价值观，诠释劳动创造的丰富内涵。

劳动光荣、实干伟大。新时代，我们要坚定不移听党话、矢志不渝跟党走，立足岗位、勇于担当，以时不我待、不负韶华的劲头，不忘初心、牢记使命，勇敢地肩负起“制造强国”的使命。当好主人翁，建功新时代，做一名有理想、守信念、懂技术、会创新、敢担当、讲奉献的实干家，让“劳动最光荣、劳动最崇高、劳动最伟大、劳动最美丽”在中冶宝钢蔚然成风。

（李 婷）

38. 做强主业、多元并举 以创新赋能企业高质量发展

在全面建设社会主义现代化国家新征程上，在新一轮科技革命和产业变革中抓住机遇、创新奋斗，中冶宝钢心无旁骛地打造集设备检修和生产协力、“核心主业+技改工程”、装备制造及新型材料、钢渣综合利用“四位一体”的产业格局，立足服务中国宝武和国内外各大冶金企业，不断提升冶金全产业链一体化运营服务能力，持续深化改革、促进管理创新，成绩来之不易、经验弥足珍贵，需要倍加珍惜。我们要增强“四个意识”、坚定“四个自信”、做到“两个维护”，坚决贯彻落实中冶集团各项决策部署，不断推动高质量发展再上新台阶。

技改工程产业是最有可能做大的产业，我们要认真思考用什么模式做、怎么做，不能总是培育。中冶宝钢先后承接了乌海炭材一体化项目、福建德盛全厂给排水工程及综合管线新系统管线段工程等一系列技改工程项目，要通过干好一个项目开拓一片市场，树立品牌，稳定业务来源，实现新老项目的有效无缝衔接，促进市场健康发展。

装备制造产业是中冶宝钢技术含量较高的产业，更是相比其他兄弟单位具有差异化优势的产业。创新是企业核心竞争力的源泉。近年来，中冶宝钢沿着“研发+品牌”产业发展道路，不断加大投入、加强研发、加快发展，努力占领制高点，进一步扩大产业规模，加大海外推广力度，扩大“中冶重机”“中冶铸模”等品牌的影响力和辐射度，打破常规。全力保出口、稳贸易，始终把发展的基点放在创新上，将制造产业发展推向新高度，赢得市场、赢得未来。

钢渣产品是以钢厂炼钢产生的废弃钢渣作为原料制成的，实现了固废资源的“变废为宝”，为我国的钢渣治理探索出一条切实可行、与时俱进的绿色循环经济之路，是国有企业大力推进科技成果产品化、产业化、市

场化的成功实践。

社会主义是干出来的，新时代是奋斗出来的。不畏险阻、勇毅前行，我们要进一步焕发实干热情、释放创造潜能，以创新赋能中冶宝钢高质量发展。

（黄　毓）

39. 向着新征程阔步前行

当今世界正经历百年未有之大变局，新冠肺炎疫情全球大流行使这个大变局加速变化。经济全球化遭遇逆流，我们将面对更多逆风逆水的外部环境。“十四五”时期，我国开启全面建设社会主义现代化国家新征程、向第二个百年奋斗目标进军。站在新征程上，中冶宝钢要保持战略定力，办好自己的事，迎难而上、化危为机，把握机遇、创造机遇。

“大鹏一日同风起，扶摇直上九万里。”中冶宝钢始终坚持“聚焦主业、做强一业，相关多元、科学补充”的发展定位，心无旁骛地打造“1+3”“四位一体”的产业格局。中冶集团党委副书记、中国中冶党委书记、总裁张孟星指出，钢铁冶金运营服务是中冶宝钢的主战场，服务好骨干钢铁企业就抓住了企业发展壮大的根本。中冶宝钢矢志不渝、毫不动摇，集中精力做自己擅长的事，踏踏实实干好冶金运营服务主业，推进相关多元产业发展，是贯彻高质量发展理念、引领高质量发展的重要实践。

方向明，事业兴。在国家深化改革、钢铁行业深度调整背景下，中冶宝钢始终围绕打造“国内第一、国际一流”冶金运营服务商的发展愿景，深度融入中国宝武生态圈，服务好骨干冶金钢铁企业，不忘初心、牢记使命，不畏风浪、直面挑战，全力以赴、苦干实干，高质量发展路径越来越清晰。挖潜和培育新的智慧运营服务项目，不断扩大客户“朋友圈”和企业品牌影响力，为生产经营稳中提质增添了信心、注入了动力。

伟大航程的开启源于远大的航向。中冶宝钢要准确识变、科学应变、主动求变，找准发展定位，不断提升技术含量，加强人才队伍建设，不断提高全产业链、全流程的一体化、专业化生产运营服务水平，应对挑战，奋勇前进，为全面建设社会主义现代化国家开好局、起好步。

（金　焰）

40. 适度多元　注入新动力

时代飞速发展，产品更新迭代。中冶宝钢坚持产业定位不偏移，通过盘活资产、相关多元、相互支撑、补充主业，确保高质量发展。其中，中冶宝钢旗下“中冶重机”品牌在业内声名鹊起，得到了行业机构、企业的高度评价和认同。

要紧跟中国宝武发展步伐，深化与中国宝武的战略合作，积极融入中国宝武钢铁生态圈，不断提高中国宝武市场占有率。要密切关注中国宝武改革目标和方向，厘清改革思路，跟上改革步伐，积极从管理、技术、工艺、流程、模式等多方面探索提质增效举措，适应中国宝武发展要求。

“中冶重机”品牌紧贴相关多元冶金市场发展，是中冶宝钢最成功的多元发展案例之一。“中冶重机”品牌经过多年的市场沉浮，已经发展成为冶金大物流装备、冶金非标设备、冶金再制造产业、冶金运维一体化“四位一体”战略格局，不断将产品和服务渗透到冶金产业链的各个环节。

“中冶重机”品牌由核心产品逐步向临界衍生业务发展，向系列化、专业化、产业化、国际化迈进，打造“中冶装备”产业园，紧贴冶金产业链及其上下游，加大自主和基础性研发力度，在标准化、系列化、智能化、集成化上丰富技术内涵，将结合冶金大物流装备技术发展和市场，形成技术和装备集成。

（金应华）

41. 把好“方向盘”　保住“基本盘”

中国宝武年钢产量突破1亿吨，问鼎全球之冠，“亿吨宝武”梦圆。

以“成为全球钢铁业引领者”为发展愿景的中国宝武，整合发展的步伐不断提速，“亿吨”仅仅是梦想的开始。冶金钢铁运营服务是中冶宝钢的主战场，作为中国宝武的长期合作伙伴，必须坚守主阵地，顺应新发展。

要把好“方向盘”，就要紧跟中国宝武这艘巨轮。在这个大有可为的历史机遇期，要主动适应市场变化，把握住中国宝武整合及外部市场兼并的有利契机，进一步拓展并做大市场规模，实现新一轮高质量发展。

中国宝武的发展与中冶宝钢的生存发展紧密相连，中国宝武的版图扩展到哪里，哪里就有中冶宝钢的足迹。重庆钢铁是宝武集团的新成员，也是中冶宝钢未来发展的重要战场，两年的奋斗赢得了业主的肯定。重庆分公司的成立充分展示了中冶宝钢在重钢市场做大做强的信心和决心。要充分利用自身设备维保技术、施工区位和品牌资信优势，扩大专业区域一体化和工程技改业务，加速实现点面转化，力争重钢市场全面开花。

要保住“基本盘”，就要积极融入中国宝武。要抓住宝钢股份设备管理深化改革给中冶宝钢带来的机遇与挑战，精耕细作、扩大业务，大力推进专业检修队伍革新，大胆承接智能化项目，将这个“基本盘”把得更扎实、做得更大。

服务好中国宝武就抓住了中冶宝钢发展壮大的根本。中国宝武为提升设备体系能力打造开放共享的设备生态圈，全面实施设备管理变革。中冶宝钢必须密切关注中国宝武“四个一律”改革目标和宝钢股份“三个一体化”改革方向，厘清中国宝武改革思路，紧跟中国宝武改革步伐。“检维一体化”的服务模式已成先行者，正推动中冶宝钢冶金钢铁运营服务由“护士”向“医生”的设备维护诊断方向延伸发展。

在保住“基本盘”的同时，人才队伍建设必须跟上。抓好人才培养，提升运营能力，增加转型发展后劲，将使公司在大步前行的道路上走得更踏实、更坚定。

中冶宝钢扬帆起锚，握紧“方向盘”，踏上新的征程，绘就新蓝图。

（杨宇峰）

42. 独门绝技才是核心竞争力

核心竞争力是一个企业长期获得竞争优势的能力，是企业特有的、能经得起时间考验的，具有延展性并且是竞争对手难以模仿的技术或能力。当前，中冶宝钢面临的钢铁行业发展形势发生了深刻变化，核心业主中国宝武加速联合重组变革。严峻的事实一再证明，要想提升发展的韧性和质量，保持持续领跑的动力，必须打造“人无我有”“人有我优”的核心竞争力。

中冶宝钢以打造“国内第一、国际一流”冶金运营服务商为历史使命，经过三十余载的发展，历经变革和蜕变，积淀了以检修协力、技改工程、装备制造、新型材料钢渣利用为代表的一大批核心技术财富。在亚洲第一矿石中转港马迹山港，中冶宝钢同科研机构、高校建立合作团队共同攻关，采用“无人机+人工智能+北斗”方案成功实现料场无人化精准估料；以环保型渣罐、抱罐车、铁水车为拳头产品的“中冶重机”品牌系列产品，市场覆盖31个国家和地区；以“科学治渣、变废为宝、绿色利用”为发展目标的“中冶环工”，成功进入市政、建筑、海洋、船舶、体育和机械配重等工程应用领域。

中冶宝钢2021年管理研讨会指出，要强化创新驱动，培育独占鳌头的技术竞争优势，培育不可复制、不可替代的核心技术竞争力，提高核心技术竞争力。创新是打造核心竞争力的重要原动力，过去的创新可能更多是指技术创新，而现在更多是强调商业模式创新、管理模式创新、体制机制创新、增值服务创新等多元创新。当前，中冶宝钢的检维一体化、操检一体化、检修一体化能力水平有待提高，产品优势、产业优势还不太明显，很多核心领域不够集成等“卡脖子”问题，急需锻优势、补短板、强弱项，才能不被同质企业取代，领跑在前。而要解决核心领域“卡脖子”问题，就必须坚定地推动信息化、网络化、智能化、智慧化在“1+3”产业中的运用。只有以关键产业核心技术研发攻关专项工作为重点和牵引，瞄准钢铁产业快速发展的战略制高点，切实用好关键技术研发资金，增强人力资源技术要素配置，做实关键技术阶梯人才培养，在智慧机械制造、专业工器具和新产品研发、钢渣综合利用等关键技术方面加快产品转化，在守正创新中培育更多的“独门绝技”，才能进一步提升面向未来钢铁产业的核心竞争能力。

做开拓者难，做领跑者更不易，同质化竞争时刻威胁领跑者的地位。“用心服务、进无止境”一直是中冶宝钢人的特质。只要明确主攻方向、汇聚奋斗合力，中冶宝钢就能在产业优势领域精耕细作，培育更多的“独门绝技”，助推企业实现又好又快发展。

（陈咸默）

43. 坚持人才强企打造高素质队伍　奋力开创高质量发展新局面

蓝图已绘就，目标更明确。站在新征程上，中冶宝钢保持战略定力，稳住发展“基本盘”，坚持“1+3”产业定位不动摇，从“人才+技能+管理”全方位提升，坚持人才强企打造高素质队伍，奋力开创高质量发展新局面。

加强一线专业技能人才队伍建设。在液压配管、电气调试、起重、设备点检等各工种中，培养出一批真正能“走出去”的领军人才；通过领军人才的力量，带教出一批具有实际操作实力的“一专多能”操检维人员。打造一支既能快速维护设备，也能快速诊断故障、创新工艺工法、解决故障问题的实力队伍。同时，进一步优化劳动组织效能，彻底打破检修、点检、运维、清扫界限，形成真正意义上的互相支撑，逐步向操检运维一体化领域扩展，以“服务+”的辐射能力扩大冶金运营服务圈。

加强技改工程施工管理专业人才建设，打造建筑施工队伍。充分发挥一级、二级建造师的实质作用，在实践中磨炼和提升。工程项目的预算员、材料员、施工员可以互相渗透、融会贯通，形成一支既能做工程预算，又能兼管施工，还能协调组织的建筑管理队伍，全面提高工程现场的协调能力及材料供应、人员安排等具体事项。另外，可以适当地整合检修人力，引进工程技改专业分包队伍，实现真正意义上的自主项目管理，创造出工程施工品牌，扩大冶金运营服务圈。

加强智慧化及智能化队伍建设。集聚全员力量，利用气动、电动、液压等工作原理加智慧制造，助力工机具及工艺流程更新换代，通过现场工艺革新与改造，研发智能化或半智能化的先进工具工装，推动产业革命及人工智能在实际工作中的应用。组建建筑信息模型（BIM）技术团队对重点项目建模，通过现代化手段优化作业工序提高效能，同时加大远程诊断设施建设力度，形成“一总部、多基地”同步诊断模式，全面提高工作效率和服务质量。

中冶宝钢将坚持专业人才齐备，技能与管理同步跟上，既能稳固在手资源，又能延伸辐射周边，全力打造“国内第一、国际一流”冶金运营服务“国家队”。

（高士钢）

44. 把智能力量凝聚到高质量发展上来

多年来，随着“智慧制造”号角的吹响，在《中冶宝钢智慧制造三年行动大纲》的引领下，中冶宝钢立足服务发展战略，服务生产现场、服务市场拓展，不断提升冶金运营服务能力。在智慧制造的大背景下，中冶宝钢聚焦智慧制造服务的应用端，坚持以人为本的管理理念，采用新技术、新方法、新思路搭建了冶金运营智慧服务平台，掌握了无人化行车一体化运维核心技术，研制了各类智慧工装，呈现出多点开花的良好局面，从质量、安全、效率等方面全方位提升智慧运营服务能力，在高质量融入中国宝武钢铁生态圈的同时，展现出了前所未有的生命力、创造力、影响力。为实现不断升级，2021年2月7日，中冶宝钢智能化运营建设项目正式启动。

推进智能化运营建设项目是企业实现高质量发展的内在要求。当前世界，以物联网、云计算、人工智能、移动终端、数字孪生等为代表的智能技术群落，在不断融合、叠加和迭代升级中，成为企业间竞争的核心要素。智能化运营建设项目是精准把握数字技术发展大势的战略需要，是不断适应中国宝武智慧制造发展要求的升级举措，是贯彻落实中冶集团新战略定位的目标要求，也是中冶宝钢实现高质量发展的内在要求。

推动智能化运营建设项目，要系统思考、统筹谋划，做好顶层设计，使长期目标和短期目标相结合，总体结构和功能模块相结合，推动智能运维工作循序渐进、递次展开。首先，要建立统一的信息开发数据基础，为各产业板块智能运维、智慧制造提供标准的信息平台；其次，要做好各区域间智能化运营的顶层设计，统筹协调公司各区域研发项目和资源，明确各区域智能化运维发展的目标方向、工作分工等，做到既有分工又有协作，最大限度发挥合力。

推动智能化运营建设项目，要做好智能化运营人才队伍建设的顶层设计，针对不同产业、不同区域，制订差异化的智能运维人才引进和培养计划，明确人才培养目标，尽快补齐人才短板，努力建成一支技术精湛、结构合理，能满足公司智能化运维发展需要的人才队伍。

智能化运营建设项目既是一场攻坚战，也是一场持久战，各条线要充分发挥作用，把智能化运营建设项目作为企业高质量发展的重点部署，积极推进。钢铁行业的智能化转型如火如荼，只要中冶宝钢人能在“学习”上下功夫、在“推进”上动真格、在“投入”上动脑筋、在“变革”上出实招，就能实现既定战略目标，在市场上站稳脚跟，为打造“国内第一、国际一流”冶金运营服务“国家队”奠定坚实的基础。

（王芸芸）

45. 集中力量办大事　昂扬奋进新征程

由中冶集团承建的国家雪车雪橇中心是2022年北京冬奥会中设计、施工难度最大，施工工艺最复杂的新建比赛场馆之一。该项目打破了国外对雪车雪橇赛道相关技术的垄断，实现了多个“中国首创”，充分展示了中冶集团全体干部职工真抓实干的匠心精神和良好的精神面貌，跨险滩、闯关隘，关键是集中精力办好自己的事。中冶宝钢鼓足工作干劲，快速形成大干快干、奋勇争先的浓厚氛围。

中冶宝钢坚持“聚焦主业、做强一业，相关多元、科学补充”的发展定位，聚焦主业不动摇，推进相关多元产业发展，为圆满完成年度各项任务指标开好局、起好步。

要提高政治站位，全面推进党史学习教育。各级党组织要集中开展中国共产党党史学习，切实增强“四个意识”、坚定“四个自信”、做到“两个维护”，精准把握“学史明理、学史增信、学史崇德、学史力行”的目标要求，坚持以上率下，发挥好领导干部的示范带动作用，引领推动党史学习教育扎实开展。

要充分发挥中冶宝钢作为中国宝武战略合作供应商的优势，按照“一总部、多基地”的模式，积极和中国宝武各钢铁基地对接，拓展“操检维调”“管用养修”等一体化业务；要增强极致专业化的运营服务能力，提升专业化协作水平，积极融入中国宝武钢铁生态圈，以战略协同实现规模化发展，扩大市场规模及营收规模，推动高质量发展。

要持续加强员工队伍建设，通过引才、育才、用才、聚才让人才智慧充分涌现，让队伍活力充分迸发。加快培养具备战略思维和突破能力，能够独当一面，能够在激烈的市场竞争中开疆扩土的各行业、各区域领军人才，要按照“公平公正、业绩至上”的原则，加快选拔和培养一批年轻的后备干部，让年轻干部尽快成长起来，在关键岗位上“把关隘”“挑大梁”。

（孙　慧）

46. 让冶金运营服务走向世界

2021年伊始，中冶宝钢成立东南亚冶金运营事业部，旨在进一步加快推进海外市场布局，提升海外冶金运营业务市场份额。从越南公司到东南亚冶金运营事业部，不仅是名称的改变，更是任务的转变，中冶宝钢始终坚持设备检修和生产协力核心主业不动摇，加快推进海外市场布局，大力拓展东南亚冶金运营服务以及装备制造品牌市场，不断扩大海外市场规模，加快推动国际化进程。

强化主责主业的担当体现。中冶宝钢作为中冶集团唯一以冶金运营服务为主业的公司，设备检修和生产协力是其最基本、最重要的业务。2016—2021年，中冶宝钢在越南河静钢厂经营规模增长6倍，实现设备检修、生产协力、钢渣处理、工程技改等产业的合理布局。东南亚冶金运营事业部的成立，将“冶金运营”四个字放在名称中是进一步强化“1+3”“四位一体”的产业格局，将设备检修和生产协力主业推广到东南亚市场，充分体现了中冶宝钢强化主业、深耕冶金运营市场、打造冶金运营服务“国家队”的责任担当。

拓展海外冶金运营业务的必然途径。“要到有鱼的地方去撒网，到有草的地方去放羊，到最有活力的地方找市场。”当前，东南亚钢铁行业蓬勃发展，东南亚地区将发展成为世界钢铁的副中心。马来西亚的关丹、印度尼西亚的青山等钢铁工业园拔地而起。另外，菲律宾、柬埔寨、缅甸等国家都在部署新建大型钢厂。中冶宝钢拓展海外冶金运营市场，东南亚既是主战场也是跳板，要进一步拓展市场，必须“走出去”。

突出龙头地位，全力以赴拓市场。中冶宝钢要不断提升海外冶金运营业务市场份额，越南河静钢厂需要深耕细作，马来西亚、印度尼西亚等东南亚钢厂需要开疆拓土，要继续艰苦奋斗、锐意进取，实现新市场突破，推动海外运营服务市场迈上新台阶。

（郑　伟）

47. 以高素质干部队伍服务企业高质量发展

作为中国五矿旗下专业从事冶金运营服务的骨干子企业，中冶宝钢始终注重抓班子带队伍建设，把作风形象抓实、抓细、抓坚决、抓彻底，以高素质干部队伍服务企业高质量发展。

建设高素质干部队伍，要进一步加强理想信念教育，必须坚定对马克思主义的信仰和对社会主义、共产主义的信念，认真领会习近平新时代中国特色社会主义思想要义。“人无信则不立”，理想信念不坚定，行动上就容易出问题。因此，必须推动各级干部坚定理想信念，保持奋发有为的精神状态。对于中冶宝钢来说，干部队伍建设要抓住忠诚这个关键点，通过党史教育让领导干部将自己的言语践行到实际行动中，为企业的发展竭尽全力、不懈努力。行动上做到言行一致、表里如一，说老实话、干老实事，建设一支对党坚定、对企业忠诚的干部队伍。

建设高素质干部队伍，必须进一步加强学习。新知识、新技术层出不穷，稍微放松学习，就有可能落后于时代发展。对于广大干部来说，加强学习是常抓不懈的工作。中冶宝钢服务的中国宝武整合步伐加快、变革如火如荼，广大干部首先要抓住点滴时间，通过各种方式和手段学习习近平新时代中国特色社会主义思想；其次要加强新知识、新技术、新管理知识、新系统思维的学习，推动学习制度化、常态化。领导干部要充分利用各种有利条件加强学习，努力提高理论素养和管理水平跟上时代变革的步伐，防止知识老化、思想僵化、能力退化。只有与时俱进，加强学习，公司的改革和发展才能“百尺竿头，更进一步”。

建设高素质干部队伍，要进一步加强作风建设和用人导向。干部作风直接影响企业的形象，关系到基层员工对公司的看法。高素质不仅是能力之高，也是党性之高、品德之高。习近平总书记曾指出：“为政之要，莫先于用人。用人导向是最重要的导向。”中冶宝钢在干部队伍建设方面应当领风气之先，通过科学的干部管理制度，善于发现人才、正确识别人才、科学评价人才、合理使用人才，以此推动和锤炼高素质干部队伍建设。

企业高质量发展需要一支与之相匹配的高素质干部队伍，既要能干、想干，又要会干、真干，还要实干、巧干，以饱满的热情、昂扬的斗志，全面开启高质量发展新征程。中冶宝钢将为此不懈努力。

（齐忠良）

48. 加强政治建设　全面推进党史学习教育

2021年，中冶宝钢党委书记、董事长王振智将“加强政治建设，全面推进党史学习教育”列为公司各级党组织该年度政治生活的首要任务，体现了其高度的政治判断力、政治领悟力和政治执行力。

领悟政治建设的要求，把政治建设的统领落到实处。习近平总书记多次强调，“党的政治建设是党的根本性建设”，“党的政治建设旨在实现党肩负的政治使命”。政治建设不是务虚口号，而是有着实实在在的要求，深刻体现在政治立场、政治方向、政治原则、政治道路、政治纪律、政治规矩、政治能力、政治文化等各个方面。作为党领导下的国有企业，中冶宝钢紧密围绕企业中心工作不断发挥党的政治引领作用，进一步把党的政治优势转化成企业的竞争优势。2021年，中冶宝钢筑梦新时代，又踏新征程：一方面，积极拿出巩固深化“不忘初心、牢记使命”主题教育成果措施清单，持续深化教育活动；另一方面，以“三融三创”党建工作融入生产经营经验为基础，大力开展党建工作再提升、再创新和再拔高活动，为政治优势转化为竞争优势打下坚实的基础。

习近平总书记在党史学习教育动员会上要求全党同志做到，学史明理、学史增信、学史崇德、学史力行，学党史、悟思想、办实事、开新局。“学”是途径，“悟”是过程，最终落脚点是“办实事”，实现学以致用，而“开新局”则是追求的效果。党史上有重要的遵义会议，中冶集团也有自己的“遵义会议”，那就是中冶集团于2012年召开的“9·5”会议。这次会议后，中冶集团各项工作取得了前所未有的成绩，因此公司领导要求中冶宝钢各级党组织通过学习党史、学习中冶集团的重要会议精神，不断增强工作的系统性、预见性、创造性。2021年，为了以优异成绩迎接党的百年华诞，中冶宝钢党史学习教育再启大幕，周密策划、积极发动，向着更深层次、更广幅度、更多途径的党史学习教育再进发。于是，一场前所未有的党史“头脑风暴”随之而来。中冶宝钢各级管理者、全体党员和员工紧跟“1+3”“四位一体”产业布局步伐，团结一心、奋发有为，用实际行动谱写中冶宝钢新的辉煌篇章。

（文　俭）

49. 在党史学习中凝聚起干事创业的强大力量

2021年是“十四五”开局之年，是中国共产党建党100周年，在全党开展党史学习教育，正当其时。要开展党史学习教育，就要认真学习贯彻习近平总书记重要讲话精神，突出重点、明确要求、务求实效，从党的百年伟大奋斗历程中汲取继续前进的智慧和力量。

▌加强政治建设，永葆共产党人的政治品格

坚持发挥国有企业党组织的领导核心和政治核心作用，充分发挥党员先锋模范作用。对习近平总书记系列重要讲话，特别是在国家雪车雪橇中心考察时的重要讲话精神进行再学习、再领悟。始终坚持“聚焦主业、做强一业、相关多元、科学补充”发展战略不动摇，继续坚持“1+3”“四位一体”产业发展方向不动摇，围绕“一条主线”、优化“两个布局”、推动“三个创新”、培育“四个优势”、实现“五个提升”，将党建工作与生产经营深度融合。

▌深化改革创新优化管理体系，打造人才集聚高地

重塑管理架构，建立“一总部、多基地”管控模式，实现区域化管理、专业化协同、产业化发展。要像绣花一样管好每件小事，堵住“跑冒滴漏”，实现降本增效；强化员工队伍建设，定期对员工开展培训学习，加强技能实训，切实提高员工技术能力。同时，优化分配机制，按照业绩取得报酬，激发员工工作热情，形成一支有激情、有追求、有战斗力的铁军。

▌总结比较优势，打造品牌业务

要不断总结提炼核心技术，将先进的信息化、大数据、人工智能技术和多年积累的冶金运营服务技术充分“搅拌”，形成独占鳌头的运维核心技术，提升自身品牌形象价值。精耕细作现有市场，深度挖潜区域市场，

积极开拓多元产业市场，努力实现经营规模和效益的双提升。

立足新发展阶段、贯彻新发展理念、构建新发展格局，推动高质量发展，中冶宝钢将不忘初心、牢记使命，认真回顾走过的路，不忘来时的路，继续走好前行的路，创造更加灿烂的辉煌。

（陈浩南）

50. 坚守主业不动摇　重任千钧再出发

历史的车轮驶入一个日趋激烈的博弈新时期，宝武集团的步履不停快速兼并重组，并已迈入亿吨时代，成为全球最大的钢铁企业。作为宝武集团的重要战略合作伙伴，中冶宝钢紧跟宝武集团兼并重组步伐，坚守设备检修、生产协力主业不动摇，积极融入宝武钢铁生态圈，为实现高质量发展积蓄力量。

强根固本，把稳把牢“基本盘”，瞄准冶金运营服务“国家队”“十四五”时期的新定位。聚焦核心主业不动摇，推动设备检修、生产协力业务进一步做大做强。中冶宝钢按照“一总部、多基地”模式深化改革，明确各区域分公司的区域边界和业务范围；夯实各区域营销主体责任，积极拓展宝武集团及广西防城港、山东日照、河静钢铁等国内外钢铁企业的设备检修和生产协力业务；不断扩大主业版图，提升冶金运营服务市场占有率。

改革创新，提升核心竞争力。要迅速转变设备检修、生产协力业务依靠付出体力劳动、作业内容技术含量低的传统观念，加快推进改革创新，提升核心竞争力，领跑冶金运营服务市场。围绕客户需求加速推进管理方式变革，优化管理流程，加大主业研发投入，在冶金运营服务全产业链的关键环节形成独占鳌头的核心技术。在宝武市场拿到更多操维一体化、检维一体化、检修一体化项目。由协力向协作转变，深化与宝武集团的战略合作，稳住“基本盘”。

人才引领，巩固创业向心力。要坚持打造一支高素质的员工队伍，提升设备检修和生产协力业务的核心竞争力；要针对不同市场、不同区域差异，制订智能运维人才引进和培养计划。明确人才培养目标，促进人才培育与智能化运维共同发展，实现在培育人才中发展智能化运维，在智能化运维发展中培育人才，形成一支拥有智慧化、智能化技术储备的专业人才队伍和管理队伍。

“征程万里风正劲，任重千钧再出发。”钢铁行业迈入了高质量发展的新阶段，智能化转型已如火如荼地开展，要继续深挖主业核心潜能，提升核心竞争力，肩负起冶金运营服务“国家队”的责任与担当。

（秦　毅）

51. 打造过硬工作作风　激活改革发展动力

中冶宝钢2021年度工作会强调，要扎实落实“认真负责、严谨严细、雷厉风行、令行禁止”的工作作风。面对新征程中的机遇和挑战，要切实打造过硬的工作作风，以昂扬向上、真抓实干的精神状态，促进企业改革发展取得新进展、新成效。

过硬工作作风是逆势攀升的执行力

“十三五”时期，中冶宝钢在“聚焦主业、做强一业，相关多元、科学补充”发展战略指导下，主动突围、主动攻坚、主动转型，发展跨越式提升，呈现又好又快的态势；历史问题妥善解决，化解风险聚力发展；市场规模逐年扩大，“1+3”“四位一体”产业强势发展；科技创新硕果累累，企业核心竞争力稳步提高；管理效能持续提升，员工队伍不断优化；品牌文化自信更加坚定，服务品质得到业主广泛认同。中冶宝钢正是凭借过硬的工作作风，书写了改革发展、逆势攀升的华美篇章。

过硬工作作风是改革发展的战斗力

2021年是“十四五”起步之年，是高质量发展的新阶段。站在历史的新起点上，面临世界百年未有之大变局以及国内外的机遇和挑战，中冶宝钢要继续弘扬“一天也不耽误、一天也不懈怠”的企业精神，将过硬的工作作风扎扎实实落小、落细、落实，推动改革发展再上新台阶。

过硬工作作风是聚力凝心的向心力

持续打造过硬的工作作风，要坚定理想信念，不忘初心、牢记使命，切实担负起国有企业干事创业的使命和担当。持续打造过硬的工作作风，要提高能力，敢当表率，勇于攻坚克难。各级领导干部要埋下身子，带领员工学习新技能，掌握改革发展新本领，以问题为导向，抓重点、补短板。持续打造过硬的工作作风，要摒弃形式主义、官僚主义，善于真抓实干，做新时代敢干事、善干事、干成事的实干家。持续打造过硬的工作作风，要以正立德、以为修德，锻造高尚品格。能够守住红线、守牢底线，不断提高品格修养和职业道德。

在新阶段、新征程上，中冶宝钢始终把“认真负责、严谨严细、雷厉风行、令行禁止”的工作作风，扎实贯彻、落在实处，以凝聚改革创新和企业发展的强大动力。

（常云琪）

52. 安全生产　关键在基础　重在抓落实

“居安思危，思则有备，有备无患。”安全生产工作要把“安全第一，违章为零”落到实处。中冶宝钢作为冶金运营服务行业的领跑者，始终坚持以问题为导向，强化红线意识，深化源头治理，科学防范，加强重点岗位和关键环节监管，严防“知行脱节”，在狠抓治本上下功夫。夯实筑牢安全生产根基，时刻清醒地认识到当前安全生产工作中存在的不稳定因素和薄弱环节。

要重视安全管理

对于事故发生的主要原因，归结起来，多是因为近期安全生产比较平稳，逐渐淡化了安全意识，忽视了“查隐患、反违章”。只有不断地强化安全监管，加强措施管理，“查隐患、反违章”，杜绝“三违行为”，积极推广使用先进安全技术装备，不断提高安全防范水平，才能防范安全事故的发生。

要落实安全责任

各级人员要严格落实安全生产主体责任，充分调动在安全生产方面的积极性和主观能动性，积极开展“查隐患、反违章”工作，针对违章、事故严肃问责，起到“问责一个、警醒一片”的威慑效果。

要夯实基础工作

如果基础工作做不好，搞好安全生产就无从谈起。要积极推进员工文明礼仪建设，营造积极向上的精神状态。认真推进基础管理提升，强化安全交底、指唱确认。促进核心要素再学习，强化培训教育，提升基层人员管理能力和一线员工安全意识。针对典型违章进行专项治理，深化现场隐患排查治理工作，减少违章和杜绝A类及以上违章的发生，推广使用先进安全的技术装备，提升作业过程本质化安全水平。

要强化过程监管

要充分认识到当前安全生产专项整治三年行动工作的重要性，杜绝麻痹侥幸心理。要强化重点项目过程管理和重要危险源辨识管理，加强对安全隐患整改情况的过程监管。对隐患源头、运行过程进行控制，全员、全方位地开展工作。

开展安全生产工作要始终有“如履薄冰，如临深渊”的责任感，在任何时候、任何情况下都不能有丝毫的麻痹大意和侥幸心理，始终绷紧安全生产这根弦，认真吸取事故教训，居安思危，充分认识到当前安全生产工作中存在的突出问题，做到警钟长鸣，切实把安全生产工作落实到行动上。

（高士钢）

53. 循百年党章历史脉络　守初心使命砥砺前行

鲜红党章指引前行航程，浓缩了党在各个历史时期的理论和制度建设发展成果，从中可以汲取智慧的启迪和前行的动力。2021年是中国共产党的百年华诞，站在“两个一百年”奋斗目标历史交汇点上，处在“百年未有之大变局”中，党中央决定在全党开展党史学习教育，是立足党的继往开来新起点，为动员全党、全国人民满怀信心投身全面建设社会主义现代化国家而做出的重大决策。

筚路蓝缕百年路，风华正茂正当时。回望不同时期的党章，可以看到守正与创新的辩证统一。这一百年中，虽然党章的条款字数历经了数次变化，但党的领导地位、远大理想、性质宗旨、初心使命、组织原则等内容始终没有变，推进马克思主义中国化的实践探索没有变，追求真理的目标导向没有变，努力凝聚内外部合力、彰显领导力的责任担当没有变。

习近平总书记指出，历史是最好的教科书，也是最好的清醒剂，引导广大党员干部要深入学习党的历史，深切感悟党的初心和使命，深度践行改革发展的重点任务。要把践行初心使命体现在推动中冶宝钢发展的实际行动中。当前，中冶宝钢持续加强顶层设计，紧盯宝武集团管理变革步伐，着力打造“一总部、多基地”的管控模式。广大党员干部要把践行初心使命聚焦到核心主业的发展中，以实际行动推动中冶宝钢“1+3”“四位一体”产业进一步做大做强；要把践行初心使命体现在为职工群众办实事中，解决职工群众的实际难题，把对职工群众的好事办好、实事办实。

胸怀千秋伟业，党建风帆正举。重温波澜壮阔的党史，窥探百年沧桑路，多少坎坷、几多磨难。一部党史就是一部党和人民浴血奋战的奋斗史。广大党员干部要在党史学习教育中赓续精神血脉、传承红色基因，进一步坚定改革发展的信心和决心，坚定打造“国内第一、国际一流”冶金运营服务“国家队”的发展愿景不动摇，一步一个脚印扎实推进中冶宝钢高质量发展。

（齐忠良）

54. 学习百年党史　汲取发展力量

站在“两个一百年”的历史交汇点上，回望党章的百年历程，把握发展规律，汲取发展力量，于变局中开新局。

加强组织制度建设，筑牢企业发展基石

中国共产党正是遵循党章加强自身建设、提高领导能力，才使自己始终成为革命、建设、改革的坚强领导核心的。中冶宝钢不断强化组织变革，完善管理制度体系，树立整体观念和体系思维，加快形成具有中冶宝钢特色的“一总部、多基地”管控模式，促进各区域、各专业、各系统之间的管理协同，提高企业运营管理效率，筑牢发展基石。

坚持改革与时俱进，激发企业发展活力

在百年历史中，党章历经了19个版本的修订。党章修订的历史，是中国共产党解放思想，实事求是，不断修正方向，带领中国人民走向真理的过程。2021年，中冶宝钢结合中冶集团新定位，与时俱进，围绕全面提升企业竞争力这一主线，优化“两个布局”、推动“三个创新”、培育“四个优势”、实现“五个提升”，使企业焕发勃勃生机和活力。

团结群众强化队伍，增强企业发展动力

只有不断提高员工的安全感、获得感和幸福感，才能为企业提供发展的力量源泉。中冶宝钢作为国有企业始终坚持关心、关爱员工，把广大员工紧密团结起来，加强“专家、骨干、青年”三支队伍建设，建立人岗相适、人尽其才的良好机制，让各类人才的创造力竞相迸发、聪明才智充分涌流，增强企业竞争优势和发展动力。

（孙　慧）

55. 实施品牌引领战略　提升企业软实力

“基于内而见于外。”企业品牌是软实力的集中体现，一流的企业品牌是企业抵御风浪的坚强基石。中冶宝钢始终牢记习近平总书记“三个转变”重要指示精神，树牢“做企业就是树品牌”“抓主业就是兴品牌”“谋发展就是强品牌”的品牌意识。

中冶宝钢品牌传承“红色基因”，是以其特有的发展历程实行多元文化培育形成的，并伴随着不同时期的工作任务不断丰富、递进。经过30多年的积淀，中冶宝钢实现了核心主业的再拔尖、再拔高、再创业，实现了从钢铁“护工”到钢铁“医生”的蜕变，形成了全流程、全天候、全产业链、全生命周期的冶金运营服务，成为中国中冶品牌体系不可或缺、不可替代和不可复制的一块金字招牌。回顾中冶宝钢的发展历程，是不断树品牌、兴品牌、强品牌的过程，要想使品牌大旗巍然屹立且稳若泰山，需要持续丰富品牌建设的内涵和外延。

要提升治理能力，确保服务质量。质量和服务是一个企业的生命，需要两者并行协调发展，要坚持以质量和服务作为企业生命的核心价值发展导向，着力在做好做精和提质增效上下更大功夫，打造一套规范化、标准化、精细化的运营管理模式，增强稳定性与可靠性，通过优质产品与标准化服务“走出去”，带动中冶宝钢品牌“亮出去”，不断提升中冶宝钢品牌的知名度。

要提升创新驱动，促进质量提升。要充分把握“自主创新”的引领作用。在智能运维上下功夫，积极建设具有中冶宝钢特色的一体化智能运维服务平台。将信息化、网络化、大数据技术运用到经营管理和生产作业全过程中，提高管理效率和作业效率，全面提升公司智能化运营服务水平，打造极致专业化的品牌形象，提高中冶宝钢品牌的认知度。

要深化品牌建设，打造叠加效应。要坚持传承“红色基因”，注重在蓝色畅想里汲取营养，不断提升中冶宝钢品牌文化的附加值，打造一批具有企业特色的子品牌。有效利用融媒体平台讲好中冶宝钢故事，传扬中冶宝钢文化，形成中冶宝钢品牌文化传播，扩大累加的积极效应，提高市场对中冶宝钢品牌的认可度。

展望未来，中冶宝钢坚持充分把握“精益求精”的品质、坚守“敢于胜利”的奋斗精神，建设与中冶宝钢冶金运营服务“国家队”定位相适应的品牌体系，推动冶金运营服务向智能化、绿色化、低碳化、高效化转型升级。

（王芸芸）

56. 科技创新助力企业高质量发展

科技是国家强盛之基，创新是民族进步之魂。党的十九届五中全会指出，“坚持创新在我国现代化建设全局中的核心地位，把科技自立自强作为国家发展的战略支撑”，并将其摆在各项规划任务的首位进行战略部署。中冶宝钢作为冶金运营服务“国家队”深入贯彻新发展理念，以科技创新引领企业高质量发展。

“超前一步”，战略规划先行发展

要坚定不移地推进科技兴企战略。明确科技创新的主攻方向，在发展过程中逐步增加科研经费与资源投入，做好关键技术储备和管理创新，形成科技创新独特优势。重点聚焦推进未来发展的战略性拓展业务领域，如智能运维、数字孪生等先进技术的应用，以前瞻性的眼光、集成化的思维促进高效检维技术积累和科技成果产出，增强公司开拓冶金运营市场的能力。

“协作一步”，加强协作增进技术

科技创新工作要尝试不断扩大科技领域的开放交流，充分对接政府、高校、科研院所及同行单位资源，力求开辟多元化的合作渠道。要精准选择合作领域，优势专业互补，大力推动“产、学、研、用”项目落地。通过共建科研平台，充分发挥平台孵化器的作用，开展核心技术攻关、研发试验、成果转化、人才培养，逐步提高创新资源的整合能力。

▌“提升一步”，深度考虑做精做强

科技创新是可持续发展的关键，是实现高质量发展的核心驱动力。要推动传统检修维护等核心业务领域向“一体化”计价总包转型提升，站在设备管理智能化、少人化、无人化角度，实现从钢铁“护士”到钢铁“医生”的转型。要有针对性地对重点科技项目立项研究，推动核心知识产权积累和工作标准化有机结合。通过掌握核心关键技术，做精做强传统业务，为公司争取更大的市场份额，促进公司高质量发展。

▌“融合一步”，提升维度促进交融

要站在更高的维度以发展的眼光看待科技创新，充分认识科技创新技术与公司核心业务高效有机融合的重要性，大力开展科技创新与核心业务相融合，要确保科技创新产出的成果在公司的核心领域行之有效、行之高效，为公司高质量发展提供蓬勃动力。

（胥菊英）

57. 管理变革创机遇　绘就发展新蓝图

推动改革向更深层次挺进是全面贯彻新发展理念，构建新发展格局的重要途径。作为以冶金运营服务为主责主业的企业，中冶宝钢全面贯彻新发展理念，坚持“聚焦主业、做强一业，相关多元、科学补充”发展战略，坚持“1+3”“四位一体”产业结构布局，整合资源，推进管理变革，提升管理效能，绘就发展新蓝图。

▌推动管理变革，做大做强市场

中冶宝钢业务覆盖面广，要构建“一总部、多基地”管控模式，形成以设备检修和生产协力为核心主业，统筹技改工程、装备制造及新型材料、钢渣综合利用等多元产业协调发展的产业格局。要合理优化整合资源，把握地方及钢厂的差异化、个性化特点，提供不同特色的服务，打造典型样板工程和服务品牌，不断延伸和辐射产业链，提高企业竞争能力，逐步做大做强市场。

▌推动管理变革，融入宝武钢铁“生态圈”

随着宝武集团兼并重组步伐的加快，要抓住新增新建和改造工程的机遇，助力打造绿色化、智能化、高效化钢厂。要实现冶金运营服务的高效对接，采取针对性措施，提高工作效率，降低运营成本，提升专业化协作水平，培育极致专业化冶金运营服务能力，提高品牌影响力和市场美誉度。

▌推动管理变革，培育人才队伍

人才队伍是发展的基石。要结合实际，积极培育管理人才队伍和技术人才队伍，通过企业内部联合或支撑模式互相取长补短，通过人才引进扩充专业力量，为扩大各基地市场占有率提供人力资源保障。要合理调整商业模式，以“创新工作室”和“领军人才”带动协作队伍技能提升，鼓励协作队伍员工参加技能比武，增强员工的归属感。

▌推动管理变革，构建新发展格局

聚焦冶金运营服务，未来是突破单一化的多元化发展模式，要积极培育建造、制造调试、维护等全方位、一体化、“一条龙”的冶金运营服务。组建融“生产协力+设备点检+检修协力”为一体的专业化、区域化冶金运营服务团队，突破发展瓶颈，绘就发展新蓝图。

（罗光明）

58. 提升创新能力　夯实发展之基

科技是国家强盛之基，创新是民族进步之魂。党的十九届五中全会将科技创新摆在各项规划任务的首位进行专章部署，坚持创新在我国现代化建设全局中的核心地位，把科技自立自强作为国家发展的战略支撑。强化国家战略科技力量，提升企业技术创新能力，激发人才创新活力，完善科技创新体制机制。这是党中央站在历史新高度、从战略全局出发做出的重大战略决策，具有重大而深远的意义。

科技创新是高质量发展的希望所在、关键所在。中国五矿总经理、党组副书记、董事国文清提出用独占鳌头的国际一流核心技术、持续不断的创新研发自主可控能力，无可替代的冶金全产业链整合集成优势，承担起引领中国冶金实现智能化、绿色化、低碳化、高效化发展的“钢铁强国”责任。核心技术的开发要与市场需求相结合，把创新汇聚成企业改革发展的澎湃动力。要积极地在科技创新中探索寻求新发展，在聚焦冶金运营服务核心主业的前提下，不断迈出新步伐、打造新气象。

以问题为导向是中冶宝钢创新发展的落脚点。不断加强科技创新团队建设，以内部培养为主，结合高端人才的社会引进，形成具有研发能力无缝衔接的两级创新团队；依托市场开拓的机遇，积极获取外部知识，提升自有产品技术优势；千方百计留住人才，让人才施展才能的同时，充分体现个人价值。不断提升科技创新与市场开拓的契合度，多措并举，持续推进科技创新，加快科技成果转化与提炼。

提高产品技术含量是中冶宝钢装备制造板块发展的基石。长期以来，中冶宝钢坚持走高端发展路线，一大批具有自主知识产权的核心技术在市场化应用上取得了良好成效。中冶宝钢顺应市场潮流，加快装备制造发展进程，在冶金大物流领域大踏步研究智能化新能源，现代化、更高载荷的新技术、新产品，夯实科技之基，推进企业高质量发展。

（李利民）

59. 传承马万水精神　促进高质量发展

在全党开展党史学习教育之际，中冶宝钢认真学习马万水及其英雄集体的先进事迹，弘扬新时代“站在排头不让，把住红旗不放”的马万水精神，让革命精神薪火相传，让对党忠诚、艰苦奋斗、身先士卒、勇攀高峰的精神历久弥新，为企业高质量发展注入强劲的生命力。

对党忠诚，坚定不移听党话、跟党走

中冶宝钢高标准高质量开展党史学习教育，坚定理想信念，大力弘扬红色传统、传承红色基因，赓续共产党人精神血脉。坚持党组织对选人用人权的领导和把关，培养政治站位高、有政治担当的干部队伍，打造能力突出、德才兼备、敢闯敢拼的人才队伍，推动“国内第一、国际一流”的冶金运营服务“国家队”建设。

艰苦奋斗，永葆革命加拼命的战斗劲头

中冶宝钢作为中冶集团的骨干子企业，认真履行国有企业责任，打造全流程、全天候、全产业链、全生命周期的冶金运营服务能力。经过30多年的艰苦奋斗，完成从钢铁“护工”到钢铁“护士”，再到钢铁“医生”的华丽蜕变，这些都得益于中冶宝钢全体员工拼命加油干的奋斗劲头和“一天也不耽误、一天也不懈怠”的精神，共同唱响“冶金运营服务，因中冶宝钢而不同”主旋律。

身先士卒，争做敢干事、善干事、干成事的实干家

中冶宝钢党员干部大力发扬实干精神、企业家精神，让实干精神落地开花。坚定理想信念，打造过硬工作作风，以改革发展为目标，以问题为导向，敢当表率，勇于攻坚克难。党员干部身先士卒，涌现出一批批劳动模范、先进工作者、先进集体，在中冶宝钢发展一线插上鲜红的党旗，辉映高质量发展新时代。

勇攀高峰，奋力打造世界一流金属矿业集团的雄心壮志

中冶宝钢勇攀技术之巅，围绕“智慧制造”发展要求，加快智能化运维发展步伐，培育企业核心竞争力。装备制造板块继续保持高端制造优

势，坚持自主研发的发展道路，以极致专业化为目标，探索高效率、低成本的装备制造生产组织模式，扩大品牌影响力，肩负起引领冶金运营服务实现智能化、绿色化、低碳化、高效化发展的责任与担当。

（方　刚）

60. 以创新驱动冶金运营服务高质量发展

在高质量发展的新时期，钢铁产业智能化、绿色化、低碳化、高效化的强国梦想正扬帆起航。为各钢厂提供冶金运营服务的中冶宝钢全面贯彻“创新、协调、绿色、开放、共享”新发展理念，有能力把握时代脉搏，有责任创新驱动冶金运营事业再上新台阶。

创新驱动的根本是人才。科技创新需要人才，管理创新需要人才，工艺革新需要人才，市场开拓需要人才，企业高质量发展归根结底是人才发展。如何引进人才、留住人才，是企业创新驱动的首要条件，要有善于发现人才、用对人才的慧眼，将人才用在能够发挥价值的地方，保障人才培养和发展。制定培养人才、激励人才的措施和推进方案，合理布局，促进人才发挥更大的作用和价值，从而吸引人才、留住人才。

创新驱动需要科技引擎。科技是第一生产力，人工智能正在逐步替代传统体力劳动。先进工装投入应用可以减少人工成本，消除人为隐患，提高劳动效率。要充分发挥专家、领军人才、技师、工种带头人的作用，在科学技术领域坚持探索和实践，通过“自主创新+专业机构联合”的形式，不断总结研发更先进的新型工装代替体力劳动，推动冶金运营产业革命。工程上组建BIM技术团队，对重点项目建模支撑，同时建立起共享通道，打造“一站式”的工程团队，促进高质量发展。

创新服务模式驱动市场发展。坚持“1+3”产业不动摇是根本，构建高技能团队是保障。作为冶金运营服务“国家队”，中冶宝钢主动参与设备改造设计，担当钢铁“医生”之重任，充分掌握设备运行状态和原理、设备故障诊断方法和解决方法。尤其在国家大力倡导钢铁产业绿色化、低碳化转型升级之际，中冶宝钢充分发挥设备运维经验优势，主动策划，提出合理化的升级改造方案，将后期服务转化为前期服务，以极致专业化的服务能力推动钢厂实现低碳环保，打开了冶金运营服务新局面。

（王天临）

61. 智能绿色赋能开启高质量发展新时代

党的十九届五中全会站在“两个一百年”的历史交汇点上擘画发展蓝图、规划实践路径、做出战略部署，为实现中华民族伟大复兴的中国梦注入了强大思想和行动力量。中冶宝钢大步跨入智能化、绿色化发展新时代，用实际行动诠释新时代的新担当和新作为，努力践行、奋发进取，为新征程开好局、起好步。

推进智慧运营，提升企业竞争优势

在物联网、工业4.0的大环境下，在信息集成、大数据时代的背景下，推进智慧制造、智能化产线，构建基于互联网、满足用户个性化需求的快速响应、柔性研发营销、制造物流体系已成为未来智慧运维发展趋势、时代所向。智慧运维是现代工业智能化发展的重大趋势和核心内容，全力推行智慧运维，打造智慧运维专业团队是企业高质量发展的重要举措。企业只有大力提升技术能力，总结技术经验，积累科研成果，积极利用现有资源保持难以被模仿和超越的核心竞争力，才能保证在激烈的市场竞争中抢占先机。中冶宝钢相时而动，积极推出的智慧运营服务平台建设，达到可视化、信息化、数据化、智能化、高效化管理的“智慧运营”目标，培育极致专业化冶金运营服务能力，提高企业的竞争优势。

践行“碳达峰、碳中和”战略引领能源转型发展

党的十九届五中全会为中国经济实现绿色健康、高质量发展提出了新要求，确定了“碳达峰、碳中和”战略目标。中冶宝钢引领冶金大物流装

备绿色革命的浪潮，通过大胆变革加快技术储备、更新，以时不我待的勇气和踏实肯干的作风推动新能源技术的研发与应用，为冶金行业实现绿色低碳清洁运输奠定设备基础，为实现冶金运营服务高质量发展贡献力量。

在科技创新中，只有坚持问题导向，找准切入点，一步一个脚印地克难攻坚，不断突破关键技术，才能在冶金大物流装备绿色研发征程中行稳致远。中冶宝钢已经踏上智能化、绿色化革命的新征程，坚持科学分析，坚定必胜信心，秉持“咬定青山不放松”的决心，以智慧运营、“碳达峰、碳中和”战略目标赋能企业高质量发展。

（耿会良）

62. 以党组织政治优势助推高质量发展

党的十九届五中全会拉开了我国向第二个百年奋斗目标奋进的序幕，提出了全面建设社会主义现代化国家的远景目标，把“推动高质量发展”作为统揽“十四五”时期经济社会发展的主题。中冶宝钢在新一轮发展征程中，必须把全面加强党的建设摆在更加突出的位置，以党组织的政治优势助推企业的发展。

旗帜鲜明讲政治，确保正确发展方向

习近平总书记多次强调，要加强党对国有企业的领导。“把方向”，就是牢牢把握好政治方向、改革方向，始终坚持打造“国内第一、国际一流”的冶金运营服务“国家队”战略目标不动摇。“管大局”，就是充分发挥党的领导核心作用，抓重点、议大事，善于从政治上分析问题、解决问题、依照制度规定讨论决定重大事项。“保落实”，就是把上级组织的部署要求细化为具体措施，贯彻落实到企业发展的全过程，增强在深化改革中化解风险、应对挑战、战胜困难的能力，实现建设“美好中冶宝钢”愿景。

凝心聚力讲文化，汇聚强大发展力量

坚定文化自信，凝聚员工思想共识，为发展注入更稳定的力量。加强

宣传阵地建设，把宣传党的政策、体现企业决策部署、响应员工热点焦点统一起来，凝聚广泛的思想共识，营造良好的发展舆论氛围。激发文化活力，以企业文化繁荣为发展注入更持久的力量。丰富宣传内容，把市场拓展、科技创新、合同履约、企业故事、劳动模范事迹、安全经验、管理变革成果等广泛宣传好，以文育人、以文化人、以文铸魂，唱响建设“美好中冶宝钢”旋律。

▌真抓实干讲作风，营造健康发展环境

“业靠人兴，事在人为。”推动高质量发展，营造崇尚真抓实干的良好政治生态最为关键。坚持为民办事，发挥党组织政治优势，感情上贴近员工、工作上依靠员工，各级党组织都要为广大员工真心诚意办实事、解难事、做好事，让员工有获得感、幸福感、安全感。坚持党管干部，严管厚爱相结合，加强对党员干部监督管理。强化理想信念、党规党纪和法律法规教育，既要严格管理，又要正向激励，激发党员干部干事创业的主动性、积极性、创造性，勇担建设“美好中冶宝钢”重任。

（文　俭）

63. 党建融合引领推动企业发展

习近平总书记在全国国有企业党的建设工作会议上的重要讲话中指出，把提高企业效益、增强企业竞争实力、实现国有资产保值增值作为国有企业党组织工作的出发点和落脚点。中冶宝钢党委深入贯彻习近平总书记重要讲话精神，促进企业党建工作与生产经营深度融合，以高质量党建推动企业高质量发展。

▌把党的领导融入企业治理各环节

将稳定大局，凝聚工作合力，营造和谐环境，促进企业发展作为工作目标，把党建工作与发展目标、文化建设、干部队伍建设和人才培养、体制机制搭建充分融合，使党建工作更加靠前，作用更加凸显，实现党的领导与完善公司治理有机统一。

▌把党建工作与企业改革发展紧密结合

把国有企业党组织工作的重要原则贯彻落实到党建工作和生产经营管理的各方面、全过程。科学设置党的基层组织，确保党的组织设置与企业改革发展相适应，与生产经营活动相适应，与组织管理幅度相适应，使党建成为看得见的生产力；全面深化“三基建设”，为公司市场营销、改革创新、安全生产等各项生产经营工作提供强大助力。

▌把党建工作与企业文化紧密结合

优秀的企业文化具有强大的导向、规范、凝聚和激励作用，中冶宝钢党委积极研究部署文化软实力建设，建立健全与中冶宝钢“1+3”“四位一体”产业格局相匹配的企业文化制度体系。紧紧围绕企业生产经营活动，大力开展“创先争优”“四个一批”创建，拓展党员发挥作用的方式和载体；以报纸、杂志、微信、微视频等为载体，大力弘扬劳动模范、工匠事迹，发挥先进引领作用，增强动力；通过打造一批特色品牌，实现品牌赋能。

国有企业讲政治是根本，谋发展是第一要务。中冶宝钢党委将认真落实中冶集团打造冶金运营服务“国家队”的新定位，找准党建工作出发点和落脚点，使党建工作质量与生产经营业绩相互关联，凸显党建工作与中心工作深度融合，以高质量党建引领和保障企业高质量发展。

（吴蕴智）

64. 凝心聚力学党史　砥砺奋进创新篇

习近平总书记在党史学习教育动员大会上指出，党史学习教育是推进党的自我革命、永葆党的生机活力的必然要求。回望波澜壮阔的近代中国奋斗史，中国共产党带领中国人民顽强抗争、浴血奋战，换来中华人民共和国的成立。回顾中冶集团的发展历程，揭示了坚持改革创新、走高质量发展道路，必将引领中国冶金走向更高水平，走向世界冶金建设舞台中央。

学党史悟思想，坚定政治信仰

要高标准、高质量开展党史学习教育，不断提高政治判断力、政治领悟力、政治执行力。在学党史中提高政治理论水平，深刻学习领会党的创新理论，特别是习近平新时代中国特色社会主义思想，增强“四个意识”、坚定“四个自信”、做到“两个维护”，要学懂弄通党的方针政策，用理论武装头脑、明确政治方向、强化政治定力、站稳政治立场，带领企业始终沿着正确的政治方向前进。

学党史办实事，培养企业情怀

延安精神的特征是自力更生、艰苦奋斗。中冶宝钢始终坚持传承红色基因，赓续精神血脉，大力弘扬劳模精神、劳动精神、工匠精神，加强对中冶宝钢品牌人物，历届劳模、工匠事迹的宣传推广，进一步坚定中冶宝钢文化自信，在一线工人基层“两长”中深植中冶宝钢企业情怀，进而提高企业的凝聚力和竞争力，走可持续发展道路。

学党史开新局，擦亮公司品牌

中冶宝钢强化顶层设计，紧跟钢铁行业变革步伐，加快打造“一总部、多基地”管控模式。广大党员干部立足岗位、拓宽视野、勇攀高峰、开拓市场、抢占高地，做新时代干事创业先锋。培育极致专业化冶金运营服务能力，提高企业核心竞争力。强化中冶宝钢品牌塑造，引导员工争做新时代新征程上中冶宝钢品牌文化建设的践行者、品牌文化传播的推动者、品牌文化安全的守护者。

中冶宝钢人将继续深入开展党史学习教育，不断总结历史经验，抓好理念创新、手段创新、方法创新，大力学习弘扬新时代马万水精神，积极探索有利于破解难题的新举措、新办法，力争在百年未有之大变局下适应新形势，抓住新机遇，谋求新突破，推动企业高质量发展，建设“美好中冶宝钢”。

（魏永利）

65. 抓好党建促发展

党的建设是国有企业的独特优势，是国有企业核心竞争力的重要组成部分。新形势下加强国有企业党建工作，就是要将坚持党的领导与完善公司治理相结合，推动党建与生产经营深度融合，促进企业各项事业不断取得新突破、新成绩。

习近平总书记在全国国有企业党的建设工作会议上指出，坚持党的领导，加强党的建设，是我国国有企业的光荣传统，是国有企业的“根”和“魂”。为国有企业强“根”铸“魂”，就要以初心不变的定力和敢于创新的魄力把党建工作与业务工作有机融合，提高管党治党能力，把党的政治优势、组织优势转化为企业的竞争优势、发展优势，使之成为推动国有企业做强做优做大的政治保障。

党建工作引领着生产经营方向，生产经营实绩是对党建工作成效的最好检验。实现党建与生产经营深度融合，就是要把党建工作贯穿生产经营的全过程。企业的发展要与党建工作的要求相融合，夯实党建和生产经营良好互动的基础，不断提升党建工作水平，推动企业高质量快速发展。

中冶宝钢坚持党的建设与生产经营深度融合、协同互动、一体推进，以习近平新时代中国特色社会主义思想为指引，增强“四个意识”、坚定“四个自信”、做到“两个维护”，一以贯之加强党的建设，充分发挥党的领导核心作用，以党建发展引领企业发展。在抓党建工作的同时保证业务工作落实和目标实现，在抓生产经营同时管好思想、带好队伍，形成党委统一领导、领导班子党政齐抓共管、党员主动参与、职工群众广泛参与的党建工作局面，为打造“国内第一、国际一流”的冶金运营服务“国家队”奠定坚实的基础。

党建工作与生产经营的深度融合，一方面能够举旗定向、统筹全局，另一方面能够引领思想、凝聚人心。中冶宝钢始终坚持将党建工作紧密融入生产经营，对员工形成正向引导，激发员工的主观能动性，提高生产经营管理绩效，提升国有企业履行使命的效能，承担国有企业的使命，为国家经济社会发展做出更大贡献。

（王　辉）

66. 为冶金运营服务行业智能化运营插上腾飞的翅膀

在工业4.0、“中国制造2025”的宏观背景下，钢铁行业作为我国国民经济支柱型产业，其数字化发展将进一步提升产业效能，提高产业综合竞争力。中冶宝钢作为专业钢铁运营服务商，提出以智能化运营为核心的数字化转型升级路线，是基于深刻洞察数字化发展趋势并结合自身业务特点采取的前瞻性举措，也是工业数字化转型的一次成功实践。

▌补齐信息化业务短板，提升数字化能力

中冶宝钢以运维业务主要瓶颈为突破点，以智能检修、智能诊断为先导，基于全流程信息化的智能检修模式和智能诊断技术创新，实现了设备运维从依赖计划、经验向科学运用设备状态和知识体系转变，从突发事故和应急资源的事后处置向实时可视化事故处理和指挥决策转变。通过整合云、数据、业务流程引擎等，建立智能运营主平台，为公司整体数字化服务提供综合能力支撑，形成承载智能化运营业务的数字化基座，实现以数据资产为核心的智能化业务模式和服务体系。

▌提升智能化运维水平，构建核心竞争力

中冶宝钢以主营业务数字化改造为切入点，开展智能化运维研究，初步完成了设备状态监测、故障智能诊断、检修现场管控等数字化场景建设，实现了检修项目全流程信息化、标准化、数字化，关键设备检修项目

三维施工模拟、设备状态实时监测故障智能化诊断，提高了现场检修与故障诊断的工作效率与质量。基于视频监控，远程指挥，大数据分析，BIM、VR、AR等技术，实现施工过程全局可视、可控、可管，提升了现场管控和应急处置能力。通过智能化和数字化改造逐步实现从“治已病”到“防未病”的模式转变，形成公司独特的智能化运维体系，构建企业核心竞争力，更高质量地为钢企客户服务。

打造一体化建设模式，实现智能化运营

中冶宝钢以可持续智能化运营服务为赛道，以形成可复制、可推广的钢铁行业智能化运营为目标，通过持续推进智能化运营建设，打造整体架构完善、运营水平显著提升、智慧化基础完备的一体化智能运营体系，为钢企的智能化、高质量可持续发展提供强有力的支持和保障，为行业智能化运营插上腾飞的翅膀。

（王建军）

67. 谱写中冶宝钢新时代劳动者之歌

习近平总书记指出，劳模精神、劳动精神、工匠精神是以爱国主义为核心的民族精神和以改革创新为核心的时代精神的生动体现。大力弘扬劳模精神、劳动精神、工匠精神，既是中华人民共和国成立以来我们党领导人民不断创造辉煌成就的重要原因，也是在未来新征程上迎难而上、开创新局的必要条件。

长期以来，中冶宝钢积极搭建平台，选树典型，用榜样动员和鼓舞员工不断拼搏奋斗。中冶宝钢人代代用勤劳智慧，在自己的岗位上潜心笃志、砥身砺行、研精致思、发光发热，为国家冶金运营服务事业发展做出了突出贡献。他们在平凡的岗位上续写不平凡的故事，用自己的辛勤劳动贡献力量。

目前，中冶宝钢进入发展的快车道，已形成“一总部、多基地”管

控模式和“设备检修、生产协力核心主业+技改工程、装备制造及新型材料、钢渣综合利用”的“1+3”产业格局。中冶宝钢将继续保持战略定力不动摇，持续提升管理效能，全方位适应业主改革发展新要求，进一步提升冶金运营服务综合能力，提供更加优质的服务，积极推动冶金运营服务提质换挡，向“医生”“管家”“专家”角色转变。在这样的大环境下，中冶宝钢更需要全体员工发扬劳模精神、劳动精神、工匠精神，掀起学习劳模先进的新高潮；要讲好劳模故事，让“劳动最光荣”成为中冶宝钢的新风尚；要大张旗鼓地宣传劳模事迹，进一步营造尊重劳动、崇尚技能的浓厚氛围。通过发挥劳模先进群体的示范引领作用，引导员工用心、用情、用智慧，肯学、肯干、肯钻研，练就一身真本领，掌握一手好技术，积极投身到公司生产经营的各项活动，为公司高质量发展贡献智慧和力量。

站在实现“两个一百年”奋斗目标的历史交汇点上，展望中冶宝钢未来发展的宏伟蓝图无限美好。要实现这一宏伟蓝图，需要中冶宝钢人付出更加艰辛的努力，要大力弘扬劳模精神、劳动精神、工匠精神引领公司广大职工学先进、赶先进，用劳动模范的崇高精神和高尚品格鞭策自己焕发劳动热情、争做劳动模范，将辛勤劳动、诚实劳动、创造性劳动的理念化为自觉行为，不断谱写中冶宝钢新时代的劳动者之歌。

（齐忠良）

68. 真抓实干不耽误　雷厉风行不懈怠

没有执行力，即使再好的蓝图也只是蓝图一张；没有执行力，即使再响亮的口号也无法落地生根，成为空谈；没有执行力，就像稻草人，即便庄稼被毁也无力抢救。一直以来，中冶宝钢真抓实干、雷厉风行，用实际行动贯彻落实党中央及中国五矿和中冶集团的要求部署，把责任扛在肩上、放在心里，一次又一次用行动证明冶金运营服务“国家队”的品牌形象。

“以实则治，以文则不治”，这是千百年来人们从历史经验教训中总结出来的重要结论。决策再科学，不执行也是白搭；政策再好，不落实也是白费。反对空谈、强调实干、注重落实，是我党的优良传统。执行力是把决策转化为结果的能力，是贯彻落实的能力。丁是丁、卯是卯，执行力出创造力，执行力出战斗力，执行力出竞争力。执行力如何，决定着工作成效，决定着事业成败。凌空蹈虚，难成千秋之业；求真务实，方能善作善成，必须有“踏石留印、抓铁有痕”的执行力。

要努力学习不松懈。贯彻落实各项要求，第一要务就是统一思想、提高认识、增强信心，其根本途径就是勤于学习，不断提高理论素养，提高政治站位，坚定理想信念，筑牢提升执行力的思想根基。

要扎实推进亮真招。抓落实，不能投机取巧、纸上谈兵，更不能表态造势，不见行动。只有脚踏实地地干、雷厉风行地干、掷地有声地干，才能让各项工作要求落地落细落实。

要真抓实干求实效。抓，要真抓；干，要实干。工作的好坏取决于执行的力度、执行的广度、执行的深度。坚决防止和纠正落实过程中的形式主义、官僚主义。

执行力是企业的战斗力和竞争力，是把企业战略规划转化成为经营成果的关键。强有力的行动是执行力最直接的体现。中冶宝钢人以“认真负责、严谨严细、雷厉风行、令行禁止”的工作作风，把一个个难关踩在脚下，把一道道险阻抛在身后，用担当描绘发展新图景，用汗水创造美好新征程。

（陈浩南）

69. 以高质量党建引领企业高质量发展

伴随着国家钢铁行业的发展，中冶宝钢已成长为冶金建设运营“国家队”的重要一员。中冶宝钢的发展史，就是一部坚持党的领导，一批批党员干部和广大职工无私奉献、艰苦奋斗、守正创新、锐意进取的奋斗史。中冶宝钢党委认真贯彻落实中冶集团党史学习教育工作部署，通过学习党史汲取继续前进的智慧和力量，将党史学习教育与生产经营深度融合形成合力，推进企业高质量发展。

▌学史力行强品牌

中冶宝钢“十四五”规划描绘了中冶宝钢未来的发展蓝图。通过学习党史，继续发扬改革创新精神，围绕建设“百亿中冶宝钢”的总目标，围绕“1+3”“四位一体”产业发展格局及“一总部、多基地”的市场布局，紧跟新时代高质量发展新要求，把握钢铁企业整合重组机遇，守正创新、变革管理、开拓市场，沿着推动“三个创新”、培育“四个优势”、实现“五个提升”的发展路径，推动冶金运营服务向智能化、绿色化、低碳化、高效化转型升级，用实际成果诠释“冶金运营服务，因中冶宝钢而不同”的品牌理念。

▌学史增信聚力量

企业的发展绝不能以牺牲生命和健康为代价。通过学习党史，悟透全心全意为人民服务的宗旨，进一步提升政治站位。贯彻“以人为本”“绿色发展”理念，强化安全环保管理责任，履职尽责、守土尽责。要用“踏石留印、抓铁有痕”的功夫，抓好强基工作；要发扬积极担当、诲人不倦的作风，坚持做好管理“结对子”工作，提升班组安全环保管理水平；要发扬雷厉风行和钉钉子精神，排查处理好生产过程中的安全环保隐患，确保企业长治久安、稳健发展。

▌学史聚力促发展

组织起来彰显力量，坚持下去终见成效。要以党史学习教育的开展，进一步锻炼基层党组织的宣传力和组织力。要在党史学习教育中唱响主旋律、传播正能量，大力宣讲劳模工匠、基层“两长”等典型人物和先进事迹，进一步激发党员干部职工忠党爱国、干事创业的激情，在技术创新、管理提升、生产攻坚、市场拓展等具体工作上，形成党员冲锋在前、全体职工团结拼搏的“一马当先、万马奔腾”的局面，真正发挥基层党组织战斗堡垒作用和党员先锋模范作用，实现党建与生产经营深度融合，以高质量党建引领和推动企业高质量发展。

（李　锐）

70. 坚定不移推动管理变革向纵深发展

习近平总书记指出，“要加强宏观思考和顶层设计，更加注重改革的系统性、整体性、协同性，同时也要继续鼓励大胆试验、大胆突破，不断把改革开放引向深入”。此前，中冶宝钢推进炼铁区域专业化运营变革，紧跟习近平总书记重要指示精神，加快融入中国宝武钢铁生态圈步伐，紧跟中国宝武发展战略，积极响应宝钢股份协力管理变革，推动自身“全面对标找差、追求极致专业、追求极致效率”，为中冶宝钢推动变革向纵深发展创造了条件。

推进管理变革不是企业组织机构的简单变更，其根本目的是使企业高度适应社会市场经济，核心内容是打造极致专业化的平台和团队，形成辐射效应，不断实现市场推广。抓好设备管理体系建设与专业化运营变革是中冶宝钢管理变革的重头戏，是推动变革向纵深发展的有力抓手。中冶宝钢打破固有的生产经营组织模式，推动检修协力业务向全产业链变革，构建炼铁运营事业部、炼铁检修队、焦化检修队，充分激发每个业务单元的市场主体活力，推进专业化的整合、平台化的运营、市场化的协同和产业化的发展。将深化皮带系统、烟气净化、高炉水渣三大生产，协力专业化运营能力，推动高炉焦化的极致专业化检修能力提升及高效良性运行体系建成，实现甲方、乙方、员工三方的共享共赢。

坚定不移地推动管理变革向纵深发展需要与时俱进、更新观念。随着企业管理变革的不断深化，广大员工要增强危机感、紧迫感、使命感，认真贯彻各项决策部署，全力推动方案执行落地，确保变革顺利推进。坚定不移地推动管理变革向纵深发展，需要敢闯敢试、勇于创新。变革单位要进一步制定与变革方案相适应的细化方案。在区域化整合的同时设置合理的建制，保持专业化能力，打造区域化、专业化整合的典范和示范。坚定不移地推动管理变革向纵深发展，需要坚持党的领导、加强党的建设。“求木之长者，必固其根本。”坚持党对国有企业的领导是重大政治原则，必须一以贯之将变革越向深入推进，越要充分发挥企业党组织的领导核心和政治核心作用，确保党的领导、党的建设在企业改制中得到充分体现和切实加强。

变革从无坦途，发展任重道远。把蓝图变为现实，关键在于落实，中冶宝钢坚持以习近平总书记重要讲话精神为指引，增强信心、保持定力、埋头苦干，扎扎实实把各项部署落到实处，力求实效，奋力开创高质量发展新局面。

（王芸芸）

71. 把握机遇 做强主业 转型发展

聚焦主责主业，汇聚发展动能。近年来，中冶宝钢“聚焦主业、做强一业、相关多元、科学补充”发展战略，坚守主责主业，稳住发展“基本盘”，使企业发展取得了质的飞跃。

在中冶宝钢2021年年中工作会上，中冶宝钢党委书记、董事长王振智提出，“坚定不移做强做优做大检修协力核心主业，加速升级引领行业发展”的新时代发展要求。只有借鉴历史经验，把主业做精、做专、做优；聚焦核心主业，构筑差异化的核心竞争优势，企业才能再拔尖、再拔高、再创业。面对新时代新征程，中冶宝钢更要沿着“十六字”发展战略稳步向前，坚定走好这条可持续的高质量发展道路，充分总结历史发展成果，谋划未来发展路径，将核心主业打造成为具有影响力的冶金运营服务品牌。

主业强则品牌强。设备检修及生产协力主业是中冶宝钢赖以生存的基础和发展的基石，是发展最早、规模最大、影响最广的基础性核心产业，是公司产业的中流砥柱，承担着中冶集团冶金建设运营“国家队”的光荣使命。经过多年的发展，中冶宝钢在冶金运营服务领域掌握了大量的先进技术和宝贵经验，形成了全天候、全流程、全产业链、全生命周期的冶金运营服务能力，成为中冶集团品牌体系中不可或缺、不可替代和不可复制的金字招牌。

专业强则主业强。专业化的服务能力是企业安身立命之本，持续做强做优做大检修协力主业，要有极致专业化的冶金运营服务能力，为企业高质量发展出管理、出经验、出模式。作为中冶集团旗下唯一以冶金运营服务为核心主业的核心子企业，中冶宝钢全面把握冶金运营服务“国家队”的责任使命，积极探索智能化、绿色化、低碳化、高效化冶金运营服务技术，以创新驱动主责主业转型升级，培育面向未来的核心竞争力。

“十四五”时期，在中冶集团正确领导下，中冶宝钢立足新发展阶段、贯彻新发展理念、构建新发展格局，紧跟中国宝武管理变革步伐，建设做强做优做大核心主业的高质量平台、组建高质高效高水平的员工队伍，推动中冶宝钢在新时代新征程的转型发展中迈上新台阶。

（桑圣玉）

72. 自觉践行初心使命　坚决防控安全风险

中冶宝钢2020年年中工作会议强调，要正确处理安全与发展的关系，既不能为了发展而不顾安全，又不能为了安全而不顾发展，要在保证安全的前提下加快发展，促进安全与发展的和谐统一。各级领导干部要认真贯彻落实习近平总书记重要讲话精神，进一步树立“四个意识”、坚定“四个自信”、做到“两个维护”，勇于担当作为，以求真务实的作风，以“人民至上、生命至上”“人民就是江山”的理念坚实开展安全生产工作。

面对新冠肺炎疫情后经济社会的发展变化，中冶宝钢认真贯彻落实习近平总书记重要指示精神和中冶集团工作部署，高度重视、科学部署，咬定目标、抓住关键，抓紧解决典型事故暴露出的突出问题，始终以高标准、严要求，高质量做好安全风险防控。提高抓安全工作的政治站位，明确“讲安全就是讲政治”的要求，确保各项安全生产工作组织到位、保障到位、覆盖到位。

中冶宝钢把员工的生命安全放在一切工作的首位，用实际行动践行“生命至上、安全第一”的安全发展理念。长期以来，中冶宝钢坚持以员工生命健康为己任，狠抓安全生产，多措并举、科学管理，防范各类风险，不断树立全体员工的红线意识和底线思维。以实际行动响应党中央伟大号召，建设“智慧企业”，开展“智慧服务”，将守护员工生命安全的责任落到实处。

中冶宝钢紧盯项目履约全过程的安全监管责任，对重点部位加大监管力度，切实把工作做在前面，避免安全管控思想松懈。紧盯新技术、新产业、新业态安全风险隐患，及时研究新情况，解决新问题，守牢安全底线。要时刻保持战战兢兢、如履薄冰的心态，以铁的手腕严防死守，坚决筑牢安全防线，要坚持“严”字当头，抓基层、打基础，深入开展“强基固本”，坚决遏制生产安全事故发生。要加强安全培训，提升安全意识和能力，补齐安全短板，提升安全自主管控能力，为公司高质量发展营造安全稳定的局面。

（魏永利）

73. 保持定力、抢抓机遇　推动企业高质量发展

培育具有全球竞争力的世界一流企业，是国有企业的奋斗目标。中冶宝钢党委书记、董事长王振智指出，“我们要增强机遇意识，坚定永不满足、勇攀高峰的信心和决心，以坐不住的紧迫感、等不起的责任感，积极迎接挑战，向更高目标迈进”，为中冶宝钢新一轮高质量发展指明了方向、明确了目标。

“十四五”时期，中冶宝钢将始终坚持“聚焦主业、做强一业，相关多元、科学补充”发展战略不动摇，继续坚持“1+3”产业发展方向不动摇。围绕全面提升企业竞争力这一主线，优化产业和市场“两个布局”，推动管理、科技和商业模式的“三个创新”，培育资源、产业、人才和品牌的“四大优势”，实现企业竞争力、管控力、创新力、突破力和抗风险能力的“五个提升”，坚定不移地推动业务规模效益、管理水平、科技创新、队伍建设、品牌文化和员工收入迈上新台阶。

中冶宝钢全力推动“1+3”产业发展齐头并进，在不断扩大冶金运营服务“朋友圈”的同时，技改工程产业实现了新突破，项目规模创历史新高，项目类型实现适度多元扩展，项目管理团队能力快速提升，承接了一系列具有市场影响力、品牌影响力的技改工程项目，在环保改造类、效率提升类、智慧提升类、新型能源类技改项目领域取得新成绩。技改工程产业实现了有检修的地方就有技改工程，正逐步成为中冶宝钢经营规模和经营效益的有力补充，正在用实际行动推进冶金运营服务信息化、数据化、网联化、智能化发展。

新思想引领新征程，新时代呼唤新作为。当前，我国经济稳中向好、长期向好的基本面没有改变。钢铁行业结构调整、产业重组、高质量发展的趋势没有改变，新一轮高质量发展的前景广阔，充满机遇，中冶宝钢将接续谱写“国内第一、国际一流”冶金运营服务“国家队”的新篇章。

（葛云伟）

74. 创新管理模式　增强极致专业化服务能力

创新是引领发展的第一动力，是建设现代化经济体系的战略支撑。中冶宝钢坚持创新这一核心竞争力的建设，要求不断深化改革，推进管理模式创新，完善工作机制，提升企业核心竞争力。

随着智能化、信息化等高新技术的快速发展，业主的需求也在发生变化，单纯的人工用工成本不断增加，未来依靠劳动力投入驱动行业发展的模式将难以为继。要通过创新驱动推动产业转型升级，创新商业模式，在体系完善、机构优化、资源配置上深化变革，提升冶金运营专业化能力，提高企业竞争力。

以战略规划为引领，积极稳妥地推进体系完善、机构优化、资源配置上的深化变革。在“一总部、多基地”管控模式的基础上，坚持“资源共享、优势互补、区域联动、高效协同”总体原则，大力推进内部专业化整合，提升一体化业务总包能力，突出专业化问题解决能力，提升专业资源调配能力，补齐设备管理的短板，推动产业向“管用养修”一体化、“资材备件”一体化、“操检维调”一体化方向发展，实现纵深覆盖和专业管控，形成专业化、规模化、产业化、平台化冶金运营服务能力。

以激发全员积极性和创造力为根本，强化公司愿景使命和企业文化的宣贯。突出绩效评价和薪酬激励导向，领导率先垂范，全体员工齐心协力发扬“一天也不耽误、一天也不懈怠”的精神。以舍我其谁的精气神承担冶金运营服务的新使命，加快科技创新、专业化智慧运营人才梯队建设，大力培育BIM工程师和专业领军人才，加大“一专多能”型人才培养力度，提高人员综合素质，打造精干高效的员工队伍，增强企业核心竞争力。

以提升基层党组织战斗力为重要保证，在推进智能运维事业转型发展过程中加强党的领导，全面落实党组织从严治党主体责任。弘扬光荣传统、赓续红色血脉，切实增强“学、思、用”，贯通“知、信、行”统一的思想自觉和行动自觉。以“抢”的意识、“快”的速度、“好”的能力抢抓机遇，大力弘扬“功成不必在我，功成必定有我”的实干担当，充分发挥各级党组织战斗堡垒作用和广大党员先锋模范作用，为改革发展稳定提供坚强保证，引领公司迈上高质量发展新台阶。

（孙 慧）

75. 赓续红色基因 弘扬钢铁报国之志

“一百年前，中国共产党的先驱们创建了中国共产党，形成了坚持真理、坚守理想，践行初心、担当使命、不怕牺牲、英勇斗争，对党忠诚、不负人民的伟大建党精神，这是中国共产党的精神之源。”历史川流不息，精神代代相传，伟大的建党精神深深融入血脉，为一代又一代中冶宝钢人忠党报国、钢铁救国提供了源源不断的精神动力。中冶宝钢传承中冶红色基因，弘扬传承“站在排头不让，把住红旗不放”的马万水精神、曾乐的“我负责”精神、王铁梦的“求真务实”精神，谱写一曲忠党报国、钢铁救国之歌。

回顾历史。中冶宝钢的发展可以追溯到20世纪50年代：在振兴国家钢铁工业时期，承担武钢建设、参与马鞍山车轮轮箍厂建设、参与攀钢建设、承担武钢“一米一”热车工程建设；在建设宝钢时期，参与宝山钢铁总厂建设，承担宝钢一期工程建设，到1986年开始担负宝钢建设、设备检修和服务上海冶金工业三大任务，其成长奋斗历程贯穿中华人民共和国成立初期百废待兴、支援“大三线”建设、改革开放等国家改革发展全过程。

牢记使命。中冶宝钢立足宝钢，业务和市场范围不断向外辐射。截至2012年，以设备检修、生产协力为核心，工程技改、装备制造、钢渣综合利用等相关产业共同发展的格局初步成形，完成了从冶金工业建设者向服务者的角色转变、由冶金施工总承包企业向检修协力综合服务总承包公司转型，逐步发展成为专门从事冶金运营的服务商。

薪火相传。2015年，中冶宝钢践行“聚焦主业、做强一业，相关多元、科学补充”发展战略，形成了“1+3”“四位一体”产业格局，解决了发展什么样的企业、怎样引领冶金运营服务行业发展的重要课题。党的十九大以后，中冶宝钢党委认真落实全国国有企业党的建设工作会议精神，一体推进国有企业改革发展和党的建设，响应国家供给侧结构性改革，服务“一带一路”战略，处僵治困，致力于打造“国内第一、国际一流”冶金运营服务“国家队”，完成从钢铁“护工”到钢铁“护士”，再到钢铁“医生”的华丽蜕变，形成全天候、全流程、全产业、全生命周期的一体化、专业化冶金运营服务能力，实现了核心主业的再拔尖、再拔高、再创业。

砥砺前行担使命，彰显国有企业战斗力。在改革发展中，中冶宝钢勇担重担，勇于担当、敢于接招、善于出招，为经济发展、科技进步、国防建设、钢铁建设、民生改善贡献了力量。站在“两个一百年”奋斗目标历史交汇点，中冶宝钢赓续红色基因，弘扬钢铁报国之志，担负起领跑冶金运营服务“国家队”的使命，推动冶金运营服务向智能化、绿色化、低碳化、高效化方向转型升级，昂首挺进高质量发展新征程。

（王芸芸）

76. 把握宏观经济发展态势　提升高质量发展动力

站在“两个一百年”奋斗目标交汇的新起点，挑战与机遇并存。中冶宝钢充分结合自身“1+3”产业结构优势，在建设“国内第一、国际一流”冶金运营服务“国家队”的目标指引下，以无可替代的全产业链竞争优势，把握形势、抓住机遇、迎接挑战，为企业高质量发展汇聚澎湃动力。

▌把握政策，拓展产业“朋友圈”

国家供给侧结构性改革促进钢铁企业转型升级，这为中冶宝钢冶金运营服务产业带来了机遇，新产线开工将带来设备运维与生产运营业务，旧产线升级将带来“再制造”业务。经历宝钢德盛不锈钢搬迁项目后，中冶宝钢积累了丰富经验，并将乘势而上，紧跟中国宝武兼并重组步伐，进一步扩大产业“朋友圈”，促进产品链向纵深延伸。

▌挖掘优势，打通集团双循环

2021年的内部协同，为中冶宝钢深耕中国五矿内部市场打开了窗口。在目前国际市场暂未恢复生机的情况下，中冶宝钢装备制造板块自主研制的矿山机械，为深度挖潜中国五矿装备制造内部市场打开了良好局面。中冶宝钢要牢牢把握中国五矿内部市场，加强技术积累，培育尖端制造能力，为后疫情时代矿山机械走上国际市场夯实基础。

▌勇立新政潮头，冲浪新能源

国家“碳达峰、碳中和”战略为企业发展指明了新的方向。“新能源”已成为当前装备制造企业的“新宠”，纯电驱动、氢能源应用为中冶宝钢装备制造践行绿色低碳、节能减排战略提供了攻关方向。2021年，中冶宝钢自主研制的首批“新能源”冶金大物流特种车辆已经成功面市。中冶宝钢要抓住氲能源技术应用发展机遇，加强与外部资源的技术交流与合作，形成具有自有知识产权的氢能源冶金大物流装备品牌产品，抢占冶金运营物流市场。

中冶宝钢将充分把握宏观经济形势，认清新时代新征程带来的机遇和挑战，充分发挥自身优势，补短板、强弱项、增动能，在“美好中冶宝钢”的建设道路上接续奋斗、勇往直前，最终实现企业高质量发展。

（郑　峰）

77. 树典型弘扬劳动美　强引领唱响主旋律

中冶宝钢深入贯彻习近平总书记关于大力弘扬劳模精神、劳动精神、工匠精神的重要论述。2021年，中冶宝钢有四个集体获得“上海市五一劳动奖状”“工人先锋号”荣誉称号，这是企业开展岗位练兵、培养人才、选树典型、弘扬劳动精神的成功实践，奏响了企业高质量发展最强音。

劳动精神是在劳动过程中秉持的劳动观念、价值理念，以及展现出的劳动态度、精神风貌。劳动精神以爱岗敬业、勤奋务实为固有本色，以诚实守信、艰苦奋斗为鲜明特色，以敢于挑战、勇于创新为时代底色。大力弘扬劳模精神、劳动精神、工匠精神，树立劳动光荣的社会风尚，为国家建设和企业发展夯实基础。中冶宝钢出版《中冶宝钢品牌故事》专著，讲好企业故事；拍摄先进人物微视频，弘扬企业先进典型；参加“中国梦·劳动美”浦江游览，开阔员工眼界，为企业发展汲取优秀传统劳动理念。通过开展“中冶宝钢品牌人物故事”朗诵会，推荐选树了一批叫得响、立得住，有影响力的劳模工匠，为树立企业品牌形象唱响了时代主旋律。

中冶宝钢结合产业特色着力开展职工技能竞赛、创新成果评选，为职工岗位练兵搭建平台。以创新驱动发展和高质量发展为主线，建设智能运营平台，激励职工岗位建功。大力发展学习型企业，创建学习型班组，完善“师徒代教”制度，以劳模精神教育职工。在长期从事大型储槽制作安装和维护维修工作中，取得多项技术专利，成功实现岗位建功。中冶宝钢在供行车运营服务中，以“提升服务、增值服务、延伸服务”的“三服务”理念逐步从单一操作的纯劳务输出单位，成长为为行业提供全产业链、全生命周期综合型服务商，全面诠释劳动精神的引领作用。

劳动是人类社会生存和发展的基础。中冶宝钢大力弘扬新时代劳模精神、劳动精神、工匠精神，为国家和企业培养劳动模范、先进工作者，为员工树立典型学习标杆。中冶宝钢充分培养员工的创造意识、主动意识、安全意识，高度重视技术创新，持续推进员工技能提升，打造出一支整体技能水平高、基础管理扎实、团队意识强、作风优良、能打胜仗的特钢行业设备检修运维队伍。中冶宝钢积极探索钢卷修复业务与行车、包装业务相结合的途径，全面推进自动线包装与传统人工包装的有机融合。

新时代弘扬劳动精神，对于培养各领域高素质的劳动者、全面建设社会主义现代化国家、促进企业高质量发展，具有十分重要的意义。

（方　刚）

78. 安全不牢　地动山摇　坚决守住安全发展底线

中冶宝钢正处于推进高质量发展的关键时期，处于转型升级、改革创新的攻坚阶段。安全是基础中的基础，事关企业发展大局，事关企业形象，事关员工切身利益，必须严格落实企业主体责任，上下齐心、警钟长鸣，持久发力、常抓不懈，确保全年生产经营目标顺利完成。

大力强化基础工作

中冶宝钢充分认识到安全生产工作的极端重要性，从讲政治的高度讲安全，不断提高政治站位。“坚持以人民为中心”，坚持“生命至上、安全第一”，始终绷紧安全生产这根弦。突出夯基础、练内功、严要求、强作风，增强员工责任心和执行力。及时发现安全问题，有效消除隐患，提升风险管控水平。在每年最后一季度的冲刺阶段，单项维工技改项目进入施工高峰期，安全基础管理工作更是马虎不得，要精益求精，从项目策划、准备、施工、调试、投入使用等全过程管控到位。

大力强化责任落实

中冶宝钢贯彻落实岗位责任制，做到内涵不变、精神不变、本质不变。领导干部发挥带头作用，严格落实“党政同责、一岗双责、失职追责”，全体职工坚持“有岗必有责，有责必担责，失职必追责”，构建起纵向到底、横向到边的责任体系。要持续做好管理“结对子”工作，形成全体管理人员齐抓共管的良好氛围，杜绝形式主义。

大力强化从严管理

安全工作必须坚持“严”字当头，始终保持安全工作的强度、深度与力度。一方面，要狠抓高危作业管理，特殊时期升级管理措施，消除现场作业安全隐患；另一方面，要适时加大奖惩力度，严厉责任追究，形成有力震慑，全面提升安全管理水平。

大力强化安全培训

加强安全培训和应急演练，加大人员、资金和物资的投入力度，有针对性地制定有效、完备、可操作性强的安全防范措施和应急预案，加强与业主单位沟通协调，形成安全生产整体合力。充分借助外部资源提高安全生产管理成效。安全意识并非一朝一夕能养成的，而是需要结合现场实际情况，坚持不懈开展培训和教育，做到持续提升。

安全工作无止境，中冶宝钢将时刻保持战战兢兢、如履薄冰的心态，以铁的手腕严防死守，并提升安全自主管控能力，为公司高质量发展营造安全稳定的局面。

（陈祥杰）

79. 一总部顶层设计　多基地协同发展

“十四五”时期，中冶宝钢将加强顶层设计，多方齐头并进，以“一总部、多基地”管控模式，提高区域市场影响力，扩大市场占有率，使企业发展迈出新步伐，朝着“国内第一、国际一流”冶金运营服务“国家队”目标定位快步前进。

规模越大，发展越快，实力越强，这是硬道理，是开疆拓土的有利条件。不满足于现有规模，不限于年度指标约束，是作为冶金运营服务“国家队”更上一层楼的新起点；宏大的理想和远大的抱负，是推进市场再开拓的动力。中冶宝钢抓住当前中国宝武兼并重组的战略机遇期，在总部的引领下，各基地盯紧区域动态、发挥区域优势，咬定目标市场不放松，持续以检修主业带动技改市场发展，推进有检修的地方就有技改工程的市场模式，以一个圆心辐射周边，持续推动区域市场循环滚动发展，进一步扩大市场规模，早日完成百亿目标。

抢占先机高效对接，做有准备的合作。中冶宝钢积极融入中国宝武钢铁生态圈，抓住管理变革契机，开展“管用养修”、“上下一体、前后延伸”区域一体化及“操检维调”专业化变革。以战略合作伙伴的同步策划、主动推进、达成变革共识，进一步扩展项目总包业务市场。紧盯设备升级、低碳冶炼工艺改造节能减排、环保封闭改造机遇，提前介入前期调研，系统性策划业务承接方案，推进各基地由小项目向大型技改工程方向扩展。

八大基地发挥区域优势，合力推动业务覆盖范围再延伸。当前，中冶宝钢已经形成上海、北部湾、苏皖、西南、华中、华北、华南、东南亚八大基地及不锈钢、特钢板块。八大基地合力担起冶金运营服务“国家队”建设使命，覆盖全国近30家钢铁企业及东南亚市场。以专业化运营、平台化运作模式稳住基本盘，实现区域化、一体化发展，促进产业链向上下游延伸。再利用各基地区域优势，进一步使冶金运营服务向港务、石化、加工、配送等市场方向延伸，促进八大基地市场再发展。

加强内部联合营销，共同开拓新市场。面对越来越激烈的市场竞争，中冶宝钢进一步加快行车“管用养修”、设备“操检维调”等业务的内部联合营销，充分利用内部资源互补优势，共同策划、协同跟进，推进各基地由单一化业务向多元化市场转变，促进各基地高质量发展再上新台阶。

（陈兴梅）

80. 学史力行是党史学习教育的落脚点

学史力行是党史学习教育的落脚点。习近平总书记强调，共产党就是为人民谋幸福的，人民群众哪方面感觉不幸福、不快乐、不满意，我们就在哪方面下功夫，千方百计为群众排忧解难。中冶宝钢全面落实党中央、中国五矿党组、中冶集团党委部署要求，扎实推进“我为群众办实事”实践活动，切实把学习党史同总结经验、对照现实、推动工作结合起来，立足新发展阶段、贯彻新发展理念、构建新发展格局，精心部署相关工作惠及职工群众，把好事办实、把实事办好，推动“我为群众办实事”实践活动持续走深走实。

要深入实际、深入基层，真实了解群众所思所想、所愿所盼。职工的幸福指数是职工工作生活状态的“晴雨表”，也是职工凝心聚力的“风向标”，要开展好“我为群众办实事”实践活动，切实解决职工群众“急难愁盼”问题。各基层党组织、党员干部要深入生产一线班组，深入工作对象，采用面对面的方式听取意见，采用个别听与集体谈的方式交流想法，利用民意调查、发放征求意见表等方式充分听取意见和建议，更加准确对接发展所需、基层所盼、民生所向。从细微处着手，从就餐、住宿、休息室等方面入手，大力实施暖心、贴心服务，织就后勤生活保障网，让职工群众提高幸福感、获得感、安全感，倾心打造温馨、和谐的“职工之家”。为群众办实事、解难题，关键在于一个“实”字。用心、用情主动服务职工群众，就是要切实全面解决职工群众的操心事、烦心事、揪心事，要以工作舒心、方便群众为目标，以改善“食住”、改善休息条件为切入点，着力把办实事办到职工心坎上，持续提高职工幸福指数。要明确每个项目的具体措施、责任部门和完成时限，不断加强督导指导，及时跟进工作进度，认真验收评估，确保每个项目落到实处。

利民之事，丝发必兴。中国共产党的光荣历史，深刻回答着“我是谁、为了谁、依靠谁”的问题。开展党史学习教育，要从党的百年历程中汲取宝贵经验，中冶宝钢将坚持公仆意识和为民情怀，不断把党史学习成果转化成为群众办实事、解难题的具体行动。“江山就是人民，人民就是江山。”中冶宝钢要让广大职工群众切实感受到办实事带来的变化和实效。

（陈浩南）

81. 贯彻新发展理念　迈入智能化转型新时代

在智能化、信息化等高新技术快速发展的时代背景下，中冶宝钢始终坚持“聚焦主业、做强一业，相关多元、科学补充”发展战略不动摇，围绕“1+3”产业规划，贯彻落实新发展理念，守正创新、变革管理，在“一总部、多基地”的市场布局下，推动“三个创新”，培育“四个优势”，实现企业竞争力、管控力、创新力、突破力和抗风险能力的“五个提升”，推动冶金运营服务向智能化、绿色化、低碳化、高效化转型升级，用心诠释“冶金运营服务因中冶宝钢而不同”的品牌理念。

中冶宝钢作为专业钢铁运营服务商，主业是为钢铁企业提供运营服务，包括对生产线设备的检修、维护生产协力等。作为服务输出型企业，中冶宝钢在当今智能化发展浪潮下，原本依靠劳动力投入驱动产业发展的模式越发难以为继，必须加强科技创新推动冶金运营服务产业数字化转型、产品数字化应用开发和新型数字化基础设施建设，激发产业升级和经济发展新动力。

面对冶金运营服务数字化转型需求，中冶宝钢以“资源共享、优势互补、区域联动、高效协同”为建设方针，以主营业务数字化改造为切入点，构建以关键设备数字孪生、状态实时监测、智能检修、智能诊断为代表的智能化运维服务，与以协同办公系统、财务共享系统、合同管理系统、采购管理系统等为代表的办公管理系统互联互通，实现全产业、全流程、全系统的数字化管控，以科技赋能为业主提供极致专业化的冶金运营服务，增强企业核心竞争力。

面对“智慧制造”转型升级带来的挑战，中冶宝钢以机遇意识，秉承

“一天也不耽误、一天也不懈怠”的企业精神，坚定永不满足、勇攀高峰的信心和决心，以坐不住的紧迫感、等不起的责任感积极迎接挑战，实现由传统设备运维体制向智能化运维体制的转变。面对未来，中冶宝钢一刻也不会放松，持续迈进发展步伐，推进智能化运维建设，打造一个整体架构更完善、运营水平更一流、智慧化基础更完备的智能运营平台，为钢企智慧化发展提供强有力的支持和保障，为企业在“智慧时代”赢得更广阔的发展空间和未来。

（李开添）

82. 创新引领发展　科技赋能未来

习近平总书记在国家雪车雪橇中心考察调研时的重要讲话指出，我国自主创新的一个成功范例就是高铁，从无到有，从引进、消化、吸收再创新到自主创新，现在已经领跑世界。构建新发展格局最本质的特征是实现高水平的自立自强，必须突出自主创新，国家雪车雪橇中心项目就是中冶集团的自主创新项目，解决“卡脖子”难题的项目典范。

创新是引领发展的第一生产力。中冶宝钢始终坚持创新这一核心竞争力建设。中冶宝钢2021年年中工作会指出，要统一思想、凝聚共识找准方向，抢抓市场机遇、加快转型升级、增强发展动能，奋力开启中冶宝钢高质量发展新局面。要发挥优势持续深化改革，首先要实行创新管理，中冶宝钢牢固树立高质量发展的坚定信心，加速管理变革；从总部管理职能、商业模式技术储备、资源配置等方面创新管理，进一步完善工作机制，提升企业核心竞争力，引领公司高质量发展。

创新始终是推动一个国家、一个民族向前发展的重要力量，也是推动整个人类社会向前发展的重要力量。中冶宝钢持续开展科技专项工作，把科技创新摆在重要位置，加快各领域的科技创新，培养创新型人才，致力于自主研发创新成果，打响科技创新品牌。中冶宝钢旗下的中冶重机深耕冶金大物流设备多年，坚持科技创新积累，形成了数百项专利，产品从无到有、从有到精，极大地支撑了核心自主知识产权产品市场份额的拓展和巩固。近年来，中冶宝钢紧贴绿色低碳、智能化发展趋势，创新推动绿色智能化产品研发，如电驱吊斗车研发下线，超视距遥控装载机、铲运机下线，通过创新引领企业不断做大做强，推动企业高质量持续发展。

习近平总书记指出，实现“两个一百年”奋斗目标，实现中华民族伟大复兴的中国梦，必须坚持走中国特色自主创新道路，面向世界科技前沿、面向经济主战场、面向国家重大需求，加快各领域科技创新，掌握全球科技竞争先机。中冶宝钢坚持创新发展，以创新成果提高冶金运营服务水平，培育极致专业化冶金运营服务能力，实现核心主业的再拔尖、再拔高、再创业，奋力谱写“国内第一、国际一流”冶金运营服务“国家队”新篇章，绘就“十四五”企业高质量发展新蓝图。

（郭在明）

83. 深化党风廉政建设　筑牢防腐拒变防线

党风廉政建设和反腐败斗争永远在路上。中冶宝钢推进全面从严治党向纵深发展，防腐拒变警钟长鸣，正风肃纪持之以恒，筑牢防腐拒变防线。

▌强化思想自觉，坚定理想信念

中冶宝钢以党史学习教育为契机，以百年光辉滋养初心信仰，在党史学习教育中坚定奋斗方向、赓续红色血脉、汲取智慧力量。深入学习贯彻习近平新时代中国特色社会主义思想，并把学习成果转化为坚定理想信念、忠诚履职尽责的思想自觉和实际行动，以上率下、以身作则，立足全局分析形势、推动工作，担责于身、履责于行，做政治信念坚定、遵规守纪的明白人。

▌强化行动自觉，涵养务实作风

中冶宝钢的党员领导干部既要立说立行、雷厉风行地马上办，更要持之以恒、久久为功地“钉钉子”，自觉当好干事创业的带头人。严格执行党内政治生活准则，加强选人用人监督，把整治形式主义、官僚主义纳入监督检查、政治巡察、作风督查的重点内容，强化对公权力运行的制约和监督，在从严约束中彰显厚爱、保护干部。

▌强化担当自觉，扛起责任大旗

面对新时代、新发展、新要求，中冶宝钢要敢于担当、勇于负责、善于作为，始终坚持“聚焦主业、做强一业，相关多元、科学补充”发展战略不动摇，在“一总部、多基地”管控模式下谋发展，加快管理创新、科技创新和商业模式创新。落实“一岗双责”，采取画像评价、谈话提醒、履责监督等方式，推动责任落实到底到边，大力推进冶金运营服务向智能化、绿色化、低碳化、高效化转型升级。

▌强化主体自觉，坚守主责主业

中冶宝钢要知责于心、担责于身、履责于行，围绕安全生产发展大局，贯通融合各类监督工作，强化日常监督、专项督查和制度建设常态化，开展纪律教育、警示教育，保持惩治腐败高压态势，落实一体推进“不敢腐、不能腐、不想腐”体制机制建设。

▌强化态度自觉，以人民为中心

中冶宝钢要始终把人民放在心中最高位置，做到站稳人民立场，永葆人民情怀，强化公仆意识。聚焦“我为群众办实事”实践活动，办好群众所急、所盼、所想。畅通职工群众监督渠道，坚决整治职工群众身边的腐败和不正之风，抓好高温慰问、困难走访、金秋助学等职工群众关切的实事，提高职工群众的获得感、幸福感、安全感。

（曹春法）

84. 党风廉政建设永远在路上

党风廉政建设和反腐败工作关系广大人民群众切身利益，关系党和国家生死存亡。因此，加强党风廉政建设不仅是国家、人民赋予的责任和使命，更是中冶宝钢转型发展、实现“国内第一、国际一流”冶金运营服务“国家队”的内在要求。

全面从严治党有助于促进企业健康发展

企业生产经营的健康发展离不开正确的经营思路、规范的运作机制和强大的精神动力。只有加强党风廉政建设，才能使中冶宝钢广大党员干部树立正确的人生观、价值观，端正经营指导思想和经营理念，从而自觉坚持正确的经营方向；只有通过廉政教育和制度规范，确保企业依法经营、规范运作，有效防范业务风险，才能使企业健康有序地运行。

全面从严治党有助于增强企业的凝聚力

企业凝聚力是企业可持续发展的动力，是企业综合实力的具体表现。全面从严治党关乎职工群众切身利益，关乎企业凝聚力、向心力，通过抓党风廉政建设，加强中冶宝钢领导班子建设，改进领导作风，强化党群关系，减少内部矛盾纠纷，化解企业不稳定因素，充分调动员工的积极性，使之认真履职尽责，心往一处想、劲往一处使，促使企业在激烈的市场竞争中取得优势，推动企业的和谐稳定发展。

全面从严治党有助于提升企业形象

企业的形象和声誉直接影响企业的市场竞争力。一个腐败问题严重、歪风邪气盛行的企业，如果对外形象和声誉很差，那么势必难以开拓业务。因此，要想树立中冶宝钢良好的国有企业形象，提高企业的信誉度、美誉度，就必须以猛药去疴、重典治乱的决心，以刮骨疗毒、壮士断腕的勇气，坚持零容忍的态度，将党风廉政建设和反腐败工作一以贯之执行下去。

党风廉政建设永远在路上。中冶宝钢积极围绕中心、立足根本、着眼长远，坚持“严”字当头不松劲、正风肃纪不停步、标本兼治不懈怠，全面从严治党。要全方位扎紧制度笼子，全视域管好党员干部，全力营造风清气正的政治生态，推动中冶宝钢党风廉政建设和反腐败工作走向新的高度。

（李　锐）

85. 自觉新时代　宣传思想工作的使命

“统一思想、提高认识、坚定信心”是企业高质量发展的基础。宣传思想工作是统一思想、营造正面舆论导向的最好途径，对内提升管理效能，对外树立品牌形象。

▌强化引领，把牢宣传思想文化工作“方向盘”

加强思想宣传文化工作要坚持传承与创新并举，打造与时俱进的特色文化。2021年，中冶宝钢先后召开两次思想宣传工作会议，劳动模范、工匠、“两长”代表参加，宣传贯彻党中央最新精神和宣传思想工作的最新导向，对习近平总书记关于宣传思想工作重要论述和重要指示精神进行再学习、再贯彻、再落实，不断夯实团结奋斗的共同思想基础。

▌守正创新，奏响主流舆论媒体“最强音”

坚持正确方向、舆论导向、价值取向，把思想工作融入主题宣传、形势宣传、政策宣传、典型宣传，提升企业在业界的知名度和美誉度，为企业开拓市场、服务业主铺石修路；通过开展专题企业开放日活动，加大对外宣传力度，总结提炼企业精细管理经验，深度挖掘新时代一线产业工人生动事迹，吸引新华社、中国冶金报、企业文明等多家主流媒体报道中冶宝钢领跑冶金运营服务高质量发展，用实干实绩诠释建设“美好中冶宝钢”的责任与担当。

▌坚定文化自信，唱响宣传思想文化工作“主旋律”

中冶宝钢形成“六位一体”融媒体发展格局，成功实践“强策划、做项目、融合力、走基层”的工作方向，为全面持续开展新时代思想教育打造良好平台，以“短视频+”为抓手，以弘扬劳模精神、劳动精神、工匠精神为着力点，打造精品文化项目；以“《中冶宝钢》报+”报道重点工作进度、重大项目动态、重要管理举措贡献智慧和力量，为高质量发展献计献策，通过融媒体“组织群众、宣传群众、教育群众、服务群众”持续推进党建与生产经营深度融合，有效推动了国有企业党的优势向企业全面竞争优势的转化。

（龚晓娣）

86. 加快推进太钢业务融通融汇融合

中冶宝钢大力推进智能化技术升级、核心技术研发、高技能人才培养等工作，努力提高冶金运营服务极致专业化水平。深耕太钢市场十几年来，中冶宝钢凭借过硬的管理和优质的服务，为太钢设备稳定运行做出了积极贡献。在新起点、新征程，对标上海基地提档升级，以一流的管理、一流的服务、一流的品牌提供增值服务，为太钢全力打造全球不锈钢业引领者保驾护航。

▌思想上融通，开启太钢业务市场新征程

明确发展目标，坚定发展方向，进一步加大太钢市场开拓力度，不断提升市场占有率，大力弘扬“扛着红旗不放，站在排头不让”的马万水精神，主动对接太钢协力业务变革要求，加快太钢协力单位整合，按照目标使优势互补、形成合力，充分发挥“1+1>2”的作用，开拓进取、奋勇争先，打造公司发展不锈钢、特钢板块的样板。

▌体系上融汇，加快建立管理制度新步伐

加大统筹力度，因地制宜强化扁平化管理，加快建立上下顺畅的管理体系，配齐一支管理精干、高效务实的管理队伍，制定一套职责清晰的管理制度，优化管理流程，强化管理责任；始终牢固树立“人民至上、生命至上”的安全管理意识，持之以恒抓好安全，纵向到底、横向到边，全力做到安全管理工作全方位、全覆盖；加快人才培养速度，打造专业化队伍，大力加强技能培训，提高员工职业素质，锻造一支拉得出、打得响、叫得赢的专业人才队伍。

▌业务上融合，打造党建促进经营新样板

坚持党的领导、加强党的建设是国有企业的“根”与“魂”。进一步加强党的领导和组织建设，积极与太钢党组织开展共建活动，共同围绕生产经营与现场基础管理工作，不断将党的政治优势转化为市场竞争优势，推进党建与生产经营的深度融合；全面发挥党政工团的作用，积极开展凝心聚力工作，关心员工生活，进一步激发员工工作积极性和创造性，打造一支攻无不克、战无不胜的员工队伍。

中冶宝钢充分发挥技术和人才优势，在生产协力、设备检修、装备加工制造和工程建设等相关领域与太钢紧密合作，将“中冶宝钢”的金字招牌镌刻在美丽的三晋大地上。

（黄　毓）

87. 伙伴式协作生态化协同

2021年以来，中国宝武狠抓协力管理工作，倡导变主从式协力关系为伙伴式协作关系。

2022年1月6日，在中国宝武钢铁主业专业协作管理变革现场会上，以边界重构、战略准入、效率驱动“三驾马车”拉动专业协作管理高质量发展的湛江模式，成为专业协作管理变革的先行示范。中冶宝钢主动求变创新提升，积极构建与宝钢湛江钢铁“价值同向、文化融合、合作共赢、并肩发展”的伙伴式合作关系。

▌精整业务，优化界面

中冶宝钢按照“区域化、专业化、规模化”思路，精整区域业务，减少管理界面，相继承接湛江钢铁冷轧厂行车“管用养修”业务中的钢卷包装及供应，自动包装机组、库位管理及准发业务，实现“吊、运包、供操、检、管”的天地一体、区域一体、前后一体，作业人数减少71人，劳动效率提升36.2%。

▌转变观念，靠前服务

持续深化“检修服务转变”，发扬“铁军”精神，深化“大生产、大协同”固化支撑模型，提升员工操检合一技能水平，做到由原来“有病等医”的门诊模式转变为“由医接病”的急诊良方；提升夜间值班保驾力量，强化值班保驾人员素质，在值班保驾期间设备出现故障须第一时间到达现场处理，保障设备运营状态。

▌组织高效，苦练内功

锻长板、补短板、强弱项，改进施工组织模式，探索短流程、低成本、高效益的施工组织模式，做到出模式、出成果、出效率、出人才，打造现场施工组织标准化。加强检修业务机构变革，由单一负责设备维护向设备全方位管理延伸，各层级人员在现有岗位职责基础上新增对应的岗位职责，提质增效。

▌精准施策，打造“两型”员工

积极打造“安全意识强、安全能力强、管理水平高”的安全型队伍，和“爱岗敬业、业务精专、严谨细致、勇于担当、积极作为、主动协同”的自主型队伍。按照“干什么、学什么，缺什么、补什么”的原则，制订能力提升计划，通过组织员工上夜校、师徒带教、现场实训、技能比武等形式，大规模开展职业技能培训，持续推进“一专多能”综合人才队伍建设。

（孙　慧）

88. 深学悟透党的十九届六中全会精神　勇毅建设美好中冶宝钢

2022年，站在“两个一百年”奋斗目标的历史交汇点，中冶宝钢不断增强“四个意识”、坚定“四个自信”、做到“两个维护”，在工作上增强主动性，用新思想指导行动，更好地融入新时期的发展大局，为党和国家事业的发展做贡献。

▌深刻领会全会精神内涵，切实提升政治站位

党的十九届六中全会通过的《中共中央关于党的百年奋斗重大成就和历史经验的决议》是新时代中国共产党人不忘初心、牢记使命，坚持和发展中国特色社会主义的政治宣言，是以史为鉴、开创未来，实现中华民族伟大复兴的行动指南。百年奋斗五个方面的历史意义，百年奋斗一条历史经验、两个“确立”具有的决定性意义，需要反复学习、深刻领会。

▌深刻领会全会历史内涵，鉴往知来凝聚干事创业的奋斗力量

历史是最好的“教科书”，党的十九届六中全会的一个重要内容就是总结党的百年奋斗的重大成就和历史经验，就是追根溯源，从历史中汲取智慧的力量，把准走向未来的方向。只有感悟其历史内涵，才能让中冶宝钢为奋进新征程把握历史规律，才能在历史中发现价值、汇聚力量，才能把党的奋斗历程中的好经验、好做法、好思路，用在奋进新征程中。只有读懂历史中蕴藏的永恒价值，才能铭记过去、继往开来，以一往无前的姿态勇当时代发展的先锋。

▌要深刻领会全会人民内涵，知难而上铸就勇毅前行的斗争风骨

用血汗铸就辉煌，在苦难磨砺中孕育精神力量。党的十九届六中全

会提出全党要牢记中国共产党“是什么、要干什么”这个根本问题，要不为任何风险所惧，不为任何干扰所惑。中冶宝钢明确“对标找差、追求极致”的目标导向，努力提高冶金运营服务极致专业化能力，要适应业主变革发展要求，大力推进智能化技术升级、核心技术研发、高技能人才培养等工作，为业主提供一揽子、“一站式”系统解决方案，让业主放心满意；要苦练内功，不断提升管理效能，提高应对风险管控能力，加强“三支队伍”建设，关心员工生活，为群众办好实事，让基层放心、让员工满意。

中冶宝钢将把握党的十九届六中全会思想和精髓，善于汲取党史的智慧和力量，聚精会神谋发展，不断在拓展市场规模、优化管理架构、提高经营质量、加快科技创新上取得新突破，为建设“美好中冶宝钢”贡献力量。

（齐忠良）

89. 担当“世界一流”使命　打造冶金运营服务“国家队”

2022年，习近平总书记所作的党的二十大报告对国资国企改革做出了新的部署，对于国资国企改革的时代背景、方向、使命、任务、目标、途径、要求与保障做出表述，强调“深化国资国企改革，加快国有经济布局优化和结构调整，推动国有资本和国有企业做强做优做大，提升企业核心竞争力”，“完善中国特色现代企业制度，弘扬企业家精神，加快建设世界一流企业”。

一直以来，中冶宝钢将打造“国内第一、国际一流”冶金运营服务“国家队”作为发展愿景，如何打造“世界一流、国际一流”企业是每个中冶宝钢人都应该思考的问题。

坚持科技创新，加快做强做优做大步伐

加大科技研发和技术攻关力度，培育独占鳌头的智能运维技术，增强企业核心竞争力；要以产业数字化、数字产业化为目标，加快企业数据治理步伐，推动各业务体系数据互联互通，实现数据由资源向资产转变，由

价值发现向价值创造转变。

▌抓好队伍建设，凝心聚力打造三支队伍

要以高质量员工队伍建设为目标，不断优化员工队伍结构；要加强管理人员队伍建设，提高管理人员战略思维能力、系统管控能力、改革攻坚能力以及应急处突能力，能够独当一面、挑起大梁；要加强专业技术人员队伍建设，积极培养专心搞技术、定心搞科研的专业技术人才，推动企业技术创新，引领行业技术发展，增强企业核心竞争力；要加强员工队伍建设，组织开展员工技能提升、技能比武等活动，营造员工学技术、提技能的良好氛围。

时代呼唤担当，使命催人奋进，建设世界一流企业是新时代国有企业的战略任务，打造“国内第一、国际一流”的冶金运营服务“国家队”是中冶宝钢的奋斗目标。要充分把握“世界一流”的使命担当、“自主创新”的引领作用、“问题导向”的工作思维、“精益求精”的品质坚守和“敢于胜利”的奋斗精神，奋力谱写中冶宝钢高质量发展新篇章。

（金　焰）

90. 全面增强高质量发展实力　全力推进智能化转型升级

2022年是中冶宝钢实施“十四五”规划的关键之年，中冶宝钢紧扣“十四五”发展战略规划，围绕“一项中心任务”、深入理解“三个深刻认识”、正确处理“五个辩证关系”、持续提高“五个进步指数”、抓好“八项重点工作”、构建“1+N+S”组织架构模式，形成“一总部、多基地、专业群”的管理格局，实施“总部管总、区域主攻、专业支撑”的管理机制。

▌积极把握数字化、网络化、智能化融合发展契机，推进智慧化转型

面对市场大潮洗礼，中冶宝钢勇立潮头，快速构建基础数据网络。在信息化时代，各类数字化、智能化项目的推进都离不开互联网。中冶宝钢以总部为依托，密织信息“一张网”，设立园区5G专网，丰富和完善整体网络构架，承载各类智慧运维技术手段，打通智慧化转型的一条“高速公路”。

▍积极推进无人化、少人化项目

随着科技不断进步，无人化、少人化项目的推进程度是企业未来竞争力的实质化体现。中冶宝钢抓住核心主业，积极推进远程可视化集控、远程可视化支援等项目，如开发装载机非视距控制系统，从一仓一机控制到一仓多机控制，再到模块化一键控制，机械设备使用效率会极大提升。

▍努力探索智慧点检技术

随着一体化项目的不断承接，中冶宝钢点检业务规模不断扩大，智慧点检技术的研究需求较为迫切。中冶宝钢加强智慧点检项目研发推进，注重智慧研发和系统管理，提升公司的点检业务水平。

▍大力实施科技兴安项目

中冶宝钢要建立拓展自身的安全管理平台，通过互联网技术、物联网技术和5G技术，实施对讲、报表自动生成、大数据智慧分析等功能，实现现场项目的全面监控。

▍强化技能人才队伍建设

中冶宝钢坚持人才强企，打造人才聚集高地。构建培养新体制机制引才、育才、用才、聚才，立足优化人力资源配置和使用，全力促进人才队伍梯队建设和可持续发展，加快行业或专业领军人才、专家、工匠的培养速度，构建培育高端人才、高技能人才的竞争新优势。

以史为鉴，开创未来。在这场只有进行时而没有完成时的赶考之路上，中冶宝钢将主动作为、积极变革，进一步解放思想、实事求是、革故鼎新，切实担负起推动“美好中冶宝钢”高质量发展的重任，朝着打造“国内第一、国际一流”的冶金运营服务“国家队”的宏伟目标阔步前行。

（孙 慧）

91. 奋斗创造历史 实干成就伟业

一切伟大的成就都是接力探索、接续奋斗的结果。征途漫漫，唯有奋斗；梦想成真，唯有实干。科技创新、数字转型、低碳发展、效益攀升、职工满意……这不是轻轻松松喊喊口号就能实现的，而是需要无数中冶宝钢干部职工苦干实干，用奋斗去创造、用实干去成就的。

2021年，中冶宝钢在飞逝的时光里，闪耀出“坚韧不拔、欣欣向荣”的底色。这是奋斗的力量，是实干的成绩。面对疫情防控和经济下行双重考验，中冶宝钢坚定不移地以习近平新时代中国特色社会主义思想为指导，坚定不移地贯彻落实党中央及中冶集团部署，准确把握新发展阶段，全面贯彻新发展理念，主动融入新发展格局，坚定不移地扛起国资央企的使命与担当，全体干部职工知重负重、敢于攻坚，苦干实干、勇当先锋。在新时代新征程上，中冶宝钢展现出新气象新作为，努力在自己平凡的工作岗位上做出不平凡的业绩。

实干要坚定信念，充分利用“一总部、多基地”管控优势精彩开局“十四五”规划，做强做优做大核心主业，科学发展“1+3”产业，六大新型特色品牌业务强势发展。全流程、全产业链冶金智能运营平台上线运行，提升精细化管理水平，坚持安全铁腕管控，提高安全体系覆盖能力，统筹推进队伍建设，使市场开拓有力有效，经营业绩持续向好，新产品开发成绩突出，安全生产平稳可控。始终将党建工作与生产经营深度融合，在治理体系上融合，促治理效能创优，发挥国有企业党组织的领导核心和政治核心作用；在改革发展上融合，促工作质量创优，实现国有资产保值增值；在思想文化上融合，促企业品牌创优，为做强做优做大国有企业提供坚强组织保证。

在实践中磨砺坚强意志，在学习中提升自我综合能力，以“敢做”的韧劲、“善抓”的巧劲、“实干”的钻劲，把工作当事业拼搏，大力弘扬为民服务孺子牛、创新发展拓荒牛、艰苦奋斗老黄牛的“三牛”精神，奏响崇尚实干的主旋律。

（史秀峰）

92. 提高技改项目管理　扩大品牌影响力

在线技改施工具有点多面广、战线长、分包多等特点，且大部分施工与生产线存在交叉作业。部分施工需要提前协调生产线停机，利用生产间隙紧急改造，相对于离线工程增加了管控难度。冶金运营服务涉及的工程项目大部分属于在线技改，因此提高在线技改管理，有助于扩大企业施工品牌影响力。

在线技改要形成一套成熟的、可复制的管理模式

技改施工要每个项目都成立一个项目部（组），项目经理、施工管理员要全面熟悉设备检修作业流程，并能够熟练地将检修作业管理经验应用到技改项目管理上，根据现场实际情况制定相应的对策。大临设施及标化作业须提前布置落实到位，形成体系和制度，做出品牌，提高影响力。需要停机施工的，必须协调生产方和点检方落实“三方停电挂牌”制度；涉及机械运转、有害气体等状态或场所的，必须落实有效隔离、检测等安全措施。项目部（组）要跟踪业主方定修、年修策划协调会，及时了解产线定修、年修计划，制定灵活机动的施工方案，避免窝工或人员配置不足。

施工管理人员要具备较全面的综合能力

管理人员要具备较强的组织能力、协调能力和解决问题的综合能力。全面高效对接监理、业主与分包三方，促进项目高效实施，有序推进。项

目经理、施工员、安全员等必须持有相应的资格证书。管理上按土建、钢结构、管道、设备等不同类型，分部对口互补衔接，划片分区定人定责，将管理业绩与个人收入挂钩，建立激励机制。项目管理者与分包队伍“结对子”帮扶，与施工人员同工同息，保障施工过程全面受控。

▌坚持“传承+创新”，总结经验持续提升

在已形成的模式和经验基础上继续努力。鼓励年轻大学生加入技改行列锻炼，积极储备技改项目经理和施工员，为承接更大的技改工程做好准备。按区域成立技改项目部（组），并配置专门的工程预算员；工程过亿的项目单独成立项目部，还可以与其他分（子）公司联合管理，发挥各自优势，共同提升项目管理。项目管理者收入进一步优化，和项目利润挂钩，促进管理者责任和执行力落地；进一步规范分包队伍，形成一套成熟的、制约分包单位的管理制度，提升分包单位对本企业的认同感，共创技改施工品牌，促进长期合作共赢。

（罗光明）

93. 坚定信心　砥砺奋进

直面挑战、抢抓机遇、开创新局，为持续推进企业高质量发展努力奋斗。2022年，摆在中冶宝钢面前的有种种历史性机遇，也有更大的压力、更深的挑战、更多的未知因素。处在这逆水行舟不进则退的阶段，中冶宝钢没有退路，唯有坚定信心、砥砺奋进。

▌坚定信心、砥砺奋进，是对安全发展的再认识

安全是发展的基石。要牢固树立“人民至上、生命至上”的安全管理理念。完善安全责任追究考核制度，形成“有要求、有落实、有考核、有追究”的安全责任闭环管理；强化安全“有感领导、直线责任、属地管理”工作，促进现场安全管理形成你追我赶的良好局面，真正提升安全管控实效。

▌坚定信心、砥砺奋进，是对改革创新的再升级

越是向纵深行，越要紧跟行业发展大势，持续在智慧运维、智能工装、新能源工程、机械研发等方面下苦功，研发活性炭输送链条在线监测等智慧工装，研发渣处理滚筒全寿命状态监测及智能诊断等设备智能运维平台，运用好中冶宝钢智慧物流系统等智能运维平台，研发投入水渣车、吊斗车、自卸车等新能源车辆，为实现协力业务的转型升级增添活力。

▌坚定信心、砥砺奋进，是对主动求变的再考验

要紧跟客户管理变革导向，以“全面对标找差，追求极致专业，追求极致效率”为目标，打造宝钢股份炼钢厂精整一体化、宝钢股份炼铁厂皮带一体化等样板项目及炼铁运营事业部等协力管理变革标杆项目，提升一体化、专业化、区域化运营服务能力，实现服务链向上下游的延伸拓展，实现在宝钢股份宝山基地以外区域的复制推广。

▌坚定信心、砥砺奋进，是对党员干部的再动员

目标任务清楚，关键就是坚定信心、砥砺奋进，需要广大党员干部“想干事、能干事、干成事”，用实干与担当作答，“不求功成在我，但求功成必有我”。

作为中冶宝钢“1+3”产业中生产协力业务代表的协力分公司，始终瞄准中冶宝钢党委书记、董事长王振智描绘的宏伟蓝图，紧跟宝钢股份设备管理变革、协力管理变革步伐，推动产业智能化、高效化、极致专业化，力求在转型升级中实现跨越式发展，持续发挥“主力军”作用。

（陈咸默）

94. 提升产线数智化水平　做强装备制造市场

2022年，中冶宝钢装备制造产业在新冠肺炎疫情常态化的不利影响下实现逆势发展，以铁水车、抱罐车为代表的冶金大物流装备产品销售达

113台，创历史新高；承载425吨的铁水车成为无轨嵌入式载重能力世界之最。中冶宝钢继续以“研发+品牌”的发展理念，向着绿色化、智能化、科技化、信息化的高端制造产业砥砺奋进。

突破疫情勇抢订单

2022年，国内疫情零星散发，国外疫情未见好转，市场形势依旧严峻。中冶宝钢在逆境中谋生存，以市场开拓为中心，以管理创新为突破，以项目承接、资金回收工作为抓手，全面布局、重点突出，做实市场走访计划，去不了的地方云端连线，尽快确定目标拿下订单，以破竹之势决战市场，并喜获丰收。

抓住机遇，“智造”新品

中冶宝钢积极践行《中国制造2025》的国家行动纲领，坚持科技领航，推动创新提速，催化技术升级。如425吨铁水车打破世界纪录，“新能源”车辆践行“碳达峰、碳中和”战略，冶金再制造产线成功试车，运维一体化服务大获赞誉，矿用铲运机赋能转型发展，成功攻克“超视距”技术，实现特种车辆“无人化”驾驶，“智造”中冶宝钢冶金运营服务新时代。

全面布局，开拓市场

中冶宝钢积极征战非钢领域，突围新兴市场，加快产品升级，接轨国际高端，夯实核心产品，扩大市场份额，科学防控疫情，突围海外市场，深耕二次营销，提升服务加成，瞄准进口产品国产化再制造。

有的放矢，重点突破

中冶宝钢持续加大“新能源”冶金大物流特种车辆产品的市场推广力度，逐步实现冶金大物流特种车辆全面开花。深耕中国宝武市场，协同中国五矿内部市场。加强对中国五矿矿山单位的走访，积极争取合作机会，实现矿用铲运机市场新突破；紧盯冶金市场，跟踪产能结构调整的钢铁企业，收集整理置换技改搬迁等项目信息，重点关注有色市场的搬迁项目、扩充产能新建项目，以及国内冶炼厂设备更新项目。

（方　刚）

95. 从严从实从细从快筑牢疫情防控线

在新冠肺炎疫情防控最吃劲的关键阶段，中冶宝钢坚决贯彻习近平总书记关于疫情防控工作的重要讲话精神和指示批示精神，认真落实中国五矿、中冶集团关于安全生产和疫情防控工作部署“四字诀”，从严从实从细筑牢疫情防控线。

“严”字当头

疫情防控坚决不能有半点麻痹心理、厌战情绪、松劲心态、侥幸心理。中冶宝钢将严的纪律、严的标准、严的要求贯穿全过程、各环节，深入研判、准确把握疫情形势，制定行之有效的疫情防控方法，做到精准施策、精准防控。

“实”字托底

疫情防控，人人都是局中人。中冶宝钢结合各产业业态特点，全面推进实施网格化、切块式管理，化小业务单元，全面压紧压实公司，分公司、车间、作业区、班组、个人责任，将防控措施细化到每个岗位、每个环节和个人，压实“四方责任”，真正将疫情防控工作落实、落细、落地。深化“党旗飘扬、党徽闪光”行动，在疫情防控中发挥党组织战斗堡垒作用和党员先锋模范作用，调动各方面力量投入战“疫”。

“细”字着力

细节决定成败，打赢疫情防控阻击战，要从细微处着眼、从细小处入手，精准精细抓防疫、细心细致做服务。中冶宝钢细抓核酸检测，提前组织排摸人员具体情况，列出明细表，建立联络体系，确保核酸检测不落一人；严格落实工作区域网格化管理措施，党员干部带头开展志愿服务。做好员工上岗前的体温测量和健康观察，落实分批错峰分餐就餐要求；按照“划小单元、避免交叉”的要求，实行班组最小单元网格化的专班管理，实现作业人员行动轨迹固定化、作业区域封闭化、现场作业标准化；不断加强人员管控，通过强化员工“两点一线”行动轨迹管控、统一交通工具等措施，减少员工与他人接触的机会。同时，坚持系统观念，统筹做好疫情防控与广大员工的生活保障。

“快”字为要

打赢疫情防控阻击战反应要快，时刻保持清醒头脑，针对异常情况第一时间进行管控并开展流调，做好员工和共同居住人员的同步管控。中冶宝钢识别不同性质人员并采取必要措施。跟踪要快，根据政府指示做好近阶段核酸检测工作，动态跟踪员工健康状况，及时发现潜在的风险隐患，迅速有效控制疫情传播。信息传递要快，若发现异常信息，则按要求及时汇报、通报，确保及时掌握信息，快速处置。

中冶宝钢切实扛起政治责任，落细落实新冠肺炎疫情防控措施，团结一致、守望相助，筑牢疫情防控线，打好疫情防控阻击战。

（王芸芸）

96. 弘扬劳动美　汇聚奋斗力

劳动是人类文明的基石。从中华上下五千年文明传承到中国五矿“稳增长、抗疫情、保安全”的成功实践，处处闪耀着劳动精神、劳模精神、工匠精神的璀璨光辉。劳动最光荣，建设中国特色社会主义离不开劳动精神、劳模精神、工匠精神，抗疫保产以及复工复产更离不开这些精神。弘扬劳动精神，是实现“百亿中冶宝钢”发展目标的强劲动力。

高举旗帜，弘扬劳动精神、劳模精神、工匠精神

弘扬劳模精神就是凝聚建设中国特色社会主义的精神图腾。弘扬劳

动精神，就是汇聚中冶宝钢产业工人建功新征程的澎湃动力。弘扬工匠精神，就是吹响中冶宝钢产业工人走进新时代、奋进新征程的号角。中冶宝钢在云端召开企业文化建设座谈会，旗帜鲜明地提出弘扬劳动精神、劳模精神、工匠精神，在新冠肺炎疫情防控特殊时期，为平稳推进各项工作提供强大的精神动力和思想保证。

扛起责任，投身劳动实践

中华民族是勤劳的民族。中国古代四大发明等无数智慧的结晶都来自劳动实践，当代中国从“基建狂魔”到“智慧制造”都是建设中国特色社会主义的劳动实践。中冶宝钢扛起中央企业责任攻坚克难，连续在宝钢大院实施封闭式生产，挑战极端压力圆满完成援建临港方舱紧急任务，也是对劳动精神的成功实践。中冶宝钢从宝钢股份上海宝山基地出发，发展成为“一总部、多基地”，市场辐射全国并成功走出国门。这些都是中冶宝钢扛起高质量发展的责任，通过劳动实践，围绕“1+3”“四位一体”产业发展格局，探索与发展的成果。

继往开来，奋进新征程

劳动精神、劳模精神、工匠精神都来自广大劳动人民，需要继往开来，被传承与发展，它们也将是国家以及企业发展的精神源泉。随着人才改革政策的落地，知识型、技能型、创新型的劳动者将逐渐主宰世界。技多不压身，各类复合型人才将广受欢迎。劳动者应该主动适应变革，坚持终身学习，积极参加劳动和技能竞赛，实现岗位练兵，肯学、肯干、肯钻研，练就一身真本领，乘着产业工人队伍改革建设的春风，走技能成才、技能兴企之路。

劳动最光荣，广大劳动者应积极弘扬劳动精神、劳模精神、工匠精神，以涓滴之力汇聚磅礴动力，奋进新征程，以实际行动学习贯彻党的二十大精神。

（郑　峰）

97. 百年青春心向党　起航筑梦新征程

习近平总书记在庆祝中国共产主义青年团成立100周年大会上回望百年、展望复兴、寄望青年，贯通历史、现实和未来，纵论青春、青年和共青团，倾注关怀、激励和期待。讲话振奋人心、令人心潮澎湃，进一步坚定了广大青年在实现民族伟大复兴的赛道上奋勇争先的信心。

▌汲取历史经验，坚守初心使命

100年来，在党的坚强领导下，共青团“不忘初心、牢记使命”，始终走在青年前列，组织引导一代又一代青年坚定信念、紧跟党走，为争取民族独立、人民解放和实现国家富强、人民幸福贡献力量，谱写了中华民族伟大复兴进程中激昂的青春乐章。在每年的迎新活动中，中冶宝钢都会组织新员工到革命教育基地接受精神洗礼，使历史与青春交织、青春与历史同在。

▌发扬优良传统，争当青春先锋

“人生万事须自为，跬步江山即寥廓。”追求进步，是青年最宝贵的特质，也是党和人民最殷切的希望。中冶宝钢通过创建“青安岗”，选树“青年岗位能手”，举办“提质增效看青年”活动，组织一系列团员青年喜闻乐见的文体节目，用青年人永远跟党走的满腔热情、踔厉奋发的不懈奋斗、敢闯敢干的创新精神与新时代同向同行，与企业发展同频共振，贡献青春力量。

▌自觉担当尽责，贡献青春力量

实现中国梦是一场历史接力赛。新时代的中国青年生逢其时、重任在肩，施展才干的舞台无比广阔，实现梦想的前景无比光明。面对百年未有之大变局，当代青年要勇敢担当历史使命，在实现民族伟大复兴的赛道上奋勇争先。2022年，在上海的新冠肺炎疫情阻击战中，中冶宝钢青年团员挺身而出。在月浦单宿，他们不畏艰苦、温情守护，用实际行动传递温暖，共同筑起疫情防控的坚实防线；在浦东方舱医院，他们日夜兼程、勇挑重担，用瘦弱肩膀担当使命，绽放中冶宝钢青年的靓丽风采。

在建设“美好中冶宝钢”赛道上，中冶宝钢青年团员跑出了中冶宝钢青年的“加速度”，以实际行动贯彻落实党的二十大精神。

（齐忠良）

98. 金色愿望　以实干精神助力“一带一路”建设

“一带一路”是构建人类命运共同体的重要纽带，是面向未来的合作倡议，中国既是“一带一路”的倡议者，更是坚定推进“一带一路”建设的行动派和实干家。随着“一带一路”建设的扎实推进，中国在不断造福沿线国家和人民的同时，也为世界经济注入了稳定剂和活力源。中冶宝钢站在引领冶金运营服务行业发展的高度，以实干精神助力“一带一路”建设。

在冶金运营方面，中冶宝钢积极响应国家“一带一路”倡议，主动扬帆出海，成为中国冶金运营服务商走向世界的引领者。2016年，中冶宝钢首个海外冶金运营服务“标杆”在百余名建设者别具炉锤的技艺下扎根于越南河静台塑钢，凭借着“得时无怠，时不再来”的紧迫感和责任感，优质高效的服务能力，至今仍承担着越南河静钢热轧、线棒、烧结等区域生产设备检修及炼钢生产协力、渣处理生产、高炉耐材维护任务，成为河静台塑钢冶金运营生产服务规模最大的供应商，向海内外市场充分展示了中冶宝钢冶金运营生产服务商的雄厚实力及丰富的管理经验，也凝聚着中冶宝钢人不惧艰辛书写中冶品牌的骄傲与自豪，更是中冶人用行动践行“一带一路”倡议、造福“一带一路”沿线国家和人民的真实写照。

在装备制造方面，中冶宝钢积极响应国家倡议，征战“一带一路”核心产品，抱罐车、铁水车以及焊接渣罐远销欧洲、非洲、东南亚经济带以及韩国等亚洲发达国家。中冶宝钢市场的拓展得益于海外营销模式转型成功带来的直通车效应，得益于“中冶重机”优质品质和及时高效的售后服务，更得益于中冶宝钢一流的契约精神形成的强大履约文化。

在协同育人方面，中冶宝钢响应国家“一带一路”倡议，主动参与并服务“一带一路”建设，为“一带一路”教育共建提供技术支撑，为南通职业大学5名纳米比亚“总统振兴计划”留学生开展为期5天超过40学时“理论+实操”的焊接职业技能培训项目。

浩渺行无极，扬帆但信风。“一带一路”建设，不仅为中国新一轮对外开放开辟了广阔空间，也为中冶宝钢领跑冶金运营服务的高质量发展搭建了广阔的平台。中冶宝钢将做起而行之的行动者、攻坚克难的奋斗者、知行合一的实干家，积极投身这一伟大的实践，沿着这条充满希望的道路走下去，筑牢高质量发展根基，建设“美好中冶宝钢”，实现金色愿望。

（王芸芸）

99. 加强安全文化建设　夯实高质量发展根基

企业在安全管理上取得的优异成效，与其倡导的安全文化密不可分。好的企业安全文化能营造良好的安全氛围，潜移默化地规范员工的思想和行为；同时，优秀的企业安全文化能够形成一股无形的约束力，使员工自觉遵守安全规章制度，减少不安全行为，从而减少事故的发生。

▍压紧压实各级安全管理责任

树立安全“第一责任人”观念，各级安全管理者带头遵法、学法、守法。利用好“安全生产月”活动，宣传安全生产法律法规，制定安全目标、树立安全红线意识、签订个人安全承诺书，逐渐形成良好的企业安全法制氛围。

▍完善安全管理规章制度

依托职业健康安全管理体系，建立健全企业安全管理制度、操作规程等，让员工有规可守、有章可循、有序可遵。不断开展制度宣贯，使员工对各类安全知识、安全技能、规章制度应知尽知、应会尽会。加强对员工不安全行为、不规范动作的监督检查，逐步统一安全行为模式。

▌强化安全教育培训

企业管理者要深入一线，结合生产实际讲安全法规、讲制度规程、讲典型案例、讲劳动防护、讲应急预案等，不断夯实安全基础，提升员工自主管理能力。通过开展自保、互保、联保以及“四不伤害”等活动，进一步提升员工的安全意识。自觉把安全当作工作中的一部分，真正做到从“要我安全”到“我要安全”。

▌坚持以人为本安全理念

各级管理者对待员工要像对待亲人、朋友一样，时刻观察其精神状态的波动，对员工提出的困难及时予以帮助，让员工感受到组织的温暖。在安全上运用铁腕管理，以安全铁腕寄予关爱柔情，确保员工每天“开开心心上班来，平平安安回家去”，给予员工最大的安全感。员工稳定了，员工队伍就稳定了，企业安全形势也会随之稳定。

良好的企业安全文化建设通过不断融合创新，丰富文化建设内容，从安全文化教育、规章制度上保障员工的权利和义务，培养员工成为安全自主管理型员工，使企业的安全文化保持长久的生命力，进一步促进企业的安全发展。

（梁国彪）

100. 汲取榜样力量砥砺奋进

“天地有正气，杂然赋流形。”习近平总书记深刻指出：“崇尚英雄才会产生英雄，争做英雄才能英雄辈出。”第二批中冶宝钢品牌人物赵小龙、卢长春、陈标、董富刚的“敬业、忠诚、团结、进取”精神，激发了中冶宝钢广大职工主动投身中冶宝钢品牌文化建设的热情，为公司新一轮高质量发展汇聚强大的思想动力。

为了打造中冶宝钢的金字招牌，讲好新时代的中冶宝钢品牌故事，自2020年以来，公司以选树品牌人物为契机彰显榜样力量。他们的职位、经历虽不同，但都紧紧攥住奉献、信念和党的根魂，以感动、生动、励志的人生经历和高尚情操鼓舞了全体职工。细数榜样的感人事迹，有"无怨无悔，托举向善力量"的"上海好心人"彭军；有扎根马迹山港，"技能报国·匠心筑梦"的"技术大师"李伟伟；有"乘'雪龙'破冰海，驾雪桥驰雪原，建基地保科考"的"南极勇士"陈忠；有"钢板生产切割行业里'最强大脑'"的"火切王"赵小龙；有"奇思妙想，匠心锻造精品"的"异材焊接大师"卢长春；有"义无反顾，到企业最需要地方去"的"市场开拓急先锋"陈标；有"不断进取，扎实推进标准化作业"的"首批金牛作业长"董富刚……一声声铿锵的誓言、一个个鲜活的形象。他们身上闪烁着"敬业、忠诚、团结、进取"的光辉，干出了无愧于时代、无愧于自己的实绩；他们身上凝聚了中冶宝钢的品牌特质。他们是中冶宝钢品牌的具象体现，是广大职工奋进的榜样。

鲁迅先生言："我们从古以来，就有埋头苦干的人，有拼命硬干的人，有为民请命的人，有舍身求法的人，这就是中国的脊梁。"榜样是中华民族与生俱来的，中冶宝钢的榜样是在中华民族优秀传统文化精神浸润下，以其特有的发展历程、多元的文化培育形成，并伴随着不同时期的冶金运营服务任务不断丰富、递进的。他们共同用实际行动注释了社会主义核心价值观的丰富内涵，诠释了冶金运营服务产业工人的无悔坚守、奋勇拼搏、披荆斩棘、辛勤付出、平凡伟大。

历史烛照时代，榜样传承精神，使命呼唤担当。面对世界百年未有之大变局，我们需要汲取榜样力量和奋进之能，自觉肩负起塑造中冶宝钢品牌、呵护中冶宝钢品牌、传播中冶宝钢品牌的神圣使命，在思想上对标对表，在行动上紧跟紧随，在工作上落细落实，在新时代新征程上忠诚于企业。从我做起、从现在做起、从小事做起，在公司奋力打造"国内第一、国际一流"的冶金运营服务"国家队"的伟大征程中砥砺奋进、再立新功、行稳致远。

（王芸芸）

101. 夯实“三基建设”　以高质量党建促进企业高质量发展

2016年10月，习近平总书记在全国国有企业党的建设工作会议上强调：“全面从严治党要在国有企业落实落地，必须从基本组织、基本队伍、基本制度严起。”深入贯彻新时代党的建设总要求，落实全面从严治党。“三基建设”是国有企业抓好新时代党建工作的“定海神针”。

落实党委主体责任、坚持党的领导。“三基建设”事关大局、事关长远。各级党组织必须担负起抓好“三基建设”的主体责任，将“三基建设”的各项工作紧紧抓在手上，切实做到肩上有责、心中有数、手里有招。各级党组织负责人要做政治上的明白人，要以高度负责的精神带头做好统筹谋划，有序推进任务实施。其中，制定、落实党建工作责任制，是抓好“三基建设”的关键举措。不论是党组织的建立健全，还是党员队伍的教育管理，抑或是党建制度的制定完善，都需要以党建工作责任制推动和保障。

围绕企业中心工作促进党建融合。新征程上，抓党建工作更要紧密围绕企业中心工作，更加突出政治功能、组织功能、服务功能。“三基建设”须紧扣“融合”，才能更有方向、更有目标。只有组织建立建强，队伍结构合理，制度切实完备，才能为企业发展注入更多发展优势、竞争优势。比如，中冶宝钢第三分公司自2018年重庆项目部成立（重庆分公司前身）以来，紧跟发展步伐和实际情况，及时建立党支部，选举成立支委，并根据其发展规模，慢慢从建立班组、建立作业区到成立分公司，建立成熟检修队，设置自己的科室，独立建章立制，一步步，无不紧扣企业的发展。而随着“三基建设”的不断成熟，也进一步促进了重庆分公司的稳健发展。

顺应改革创新发展，突出问题导向。强基固本可以促进企业发展，但发展是在问题凸显与改革创新的博弈中前行的。强化“三基建设”绝对是一个动态的过程。企业各级党组织要坚持以问题为导向，以坚持开展自查自纠和上级党委政治巡视巡察为契机，正视不足，在不断补短板、强弱项的过程中进一步提升“三基建设”质量。各级党组织要把“三基建设”作为一个系统的工程来抓，要紧密结合实际，把准改革发展方向，在总结先进经验的基础上大胆创新，努力突破观念的瓶颈、方法的局限、制度的制约，确保“三基建设”始终与企业发展相适应，才能真正实现以高质量党建促进企业高质量发展。

（龚晓娣）

102. 咬定目标不放松　党建引领促发展

2022年是党的二十大胜利召开之年，也是中冶宝钢全面优化组织架构，全速推动产业升级，全力提升治理效能，不断增强企业竞争力、创新力、抗风险能力，推动企业高质量发展的一年。这一年，面对新冠肺炎疫情的冲击，中冶宝钢党委高效统筹、精准施策，以高质量党建工作为引领，卓有成效地推动疫情防控、保供保产和全面复工复产工作，确保了企业稳健运行。

牢抓疫情防控，聚力攻坚克难

2022年3月，上海新冠肺炎疫情多点散发。在全面打响“疫情防控阻击战、安全生产保卫战、方舱建设和复工复产攻坚战”关键时刻，中冶宝钢各级党组织、党员干部闻令而动，带领广大员工逆行而上，将旗帜插在宝钢股份设备检修、生产协力的产线上，插在临港方舱医院建设的工地上，全速全力打好打赢安全生产和疫情防控攻坚战，亮出冶金运营服务“国家队”的底色。

夯实党建基础，强化队伍建设

中冶宝钢建立健全基层党组织和党员充分发挥作用的党建工作管理

体系，强化党组织示范引领作用，抓好党史学习教育，着眼于企业发展，打造政治素质高、思想觉悟高、工作能力强的党支部队伍。重点做好队伍建设，采取线上、线下两种形式加强中冶宝钢员工的思想教育学习，把政治优势转化为企业发展的内在动力，围绕“聚焦主业、做强一业，相关多元、科学补充”战略定位，打响中冶宝钢品牌，切实把党建优势转化为发展优势。

▌营造良好环境，强化廉政建设

从严治党是实现企业发展新目标的根本保障，筑牢“不想腐、不敢腐、不能腐”的思想防线，进一步贯彻落实中央八项规定，坚决反对形式主义、官僚主义、享乐主义，主动抓好党风廉政建设，齐心协力履行好主体责任，将廉洁之风注入每一处，提高每位员工的思想高度，推进企业文化和党风建设，为推动企业高质量发展提供和谐的发展环境。

凡是过往，皆为序章。以习近平新时代中国特色社会主义思想为指导，认真落实中国五矿党组、中冶集团党委工作要求，咬定目标不放松，以高质量党建引领推动高质量发展，以实际行动和业绩贯彻落实党的二十大精神。

（王芸芸）

103. 在破局中开新局

中冶宝钢在砥砺中前进、在探索中成长，项目规模屡创新高，项目团队日渐成熟，发展局面良性向好。展望未来，要进一步发挥区域、人才、管理等综合优势，进一步做大规模、提升效益，让技改工程产业成为中冶宝钢“1+3”“四位一体”产业格局的重要力量。

▌有检修就要有技改的方向仍然是目标

中冶宝钢已经构建了奋力开创中冶宝钢高质量发展新局面的发展格

局，服务于国内外钢厂，每个钢厂都有检修协力固定的、专业的产业工人。这是相较于其他单位最大的差异化竞争优势，应进一步拉长长板、缩短短板，促进扩大区域基地产业规模。

▌提升自身产业发展能力仍然是核心

产业要发展，能力要先行，发展能力是第一要素，要进一步加大核心紧缺人才的引进力度，加大项目人员的培训、取证、成长激励考核力度，加大年轻人才的培养力度，打造老中青综合，既有施工管理经验又有战斗激情的管理团队。

▌履约好每一个项目仍然是基础

“金杯银杯不如口碑。”要让业主方满意、让合作方愿意，就必须把每一个项目的质量、安全、进度履约好。提升技改产业的知名度和美誉度，真正实现“干一个工程，树一个丰碑，拓一方市场，交一方朋友”。

▌实现产业的转型提升发展仍然是要务

适度多元化是化解企业经营风险的有效途径，多元化发展是化解业主单一、业务单一的有效途径。通过技改工程的发展，已经积累了一定的人才、人脉、管理、资源、经验等综合优势，应该把来之不易的业绩总结好、包装好、推广好，并以此推动社会化房建、市政、工业等领域的复制应用。通过高层推动、三级营销、自动出击、借船出海实现技改工程产业“冶金工程+房建工程”两条腿走路、“宝武内+宝武外”两个市场同步发展。

当前，“百亿中冶宝钢”的号角已经吹响，在打造“国内第一、国际一流”冶金运营服务“国家队”的征程中，技改工程产业发展基础牢固、前景广阔，初心如磐、使命在肩，蓄势待发、新局在望。

（王晓多）

104. 瑞虎遥知征程远 不待扬鞭自奋蹄

中冶宝钢坚守“冶金运营服务，因中冶宝钢而不同”的承诺，为企业高质量发展注入澎湃动力。

▌高瞻远瞩，积极实现百亿市场营销目标

中冶宝钢全力构建“1+3”“四位一体”的企业文化汇聚成为争创“百亿中冶宝钢”的动力源泉。在“一天也不耽误、一天也不懈怠”的企业精神引领下，形成“一总部、多基地、专业群”的管理格局，实现“一平台、全专业”赋能，实现总部与基地之间无缝对接、基地与基地之间高效协同、产业与专业之间一体化管理。将“1+3”“四位一体”产业格局通过“1+N+S”组织架构辐射到全国乃至东南亚市场。目前，中冶宝钢“一总部、多基地”市场模式已初具规模并逐步扩大。

▌凝心聚力，抗疫保产取得重大胜利

中冶宝钢充分发挥企业精神的凝聚力，团结并带领全体员工众志成城抗击疫情，以非常之举战胜非常之难，夺取抗疫保产战略性重大胜利。中冶宝钢组织4600余名员工驻厂保产，充分发挥“总部管总、区域主攻、专业支撑”的管理优势，从湛江协调骨干千里驰援，保驾宝钢股份宝山基地满负荷生产、精细化运行。雷霆出击建设总占地面积2万平方米的临港方舱医院，分秒必争10个昼夜。以钢铁意志托举起优质免检的“生命之舱”，为上海夺取抗疫保产胜利筑起坚实的屏障。

▌创新驱动，企业品牌取得长足发展

中冶宝钢品牌文化建设取得了阶段性的重要成果。在第六个国家企业品牌日，中冶宝钢荣膺工程技术类“2022中国卓越钢铁技术与服务供应商品牌”；旗下中冶重机子品牌的明星产品——大吨位无轨化铁水车荣获

“2022中国冶金行业最具竞争力产品”。中冶宝钢埋头研发与注重实践积累，打破技术壁垒，成功研制一大批国内首创、引领企业转型发展的一流产品，被中国五矿列入集团内部协同产品名录。

2022年，中冶宝钢通过“智能化”“绿色化”“数字化”赋能，为建设绿色钢厂提供最佳运营服务方案，以更加坚强的意志向着打造“百亿中冶宝钢”的发展目标奋勇前进，以更加优异的成绩迎接党的二十大胜利召开。

（龚晓娣）

105. 浅谈工作作风建设

作风建设关系到事业成败。落实中冶宝钢战略部署，实现既定工作目标，需要一支有激情、有战斗力的管理团队，热爱祖国、听党指挥、忠诚敬业，自觉践行中冶宝钢工作精神、工作作风，体现中冶宝钢工作效率。面对严峻的钢铁行业经营形势，困难面前方显本色，锻造扎实有力的工作作风，有利于提高工作质量，提升工作效率。

统一思想认识

中冶宝钢在华北基地的生产经营活动，业务涉及4个区域、5个业主。在众多业主的企业文化中，无论是“多干少错、少干多错、不干全错”的日钢速度，还是“敢担当、敢创新、敢为天下先”的首钢精神，抑或是山东省政府大力倡导的“严真细实快”的工作作风，都是对工作作风提出的具体要求，是要把工作作风提升到讲政治的高度看待。中冶宝钢要服务好业主，要树立良好的中冶宝钢品牌形象，就要始终教育全体管理人员时刻牢记中冶宝钢“雷厉风行、令行禁止”的优良工作作风。在此基础上，深刻理解业主在工作作风建设方面的举措，把大家的思想认识统一起来，增强干事创业的使命感和主观能动性。

规范学习实践

中冶宝钢华北基地党总支组织全体党员开展“十破十立”作风建设学习讨论，通过“十破十立”破除十种不良倾向，实现十个明显提升。利用三个月时间开展作风建设实践活动。第六分公司首先组织了全体党员和管理者对照学习，对照查摆问题，形成问题清单，推动整改落实，对照检查回顾，建立长效机制。

严格行为标准

一直以来，中冶宝钢秉承“认真负责、严谨严细、雷厉风行、令行禁止”的工作作风，丁是丁、卯是卯。执行力出创造力，执行力出战斗力，执行力出竞争力。执行力如何，决定着工作成效、决定着事业成败。凌空蹈虚难成千秋之业，求真务实方能善作善成，必须有“踏石留印、抓铁有痕”的执行力。

习近平总书记强调“党的作风就是党的形象”，企业的作风更是企业的形象。所以，作风建设永不停歇，永远没有休止符。中冶宝钢各级领导干部要发挥模范带头作用，撸起袖子加油干，为打造“国内第一、国际一流”的冶金运营服务“国家队”贡献力量。

（方 刚）

106. 以科技创新催生发展新动能

创新就是生产力，企业赖之以强。在2022年度中冶宝钢科技创新大会上，中冶宝钢党委书记、董事长王振智指出，新时期中冶宝钢坚决贯彻落实党中央、中国五矿、中冶集团创新驱动战略，提高创新意识，落实创新举措，营造重创新、爱创新、能创新的浓厚氛围，掀起新一轮创新工作热潮，不断开创企业创新发展新局面。

创新是引领企业发展的第一动力。党的十八大以来，以习近平同志为核心的党中央把科技创新摆在国家发展全局的核心位置，大力实施创新驱动发展战略，推动我国科技事业发生历史性变革、取得历史性成就，开创了新时代经济社会发展新局面。当前，科技创新对企业发展的支撑和引领作用日益增强，企业要实现高质量发展，就必须坚定不移地走创新驱动发展之路，充分发挥科技第一生产力的作用。

2021年，中冶宝钢完成智能运营平台设计和“十四五”产业数字化转型规划编制发布，建成智能运维功能中心、C3管控功能中心、技术支持中心，向着企业数字化转型迈出了坚实的一步。在智能化运维成果和先进工装的研发推广应用方面，中冶宝钢更是注重向3D岗位无人化、操作岗位少人化推进，以技术创新赋能企业竞争力提升。2022年，中冶宝钢更是围绕智能化运维、新能源冶金装备、环保型钢渣制品、不定型耐火材料等开展前瞻性技术研发，力争取得迭代性、颠覆性、原创性科技成果，以“0”到“1”的突破，实现“1”到“N”的裂变，提高公司科技创新的含金量。

当前，信息化、网络化、智能化正处于快速融合发展时期，对冶金运营服务向着智能化、绿色化、低碳化、高效化发展提出了新要求。未来，中冶宝钢将围绕产业特点，技术创新工程、产业数字化转型工程、技术成果转化工程、科技创新人才培育工程，实施好科技创新协同工程，释放创新驱动的原动力，让创新成为发展基点，创造发展新机遇，打造发展新引擎，推动冶金运营服务业劈波斩浪、行稳致远。

（朱雅妮）

107. 科技赋能转型　创新驱动发展

中冶宝钢2022年年中会议强调“做强装备制造市场”。装备制造板块坚持科技赋能，贯彻落实中国五矿“五大行动计划”，坚决扛起责任担当，奋力建设“五型五矿”，加快推进装备制造板块绿色化、低碳化、智能化、高效化发展。

▌坚持能源转型

生态文明建设被提高到国家发展战略的高度，引领钢铁企业减污降碳协同发展。作为能源消耗和碳排放大户，钢铁行业的绿色低碳转型与能源结构、能源清洁高效利用密不可分。中冶宝钢充分发挥在冶金大物流装备制造上的技术优势，积极将新能源应用作为当前重要的研究课题。以新能源冶金大物流装备能耗低、故障率低、检修方便等优势，助力建设绿色钢厂，为早日实现“碳达峰、碳中和”战略目标贡献中冶力量。

▌坚持科技领航

中冶宝钢坚持“研发+品牌”发展理念，在无轨化冶金大物流装备制造领域硕果累累，研发出一大批行业领先、国内首创、国际一流的冶金大物流特种车辆，不断扩大冶金大物流装备制造“朋友圈”。其不但成功攻克了纯电驱系列冶金大物流特种车辆，而且积极探索氢燃料替代传统燃油动力在核心产品上的应用。经过攻坚克难，纯电驱吊斗车、纯电驱水渣车、纯电驱废钢料槽车、纯电驱框架车等一大批“中冶重机”品牌新能源特种车辆为建设绿色钢厂保驾护航。

▌坚持创新驱动

“智能化”冶金大物流装备制造在国内方兴未艾，它代表着未来的方向。中冶宝钢坚持创新驱动，抢占赛道，集中精力攻克“超视距”无人化驾驶技术。以产业数字化、数字产业化为目标，加快企业数据治理步伐，推动各业务体系数据互通互联，实现数据由资源向资产转变。中冶宝钢坚持创新驱动，成功承揽国内首创冶金渣场智慧调度系统项目，勇闯冶金大物流装备制造“智能化”发展之路，从产品制造商向系统化解决方案的供应商转型，为企业高质量发展赋能。

面对严峻的国内、国际形势，中冶宝钢直面挑战，为做强装备制造板块提前做好技术储备和新品研发。通过开展“智能化”“绿色化”冶金装备的研发，降低现场负荷，提高现场效率；通过开展智能渣厂系统集成技术研究，建设渣场全流程、全天候、无人化运营示范项目，全力打造“国内第一、国际一流”冶金运营服务“国家队”。

（方 刚）

108. 传承清廉好家风

习近平总书记强调，中华民族自古以来就重视家庭、重视亲情。家庭是社会的基本细胞，是人生的第一所学校，不论时代发生多大变化，生活格局发生多大变化，我们都要重视家庭建设，注重家庭、注重家教、注重家风。

中国共产党作为执政党对党员的家风建设也从家庭层面上升到政党建设和国家层面。《中国共产党党员领导干部廉洁从政若干准则》《领导干部个人事项报告》《中国共产党廉洁自律准则》《中国共产党纪律处分条例》等制度，更是从根本上对党员的家风建设进行了规范。其中，《中国共产党廉洁自律准则》第八条规定：“廉洁齐家，自觉带头树立良好家风。”这是“廉洁齐家”首次被列入党的规章，领导干部家风受到空前关注。中国历史上的任何一个时期都不曾像今天这样注重家风建设，家风与政风、党风一起构成了当下中国的社会风气。

家风正，则作风优、党风清、政风淳。领导干部家风是自身廉洁和政治风气的“风向标”。领导干部若是家风不正，连自己的家人都管不好，何谈治国理政？家庭作风败坏，满屋子“乌烟瘴气”，又怎能做到两袖清风？古代的《颜氏家训》《诸葛亮诫子书》《曾国藩家书》等无不体现良好的家风对指引子女以后的人生方向起着重大作用。“修身齐家治国平天下”，齐家是治国的前提，而齐家则先要修身。

营造良好家风，领导干部首先要以身作则，当好表率。身为一家之长，只有拥有良好的个人修养，才能对家庭成员起到示范作用。如果自己思想不纯、作风不正、一心只为家人谋“福利”、开“绿灯”，就不可能带出好家风。家风正，子孙兴，良好的家风也是留给子孙后代最宝贵的财富。治家与治国一样，严是爱，松是害。严格对家人的教育管理，通过耳濡目染、潜移默化、言传身教管好家人，远离“枕边风”“贪内助”“纨绔子”，不仅是作风建设的需要，也是确保干部廉洁和家庭兴旺的治家之本。

家是最小国，国有千万家。自古以来，中华民族始终坚守着“家国一体”的文脉，让我们共同树立清廉家风，传承好家风、涵养好家教，以小家带动大家，共同树立“廉洁修身，廉洁齐家”的理念，让民风更淳朴、政风更清明！

（王景文）

109. 合规成就品牌　守法铸造未来

依法经营合规管理，是企业发展稳健运营、防止决策失误、防范经营风险、规范员工行为、降低生产安全隐患的基础。全面加强合规管理，快速提升依法合规经营管理水平，着力打造“法治中冶宝钢”，是公司持续健康发展的坚强保障。

树牢合规经营法治意识

合规经营的核心就是依法经营。随着中冶宝钢“一总部、多基地”市场格局的全面确立，市场化经营风险系数随之增大。要提高政治站位，树牢法治意识，进一步转变思想，增强风险防范意识，为加强市场化风险意识和防范能力建设提供坚强的思想保障。要严格做好项目风险识别，完善和落实风险防范措施，为公司集中精力抓经营、心无旁骛谋发展提供重要的行动支撑。

构筑合规管理组织体系

合规管理应以规章制度综合管理为抓手，完善规章制度体系，优化管理流程，树立制度权威，充分发挥规章制度综合管理的规范性作用。中冶宝钢积极完善治理层合规管控职能，明确法定代表人为公司合规管理负责人，进一步落实公司董事会和总经理办公会的合规管理责任；成立合规管理委员会，与法治建设领导小组合署办公，进一步落实主要负责人履行法治建设第一责任人的职责；建立由总法律顾问牵头负责的公司合规工作贯彻落实体系；建立起职能部门协同运转的合规运行三道防线，实现了合规体系有效向二级单位延伸，系统构建起“自上而下”、协同运转的合规组织体系。

明确全面合规管理内涵

“穷则独善其身，达则兼济天下。”合规管理要贯通中冶宝钢整个产业链和管理链。对外，严格市场化规律，规范项目招投标管理、分发包管理，依法开展生产经营，促进合规管理。对内，加强与现有监察、审计、内控、风险管理、制度建设等工作的兼容并济，监督合规管理的执行。要将综合体系管理与合规管理相融合，参考“三标体系”，依据法律法规建设公司规章制度，以规章制度的执行规范各项管理行为，让生产经营有法可依，让各项管理工作有章可循。

遵循市场发展规律，依法规范经营管理，不断提升企业品牌形象，让“AAA级守合同重信用”荣誉在中冶宝钢永放光芒，为企业高质量发展夯实基础。

（方　刚）

110. 锻造央企质量品牌

质量是缔造企业品牌的压舱石。中共中央原政治局常委、国务院总理李克强对2022年全国“质量月”活动做出重要批示，强调要以习近平新时代中国特色社会主义思想为指导，认真贯彻党中央、国务院决策部署，牢固树立质量第一意识，推动经济发展，不断提高质量效益。质量是立业之本、强国之基，事关民生福祉，要在市场竞争中锻造中国质量、培育中国精品，更好地满足人民群众需求。

▍以质为本，用制度和方针引领方向

质量管理依托体系管理。在质量管理体系中，中冶宝钢明确各级岗位对产品质量的职责分工，强化全员质量意识，加强现场质量管控，坚决杜绝质量事故发生，充分落实管理、监督、作业等各层级岗位的质量责任，确保产品质量受控。中冶宝钢以《质量责任制管理办法》引领基层单位结合实际情况，防范质量职责不清晰、质量责任不落实、质量管理监督履职不到位导致的质量管控风险。中冶宝钢贯彻执行国家法律法规、制度、合同规定的质量要求及业主相关质量管理规定，落实“质量至上、科学严谨、优质服务、顾客满意”的质量方针，坚持对质量安全问题“零容忍”，在产品实现过程中依法办事，以质为本、以质取胜。

▍量化于行，以专业和匠心践行责任

中冶宝钢坚持弘扬工匠精神，着力打造集质量、标准、技术、品牌等于一体的高品质产品和服务。根据“谁作业，谁负责质量”的原则，全体员工必须在各自岗位对实现质量目标负责，实行全员质量管理责任制。将质量控制在一定的标准上，制定多层次立体式质检制度（班组自检、工序互检、现场巡检、专项质检），并通过第三方认证资格检查，做到全方位覆盖。质量管理如同医生看病，治标不能忘固本。从产品设计研发、工艺方案编审到质量管控策划，从第一道工序到产品下线，从装箱到运输，需要制定详细的、可控制的管理标准，切实做到每个环节全过程质量管理。

润物耕心，逐梦格局。中冶宝钢坚持锻造央企质量品牌，用质量提升竞争力，靠品牌提升影响力，从而实现企业持续高质量发展，擦亮品牌底色，凝聚品牌力量，彰显央企担当。

（郝刘超）

111. 凝心聚力做好人才队伍建设

千秋基业，人才为本。人才是推动企业发展的第一资源和核心要素，人才建设是企业建设中必不可少的重要环节。面对新冠肺炎疫情对传统行业的冲击和行业智能化发展的需求，在公司快速发展，迫切需要各种人才的前提下，中冶宝钢凝心聚力做好人才队伍建设工作。

牢固树立和落实科学人才观

只有树立和落实科学人才观，才能全面做好人才工作。中冶宝钢坚持以人为本的管理内涵，建立和完善人才培养选拔机制，致力于将具备真才实学的人才选拔出来。同时，突出培训培养，加大“育才”力度，围绕公司服务区域和产业板块，统筹部署“头雁人才”培养计划，培养既有指挥能力，又有作战能力，还有统筹协调能力的“头雁人才”；实施工匠人才培养计划，大力培养能工巧匠、大国工匠、“草根”大师，建设一支知识型、技能型、创新型产业工人队伍。

管理人员是企业的中坚力量，是关系企业健康发展的关键纽带

中冶宝钢为提升管理人员的综合素质，举办管理人员培训班，并策划和推行了为期三个月的管理者“大讲堂”活动。“大讲堂”活动围绕公司安全生产、质量技术、财务经营、人力资源管理等方面的知识授课，对提高管理人员的思维统筹能力、应急处理能力、履职能力等起到了积极作用。

作为冶金运营服务行业，一线技术人员的技能水平是支撑公司发展的根基，中冶宝钢不断加强对一线技术人员队伍的培训、培养，不断提高一线技术人员队伍的综合素质。中冶宝钢针对一线技术人员开展了多次技术、安全相关培训，夯实员工技能水平基础；同时，组织开展多项技能竞赛项目，以赛促学，助推作业岗位技能人才培养，提升一线员工的技能水平，增强企业核心竞争力，为企业高质量发展提供有力的人才支撑。各分（子）公司也纷纷积极自主开展相关技能比武，营造了良好的学习氛围。

企业的发展，既有挑战也有机遇。人才是现代企业发展的重要资源，中冶宝钢将牢牢抓住发展机遇，持续加强人才发展规划，完善人才培养体系，积极引进年轻人才，为企业注入新鲜血液和活力，为企业的长远发展

奠定坚实的人才基础。

（魏永利）

112. 守正创新谋发展　踔厉奋进新征程

中国共产党二十大的胜利召开盛况空前、举世瞩目、热搜不断，“高质量发展”“中国式现代化”“守正创新”“制造强国”“数字强国”等关键词高屋建瓴地展望了祖国未来的发展方向。中冶宝钢党委时刻与党中央同频共振，团结并带领广大党员群众守正创新，致力打造“国内第一、国际一流”冶金运营服务“国家队”，并取得经营规模和发展质量“双提升”的卓越成就。

▌推动绿色发展，促进人与自然和谐共生

中冶宝钢坚决执行“绿水青山就是金山银山”的发展理念，三大基地全面更新BOO模式低排放设备、创新烟气净化系统、攻坚超低排环保技改项目，全力协助宝武集团创建A类环保企业，以低排放、新能源冶金大物流特种车辆助力各大冶金企业建设绿色工厂。

▌坚持守正创新，促进生产经营高质量发展

高质量发展是全面建设社会主义现代化国家的首要任务。中冶宝钢主动肩负打造冶金运营服务“国家队”的光荣使命，紧跟打造“五型五矿”的新要求，坚持“钢铁强国”的初心，聚力凝心推进企业高质量发展，开创了“1+N+S”的发展模式，实现了冶金运营服务核心主业覆盖国内外近30家钢铁冶金企业的新局面。

▌坚持数字强国，提升产业智能化市场竞争力

中冶宝钢成立设备智能运维技术研究院，积极推进创建宝钢马迹山港智慧港口，全力抢占智能港口新高点；搭载5G技术，实现冶金大物流特种

车辆“无人化”驾驶；攻克“超视距”技术，解决远程诊断、调试、运维等一系列难题；承揽广西金川有色等一批冶炼企业智慧渣场建设项目，以智能科技促进企业市场竞争力的提升。

坚持制造强国，推动装备制造高端发展

中冶宝钢积极践行“制造强国”的发展战略，坚持科技创新，做强做专“中冶重机”“中冶环工”“中冶铸模”“中冶耐材”等装备制造板块的核心产品。坚持以“新能源”“智能化”冶金大物流特种车辆为代表，推动共建“一带一路”高质量发展，将核心产品推向国际市场，为世界冶炼工艺贡献“中国方案”及“中国力量”。

中冶宝钢党委积极贯彻落实党的二十大精神，为早日建成“中国式现代化”企业踔厉奋进！

（方　刚）

113. 弘扬劳动精神　建设美好中冶宝钢

劳动是推动人类社会发展的根本力量，也是通向伟大梦想的进步阶梯。幸福不会从天而降，梦想不会自动成真，世界上的财富和幸福都要靠劳动创造，人世间一切美好的梦想也都要靠劳动得来。在新时代建设美好中冶宝钢的征程中，我们应当大力弘扬劳动精神、劳模精神、工匠精神，用实际行动为企业高质量发展贡献力量。

建设美好中冶宝钢需要品牌人物引领

劳动创造美好未来，劳动是光荣的，劳动者是可敬的，我们应尊敬劳动。长期以来，一代代中冶宝钢人用勤劳智慧，在自己的岗位上潜心笃志、砥身砺行，研精致思、发光发热，为国家冶金运营服务事业发展做出了突出贡献。中冶宝钢积极搭建平台、选树典型，分两批打造了彭军、李伟伟、陈忠、赵小龙、陈标、董富刚等七位品牌人物，用榜样动员和鼓舞

员工不断拼搏奋斗，用自己的辛勤劳动在平凡岗位上续写不平凡的故事。

▌建设美好中冶宝钢需要技能人才支撑

人才是企业的基石，中冶宝钢深入推进产业工人队伍建设，持续推进高技能人才建设，把提高劳动者素质作为一项战略任务抓紧抓好，全力锻造一支有理想守信念、懂技术会创新、敢担当讲奉献的产业工人队伍。积极开展劳动竞赛活动，广泛开展岗位练兵、技能培训、技术比武，形成奋勇争先、勇创一流的浓厚氛围，让更多人才脱颖而出。通过创建创新工作室，以点带面，努力把技术创新人才的个体优势发展为群体优势，推动职工技术创新水平的全面提升。

▌建设美好中冶宝钢需要营造劳动氛围

长久以来，中冶宝钢通过融合公司媒体力量，从多角度、多维度讲好劳模故事、弘扬劳动精神，鼓励员工主动向劳模看齐，将使命感扎根于工作生活；引导员工用心、用情、用智，肯学、肯干、肯钻研，练就一身真本领，掌握一手好技术，让每个劳动者都能在劳动中实现价值，展现风采并感受快乐，从而找到自己的价值支点，为企业发展奉献更多才智，使自己人生出彩的同时，为公司高质量发展贡献智慧和力量。

中冶宝钢将劳模精神、劳动精神、工匠精神化作进步的动力，持续实施"人才兴企"战略，搭建更广阔的事业发展平台，持久唱响"劳动最光荣"的主旋律。唯有通过劳动以实干创造、用奋斗作答，不断汇聚磅礴力量，推动企业行稳致远，才能使我们在建设美好中冶宝钢的进程中脚步更坚定、步伐更从容。

（段 欣）

114. 鏖战一百天 决胜保全年

战鼓声声催奋进，旌旗猎猎踏征程。中冶宝钢积极贯彻党的二十大精神，迅速响应集团公司“鏖战一百天，决胜保全年”的工作号召，闻令而动，全力出击、全面部署，决战2022年第四季度，坚决完成全年目标，完美收官2022年。

▌快马加鞭未下鞍

光阴似箭，一百天转瞬即逝，时间就是冲锋的号角，中冶宝钢落实落细各项生产指标，将各项工作目标任务分解到位。同时，合理分配人力资源，最大限度拉动区域人员支撑作用，促进检修队伍专业化、多元化，互动支撑，保障施工负荷均衡及人员稳定。双管齐下事半功倍，在确保安全与质量的前提下，按下任务“提档加速”键，以更优的服务和更高的效率为决胜全年目标争分夺秒。

▌安全质量并肩行

安全与质量是企业发展的永恒话题，中冶宝钢结合2022年第四季度工作重点制定了各级领导走进基层，定点联系作业区的安全管控方案，以例会、座谈会的形式跟进各区域安全管理情况，及时督导各区域安全管理措施，提升全员安全生产意识，降低安全生产风险；明确质量职责分工，落实质量责任制，加强过程质量检查与控制，促进质量全面受控和过程持续改进，确保公司2022年第四季度的稳健运行。

▌齐心协力共奋战

在“鏖战一百天”的攻坚战役中，中冶宝钢加强组织领导，全员统一思想、凝聚力量、提振士气、奋起直追、攻坚克难，切实落实领导带班值班制度，与现场员工同进同出，建立领导与一线员工的沟通桥梁，从一线员工的“单打独斗”“各自为政”变成领导与员工之间的“协同作战”，不仅加强了各级领导和施工人员的相互交流、沟通和理解，使其快速成为“一家人”，还形成了人人讲安全、管安全、保安全的良好氛围，极大地降低了现场安全隐患。

四时更替华章日新

中冶宝钢始终坚守初心，在激烈的市场竞争中，时刻保持百折不挠的精神、昂扬向上的斗志、敢打敢拼的血性，积极响应党和国家的号召。在集团公司的带领下，在打造“国内第一、国际一流”冶金运营服务“国家队”的征途上踏浪前行。

（蒲　莉）

后 记

产业工人是企业的宝贵财富。从20世纪50年代至今，中冶宝钢几代人沿着长江一路走来，先后参加建设了武钢、攀钢和宝钢，谱写了中华人民共和国钢铁工业从小到大、从弱到强的辉煌历史篇章，是中华人民共和国钢铁工业的建设者、见证者和守护者。如今，他们致力于打造“国内第一、国际一流”冶金运营服务商，承担起引领我国冶金运营服务向更高水平发展的时代使命，是推动当代中国钢铁工业发展的重要力量。

班组是企业的最小组成单位，是企业核心竞争力的关键。中冶宝钢拥有近3万人的产业工人队伍，在近3000名班组长的带领下，不忘初心、砥砺奋进，优质高效地完成了一个又一个生产任务，攻克了一个又一个施工难关。他们弘扬劳动精神，顽强拼搏、团结奋进，一丝不苟履职尽责，确保生产平稳顺行；他们弘扬劳模精神，爱岗敬业、攻坚克难，屡次攻克现场难题，提高工作效率；他们弘扬工匠精神，精益求精、无私奉献，将经验、技能传授给新人，确保团队战斗力“历久弥新”；他们每天穿梭忙碌在国内外30多家大型钢铁企业，一次又一次将完美的“作业”书写在钢铁大地上，用一点一滴的实际行动创造着中冶宝钢的历史，塑造着中冶宝钢的品牌形象，擦亮了“中冶宝钢”的金字招牌。

中冶宝钢始终践行以人民为中心的发展理念，聚焦基层班组，不断加强产业工人队伍建设。公司党委突出发挥思想政治工作统一思想、凝聚共识、鼓舞斗志、团结奋斗的重要作用，以人为本、以文化人、以文育人，持续深入推动党建与生产经营深度融合，创造出“三融三创”中冶宝钢特色党建经验和“13367”中冶宝钢特色党建模式；“稳严暖”并进，时刻唤醒每名员工的“精气神”；厚植“班组文化”、增强“工匠文化”、夯